백워드 설계로 생각하는 교실을 열어가는

초등 개념 기반 탐구학습 설계와 실천 이야기

백워드 설계로 생각하는 교실을 열어가는
초등 개념 기반 탐구학습 설계와 실천 이야기

초판 1쇄 인쇄 2024년 1월 2일
초판 1쇄 발행 2024년 1월 11일

지은이 설계_김병일
　　　실천_이승하, 서수정, 이규만, 강석현, 김현희,
　　　　　　윤보민, 이동한, 손성국, 조선순, 남도욱, 권대흥
펴낸이 김승희
펴낸곳 도서출판 살림터

기획 정광일
편집 이상연
북디자인 이순민

인쇄.제본 (주)신화프린팅
종이 (주)명동지류

주소 서울시 양천구 목동동로 293, 22층 2215-1호
전화 02) 3141-6553
팩스 02) 3141-6555
출판등록 2008년 3월 18일 제313-1990-12호
이메일 gwang80@hanmail.net
블로그 https://blog.naver.com/dkffk1020
한국교육연구네트워크 https://www.kednetwork.or.kr

ISBN 979-11-5930-272-5 03370

초등성장연구소 두 번째 이야기

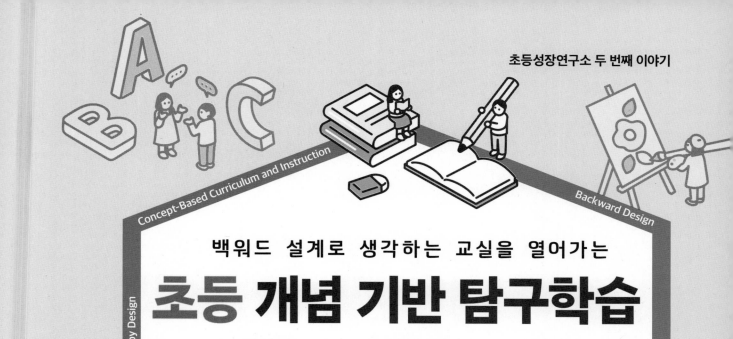

Concept-Based Curriculum and Instruction

Backward Design

Understanding by Design

백워드 설계로 생각하는 교실을 열어가는

초등 개념 기반 탐구학습 설계와 실천 이야기

역량 함양 교과 교육과정과 IB 프로그램 설계 가이드

Teacher Agency

설계_ 김병일

실천_ 이승하, 서수정, 이규만, 강석현,
김현희, 윤보민, 이동한, 손성국,
조선순, 남도욱, 권대홍

International Baccalaureate Programme

살림터

우리는 학생들에게
무엇을 가르쳐야 하는가?

온정덕 경인교육대학교 교육학과 교수

미국에서 위긴스와 맥타이(Wiggins & McTighe)가 1998년에 『백워드 설계(Understanding by Design)』를 출간했다. 그 후 2002년에 에릭슨(Erickson)이 『개념 기반 교육과정(Concept-Based Curriculum and Instruction)』을 출간했다. 이 두 책은 여러 버전으로 개정되었고 미국, 캐나다, 호주, 싱가포르 등 여러 국가의 교육과정 설계와 IB(International Baccalaureate)를 비롯한 교육 기관에서 제공하는 교육과정 틀에 많은 영향을 미쳤다.

우리나라에서는 2011년에 『이해중심교육과정』(김경자·온정덕 공저)의 출간을 시작으로 이해중심교육과정과 이의 별칭인 백워드 설계가 주목을 받기 시작했다. 특히 2015 개정 교육과정과 2022 개정 교육과정에서 학교 교육이 학생의 역량을 길러 주는 것을 목표로 하면서 교사들의 교육과정, 수업, 평가 설계에 대해서 많은 선생님들이 논의와 실천의 장을 만들어 갔다. 학생들이 깊이 있게 사고하고, 학습한 것을 새로운 맥락이나 상황에 적용하는 능력을 길러 주는 것을 강조하면서 우리는 학생들에게 무엇을 가르쳐야 하는가에 눈을 돌리기 시작했다.

지금까지 우리의 교육 개혁은 주로 수업 방법에 초점을 맞추었다. 가르쳐야 할 내용은 주어져 있고, 교사의 자율성은 그것을 어떻게 가르쳐야 할 것인가를 중심으로 개혁의 논의가 이루어져 왔다. 하지만 2022 개정 교육과정에서 본격적으로 학교와 교사의 교육과정 결정 권한을 확대하면서 교사의 역할이 단순 실행자가 아니라 교육과정 개발자, 설계자로 바뀌고 있다. 이러한 상황에서 이번에 초등성장연구소에서 발간한 책『초등 개념 기반 탐구학습 설계와 실천 이야기』는 현장에서부터 교육 개혁을 이끌어 가는 여러 선생님들에게 유익한 안내 자료가 될 것이라고 믿는다. 또한 이 과정에서 선생님들이 경험한 탐구는 우리 학생들에게 학습 경험의 질을 높이고 포용성과 창의성을 지닌 주도적인 사람으로 성장하는 데 밑거름이 될 것이다.

현장의 실천과 이론이 만나는 계기를 다시 한번 마련해 주신『초등 개념 기반 탐구학습 설계와 실천 이야기』의 선생님들과 이 과정에서 함께 성장한 모든 선생님에게 감사와 존경의 말씀을 드린다.

우리가 가장 중요하게 배워야 할 것은 무엇인가?

신은정 개념 기반 교육연구소 소장

초등성장연구소 선생님들의 연구 결과를 모은 책을 작년에 받았는데, 벌써 또 책을 낸다니 기쁜 마음으로 얼른 읽어 보았다.

이 책에는 개념 기반 교육과정 설계에 관한 프레임워크, 개념 기반 탐구 주기, 사고루틴과 실행을 통한 학생 주도 학습 등에 대한 선생님들의 고민과 실천 내용이 잘 담겨 있다. 교육과정에 기반한 조망도, 일반화와 총괄 평가 디자인이 탄탄하며, 자체 제작한 점검표와 활동지의 발상도 참신하다. 나도 개념 기반 교육 연구를 하고 있지만, 이런 창의적인 작업은 엄두를 못 낸다.

초등성장연구소 선생님들은 사실 개념 기반 교육과정에 대해서는 나의 선배다. 그들은 오랫동안 이해중심 교육과정(UbD)으로 수업을 설계하고 개념 기반 수업의 실천을 선도해 왔다. 하지만 선생님들은 여기서 멈추지 않았다. 새로운 프레임워크를 열린 마음으로 수용하고 적용하며 자신들의 것으로 구성해 냈다.

이런 주체적인 교육연구소 선생님들이 나를 먼저 찾아준 것은 양쪽 모두에게 큰 행운이라 여긴다. 선생님들을 통해 국가 교육과정에 대한 성찰과 수업 설계 및 실천 경험을 공유받을 수 있고, 국제교육에서 내가 얻은 다양한 출처와 전략을 그들과 나눌 수도 있다. 학습 공동체에서 이런 협력 작업의 기회는 매우 소중하다. 교사 협력은 교사 자신을 학습자의 위치에 놓고 평생 학습자로서 역량과 영감을 개발하고 소통하게 해주고, 나아가 교육 공동체 혁신을 위한 동력이 된다고 믿는다.

사상과 원리, 가치와 태도를 나타내는 말들이 명료하게 소통되지 않는 시대를 우리는 용케도 참 잘 지나왔다. 공교육의 위기에 관해 이야기들 하지만, 여전히 공교육이 우리 사회의 마지막 보루라는 것을 잘 알고 있다. 우리는 이제 맥타이와 위긴스처럼 질문해야 한다. "학생이 가장 중요하게 배워야 할 것은 무엇인가?" 필수적인 학습 대상을 식별하고, 깊은 학습을 설계하는 과정에서 교사는 인지적이고 정서적인 몰입을 경험할 것이다.

그리고 그 경험이 학습자에게 전이될 것이다. 이 책의 자료들은 초등성장연구소 선생님들이 이미 그런 몰입과 인지적인 분투를 몸소 실천하고 계신다는 증거이다. 기회가 닿는다면 가까운 미래에 이분들과 교육과정 배열 작업도 해보고 싶다.

『초등 개념 기반 탐구학습 설계와 실천 이야기』의 발간을 진심으로 축하한다. 이 책이 많은 교사에게 좋은 가이드와 영감을 되기를 바란다.

사고 능력이 없는 존재는
오직 본능과 욕망으로 움직인다

우리 교실은 생각하는 문화보다 교과서와 인터넷 학습지에 의존하는 한계에 놓여 있다. 교과서 텍스트 중심 수업에서는 학생이 학습 과정에 적극적으로 참여하지 않는다. 교과서는 정보가 단편적이고 내용이 많아 더 깊은 이해나 비판적 사고보다는 암기식 수업과 평가를 조장한다. 또한 교과서 텍스트 중심 이론 수업은 학생 중심의 탐구학습 경험을 촉진하기보다는 교과서 내용을 전달하는 역할을 한다. 학습자 중심의 교육 경험을 만들기 위해 다양한 교육 전략, 자료 및 자원을 사용하는 것이 중요하다.

깊이 사고하는 교실을 만들기 위해서는 탐구기반 학습이 필요하다. 탐구기반 학습은 학생이 비판적으로 생각하고 질문하도록 장려해 문제의 정보를 분석하고, 증거를 평가하고, 스스로 결론을 내리도록 유도해 깊고 성찰적인 교실 문화를 조성한다. 학생이 스스로 질문하고 답을 찾도록 장려함으로써 호기심을 자극한다. 호기심이 많은 학생은 주제를 깊게 탐구해 개념을 더 깊게 이해할 가능성이 크다.

학생이 주도적으로 사고하는 교실은 다양한 각도와 관점에서 주제를 탐구하도록 권장하는 문화가 조성되어야 한다. 다양한 관점의 포용은 복잡한 문제에 대한 공감과 폭넓은 이해를 촉진해 교실을 더욱더 생각하는 장소이자 공간으로 만든다. 탐구기반 학습이 비판적 사고, 호기심, 문제 해결 및 성찰을 촉진하는 동시에 성장 마인드셋을 키우고 학생이 평생 의미 있는 학습을 지속할 수 있도록 준비하기 위해 생각하는 교실이 필요하다.

지식의 구조는 학생의 인지 과정에 큰 영향을 준다. 학생이 정보를 인식하고 처리하고 적용하는 방식에 영향을 주며 이해력, 기억력, 비판적 사고 및 문제 해결 능력에 도움이 된다. 정보가 마음속에서 조직되고 구조화되는 방식은 인지 학습에 효과적이다. 잘 구조화된 지식 체계는 이해를 촉진한다.

구조화된 지식은 학습을 새로운 상황으로 전이하는 데 도움이 된다. 학생이 기존의 정신적 틀과 연관된 새로운 정보를 접할 때, 연결을 만들고 자료를 더 쉽게 이해할 가능성이 크다. 스키마, 정신적 모델과 같은 인지 구조는 개인이 정보를 보다 효과적으로 인코딩하고 검색하는 데 도움을 준다. 새로운 지식이 기존 구조와 일치하면 기억에 오래 남고 회상하기가 더 쉽다. 학생이 특정 영역에 대한 강력한 지식 기반을 갖추고 있을 때, 배운 내용을 새로운 상황에 적용할 수 있는 능력이 생기고, 전이 역량을 가지게 된다.

개념 기반 탐구학습은 탐구기반 모형과 전략을 통해 학생에게 주제 영역 내 핵심 개념을 가르치는 데 초점을 맞춘 교육 접근 방식이다. 더 깊은 이해, 비판적 사고 및 지식의 적용을 강조한다. 또한 단원 영역 내의 기본 개념을 탐구하고 이해하도록 장려해 사실을 암기하는 수준을 넘어 주제에 대한 더 깊은 이해를 촉진한다.

또한 학생이 질문하고, 정보를 분석하고, 증거를 평가하도록 장려해 비판적으로 생각하고 다양한 개념을 연결하는 방법을 배우면서 비판적 사고 기술을 형성하게 한다. 개념 기반 탐구학습은 자신이 공부하는 개념과 관련된 실제적인 문제에 직면하면서 문제 해결 능력을 개발하고 이해한 개념을 실제 상황에 적용한다.

개념 기반 탐구학습을 운영할 때는 교사의 역할이 중요하다. 교실과 수업에서 성공적으로 운영하려면 신중한 계획, 효과적인 발판이나 교사의 지속적인 지원이 필요하다. 교사는 탐구과정에 적절한 전략을 활용해 지도함으로써 학생의 비판적 사고 능력과 핵심 개념에 대한 포괄적인 일반화를 개발하는 데 중요한 역할을 한다.

개념 기반 탐구학습으로 생각하는 교실을 형성하기 위해서는 백워드 설계가 필요하다. 백워드 설계를 통한 이해중심 교육과정은 능동적인 학습자가 되는 데 필요한 동기와 역량을 제공해 구체적인 전략과 의미 있는 학습 경험을 획득할 수 있게 한다. 백워드 설계는 다음과 같은 장점을 가진다. 첫째, 영속적인 이해는 구체적이고 달성 가능한 학습 목표를 설정하도록 격려하며 학생이 주도권을 갖도록 동기를 부여한다. 영속적인 이해는 구체적인 목표와 방향을 제공해 능동적으로 배움을 추구하는 자기 주도적 학습자가 되게 한다. 둘째, 본질적 질문은 학습 경험에 대한 자율성과 통제감을 제공해 학습의 주도권을 학생이 갖도록 격려한다. 질문에 대한 답을 찾아가는 과정에서 무엇을 어떻게 배울지에 대해 선택하는 권한을 부여하면 학습에 대한 주인의식을 키울 수 있다. 셋째, 수행과제는 학생의 호기심을 불러일으키는 도전과제로 학습자 주도성 형성에 도움이 된다. 학생에게 질문을 하고 복잡한 문제를 탐구하도록 격려하면 호기심이 자극되고 학습에 대한 동기가 부여된다. 마지막으로 학습 경험은 학습자에게 자신의 이해를 표현하거나 주제를 탐색하는 방법에 대한 선택권을 제공하며 개별화 학습을 지원한다. 다양한 관심 분야와 학습 스타일을 수용할 수 있도록 차별화된 교육을 통해 동기 부여와 주도성을 높인다.

백워드 설계는 개념 기반 탐구학습과 많은 관련성이 있다. 연역적 방식이 아닌 귀납적 방식으로 달성을 추구하는 학습, 즉 바라는 결과로부터 거꾸로 찾아 들어가는 것이다. 학생이 '왜?'와 '그게 어떻다는 거야?'라는 질문에 대답하는 것이 이해를 위한 설계의 본질이다. 이 본질을 추구하는 교실을 위해 교사는 탐구, 자율성, 학습에 대한 진정한 열정을 장려하는 역동적이고 포용적인 학습 환경을 조성하는 데 중요한 역할을 해야 한다.

초등성장연구소는 2017년부터 지금까지 지속적인 백워드 설계와 실천을 하는 경북 초등교사의 전문적 학습 공동체다. 현재는 백워드 설계와 개념 기반 탐구학습을 융합적인 측면으로 연구를 이어가고 있다. 우리 연구소는 개념 기반 교육과정을 만나면서 성장을 가속화하고 있다. 개념 기반 교육과정과 탐구 전략이 백워드 설계의 약점을 보완해 주었기 때문이다. 이런 계기를 마련해 준 린 에릭슨(H. Lynn Erickson), 로이스 래닝(Lois A Lanning) 그리고 레이첼 프렌치(Rachel French)에게 감사의 인사를 전한다.

IB 교육과정이 한국 교육에 확산되고 있는 시점에서 백워드 설계로 새롭게 정립하는 『초등 개념 기반 탐구학습의 설계와 실천 이야기』는 새로운 교육과정의 방향성을 제시함으로써 다음 실천 연구자의 토대가 될 것이다. 현장 교사로 구성된 우리는 이론가는 아니지만, 지속적인 탐구와 성찰을 통해 생각하는 교실 문화를 조성하고자 한다. 학교 현장의 여러 어려움 속에서도 함께 연구하고, 실천하는 전문적 학습 공동체가 있다는 사실에 지금, 이 순간도 교실 현장에서 학생을 위한 고군분투는 계속 이어질 것으로 생각한다.

초등성장연구소 대표 김병일

차 례 ○

제 **1** 장

개념 기반 탐구학습의
핵심 개념

《 독자를 위한 문해력 》

제1장 개념 기반 탐구학습의 핵심 개념은 제2장~제6장까지의 설계와 실천 이야기에 적용된 개념 요소을 이해하기 위한 개념적이고, 이론적인 접근이다.

위긴스와 맥타이(Wiggins & McTighe)의 『백워드 설계(Understanding by Design)』를 기준으로 에릭슨과 래닝, 그리고 프렌치(Erickson & Lanning and French)의 개념 기반 교육과정(Concept-Based Curriculum)을 비교한다. 또한, IBO 민간 비영리 교육재단의 IB(International Baccalaureate)의 교육 프로그램과 2022 개정 교육과정의 관련 내용을 포함한다.

이 장은 전반적인 진술 형식은 백워드 설계를 기반으로 교육 현상을 이해하고, IB PYP 프로그램, 개념 탐구학습, 2022 개정 교육과정으로 전이 및 확장하는 형태로 진술된다. 근거는 다음과 같다. 첫째, IB 프로그램은 개념적 학습을 권장하며, 학생은 IB 교육 체계를 통해 새로운 지식을 이해하고, 전 교과군에 적용할 수 있는 효과적인 학습에 초점을 두어 통합 학습을 가능하게 하며 교과과정을 일관성 있게 이해하도록 도와준다(ibo.org). 둘째, 단원을 계획할 때 학습 활동을 설계하는 것은 9단계(최종 평가 설계) 다음에 이루어진다. 위긴스와 맥타이의 백워드 설계 접근과 같은 방식이다.(Erickson, Lanning, & French, 2017)

01. 교육과정 프레임워크

[이해] 백워드 설계

교육과정 프레임워크(Curriculum Framework)는 교육과정을 설계하고 개발하기 위한 기초 역할을 하는 체계적인 개요 또는 청사진이다. 교육과정 개발자에게 교육 목표에 부합하는 일관되고 효과적인 교육과정을 체계적으로 만들 수 있는 설계의 구조(틀)를 제공한다. 백워드 설계는 3단계의 UbD(Understanding by Design) 프레임워크이다. 백워드 설계는 단원 중심 설계이고, 설계 단위는 한 차시 수업보다는 크며 한 단원 이상보다 크지 않은 수준이다. 교육과정 설계자는 백워드 설계 1단계를 설계하는 과정에서 성취기준, 내용 체계표, 교과의 내용과 목표를 검토하면서 국가 수준 교육과정의 목표도 고려하는 거시적 관점으로 접근한다.

백워드 설계는 거시적 수준(초학문·통합 교육과정)에서도 프레임워크와 백워드 설계의 핵심 요소를 반영할 수 있다. 이는 교과나 교과의 하위 영역별 과정이 본질적 질문, 영속적 이해, 수행과제 등에 의해 형성되었기 때문이다.(Wiggins & McTighe, 2005)

교육과정을 개발할 때는 스코프(범위)와 시퀀스(계열성)도 중요하게 고려한다. 백워드 교육과정 설계는 거시적 관점에서 국가나 지역 수준의 목표, 내용 기준, 교과 프로그램, 코스(학년), 단원 등과 연계되어야 한다. 국가 또는 지역(학교) 수준의 교육과정을 만들 때 고려해야 할 핵심적인 연계 요소들은 프로그램(교과)-코스(학년)를 구성할 때는 영속적 이해와 질문 구성 그리고 교과별 수준별 과제와 루브릭으로 구성된다. 또한, 코스(학년)-단원을 구성할 때는 제한적이고 본질적 질문과 교과별 수준별 과제와 루브릭으로 제작된다.

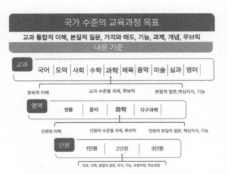

백워드 설계의 프레임워크(UbD)

IB 초등학교(PYP)의 프레임워크

[전이] IB 프로그램

PYP(Primary Year Programme)는 3~12세의 유·초등학교 과정에 적용되는 프로그램이다. 6개의 교과(언어, 사회, 수학, 예술, 과학, 인성·사회성·체육)를 기초로 해, 6가지 초학문 주제 중심 탐구 프로그램은 우리는 누구인가(인간이 된다는 것은 무엇을 의미하는가?), 우리가 있는 장소와 시간(우리 삶에서 장소와 시간은 어떤 의미가 있는가?), 우리 자신을 표현하는 방법(인간 표현에서 예술, 문화, 창의성의 역할은 무엇인가?), 세계가 돌아가는 방식(세상은 어떻게 돌아가는가?), 우리 자신을 조직하는 방법(거버넌스 시스템은 사람들의 삶에 어떤 영향을 미치는가?), 우리 모두의 지구(인간은 환경에 어떤 영향을 미치는가?)로 구성된다. PYP 학교에서는 해당 학교 공동체의 고유한 측면을 반영하기 위해 6개의 초학문 주제를 중심으로 통합단원 탐구 프로그램을 개발한다.

6개의 초학문 주제는 우리나라 교과 교육과정과 차이가 있다. 그러나 초학문 주제가 철저한 교육과정 분석이 바탕이 된다면 국가와 지역 수준의 교육과정을 충분히 반영해 PYP 프레임워크 구조를 적용한 학교 교육과정, 탐구 프로그램 등을 계획하고 운영할 수 있다.

02. 교육과정 설계

[이해] 백워드 설계

백워드 설계 모형은 미국의 위긴스와 맥타이(Wiggins & McTighe, 2005)가 구안한 것이다. 백워드 설계 모형은 지금 교육에서 나타난 지식 교육의 문제점을 극복하기 위해 1단계에서는 단원의 목표를 설계하는 '기대되는 학습 결과 확인하기', 2단계에서는 단원의 평가를 설계하는 '다양한 이해의 증거 결정하기', 3단계에서는 단원의 수업을 설계하는 '학습 활동의 선정과 계열화'로 정한다. 쉽게 말해, 타일러의 평가를 3단계에서 2단계로 뒤에서 앞으로 앞당긴다는 설정으로 평가를 먼저 생각하는 반대 방향의 설계 원리를 주장하면서 '백워드 디자인(Backward Design)' 또는 '거꾸로 생각하는 교육과정 개발'이라는 말이 생긴 것이다.(김병일 외, 2020)

순	단계
1단계	가. 우리는 하나 또는 그 이상의 목표(내용 기준, 코스 또는 프로그램 명세 목표, 학습 성과)를 확인하라. 나. 우리는 사실과 기능을 연결하고 내용의 의미를 주는 전이 가능한 주요 아이디어에 기초를 두고 영속적 이해를 확인하라. 다. 우리는 학생의 탐구를 안내하고, 내용의 중요한 아이디어를 심층적으로 학습시키기 위한 수업에 초점을 두는 본질적 질문을 만들어라. 라. 우리는 학생이 알고 할 수 있기를 원하는 핵심 지식과 기능을 확인하라.
2단계	가. 1단계에서 확인한 이해, 지식, 기능에 대한 증거를 고려하라. 나. 필요한 2단계 이해의 증거를 확인하기 위해 여섯 측면을 활용하라. 다. 확실한 수행과제를 설계하기 위해 GRASPS 요소를 활용하라. 라. 적절한 준거를 확인하고, 그것을 채점 루브릭을 개발하는 데 활용하라. 마. 필요하게 될 다른 증거를 확인하라. 바. 2단계의 설계 기준과 대조해 아이디어를 검사하고 필요하다면 수정하라.
3단계	가. 심층적 학습과 피상적 학습의 필요를 고려하라. 나. 학습 활동과 수업을 계획하기 위해 WHERETO 요소를 활용하라. 다. 모니터하고 조정하기 위해 진단평가와 형성평가를 활용하라. 라. 학습 활동의 새로운 아이디어를 생성하도록 이해의 여섯 측면을 활용하라. 마. WHERETO에 대해 당신이 제안한 학습계획과 1, 2단계의 정렬을 검사하라.

단계(UbD)

순	단계
1	단원명 정하기
2	개념적 렌즈 파악하기
3	단원 스트랜드 파악하기
4	단원 웹, 스트랜드 안에서 단원 소재와 개념 알기
5	학생이 단원 학습으로부터 도출하기를 기대하는 일반화 작성하기
6	안내와 핵심 질문 만들기
7	중요한 지식, 중요한 내용을 파악하기
8	중요한 기능, 핵심 기능을 파악하기
9	최종평가 과제, 최종평가와 채점 가이드 또는 루브릭 작성하기
10	학습 활동 설계하기
11	단원 개요 작성하기

단계(CBCI)

[전이] 개념 기반 교육과정

개념 기반 교육과정과 수업(Concept-Based Curriculum and Instruction)은 교과 간 또는 교과 내에서 이루어질 수 있다. 어떤 방식이 될 것인지는 우리 두뇌에서 이루어지는 높은 수준과 낮은 수준의 처리 센터가 어떻게 상호작용하는가에 따른다. 이러한 지적 시너지는 교육과정 설계를 통해 개발된다.(H.Lynn Erickson 외, 2017)

03. 지식의 구조

[이해] 백워드 설계

학습은 문제를 해결하는 과정이다. 지식은 고립된 사실의 집합이 아닌 상호 연결된 아이디어와 개념의 체계이다. 문제의 답을 찾아가는 과정에서 초보자는 암기된 지식을 회상하고 조작해 해결하지만, 전문가는 주요 개념으로 문제에 접근하고 해결한다. 학습의 최종 목적은 전문가처럼 개념을 중심으로 지식 구조를 조직화하는 것이다. 학습자가 문제를 해결하기 위해서는 정보와 아이디어를 통합하고, 종합할 능력뿐만 아니라 세상에 대한 일괄된 이해가 필요하다.

브루너는 교육의 과정에서 교육 내용을 사실, 개념, 일반화로 범주화하고, 위긴스와 맥타이는 친숙해져야 하는 사실과 정보들, 중요한 개념과 기능들, 빅 아이디어, 영속적인 이해 또는 일반화로 범주화한다.(Wiggins & McTighe, 2005)

학습자가 학습해야 하는 사실과 정보, 중요한 지식과 개념, 기능을 확인하고 전이 가능한 빅 아이디어들을 확인하는 것이 중요하다. 이들 간의 관계를 이해하는 일도 중요하다. 이들 간의 관계를 알아보는 데에 참고가 될 만한 것이 '지식의 구조'다.(강현석 외, 2021)

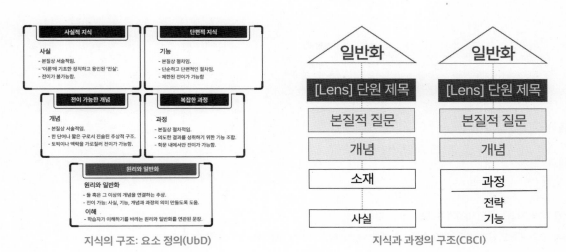

지식의 구조: 요소 정의(UbD)   지식과 과정의 구조(CBCI)

[전이] 개념 기반 교육과정

지식의 구조는 단원의 사실과 소재를 통해 도출된 개념, 개념적 관계를 기술한 일반화와 원리를 시각적으로 표현한 것이다. 과정의 구조는 지식의 구조를 기본으로 기능의 교과(국어, 음악, 체육, 미술, 영어)와 같은 과정 중심의 교과에서 과정, 전략, 기술에서 개념, 원리 및 일반화 간의 상하 관계를 피라미드 형식으로 표현한 것이다.(Lynn Erickson, 2008, Lois Lanning, 2012)

☐ 이론: 현상이나 실제를 설명하기 위해 사용된 개념적인 아이디어의 집합 또는 가정.

☐ 원리: 학문에서 기초를 이루는 기본 원칙 또는 진리로 간주하는 일반화.

☐ 일반화: 사고의 요약을 나타내는 진술문으로 하나의 문장으로 2개 이상의 개념 간 관계를 진술한 것.

☐ 개념: 내용(소재), 과정, 전략, 기능으로부터 추출된 정신적 구인 또는 아이디어(명사).

☐ 소재: 구체적인 인물, 장소, 상황 또는 물건과 관련된 일련의 사실.

☐ 사실: 인물, 장소, 상황 또는 물건의 구체적인 예.

☐ 과정: 결과를 만들어 내는 행동.

□ 전략: 학습자가 자신의 학습 수행을 향상시키기 위해서 의식적으로 적용하거나 점검하는 체계적인 계획.

□ 기능: 전략에 내재한 가장 작은 행동이나 조작들.

[전이] 2022 개정 교육과정

2022 개정 교육과정에서는 영역별 '핵심 아이디어'를 설정하고 지식·이해, 과정·기능, 가치·태도의 총체성 등을 고려해 학생 삶의 맥락과 연계하여 교과를 학습함으로써 교과 지식의 전이 가능성을 제공한다.(교육부, 2022)

가. 내용 체계표

영역별 내용 체계표는 영역별 핵심 아이디어와 3가지 범주(지식·이해, 과정·기능, 가치·태도)를 다음의 양식을 활용해 제시한다. 교과의 필요에 따라 지식·이해는 영역별로 제시하고, 과정·기능과 가치·태도는 통합해 별도로 제시한다.

■내용 체계

( ) 영역명

핵심 아이디어	• •			
범주	내용 요소			
	초등학교			중학교
	1~2학년	3~4학년	5~6학년	1~3학년
지식·이해	• •	• •	• •	•
과정·기능	• •	• •	• •	• •
가치·태도	• •	•	• •	•

□ 내용 체계: 학습 내용의 범위와 수준을 나타낸다.

□ 영역: 교과(목)의 성격에 따라 기반 학문의 하위 영역이나 학습 내용을 구성하는 일차 조직자다.

□ 핵심 아이디어: 영역을 아우르면서 해당 영역의 학습을 통해 일반화할 수 있는 내용을 핵심적으로 진술한 것이다. 이는 해당 영역 학습의 초점을 부여해 깊이 있는 학습을 가능하게 하는 토대가 된다.

□ 내용 요소: 교과(목)에서 배워야 할 필수 학습 내용이다.

□ 지식·이해: 교과(목) 및 학년(군)별로 해당 영역에서 알고 이해해야 할 내용이다.

□ 과정·기능: 교과 고유의 사고 및 탐구과정 또는 기능이다.

□ 가치·태도: 교과 활동을 통해 기를 수 있는 고유한 가치와 태도다.

나. 성취기준

2022 개정 교육과정에서 성취기준을 개발할 때는 내용 체계와 성취기준 간 연계성을 강화하고, 학년별 수준이 드러나도록 하며, 지식·이해, 과정·기능뿐만 아니라 가치·태도 등을 포함한 다면적인 성격의 성취기준으로 진술한다.(교육부, 2022)

2015, 2022 개정 교육과정의 교육 내용 구조화(내용 체계)는 큰 그림에 대한 이해를 획득할 수 있게 한다는 점에서 교사가 내용을 적정화할 수 있도록 설계되었다. 삶의 힘을 키울 수 있는 역량 교육은 실생활에서 문제 해결 능력으로 전이된다. 교사는 실생활의 문제를 해결하는 방안을 교과를 통해 가르친다. 실생활의 문제 범위에 따라 교육과정 통합과 융합이 범위가 설정되고, 이를 위해 내용 체계표에 대한 이해가 필요하다. 교사는 교육과정 재구성 및 통합 교육과정, 개념 기반 교육과정, IB 교육과정 등의 다양한 교육과정의 개발을 위해 국가 교육과정을 정확하게 분석해야 한다.

다음은 교사의 교육과정 설계와 개발을 교과 영역 및 성취기준의 개수와 시간 시간의 양을 분석한 자료이다.

다. 교과 영역 및 성취기준 개수

교과	교과 영역과 성취기준 개수											총계
통합	01. 우리는 누구로 살아갈까? (12개)		02. 우리는 어디서 살아갈까? (12개)		03. 우리는 지금 어떻게 살아갈까? (12개)		04. 우리는 무엇을 하며 살아갈까? (12개)					48
국어	01. 듣기·말하기 (18개)	02. 읽기 (16개)		03. 쓰기 (15개)		04. 문법 (14개)		05. 문학 (15개)		06. 매체 (9개)		87
사회	01. 지리인식 (5개)	02. 자연환경과 인간 생활 (5개)	03. 인문환경과 인간 생활 (3개)	04. 지속 가능한 세계(2개)	05. 정치 (5개)	06. 법 (3개)	07. 경제 (5개)	08. 사회·문화 (2개)	09. 역사일반 (6개)	10. 지역사 (2개)	11. 한국사 (10개)	48
도덕	01. 자신과의 관계 (7개)		02. 타인과의 관계 (6개)		03. 사회·공동체와의 관계 (7개)		04. 자연과의 관계 (4개)					24
수학	01. 수와 연산 (42개)		02. 변화와 관계 (10개)		03. 도형과 측정 (57개)		04. 자료와 가능성 (12개)					121
과학	01. 운동과 에너지 (24개)		02. 물질 (24개)		03. 생명 (21개)		04. 지구와 우주 (22개)		05. 과학과 사회 (11개)			102
실과	01. 인간 발달과 주도적 삶 (7개)		02. 생활환경과 지속가능한 선택 (11개)		03. 기술적 문제 해결과 혁신 (5개)		04. 지속가능한 기술과 융합 (11개)		05. 디지털 사회와 인공지능 (5개)		정보교육	39
체육	01. 운동 (12개)		02. 스포츠 (22개)				03. 표현 (15개)					49
음악	01. 연주 (8개)		02. 감상 (10개)				03. 창작 (8개)					26
미술	01. 미적 체험 (8개)		02. 표현 (10개)				03. 감상 (8개)					26
영어	01. 이해(reception) (20개)					02. 표현(production) (20개)						40

라. 교과별 성취기준 이수 시간

교과	바른생활	슬기로운 생활	즐거운 생활	국어			사회	
학년군	1~2	1~2	1~2	1~2	3~4	5~6	3~4	5~6
수업 시간 수	144	224	400	482	408	408	204	204
성취기준 수	16	16	16	23	30	34	22	27
배당 시간 수	9	14	25	20.96	13.06	12	9.28	7.85

교과	도덕		수학			과학		실과
학년군	3~4	5~6	1~2	3~4	5~6	3~4	5~6	5~6
수업 시간 수	68	68	256	272	272	102	102	102
성취기준 수	12	12	29	47	45	51	51	39
배당 시간 수	5.67	5.67	8.83	5.79	6.05	2	2	2.62

교과	체육		음악		미술		영어	
학년군	3~4	5~6	3~4	5~6	3~4	5~6	3~4	5~6
수업 시간 수	204	204	136	136	136	136	136	136
성취기준 수	23	26	13	13	13	13	20	20
배당 시간 수	8.87	7.85	10.47	10.47	10.47	10.47	6.8	6.8

04. 일반화(영속적 이해)

[이해] 백워드 설계

일반화 문장은 학습자의 관찰, 자료수집, 분석 및 추론 과정을 통해 구성된다. 일반화의 다른 이름인 영속적 이해는 학생이 학습 경험을 통해 얻어야 하는 근본적이고 오래 지속되는 이해와 그 통찰력을 설명하기 위해 교육에서 사용하는 개념이다. 영속적인 이해는 특정 수업, 단원 또는 코스의 세부 사항을 초월하고 다양한 상황에서 장기간에 걸쳐 관련성과 적용 가능성을 갖는다. 영속적 이해는 설계적인 관점에서 교사가 먼저 설정하는 것이 일반적이다.

영속적 이해를 개발할 때는 영속적 이해의 5가지 특성을 고려해야 한다.(강현석 외, 2021)

첫째, 영속적 이해는 사실에 의미와 중요성을 부여하는 빅 아이디어를 포함해야 한다. 영속적 이해는 많은 사실을 드러내고 유용한 유형으로 만드는 개념, 원리 그리고 이론으로 구성된다.

둘째, 영속적 이해는 다른 주제, 분야, 삶으로 전이될 수 있다.

셋째, 영속적 이해는 보통 그 의미 또는 가치가 학습자에게 분명히 파악되는 데 난점이 있고, 반직관적인 성격을 지니고 있어 오해가 쉽다.

넷째, 영속적 이해는 기초 기능의 학습을 위한 개념적인 기반을 제공한다.

다섯째, 영속적 이해는 일반화로서 구조화된다.

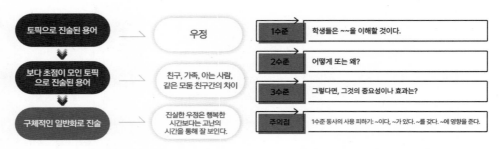

일반화 접근 방식(UbD)　　　　일반화 정교화 3단계 가이드(CBCI)

[전이] 개념 기반 교육과정

개념적 이해(일반화와 법칙)를 귀납적으로 가르치는 것 또한 사고의 통합을 촉진한다. 이러한 개념적 이해는 일반적으로 '영속적 이해', '핵심적 이해', 또는 오늘날의 교육학 용어로는 '빅 아이디어(Big idea)'로 불린다. 국제 바칼로레아(IB)에서는 이러한 개념적 이해를 '주요 아이디어'와 '탐구의 결과'라고 말한다.(H.Lynn Erickson 외, 2017)

개념적 이해는 귀납적으로 탐구된 결과이다. 개념적 이해는 위긴스와 맥타이(Wiggins & McTighe, 2011)는 '영속적인 이해', 에릭슨(Erickson, 1995)는 '핵심적 이해', IB에서는 '중심 아이디어', 교육부(2022)는 '핵심 아이디어'라는 단어로 각자 다르게 표현된다.

05. 개념

[이해] 백워드 설계

백워드 설계 템플릿은 중심 개념과 빅 아이디어를 제시하고 있다. 빅 아이디어는 영속적 이해에 초점을 두고 있고, 기본적으로 핵심 개념과 원리, 이론, 일반화를 의미한다. 또한, 교육과정의 핵심이며 콘텐츠를 구성하고, 이해 가능한 개념적 프레임워크를 제공한다. 빅 아이디어는 다음과 같이 개발한다. 첫째, 단원의 제목으로 주제를 작성한다. 둘째, 단원에 기술된 가능한 개념을 작성한다. 마지막으로 두 개 또는 그 이상의 개념을 개념망에서 학생이 단원으로부터 가져와 이해를 총괄화한 일반화된 문장으로 결합한다.

빅 아이디어는 특정한 단원을 초월해 전이 가능한 것이며, 이는 이해라는 건축물의 재료가 되고 하나의 지식을 다른 지식과 연결할 수 있도록 하는 의미 있는 패턴이라고 한다. 빅 아이디어는 다음과 같은 4가지의 역할을 한다.(Wiggins & McTighe, 2004)

첫째, 빅 아이디어는 내용의 우선순위를 결정하는 '개념 렌즈'[1]를 제공한다.

둘째, 빅 아이디어는 중요한 사실, 기능과 행동을 연결하는 조직자의 역할을 한다.

셋째, 빅 아이디어는 다른 맥락으로 전이시킨다.

넷째, 빅 아이디어는 추상적이기 때문에 심층적 학습이 있어야 한다.

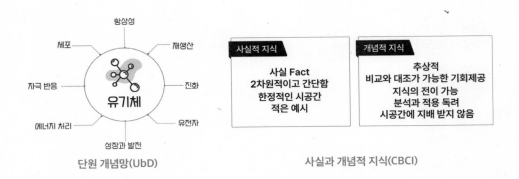

단원 개념망(UbD)   사실과 개념적 지식(CBCI)

[전이] 개념 기반 교육과정

개념은 전이되는 것으로, 소재보다 추상적이고 직관적이다. 개념은 일반성, 추상성, 복잡성 면에서 다른 수준으로 존재한다. 개념은 새로운 상황과 맥락으로 전이되는 토픽 또는 과정으로부터 도출되는 정신적 구성물이다.(Erickson, Lanning, & French, 2017)

개념은 공통된 특성이나 특징을 공유하는 대상이나 사건, 아이디어의 그룹을 조직하는 정신적 범주 또는 인지적 구성이다. 개념은 우리 주변의 세계를 이해하고 분류하는 데 도움이 된다.

인간은 일반적으로 사물이나 아이디어 간의 유사점과 차이점을 파악하고, 일반화하는 인지 능력을 갖추고 있다. 또한, 촉진하는 인지 능력을 갖추고 있다. 예를 들어, '새'라는 개념에는 깃털, 부리, 비행 능력과 같은 공통 특성을 가진 다양한 종이 포함된다. 한 번도 본 적 없는 새로운 새를 만났을 때, '새'라는 개념의 특징이 일치하기 때문에 빠르게 새로 분류할 수 있다. 이런 인지 능력으로 인공 지능(AI)의 딥 러닝(Deep Learning) 방식이 발달하게 되었다.

---

1 개념 렌즈는 단원의 아이디어나 개념으로 학습에 초점을 두게 하고, 저차원적 사고를 고차원적 사고로 전환하게 한다.

[전이] IB 프로그램

가. PYP의 개념과 질문

핵심 개념	질문	관련 개념
형태(Form)	어떻게 생겼는가?	탐구, 공동체, 예술 형식, 구조, 묘사, 양식, 공간, 조직, 유기체, 기하학, 정체성, 적응, 다양성, 응용
기능(Function)	어떻게 작동하는가?	관계, 기술, 방식, 전략, 모양, 과정, 구조, 양식, 반영, 연결, 목적
원인(Causation)	왜 그런 것인가?	관계, 관련성, 역할, 결과, 양식, 정체성, 적응, 역사, 권리, 동질성, 분배, 목적
변화(Change)	어떻게 변하는가?	즉흥, 이동, 창조, 시간, 경험, 표현, 반사, 긴장, 역동성, 정적, 삶의 과정, 정체성, 적응, 착시, 문화
연결(Connection)	다른 것과 어떻게 연결되는가?	청중, 문화, 관계성, 상징성, 인공물, 목적, 표현, 경험, 체계, 삶의 순환, 시간, 의사소통, 양식, 정체성, 구조, 공간
관점(Perspective)	여러 관점들은 무엇인가?	공간, 해석, 문화, 전통, 경계, 창조, 시민성, 표현, 반영, 반작용, 진실, 신념, 의견, 편견
책임(Responsibility)	우리의 책임은 무엇인가?	혁신, 약속, 메시지, 의사소통, 반응, 감사, 역사, 행동
성찰(Reflection)	우리는 어떻게 알 수 있는가?	주관, 과정, 시점, 비평, 정체성, 역사

나. MYP의 핵심 개념과 관련 개념

1) 핵심 개념

심미성	변화	의사소통	공동체
연관(연결)	창조성	문화	개발
형식	세계적 상호작용	정체성	논리
관점	관계	체제	시간, 장소, 공간

2) 관련 개념

언어와 문학		독자, 인물, 맥락, 장르, 상호 텍스트성, 관점, 목적, 자기 표현, 배경, 구조, 문체, 주제
언어 습득	1~2단계	억양, 청중, 맥락, 규칙, 형태, 기능, 의미, 메시지, 패턴, 목적, 구조, 단어 선택
	3~4단계	청중, 맥락, 규칙, 공감, 기능, 관용구, 의미, 메시지, 관점, 목적, 구조, 단어 선택
	5~6단계	논쟁, 청중, 편견, 맥락, 공감, 관용구, 추론, 관점, 목적, 문체 선택, 주제, 어조
과학	생물	균형, 결과, 에너지, 환경, 증거, 형태, 기능, 상호작용, 모델, 움직임, 패턴, 변환
	화학	균형, 조건, 결과, 에너지, 증거, 형태, 기능, 상호작용, 모델, 움직임, 패턴, 전이
	물리	결과, 현상, 에너지, 환경, 증거, 형태, 기능, 상호작용, 모델, 움직임, 패턴, 변환
개인과 사회	통합사회	인과관계, 선택, 문화, 자기 자본, 세계화, 신원, 혁신과 혁명, 관점, 힘, 과정, 자원, 지속가능성
	역사	인과관계, 문명, 갈등, 협력, 문화, 통치, 신원, 이념, 혁신과 혁명, 상호의존성, 관점, 중요성
	지리	인과관계, 문화, 공평과 불공평, 다양성, 세계화, 관리 및 개입, 네트워크, 패턴 및 추세, 힘, 과정, 규모, 지속가능성
	경제	선택, 소비, 자기 자본, 세계화, 성장, 모델, 빈곤, 힘, 자원, 희소성, 지속가능성, 거래
설계		적응, 협업, 인체공학, 평가, 형태, 기능, 혁신, 발명, 시장 및 추세, 관점, 자원, 지속가능성
수학		변화, 등가, 일반화, 정당화, 측정, 모형, 패턴, 양, 표상, 단순화, 공간, 시스템.
체육		적응, 균형, 선택, 에너지, 환경, 기능, 상호작용, 움직임, 관점, 정제, 공간, 시스템
예술	음악	관객, 경계, 구성, 표현, 장르, 혁신, 해석, 이야기, 연주, 발표, 역할, 구조
	시각미술	관객, 경계, 구성, 표현, 장르, 혁신, 해석, 이야기, 발표, 표현, 스타일, 시각문화

06. 본질적 질문(핵심 질문)

[이해] 백워드 설계

백워드 설계 1단계의 본질적 질문은 학생을 탐구로 유도하는 유용한 도구이다. 본질적인 질문들은 단원을 구성할 때 사용되며, 단원의 구체적인 사실과 소재들의 연결을 통해 개념과 일반화에 도달할 수 있도록 도와주는 역할을 한다. 본질적 질문은 학습자의 수준에 따라 다양하게 분류할 수 있다.

질문은 학생의 이해를 확장하고, 학생이 당연하게 여기는 것들에 의문을 품게 하고, 스스로 답을 찾게 한다. 그뿐만 아니라 자신의 지식 및 사고에 대해 정교화하고 성찰하도록 견인하는 역할을 한다. 수업에서 사용되는 질문의 유형은 아래와 같다.(McTighe & Wiggins, 2013)

유형	흥미유발 질문	유도 질문	안내 질문	본질적 질문
내용	새로운 주제에 대해 학생의 관심을 끌기 위한 질문	교사가 학생이 특정 정보를 기억해 내거나 제대로 처리할 수 있는지 확인하기 위한 질문	유도 질문보다 범위는 넓지만, 개방형 질문이나 깊은 탐구를 위해 개발된 질문	교과나 교육과정의 중심에 놓이거나 교과의 탐구와 심층적 학습을 촉진하는 질문

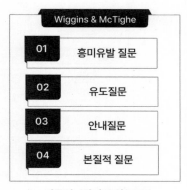

질문의 4가지 유형(UbD)

가이딩 질문(CBCI)

[전이] 개념 기반 교육과정

교사의 안내 질문은 학생 스스로가 이해를 설명할 수 있도록 도와주며 학생의 사고에 스캐폴딩을 제공한다. 사실적 수준에서의 단원의 주제와 개념적 수준에서의 일반화로부터 시작해서 수업을 계획함으로써 교사는 단원에서 4가지 종류의 질문을 만들어 낸다.(Carla Marschall and Rachel French, 2018)

사실적, 개념적 및 토론을 위한 질문, 최근에는 사실적 질문과 개념적 질문 사이에 개념 형성 질문을 의도적으로 고안해서 사용한다. 개별 개념 형성이 이루어지지 않은 상태에서 개념질문을 하는 것이 인지적 과부하를 일으키기 때문이다.(Jennifer T.H. Wathall, 2016)

유형	사실적 질문	개념 형성 질문	개념적 질문	토론(논쟁) 질문
내용	단원의 학습 내용에 관한 것. 다른 상황이나 맥락에 전이될 수 없고 시간, 공간, 상황에 한정한다.	인지적 과부하를 줄이기 위해 사실적 질문과 개념질문 사이에 개념을 형성하기 위한 질문을 한다.	전이 가능하고, 학생의 다양한 반응을 허용할 수 있을 만큼 개방적이지만 교육과 학습을 단원 일반화로 안내하는 방식으로 구성한다.	논란의 여지가 있는 질문. 비판적 사고와 대화를 촉진한다. 사실적이나 개념적일 수 있지만 '정답'이 없는 것으로 작성한다.

07. 지식과 이해

[이해] 백워드 설계

백워드 설계는 전통적인 설계의 단점으로 제시하는 쌍둥이 과실의 '활동 위주의 수업과 진도 나가기식 수업(피상적 수업)'을 지양한다. 피상적 수업은 성찰적 사고가 없는 교실을 생성하며, 지식 중심 교육으로 비판적 사고와 이해보다는 암기를 우선시할 수 있다. 교과서는 학생이 암기해야 하는 단순한 사실로 채워져 있고, 시험은 그 사실을 얼마나 기억하는지를 평가한다. '이해'는 어떤 것을 '아는 것'과는 다르다. 존 듀이(John Dewey, 1933)의 『사고하는 방법』에서 유의미 추론의 이해는 학습자들에게 의미를 습득하게 하는 사실들의 결과라고 요약함으로써 이해와 지식 개념의 차이를 밝히고 있다.

초보자는 물리학 문제의 답을 얻는 것이 방정식을 기억하고 회상해 이를 조작하는 것(사실)이라고 지각하는 반면, 전문가는 뉴턴의 제2법칙과 같은 물리학의 주요 개념을 가지고 문제에 접근하는 것(이해)이라고 지각한다.(National Reserch Council, 2000)

지식이 아닌 이해, 초보자의 지식이 아닌 전문가의 지식으로 향하기 위해, 백워드 설계 1단계에서 교사들은 학습해야 하는 사실과 정보, 중요한 지식과 개념, 기능을 확인하고, 전이 가능한 빅 아이디어들을 점검하는 것이 중요하다.

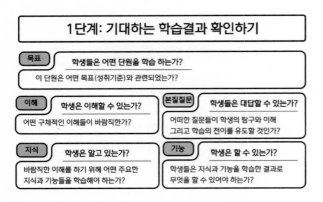

백워드 설계 1단계(UbD)

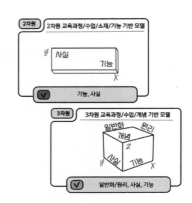

2차원과 3차원 설계(CBCI)

[전이] 학습 접근 방법

IB(International Baccalaureate) 프로그램은 교육 프레임워크의 필수적인 부분으로 ATL(Approach to Learning) 개발에 중점을 두고 있다. ATL 기술은 학생에게 학업 추구뿐만 아니라 개인 및 직업 생활에도 도움이 될 수 있는 일련의 전이 가능한 기술과 전략 습득에 필수적이기 때문이다.

ATL은 모든 IB 프로그램 학생들이 학습에 접근하기 위해 학습할 수 있도록 고안된 학습기술이다. '배우는 방법을 배우기' 위한 프로그램으로 교육과정의 요구 사항과 과정을 반영하고 구축할 때 교사와 학생이 사용할 수 있는 공통 언어를 제공한다. 더 폭넓게 구현하면 ATL이 일상 학습에 암시적이고 명시적으로 포함되는 것을 볼 수 있다. 경험을 통해 학생은 다양한 ATL 기술을 연습하고 점진적으로 개발할 기회를 얻는다.(ibo.org)

기능	주제	기능	주제
의사소통기능	명확하게 듣기	대인관계기능	책임감 받아들이기
	명확하게 말하기		다른 사람 존중하기
	내용을 파악하며 읽기		과제 함께 수행하기
	생각을 글로 쓰기		갈등 해결하기
	생각하며 바라보기		그룹 의견 결정하기
	효과적으로 나타내기		다양한 역할 받아들이기
	언어 외의 것으로 소통하기		
조사기능	질문 만들어 가기	자기관리기능	크게 움직이기
	계획 세우기		미세하게 움직이기
	자료 수집하기		공간 인지하기
	자료 기록하기		정리하기
	자료 정리하기		시간 관리하기
	자료 해석하기		안전하게 행동하기
	연구결과 발표하기		건강한 습관 가지기
사고기능	지식 습득하기		
	이해하기		
	적용하기		
	분석하기		
	연결하기		
	평가하기		
	다양한 관점으로 생각하기		
	나의 생각 되돌아보기		

출처: www.ibo.org/implement-myp를 재구성함.

08. 귀납적 추론

[이해] 백워드 설계

귀납적 추론은 특정한 관찰에서 일반적인 결론으로 이동하는 반면, 연역적 추론은 일반적인 원칙에서 특정한 결론으로 이동한다. 학습에서 귀납적 추론과 연역적 추론의 차이점은 수업의 순서에 있다. 귀납적 추론은 구체적인 예에서 시작해 학생이 일반적인 원리나 개념을 도출하도록 장려하는 반면, 연역적 추론은 일반적인 원리에서 시작해 학생이 이를 특정 사례에 적용하도록 안내한다.

UbD와 CBCI(Conept-Based Curriculum and Instruction)는 학습자가 탐색과 탐구를 통해 스스로 패턴과 원리, 개념을 발견하도록 권하는 귀납적 추론의 학생 중심 접근 방식을 강조한다. 또한, IB의 학습 접근 방법과 탐구과정도 '학습하는 법을 배우는 것'이 학습 과정에서의 가장 근본적인 역할을 한다는 믿음에서 시작된다. 교사는 다양한 탐구질문과 사례를 바탕으로 일반적인 개념 이해에 도달할 수 있도록 특정 사례와 개념을 연결하고, 일반화를 도출할 수 있도록 지원해야 한다.

명시적 조직자로서 '사실에 추가하기'는 초등학교 학생을 이해로 이끌기 위한 지침을 소개한다. 이 접근법은 학습자들이 의미를 귀납적으로 구성하도록 도와준다. 학생에게 다양한 교과 영역에서 다양한 상황에 적용할 수 있도록 인지적인 도구를 제공하고, 그러한 이해를 추구하는 것이 학생의 주요 과제이다.(Wiggins & McTighe, 2005)

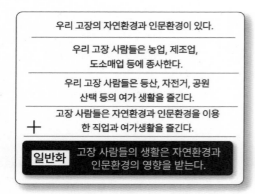

명시적 조작자: 사실 추가하기(UbD)

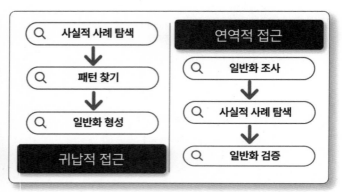

이해를 위한 귀납적·연역적 교수법(CBCI)

[전이] 개념 기반 교육과정

개념 기반 수업은 귀납적 원리를 포함한다. 귀납적 교수는 연역적 접근과 상반된다. 학생은 먼저 핵심 개념과 관련된 사례와 특성에 대해 알아보며, 알게 된 정보를 이용해 개념적인 아이디어(일반화)로 구성하고 표현한다. 개념 기반 수업에서는 학생이 자신의 이해를 만들어 내도록 수업을 설계한다. 이와 같은 수업에서는 고차적 사고와 사고의 통합이 이루어져야 한다.(Erickson, Lanning, & French, 2017)

09. 수행과제(총괄평가)

[이해] 백워드 설계

백워드 설계 2단계의 GRASPS는 교사가 의미 있고 실제적인 평가 과제를 설계하는 데 도움이 되도록 탐구기반 학습 및 프로젝트 기반 학습의 맥락에서 주로 사용된다. GRASPS의 각각의 문자는 작업의 다양한 요소를 나타나며, 또한 전이가능한 실제 시나리오와 관련된 평가를 생성하기 위한 프레임워크다.

진정한 수행과제는 과제들이 지니는 특수한 특징에 의해 평가의 다른 형태와 구분된다. 수행과제란 전형적으로 학생에게 문제를 제시하는 것이다. 수행과제를 창조하는 데 도움이 되는 문자의 GRASPS를 사용한 설계 도구는 목표(Goal), 역할(Role), 청중(Audience), 상황(Situation), 수행(Performance), 기준(Standard)에 해당된다.(Wiggins & McTighe, 2005)

수행과제 설계 도구(UbD)   수행평가 작성 도구(CBCI)

[전이] 개념 기반 교육과정

최종적인 단원 평가는 1개 또는 2개의 일반화 및 핵심 기능에 대한 학생의 이해를 확인한다. 최종평가를 위한 일반화는 개념적 렌즈를 포함하며, 다음과 같은 형식에 따라 작성할 수 있다.(Lynn Erickson, 2008)

> ① **무엇을**: (단원명 또는 초점) ……을 조사하시오.
> ② **왜**: (평가하고자 하는 단원 일반화) ……을 이해할 수 있게 하라.
> ③ **어떻게**: 학생의 평가 과제를 기술하라.

RAFTs는 학생이 역할을 맡고, 청중을 고려하고, 관련 관점에서 주제를 조사하고, 특정 형식으로 글을 쓰도록 한다. 교육과정 전반에 걸쳐 글쓰기를 장려하고 학생이 창의적인 방식으로 이해를 보여줄 기회를 제공하는 매력적인 전략이다.(Holston, V. & Santa, C., 1985)

수행평가 설계 프레임워크는 R(역할: 저자의 위치나 관점의 명사), A(청중: 의도된 청중), F(형식: 장르), T(주제: 공부하고 있는 내용과 학생의 이해도를 평가하고 싶은 내용), S(강한 동사: 독자의 주의를 끌기 위한 동사)로 표현된다.

10. 학습 경험

[이해] 백워드 설계

    교사는 탐구 단원을 설계할 때 교육과정 설계의 맥락에서 개념을 학습하고 이해하는 2가지 서로 다른 접근 방식(피상적 학습, 심층적 학습)을 활용한다. 피상적 학습은 표면 이해, 단기 기억, 과제 중심, 제한된 전이, 최소한의 비판적 사고를 가진다. 반면에 심층적 학습은 개념적 이해, 장기 기억, 내적 동기 부여, 전이 가능한 기술, 비판적 사고가 중심이다.

    심층적 학습은 피상적 학습과 다르게 교과서를 수많은 자료 중 하나로 보며 빅 아이디어를 중심으로 학생이 탐구과정 및 의미 있는 활동을 통해 이해에 도달하도록 하는 것이다. 설계자는 백워드 설계의 논리에 따라 각 단계를 개발해 왔다. 백워드 설계 3단계의 WHERETO는 단원을 최상으로 계열화하는 방법으로 학습 활동 계획에서 고려할 핵심 요소를 요약한다. 백워드 설계 3단계는 실제 수업을 통해 실행되는 과정으로 단원 학습이 이루어지는 시간 순서에 따라 고려해야 할 사항이 설계의 순서와는 다르다.(강현석 외, 2021)

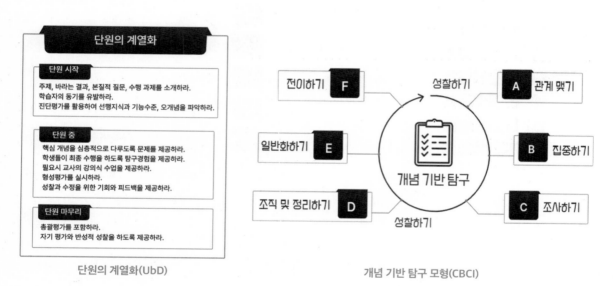

단원의 계열화(UbD)   개념 기반 탐구 모형(CBCI)

[전이] 개념 기반 교육과정

    개념 기반 탐구는 학생이 전이 가능한 개념 이해를 명확히 하고 다른 탐구 모델에 있는 탐구 기술 및 전략을 개발하는 데 도움이 되는 탐구학습의 한 형태를 나타낸다.(C. Marschall & R. French, 2018)

    개념 기반 탐구 모형은 관계 맺기, 집중하기, 조사하기, 조직 및 정리하기, 일반화하기, 전이하기의 과정이 순환으로 설계되고, 성찰하기는 각 단계에서 활용할 수 있다. 이 탐구 모형은 일차적인 순환으로 끝나는 것이 아닌 이해와 개념의 크기에 따라 반복적으로 사용하고, 여러 번 순환되기도 한다.

[전이] 캐스 머독의 탐구과정

캐스 머독(Kath Murdoch)의 탐구과정은 설계자들이 학생을 위한 탐구기반 학습 경험을 설계하고 촉진하도록 안내하기 위해 개발한 프레임워크다. 탐구과정은 6단계로 구성되며 교실에서 탐구과정을 구조화하고 지원하는 데 자주 활용된다. 6단계의 탐구과정은 모든 단계가 서로 연결된 순환 구조이다.

학습 경험의 설계를 알리기 위해 광범위한 탐구과정을 활용하는 교사는 각 단계에 공통적인 사고와 전략을 촉발하는 질문을 사용해 실습을 향상시킬 수 있다. 과정의 한 단계에만 국한되는 것은 아니지만 특정 질문은 학습 목적을 명확하게 하는 데 도움이 될 수 있다.(Kath Murdoch, 2015)

TUNING IN 준비하기	FINDING OUT 찾아내기	SORTING OUT 범주화하기
* 나는 그 주제에 대해 무엇을 알고 있는가? * 그것에 대해 어떻게 알 수 있는가? * 이 주제와 관련해 나는 어떤 경험을 갖고 있는가? * 내가 알고 싶은 것은 무엇인가? * 나는 어떤 아이디어에 관심이 있는가? * 내가 궁금한 것은 무엇인가? * 내 질문은 무엇인가? * 내 기분은 어떠한가?	* 더 많은 정보를 얻으려면 어디로 가야 하는가? * 어떤 자원을 사용할 수 있는가? * 검색에 어떤 키워드를 사용할 수 있는가? * 이에 대한 다양한 관점은 어디서 찾을 수 있는가? * 더 자세히 알아보려면 어떻게 해야 하는가? * 내 질문은 무엇인가? * 내 자원이 좋은지 어떻게 알 수 있는가? * 이 단계에서 나는 무엇을 느끼는가? * 좀 더 성공하기 위해 내가 할 수 있는 일이 있는가?	* 내가 찾은 정보를 어떻게 정렬할 수 있는가? * 내 질문이나 다른 사람의 질문에 답하는 데 도움이 되는 정보는 무엇인가? * 내가 찾은 정보를 이해하는 데 도움이 되는 키워드는 무엇인가? * 더 많은 정보를 알아야 하는가? * 그것이 내가 아는 것과 어떻게 연결되어 있는가? * 지금 내 질문은 무엇인가? 그들은 어떻게 변했는가? * 질문의 내용을 어떻게 변경해야 하나? * 내 생각은 어떻게 변하고 있는가? * 이 단계에서 질문에 대해 나는 어떤 느낌을 받는가?

Inquiry Cycle: 탐구 순환

TAKING ACTION 행동 적용하기	MAKING CONCLUSIONS 종합 성찰하기	GOING FURTHER 더 나아가기
* 내가 배운 내용은 내 삶이나 다른 사람들에게 어떻게 도움이 될 수 있는가? * 학습 능력을 어떻게 향상시킬 수 있나? * 나는 어떻게 가장 잘 배웠는가? * 학습을 향상시키기 위해 어떻게 조치를 취할 것인가? * 변화를 만들기 위해 배운 것을 어떻게 활용할 것인가? * 내 행동이 다른 사람에게 어떤 영향을 미칠까? * 이번 조사의 하이라이트는 무엇이었나? * 이 조사 과정을 통해 내 감정은 어떻게 바뀌었나? * 내가 배운 것 중 가장 열정을 느끼는 것은 무엇인가?	* 중심 사상에 대해 나는 무엇을 알고 이해하고 있는가? * 내가 배운 것을 다른 사람들과 효과적으로 공유했는가? * 나는 모든 질문에 대답했는가? * 나는 배운 것을 어떻게 할 것인가? * 나는 무엇을 다르게 할 것인가? * 내가 배운 것을 나누는 방식에 대해 나는 어떻게 생각하는가? * 다른 사람들의 생각에 대해 나는 어떻게 생각하는가?	* 나는 어떤 정보를 공유하고 싶은가? * 나의 청중은 누구인가? * 모든 질문에 대한 답변이 제공되는가? * 이 주제에 대한 다양한 관점을 고려했는가? * 충분한 정보를 찾았는가? * 내가 만든 연결을 어떻게 보여줄 계획을 세울 수 있는가? * 내가 배운 것을 어떻게 보여주고 싶은가? * 내가 배운 것을 보여주면서 나는 어떤 느낌을 받는가?

캐스 머독(Kath Murdoch, 2015: 68~69) 재구성.

[전이] 사고루틴

사고루틴은 교실에서 다양한 콘텐츠와 학년 수준에 걸쳐 반복적으로 사용하기 쉬운 미니 전략이다. 루틴은 학생의 지속적인 사고 학습을 지원하는 데 사용될 때 더 많은 힘을 발휘한다. 각 루틴은 다양한 종류의 사고를 목표로 하며 교사는 자신만의 콘텐츠를 가져와 사고루틴을 수업 구조에 통합한다.

학생의 사고 비계를 만들어 사고를 지원하기 위해 특정 루틴을 개발하고 적용 및 사용하는 교사들은 학생의 사고 촉진에 성공하는 경향이 있음을 발견했다.(Ritchhart, 2002) 사고루틴은 도구이자 구조이며 행동 양식이다. 사고루틴은 사고를 촉진하기 위한 도구 역할을 한다. 루틴의 단계는 학생의 사고를 더 정교하고 높은 수준으로 끌어올리는 자연스러운 비계 역할을 한다.(Ritchhart, 2011)

사고루틴	전략	사고루틴	전략
① 개념 소개 및 탐색 방법	생각-수수께끼-탐색	④ 피드백 지원 방법	3을 주다
	관찰-생각-궁금		
	분필 토론		피드백 사다리
	확대하기		
	설명 게임		말하기-묻기-아이디어-제안
	나침판 초점		
	3-2-1 연결		
② 개념 종합 및 정리 방법	연결-확장-도전	⑤ 자기성찰 방법	출구 질문 카드
	색상-기호-이미지		신호등 반응
	표제 만들기		손가락 반응
	연결-과제-개념-변화		3-2-1 반성
	나는 생각했지만~, 지금 생각은?		4 초점 반성
	개념 생성-정렬-연결-정교화		
	정확한 탐구교실 규칙		
	추리-탐구-설명		
③ 개념 심화 방법	그렇게 말하는 이유는 무엇인가?	⑥ 학생교류 방법	하나 주고, 하나 가져오기
	관점의 원		하나 더하기
	안으로 들어가기		생각-대화-공유
	빨강-노랑-초록불		리더 없는 토론
	주장-지지-질문		의미 만들기
	줄다리기		
	문장-구절-단어		
	과일 껍질을 벗기다		
	질문 시작		
	중심-주변-비밀		

출처: thinkingpathwayz.weebly.com를 재구성함.

제 **2** 장

교과별 개념 기반
탐구학습의 단원 설계

《 독자를 위한 문해력 》

제2장 교과별 개념 기반 탐구학습의 설계는 위긴스와 맥타이(Wiggins & McTighe, 1998)의 『Understanding by design』과 칼라 마르셸과 레이첼 프렌치(Carla Marschall and Rachel French, 2018)의 『Concept-Based Inquiry in Action』을 기반으로 재구성된 교과별 단원 설계안이다. 단원 설계는 백워드 설계 템플릿을 활용해서 교과서의 한 단원을 3단계로 재구성했다.

1단계 '왜 탐구할까?'는 단원의 개요와 구조, 일반화, 안내질문, 지식과 기능 순으로 구성되었다. 1단계는 단원을 개발할 때, 주요 구성 요소를 고려하는 단계로 설정한다. 지식(과정)의 구조와 조망도는 전체적인 단원을 구조적인 관점으로 이해할 수 있도록 구성했다.
그리고 1단계 마지막에 QR 코드를 삽입했다. QR 코드는 교사가 교육과정을 재구성할 수 있도록 교육부에서 발표한 2022 초등학교 교육과정(교육부 고시 제2022-33호)의 내용 체계표를 성취기준과 일반화를 매칭해 재구성한 자료다.

2단계 '어떻게 탐구를 확인할까?'는 총괄평가, 평가수준과 준거 순으로 제시했다. 2단계는 평가를 상세하게 계획하고 있다. 총괄평가는 수행과제로 GRASPS로 표현하고, 평가수준과 준거는 준거의 4가지 유형(효과, 내용, 질, 과정)으로 구성했다.

3단계 '무엇을 탐구할까?'는 탐구 모형의 탐구 전략을 활용해서 학습 경험을 구성했다. 3단계는 1, 2단계에서 설계한 내용에 근거해 계획하는 단계이다. 실제 수업 상황을 내러티브 형식으로 표현했으며, 성장 중심 평가를 위해 다양한 평가 상황을 제공했다. 마지막으로 ATL을 활용할 수 있는 학습지를 첨부했다.

통합교과

[Ubd 1단계] 단원의 목표 찾기: 왜 배워야 할까요?

01. 단원의 개요와 조망도

단원명	진정한 1학년은 무엇을 지키는가?	학년(차시)	1학년(20차시)
개념(PYP)	규칙(우리가 속한 공간과 시간)	교사	윤보민

'초등학교'는 1학년 학생들에게 낯선 공동체로, '초등학생'이라는 새로운 정체성을 요구한다. 이 단원은 학생이 살아갈 학교라는 '장소' 탐색과 구성원 간의 '관계' 탐색으로 시작한다. 탐색한 경험을 바탕으로 학교생활 습관과 학습 습관 형성에 필요한 규칙을 귀납적으로 이해하고 실천한다. 이를 습관화함으로써 공동체 상황에 능동적으로 적응해 나가는 삶의 역량을 키운다.

[2022 개정교육과정 내용 체계표]

핵심 아이디어	1~2학년 일반화	핵심 개념 Lens	관련 개념	범주/내용 요소			성취기준
				지식·이해	과정·기능	가치·태도	
우리는 내가 누구인지 생각하며 생활한다.	규칙은 모두가 건강하고 안전하게 생활하기 위한 약속이다.	책임	규칙	학교생활 습관과 학습 습관	습관 형성하기	안전하고 건강한 생활	[2바01-01] 학교생활 습관과 학습 습관을 형성해 안전하고 건강하게 생활한다.
				학교 안팎의 모습과 생활	탐색하기	안전한 학교생활	[2슬01-01] 학교 안팎의 모습과 생활을 탐색하며 안전한 학교 생활을 한다.

규칙은 지속가능한 공동체 생활을 위한 합의이며 함의다. 그렇기에 공동체의 규칙을 익히는 것은 새내기 구성원이 새로운 공동체 적응에 필요한 책임이다. 학생들은 학교 곳곳을 탐색하며 장소별 고유의 역할과 교사와 학생 간, 학생과 학생 간의 관계 맺음에 필요한 규칙을 수집한다. 수집한 규칙이 건강, 안전, 배려, 갈등 해결, 학습을 위해 필요함을 인식한다. 그런 다음 모델링, 역할극, 체크리스트, 자기·동료 평가를 통해 이해한 규칙을 실천하고 성찰한다. 실천을 통해 규칙이 건강하고 안전한 공동체를 위한 약속임을 이해한다.

[단원의 조망도(지식·과정의 구조)]

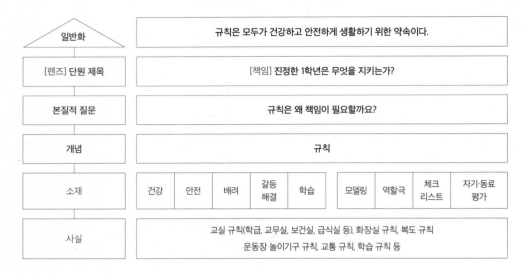

일반화	규칙은 모두가 건강하고 안전하게 생활하기 위한 약속이다.								
[렌즈] 단원 제목	[책임] 진정한 1학년은 무엇을 지키는가?								
본질적 질문	규칙은 왜 책임이 필요할까요?								
개념	규칙								
소재	건강	안전	배려	갈등 해결	학습	모델링	역할극	체크 리스트	자기·동료 평가
사실	교실 규칙(학급, 교무실, 보건실, 급식실 등), 화장실 규칙, 복도 규칙 운동장 놀이기구 규칙, 교통 규칙, 학습 규칙 등								

02. 일반화와 안내 질문

일반화·이해 학생들은 다음을 이해할 것이다.	안내 질문 학생들은 다음을 탐구할 것이다.
1. 학교는 여러 장소로 이루어져 있으며 각각 고유의 역할을 담당한다.	[개념 형성 1] 학교는 왜 다닐까요? [사실 1-1] 학교에는 어떤 곳들이 있나요? [사실 1-2] 학교에는 어떤 사람들이 있나요?
2. 우리는 서로 관계를 맺으며 생활한다.	[사실 2] 학교에는 어떤 규칙들이 있나요? [개념] 규칙은 왜 책임이 필요할까요? [논쟁] 용변이 급할 때는 복도를 뛰어가도 될까요? [개념 형성 2] 규칙은 어떻게 지켜야 할까요?

03. 지식과 기능

핵심 지식 학생들은 다음의 사실과 기본 개념을 알고 기억할 것이다.	기능 학생들은 다음의 기능과 절차를 활용할 것이다.
1. 학교 안팎 모습 2. 학교생활 습관과 학습 습관	1. 학교 안팎 탐색하기 2. 규칙(학교생활, 학습)이 필요한 까닭 설명하기 3. 학교생활 습관과 학습 습관 형성하기

「통합교과」
교과 내용 체계와
성취기준 매칭 자료(2022)

[UbD 2단계] 어떻게 탐구를 확인할까?

01. 수행과제(총괄평가)

<table>
<tr><td colspan="2" align="center">"진짜 1학년! 유치원 동생들에게 규칙을 설명하라."</td></tr>
<tr><td>목표
Goal</td><td>너의 과제는 초등학교 생활 규칙을 설명하는 것이다.</td></tr>
<tr><td>역할
Role</td><td>너의 역할은 규칙 선생님이다.</td></tr>
<tr><td>대상/청중
Audience</td><td>너의 청중은 병설 유치원 7세 반 동생들이다.</td></tr>
<tr><td>상황
Situation</td><td>너는 다음의 문제 상황에 놓여 있다.
우리 학교 병설 유치원 7세 반 동생들이 초등학교 생활에 대해 궁금해하면서도 걱정된다며 도움을 요청해 왔다.</td></tr>
<tr><td>결과물
Product</td><td>너의 결과물은 초등학교 생활 규칙 안내서를 제작하는 것이다.</td></tr>
<tr><td>기준
Standards</td><td>너의 결과물은 반드시 다음의 기준을 만족해야 한다.
첫째, 초등학교 여러 교실 탐색하고 선생님들 인터뷰하기
둘째, 지켜야 할 규칙을 그림 설명서로 만들기
셋째, 규칙 습관 체크리스트 작성하기
넷째, 병설 유치원 동생들에게 설명하고 모범 보이기</td></tr>
</table>

02. 루브릭(평가 준거와 수준)

[준거] 내용	기준보다 우수 Ⓐ	기준을 충족 Ⓑ	기준에 근접 Ⓒ
[내용의 정확성] **학교생활 규칙과 학습 규칙이 필요한 이유를 설명하는가?**	학교 안팎을 탐색하고 학교생활 규칙과 학습 규칙이 필요한 이유를 정확히 설명한다.	학교 안팎을 탐색하고 학교생활 규칙과 학습 규칙이 필요한 이유를 설명한다.	학교 안팎을 탐색하고 관련된 학교생활 규칙과 학습 규칙을 말한다.
[표현의 적절성] **학교생활 규칙과 학습 규칙을 그림이나 기호로 표현하는가?**	학교생활 규칙과 학습 규칙을 그림이나 기호로 이해하기 쉽게 표현한다.	학교생활 규칙과 학습 규칙을 그림이나 기호로 표현한다.	학교생활 규칙과 학습 규칙을 설명 자료의 도움을 받아 표현한다.
[발표의 효과성] **청중에게 발표 자료를 설명하는가?**	청중이 이해하기 쉽도록 발표 자료를 자세히 설명한다.	청중에게 발표 자료를 설명한다.	청중에게 발표 자료를 불분명하게 설명한다.
[태도의 정립성] **기본적인 학교생활 습관과 학습 습관이 형성되었는가?**	학교생활 습관과 학습 습관이 바르게 형성되어 있다.	기본적인 학교생활 습관과 학습 습관이 형성되어 있다.	학교생활 습관과 학습 습관을 형성하기 위해 노력한다.

[UbD 3단계] 학생들은 무엇을 탐구할까?

수업흐름	① 여러 나라의 학교 탐색하기	② 유치원과 초등학교 교실 비교하기	③ 학교 선생님 인터뷰하기	④ 유치원생과 초등학생의 규칙 비교하기
	관계 맺기 전략	개념 형성 전략	조사 전략	조직 및 정리 전략
	⑤ 규칙의 필요성을 일반화로 작성하기	⑥ 딜레마 상황에서 규칙 적용하기	⑦ 유치원 동생들에게 규칙 설명하기	⑧ 규칙 실천 체크리스트 점검하기
	일반화 전략	전이 전략	전이 전략	성찰 전략

지식-이해-기능	탐구 단계	학습 경험	평가[자료]*
[이해 1] 학교는 여러 장소로 이루어져 있으며 각각 고유의 역할을 담당한다. [지식 1] 학교 안팎 모습 [기능 1] 학교 안팎 탐색하기	**관계 맺기 전략** 토론기반 전략 ▼ 모국어 연결	Q. 학교는 왜 다닐까요? [개념 형성 1] 다른 나라 어린이도 초등학교에 다닐까요? 우리 반에는 한국, 베트남, 우즈베키스탄, 키르기스스탄, 방글라데시, 몽골 친구들이 함께 공부하고 있습니다. 친구들의 모국 학교에 관해 설명을 듣고 질문에 답해 보세요. 우리나라와 다른 나라의 학교는 어떤 점이 같고 다른가요? 학교는 무엇을 하는 곳인가요? 학교는 왜 다닐까요? **Tip** 교사는 사전에 다문화 가정의 부모와 협의해 관련 자료를 수집해 둔다. 학생이 모국어로 말하면 교사는 번역 앱을 이용해 한국어로 설명한다.	진 구두 질문 개인별 발표하기

수업 열기 우리나라뿐만 아니라 다른 나라에서도 어린이들이 학교에 다닌다는 것을 알게 되었지요? 여러분이 초등학교에 입학한 지 두 달이나 지났습니다. 여러분은 진짜 1학년이 되었나요?

'진짜 1학년'은 무엇을 알고 무엇을 할 줄 알아야 할까요? 이번 단원에서는 학교 곳곳을 탐색하고 선생님들을 직접 만나서 '진짜 1학년'이 알고 지켜야 할 규칙을 탐색하는 활동을 합니다. 그리고 학교생활과 학습(공부) 규칙은 어떤 것들이 있고 왜 지켜야 하는지 함께 이야기해 볼 것입니다.

여러분은 내년에 초등학교에 입학할 병설 유치원 동생들에게 초등학교 규칙을 가르쳐 주는 '규칙 선생님'이 되어야 합니다. 동생들에게 규칙을 왜 지켜야 하고 어떻게 지켜야 하는지 쉽게 설명해 주고 모범을 보이려면 어떻게 해야 할까요?

수업을 시작하기 전에 선생님이 안내하는 평가 기준을 확인해 봅시다.

	탐구 단계	학습 경험	평가[자료]*
	개념 형성 전략 분류 전략 ▼ 모두, 일부, 없음	Q. 학교에는 어떤 곳들이 있나요? [사실 1-1] 유치원이나 어린이집을 다녀본 경험이 있나요? 유치원(어린이집)에는 어떤 교실과 시설이 있었나요? 초등학교에는 어떤 교실과 시설이 있나요? 유치원과 초등학교를 비교하며 다음 3가지 질문에 알맞은 그림을 골라 동그라미 안에 기록해 봅시다. 　A. 유치원과 초등학교에 모두 있는 것은 무엇인가요? 　B. 유치원에만 있거나 초등학교에만 있는 것은 무엇인가요? 　C. 유치원과 초등학교 둘 다 없는 것은 무엇일까요? 먼저 짝끼리 서로 이야기한 후, 모둠끼리 의견을 모아 봅시다. A　　　B　　　C 〇　　〇〇　　〇　〇 **Tip** 한글 미해득 시기이므로 발표 내용을 교사가 칠판에 다이어그램을 그려 학생들의 구두 발표를 기록한다.	진 구두 질문 다이어그램으로 이해 확인하기

---

* 평가유형은 진(진단평가), 형(형성평가), 총(총괄평가)으로 구분한다.

	조사 전략 인적 자원 ▼ 인터뷰	Q. 학교에는 어떤 사람들이 있나요? [사실 1-2] 지난 시간에 학교와 유치원을 비교하며 학교에 더 많은 교실과 시설이 있다는 것을 배웠습니다. 우리는 3월에 학교 안팎을 구경했지만, 학교 곳곳에 계신 선생님과 직접 이야기를 나누어 본 적은 없습니다. 이번 시간에는 여러 교실을 직접 방문해 선생님과 만나 대화하며 각 교실의 역할과 그 교실에서 지켜야 할 규칙에 대해 인터뷰를 합니다. 교장실, 교무실, 영양사실, 행정실, 보건실, 도움반, 지킴이실, 각 학년 교실 등에서 지켜야 할 규칙 3가지씩 여쭤보고 기억해야 합니다. 교실에 돌아오면 알려주신 규칙을 제대로 잘 기억하는지 평가를 받습니다. **Tip** 인터뷰를 가기 전, 교실을 방문할 때 지켜야 할 예의와 질문 대본을 충분히 연습한다. 사전에 인터뷰할 내용과 학습지 양식을 해당 선생님이 제공해 학생 질문에 답을 준비할 시간을 확보한다. 규칙은 '~않기' 식의 부정어보다 '~하기' 식의 긍정어로 표현해 주시길 부탁한다.	형 구술평가 인터뷰한 규칙 정확하게 말하기
[이해 2] 우리는 서로 관계를 맺으며 생활한다. [지식 2] 학교생활 습관과 학습 습관 [기능 2] 규칙(학교생활, 학습)이 필요한 까닭 설명하기	**조직 및 정리 전략** 비교 조직자 ▼ 교차비교 차트	Q. 학교에는 어떤 규칙들이 있나요? [사실 2] 학교의 각 교실을 방문해 학교 규칙을 조사했습니다. 선생님들이 말씀해 주신 규칙들은 어떤 것들이 있었는지 발표해 봅시다. 선생님이 알려주신 규칙 외에 또 어떤 규칙이 있을까요? 유치원과 초등학교의 규칙을 서로 비교해 봅시다. 표(학습지)를 보며 교실마다 같고 다른 점을 발표해 봅시다. 모둠끼리 의논해 지켜야 할 규칙의 개수만큼 스티커(●)로 붙여 봅시다. 스티커(●)는 규칙을 모둠 친구들에게 발표한 후에 표에 붙이도록 합니다. | 예)	화장실	급식실	학습 규칙	복도	수업 시간	…
초등학교						
유치원							 각 모둠의 표를 서로 비교해 봅시다. 유치원보다 규칙(●)이 더 많은 곳은 어디 어디인가요? 초등학생이 되면서 새롭게 지켜야 할 규칙은 어떤 것들이 있나요?	형 구두평가 학습지에 붙여진 스티커와 발표 확인하기 [학습지]
	일반화 전략 사고 스캐딩 질문 ▼ 개념은행	Q. 규칙은 왜 책임이 필요할까요? [개념] 다음 몇 가지 그림들을 살펴봅시다. 예) 친구와 싸우는 장면, 계단에서 뛰어 내려오다 부딪히는 장면 등 규칙을 지키지 않으면 어떤 일이 생기는지 서로 이야기해 봅시다. 규칙은 왜 필요할까요? 지금까지 이야기를 나누며 알게 된 규칙 관련 단어(개념)들의 의미를 다시 확인해 봅시다. > 배려, 갈등(싸움), 안전, 사고, 사과, 평화, 협동, 행복 … 단어들을 1~3개 사용해 '규칙은 _____다.' 로 말해 봅시다. 왜 그렇게 생각했나요? **Tip** 개념은행의 각 개념의 뜻을 이해하고 있는지 개인별로 질문해 확인한다.	형 구술평가 일반화 문장 확인하기

[이해 2] 우리는 서로 관계를 맺으며 생활한다.
 	
[기능 3] 학교생활 습관과 학습 습관 형성하기
	전이 전략
	
	예측 및 가설
	▼
	만약에 ~ 라면?
		Q. 용변이 급할 때는 복도를 뛰어가도 될까요? [논쟁]
		
		『학교에서 똥이 마려우면』 동화를 잘 듣고 대답해 봅시다.
		여러분은 학교생활을 하면서 갑자기 용변이 급했던 경험이 있나요? 규칙을 지켜야 할까 말까 고민되었던 경험이 있나요?
		만약에 나라면 용변이 너무 급하면 어떻게 할지 그 이유를 '짝→모둠→전체' 순으로 이야기해 봅시다.
		모둠별로 다음 그림 중 하나를 선택해 만약에 나라면 어떻게 할지 함께 이야기해 봅시다.
		  예) 그림 1: 뛰어오는 친구를 피해 좌측통행을 할지 말지
		      그림 2: 다친 친구와 같이 엘리베이터를 타야 할지 말지
		      그림 3: 선생님이 다른 분과 이야기할 때 인사할지 말지 등
			형 구술평가
			
			이유의 합리성 확인하기

ATL: 의사소통기능 명확하게 말하기	Q. 나는 다른 사람에게 명확하게 발표할 수 있나요? **[교과 연계]** [2국01-04] 자신의 경험이나 생각을 바른 자세로 발표한다.	

		전이 전략	지난 시간에 여러 가지 상황에서 규칙을 규칙을 어떻게 지킬지 고민해 보았습니다. 유치원 동생들도 1학년이 되면 비슷한 고민을 하게 되겠지요? 동생들이 여러 가지 규칙에 대해 질문하면 친절하게 대답해 줄 준비가 되었나요?	작품평가
		적용 및 행동 ▼ 수행과제	여러분은 병설 유치원 동생들에게 '규칙 선생님'이 되어주어야 합니다. 지금까지 배운 규칙 중에서 동생들에게 알려주고 싶은 규칙 4~5가지를 유치원 동생들이 이해하기 쉽게 그림이나 기호로 나타내어 규칙 책 『초등학교 생활 규칙 안내서』로 만들어 설명해 주어야 합니다. 그리고 동생들이 규칙에 대해 질문하면 친절하게 대답해 주어야 합니다. 채점 준거를 확인하고 규칙 책을 만들어 봅시다.	[초등학교 생활 규칙 안내서]

[학생과 함께 설정한 채점 가이드]

채점 준거		성취점수(%)	자기평가	교사평가
지식·이해	Q. 규칙이 필요한 이유를 설명할 수 있나요?	30% [30/20/10]	Ⓐ Ⓑ Ⓒ	Ⓐ Ⓑ Ⓒ
과정·기능	Q. 규칙을 그림이나 기호로 잘 표현했나요?	15% [15/10/5]	Ⓐ Ⓑ Ⓒ	Ⓐ Ⓑ Ⓒ
수행(역량)	Q. 알아듣기 쉽게 잘 발표했나요?	15% [15/10/5]	Ⓐ Ⓑ Ⓒ	Ⓐ Ⓑ Ⓒ
가치·태도	Q. 규칙을 지키는 바른 습관을 지니고 있나요?	40% [40/30/20]	Ⓐ Ⓑ Ⓒ	Ⓐ Ⓑ Ⓒ
최종 점수				

			발표하기 전에 유치원 동생들이 이해하기 쉽게 설명해 줄 방법을 생각해 봅시다. 교실에서 발표 연습을 해서 여러분이 인터뷰했던 각 교실의 선생님에게 최종 리허설을 하고 평가를 받아 와야 합니다.	
			마지막으로 병설 유치원에서 가서 동생들에게 발표하게 됩니다.	
			[제작 및 발표 후]	
			채점 가이드에 자신의 발표에 대해 평가해 봅시다. Ⓐ Ⓑ Ⓒ 중에 여러분은 어디에 해당하나요? 왜 그렇게 평가했나요? 자신이 표시한 부분을 보면서 1명씩 잘한 점과 노력할 점에 대해 말해 봅시다.	
		성찰 전략	Q. 규칙은 어떻게 지켜야 할까요? [개념 형성 2]	자기평가/동료평가
		전략 및 평가 ▼ 체크리스트	『진짜 일학년 책가방을 지켜라』의 주인공과 자신을 비교하며 동화책을 들어봅시다. 여러분은 진짜 1학년인가요? 그렇게 생각한다면 이유는 무엇인가요? 무엇이 부족한가요? 우리가 배운 1학년 규칙 중 가장 중요하다고 생각되는 규칙 5개를 정해 봅시다. 5개의 규칙을 일주일 동안 매일 지키고 있는지, 자기평가 및 동료평가를 해 봅시다.	[체크리스트]

수업 마무리 이번 단원에서는 학교 규칙을 탐색하고 규칙을 지켜야 하는 이유에 대해 배웠습니다. 1주일 동안 기록한 규칙 체크리스트를 보며 내가 잘한 점과 반성할 점을 발표해 봅시다.

단원 공부를 하며 배운 점, 좋은 점, 아쉬운 점에 관해 이야기 나누어 봅시다.

유치원 동생들에게 '진짜 1학년'으로 모범이 되기 위해 무엇이 더 필요한지 생각해 봅시다.

학습 접근 방법(ATL) 학습지

의사소통기능: 명확하게 발표하기	( )초등학교 ( )학년 ( )반 이름:

[1단계] 바르게 발표하는 방법을 그림이나 기호로 나타내기

[바른 자세로 말해요]	[듣는 사람을 바라보며 말해요]
[알맞은 목소리로 말해요]	[친절하게 말해요]

[2단계] 바르게 발표하기

♣ [1단계]를 보며 바르게 발표하는 방법에 대해 친구, 부모님, 선생님 앞에서 발표해 봅시다.

[3단계] ATL 기능 자기평가하기

ATL 기능 자기평가	기준보다 우수	기준을 충족	기준에 근접	기준에 미달
1. 바른 자세로 말했나요?				
2. 듣는 사람을 바라보며 말했나요?				
3. 알맞은 목소리로 말했나요?				
4. 친절하게 말했나요?				

[한 마디 소감 말하기] 나의 의사소통기능에 어떤 장점과 단점이 있나요?

[UbD 1단계] 왜 탐구할까?

01. 단원의 개요와 조망도

단원명	내 마음에 들어온 시	학년(차시)	2학년(10차시)
개념(PYP)	심미성(우리 자신을 표현하는 방법)	교사	김현희

    시는 삶의 이야기를 운율과 리듬을 갖춘 형식과 간결한 표현으로 독자에게 감동과 생각을 전달한다. 시를 읽으면서 우리는 다른 사람들의 경험과 관점을 이해하고 공감하며 우리 자신의 감정을 더욱 깊게 이해할 수 있다. 또한, 시는 아름다움을 담아내는 예술로써 우리는 시를 읽으며 문학적인 표현의 다양성을 경험하고 언어의 아름다움과 재미를 느낀다. 이 탐구 단원에서 학생들은 시를 통해 아름다움과 즐거움을 공감하며 문학을 향유하는 역량을 함양할 수 있을 것이다.

[2022 개정교육과정 내용 체계표]

핵심 아이디어	1~2학년 일반화	핵심 개념 Lens	관련 개념	범주/내용 요소			성취기준
				지식·이해	과정·기능	가치·태도	
문학은 인간의 삶을 언어로 형상화한 작품을 즐거움과 깨달음을 얻고 타자와 소통하는 행위이다.	사람들은 시를 통해 공감하고, 아름다움과 즐거움을 느낀다.	심미성	시	시, 노래 이야기 그림책	낭송하기 말놀이하기 말의 재미 느끼기	-	[2국05-01] 말놀이, 낭송 등을 통해 말의 재미와 즐거움을 느낀다.
				시, 노래 이야기 그림책		문학에 대한 흥미	[2국05-04] 시나 노래, 이야기에 흥미를 가진다.

    본 탐구 단원에서 학생들은 다양한 시를 경험하며 시를 읽는 이유를 탐구하는 데 목적이 있다. 이러한 목적을 달성하기 위해 먼저 시의 의미를 알고 좋아하는 시를 찾고, 자신이 찾은 시를 다른 사람에게 서로 소개하면서 시를 읽는 이유를 설명한다. 학생들이 다양한 시를 읽고 즐기는 가운데 시가 주는 재미와 아름다움을 느끼며 시를 온전히 즐기고 누리는 사람으로 성장하기를 기대한다.

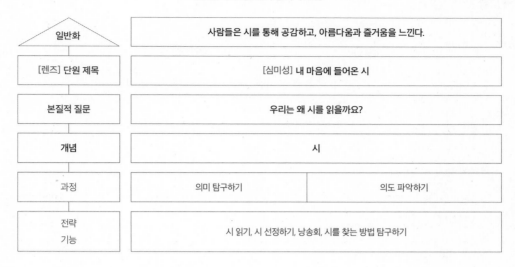

[단원의 조망도(과정의 구조)]

일반화	사람들은 시를 통해 공감하고, 아름다움과 즐거움을 느낀다.	
[렌즈] 단원 제목	[심미성] 내 마음에 들어온 시	
본질적 질문	우리는 왜 시를 읽을까요?	
개념	시	
과정	의미 탐구하기	의도 파악하기
전략 기능	시 읽기, 시 선정하기, 낭송회, 시를 찾는 방법 탐구하기	

02. 일반화와 안내 질문

일반화·이해 학생들은 다음을 이해할 것이다.	안내 질문 학생들은 다음을 탐구할 것이다.
1. 사람들은 시를 통해 아름다움과 재미, 공감을 얻는다.	[논쟁] 평소 나는 시를 즐겨 읽는다! 읽지 않는다! [개념 형성1-1] 시란 무엇일까요? [사실 1-1] 어떻게 하면 내 마음에 드는 시를 찾을 수 있을까요? [사실 1-2] 내 마음에 들어온 시와 그 이유는 무엇인가요? [개념 형성1-2] 시를 즐기며 낭송할 수 있나요? [개념] 우리는 왜 시를 읽을까요?

03. 지식과 기능

핵심 지식 학생들은 다음의 사실과 기본 개념을 알고 기억할 것이다.	기능 학생들은 다음의 기능과 절차를 활용할 것이다.
1. 시	1. 낭송하기 2. 말의 재미 느끼기

「국어」
교과 내용 체계와
성취기준 매칭 자료(2022)

[UbD 2단계] 어떻게 탐구를 확인할까?

01. 수행과제(총괄평가)

<table>
<tr><td colspan="2" align="center">"내 마음에 들어온 시를 낭송하라."</td></tr>
<tr><td>목표
Goal</td><td>너의 목표는 '내 마음에 들어온 시(좋아하는 시)'를 찾아 낭송하는 것이다.</td></tr>
<tr><td>역할
Role</td><td>너의 역할은 시 낭송가다.</td></tr>
<tr><td>대상/청중
Audience</td><td>너의 청중은 친구들과 선생님이다.</td></tr>
<tr><td>상황
Situation</td><td>너는 다음의 문제 상황에 놓여 있다.
우리 교육청에서 실시하는 시울림 낭송대회에 우리 학교가 참여하게 되었다. 우리 학급에서 1명이 참여해야 한다. 모든 친구가 자신의 마음에 들어온 시로 시울림 낭송회에 참가해 시를 낭송해야 한다. 시의 분위기를 가장 잘 살리는 친구가 우리 반의 대표가 된다.</td></tr>
<tr><td>결과물
Product</td><td>너는 '내 마음에 들어온 시'를 소개하고 낭송할 것이다.</td></tr>
<tr><td>기준
Standards</td><td>너의 결과물은 반드시 다음의 기준을 만족해야 한다.
첫째, 내 마음에 들어온 시 선정하기
둘째, 내 마음에 들어온 이유 설명하기
셋째, 시의 분위기에 어울리게 낭송하기</td></tr>
</table>

02. 루브릭(평가 준거와 수준)

[준거] 내용	기준보다 우수 Ⓐ	기준을 충족 Ⓑ	기준에 근접 Ⓒ
[내용의 정확성] 내 마음에 들어온 시를 찾아 그 이유를 설명할 수 있는가?	내 마음에 들어온 시를 찾아 그 이유를 설득력 있게 설명한다.	내 마음에 들어온 시를 찾아 그 이유를 설명한다.	시를 읽고 떠오르는 장면 또는 느낀 점을 초보적인 수준에서 설명한다.
[기능의 효과성] 시의 분위기에 어울리게 낭송할 수 있는가?	시의 분위기에 어울리는 음색과 리듬감, 감정을 살려 노련하게 낭송한다.	시의 분위기에 어울리는 음색과 리듬감, 감정을 살려 낭송한다.	시의 분위기를 고려하지 않고 낭송한다.
[역량의 도달성] 시를 읽고 재미와 즐거움을 느끼는가?	소개하고 싶은 시를 찾고 낭송하면서 시를 읽는 재미와 즐거움을 느끼며 향유한다.	소개하고 싶은 시를 찾고 낭송하면서 시를 읽는 재미와 즐거움을 느낀다.	시를 읽는 재미와 즐거움을 느끼지 못한다.
[수행의 참여도] 자신의 수행과정 또는 수행 결과물에 대해 적극적인 태도를 지니고 있는가?	자신의 수행과정을 즐기며 수행 결과물에 대해 주도적인 태도로 참여한다.	자신의 수행과정 또는 수행 결과물에 대해 적극적인 태도로 참여한다.	자신의 수행과정 또는 수행 결과물에 대해 소극적인 태도를 보인다.

[UbD 3단계] 학생들은 무엇을 탐구할까?

수업흐름	① 시 읽는 빈도 점검하기	② 형용사를 사용해 시 정의하기	③ 시의 의미 이해 점검하기	④ 내 마음에 드는 시 찾는 방법 조사하기
	관계 맺기 전략	개념 형성 전략	성찰 전략	조사 전략
	⑤ 내 마음에 들어온 시 선정하기	⑥ 시를 읽는 이유 설명하기	⑦ 시울림 낭송회에 참여하기	⑧ 성찰하기
	조직 및 정리 전략	일반화 전략	전이 전략	성찰 전략

지식·이해·기능	탐구 단계	학습 경험	평가[자료]
[이해] 사람들은 시를 통해 아름다움과 재미, 공감을 느낀다. [지식 1] 시	**관계 맺기 전략** 의견기반 전략 ▼ 스펙트럼 입장 진술문	Q. 평소 나는 시를 즐겨 읽는다! 읽지 않는다! [논쟁 1] 여러분은 평소에 시를 즐겨 읽나요? 얼마나 자주 읽나요? 지난 일주일 동안 시를 얼마나 읽었는지 빈도를 '전혀'에서부터 '매일'까지 바닥에 그려진 스펙트럼 라인으로 이동해 봅시다. 시를 매일 읽는다면, 어떤 이유로 많이 읽나요? 시를 전혀 읽지 않는다면, 어떤 이유로 읽지 않나요? 전혀 ——————————————— 매일	진 관찰평가 시를 읽는 빈도와 이유 발표하기

수업 열기 시란 무엇이라고 생각하나요? 그리고 시는 왜 읽을까요? 우리는 시를 통해 무엇을 얻고 느끼게 되는 것일까요?

여러분은 낭송가가 되어 '시울림 낭송회'에 참가해 '내 마음에 들어온 시'를 낭송해야 합니다. '내 마음에 들어온 시'는 자신이 읽은 시 중에서 가장 재미있거나 공감되는 시를 말합니다.

시를 낭송하기 위해 우리는 무엇을 탐구하고 이해해야 할까요?

본격적으로 시작하기 전에 선생님이 제시하는 평가 수준과 준거를 확인해 봅시다.

지식·이해·기능	탐구 단계	학습 경험	평가[자료]
[기능 2] 말의 재미 느끼기	**개념 형성 전략** 명명 전략 ▼ 형용사	Q. 시란 무엇일까요? [개념 형성 1-1] 다음 제시하는 형용사를 사용해 자신이 생각하는 시를 설명해 봅시다. 아름다운 / 창의적인 / 즐거움 / 포근한 감성적인 / 흥미로운 / 짧은 / 감동적인 따뜻한 / 자유로운 / 희망을 주는 / 새로운 행복한 / 놀라운 / 진정한 / 재미있는 시는 _____ 다. **Tip** 학생의 수준을 고려해 학생이 직접 형용사를 제시하고 개념에 대한 정의를 형성할 수 있다.	형 단답형 평가 시 정의하기 [개념 형성 학습지]
	자기 성찰 전략 3-2-1 반성	시의 의미를 이해하고 있는지 '3-2-1 Reflection'으로 자기평가합니다. 3 학습의 결과로 지금 알고 있는 내용 2 공부한 내용에 대해 아직도 풀리지 않은 의문이나 문제 1 파악하지 못했다고 느끼는 학습 내용 **Tip** 반성학습지를 통해 학생들의 이해 정도를 파악하고 의문이나 파악하지 못한 문제를 피드백한다.	형 구술평가 3-2-1 로 자기 성찰하기 [3-2-1 반성 학습지]
ATL: 조사기능 자료 수집하기		Q. 관심 있는 주제로 자료를 수집할 수 있는가? [교과 연계] [2슬04-03] 경험한 것 중에서 관심 있는 주제를 정하고 조사한다.	

조사 전략	Q. 어떻게 하면 내 마음에 드는 시를 찾을 수 있을까요? [사실 1-1]	휑 단답형 평가
출판 자료	❶ 장면을 떠올리며 시 읽기	내 마음에 드는 시 찾는
▼	시집에서 선생님이 제시하는 주제와 관련된 시를 찾아봅시다.	방법 조사하기
문학		[조사 학습지]

계절	친구	가족	음식

모둠 친구들과 주제별로 내 마음에 들어온 시를 이야기해 봅시다.

내 마음에 들어온 시를 소리 내어 읽어 봅시다.

시에서 어떤 장면이 떠오르나요? 떠오르는 장면을 그림으로 그리고 자신의 그림과 친구의 그림을 비교해 봅시다.

시의 장면을 그림으로 표현해 보며 무엇을 느끼게 되었나요?

Tip 시의 장면을 그림으로 표현할 때는 시의 장면을 구체적으로 떠올려 시의 특성을 이해하고 미술적인 완성도보다는 시의 내용을 어떤 관점으로 시각화했는지 점검한다.

❷ 시 속 인물의 마음 상상하기

짝과 함께 시의 장면을 몸짓으로 표현해 봅시다. 인물의 행동을 몸짓으로 표현해 보니 어떤 생각이나 느낌이 들었나요?

인물의 마음을 알 수 있었던 표현은 무엇인가요?

시 속 인물의 상황과 비슷한 자신의 경험을 떠올려 봅시다. 시 속 인물의 마음은 어떠할까요?

인물의 마음을 상상하며 시를 소리 내어 읽어 봅시다. 시 속 인물의 마음을 상상하며 시를 읽어 보니 무엇을 느끼게 되었나요?

Tip 시에도 다양한 마음이 존재함을 이해하고 시의 장면을 몸짓으로 표현하며 인물의 마음을 깊이 있게 상상하고 시의 재미를 느낄 수 있도록 한다.

조직 및 정리 전략	Q. 내 마음에 들어온 시와 그 이유는 무엇인가요? [사실 1-2]	휑 단답형 평가
요약 조직자	여러 시 중에서 시울림 낭송회에 낭송할 시를 최종 선정해 봅시다. 내 마음에 들어온 시와 그 이유는 무엇인가요? 어떤 장면이 떠오르나요? 시 속 인물은 어떤 마음인가요?	내 마음에 들어온 시 선정하기
▼	시의 분위기에 알맞은 낭송 방법(음색, 리듬감, 감정)은 무엇인가요?	[시각적 메모 학습지]
시각적 메모 작성		

Tip 낭송할 시를 선정할 때에는 감동 받는 시, 공감되는 표현, 학생의 수준을 고려하도록 안내한다.

일반화 전략	Q. 우리는 왜 시를 읽을까요? [개념]	휑 서술평가
사고 스캐폴딩을 위한 개념 은행	시를 읽는 이유는 무엇이라고 생각하나요? 여러분은 시를 읽으며 무엇을 느끼게 되었나요? 다음 빈칸을 채워 문장을 완성해 봅시다.	문장 구조로 시를 읽는 이유 설명하기
▼		[배움공책]
문장 구조(프레임)		

시를 읽으면

_____ 하다.

[기능 1] 낭송하기	전이 전략	Q. 시를 즐기며 낭송할 수 있나요? [개념 형성 1-2]	총 구술평가
	학습 적용 및 실행	여러분은 시울림 낭송회에 참가하는 낭송가입니다. 청중에게 내 마음에 들어온 시를 선정하게 된 이유를 밝히고 시의 분위기에 어울리게 낭송해 봅시다.	시의 분위기에 어울리게 낭송하기
	▼		
	수행평가	**Tip** 시에 어울리는 배경 음악은 낭송회의 분위기와 낭송의 효과를 살리는 데 도움이 된다.	

채점 준거		성취점수(%)	자기평가			교사평가		
지식·이해	Q. 내 마음에 들어온 이유를 설명할 수 있나요?	30% [30/20/10]	Ⓐ	Ⓑ	ⓒ	Ⓐ	Ⓑ	ⓒ
과정·기능	Q. 시의 분위기에 어울리게 낭송할 수 있나요?	30% [30/20/10]	Ⓐ	Ⓑ	ⓒ	Ⓐ	Ⓑ	ⓒ
수행(역량)	Q. 시를 읽고 재미와 즐거움을 느끼나요?	20% [20/15/10]	Ⓐ	Ⓑ	ⓒ	Ⓐ	Ⓑ	ⓒ
가치·태도	Q. 이번 활동에 즐겁게 참여했나요?	20% [20/15/10]	Ⓐ	Ⓑ	ⓒ	Ⓐ	Ⓑ	ⓒ
최종 점수								

성찰 전략 모니터링 전략 ▼ 성찰하며 수업 마무리하기	이번 단원에서 여러분은 무엇을 이해하게 되었나요? 배움공책에 성찰일기를 쓰며 단원을 마무리해 봅시다. 무엇을 배웠나요? 아쉬운 점은 무엇인가요? 좋은 점은 무엇인가요?	헹 자기평가 성찰일기 쓰기 **[배움공책]**

수업 마무리 우리는 '시는 왜 읽을까?'라는 탐구질문을 토대로 시의 의미를 알고 다양한 시를 읽으며 시 고유의 아름다움과 재미, 공감의 감정을 느꼈습니다. 그리고 시울림 낭송회에 참여해 청중 앞에서 내 마음에 들어온 시를 낭송했습니다.

이번 탐구 단원에서 여러분이 이해한 내용을 바탕으로 앞으로도 시를 스스로 찾아 읽으며 시를 즐기는 사람으로 자라나기를 기대합니다. 더불어 가족에게 소개하고 싶은 시를 선택해 가족 앞에서 시를 낭송하며 시가 주는 가치와 감동을 함께 누렸으면 좋겠습니다.

학습 접근 방법(ATL) 학습지

조사기능: 자료 수집하기	( )초등학교 ( )학년 ( )반 이름:

1. 도서관(교실)에 있는 시집에서 다음 주제와 어울리는 시를 찾아 제목을 작성해 봅시다.

주제	친구	가족	음식	동물	[ ]
내가 좋아하는 시					

* 마지막 칸은 내가 찾고 싶은 주제를 작성하세요.

2. 내가 찾은 시 중에서 가장 마음에 드는 시를 낭송해 봅시다.

3. 가장 마음에 드는 주제를 선정해, 오감각을 활용해 비유적 표현을 찾아봅시다.

4. 감각을 활용한 비유적 시를 써 봅시다.

ATL 기능 자기평가	기준보다 우수	기준을 충족	기준에 근접	기준에 미달
Q1. 주제를 다양한 감각의 정보와 자료로 연결했나요?				
Q2. 다양한 형식과 플랫폼으로 정보를 제공했나요?				

[한 줄 글쓰기] 나의 조사기능에 어떤 장점과 단점이 있나요?

[UbD 1단계] 왜 탐구할까?

01. 단원의 개요와 조망도

단원명	자연환경을 누리는 세상	학년(차시)	6학년(20차시)
개념(PYP)	관계(우리가 속한 공간과 시간)	교사	서수정

  이 단원은 세계 여러 대륙과 나라들의 지리적 특성에 대한 이해를 바탕으로 다양한 생활양식이 나타나게 된 원인을 파악하고, 이를 통해 삶의 다양한 방식을 존중하는 태도를 형성하는 것을 목표로 한다. 이를 위해 다양한 시각·공간 자료를 활용해 세계 주요 대륙과 나라에 대한 기초적인 지리 정보를 탐색하고, 기후나 지형 등 인간 생활에 영향을 미치는 여러 자연적 요인을 탐구한다.

[2022 개정교육과정 내용 체계표]

핵심 아이디어	5~6학년 일반화	핵심 개념 Lens	관련 개념	범주/내용 요소			성취기준
				지식·이해	과정·기능	가치·태도	
지표상에는 다양한 기후 특성이 나타나며, 기후 환경은 특정 지역의 생활 양식에 중요하게 적용한다.	세계의 다양한 자연환경(기후와 지형)은 해당 지역의 생활양식에 영향을 미친다.	관계	자연 환경	우리나라의 계절별 기후	자료를 바탕으로 우리나라의 계절별 기후 특징 탐구하기	-	[6사02-01] 우리나라의 계절별 기후 특징을 자료에서 탐구하고, 기후 변화로 인한 자연재해의 심각성을 이해한다.
				세계의 기후	지도, 기후 그래프, 사진 등을 활용해 세계의 다양한 기후 비교하기	-	[6사10-02] 세계의 다양한 기후를 알아보고 기후 환경과 인간 생활 간의 관계를 탐구한다.

  지식의 구조에서는 관계라는 핵심 개념(Lens)을 바탕으로 자연환경 중 기후와 지형이 인간 생활(의식주, 문화 등)과 어떤 연결 관계를 맺고 있는지 인식하면서 탐구하도록 한다. 이 단원은 학생들이 '세계의 다양한 자연환경(기후와 지형)은 해당 지역의 생활양식에 영향을 미친다.'라는 일반화에 도달하는 것이 목적이다.

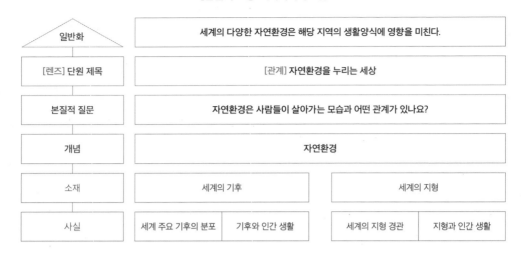

[단원의 조망도(지식의 구조)]

일반화	세계의 다양한 자연환경은 해당 지역의 생활양식에 영향을 미친다.
[렌즈] 단원 제목	[관계] 자연환경을 누리는 세상
본질적 질문	자연환경은 사람들이 살아가는 모습과 어떤 관계가 있나요?
개념	자연환경
소재	세계의 기후 / 세계의 지형
사실	세계 주요 기후의 분포 / 기후와 인간 생활 / 세계의 지형 경관 / 지형과 인간 생활

02. 일반화와 안내 질문

일반화·이해 학생들은 다음을 이해할 것이다.	안내 질문 학생들은 다음을 탐구할 것이다.
1. 지표상에는 다양한 자연환경이 있다.	[논쟁 1-1] 나라별로 음식은 왜 다를까요? [사실 1-1] 세계 여러 나라 사람들은 어떤 모습으로 살아가고 있나요? [논쟁 1-2] 세계 여러 나라 사람들의 삶의 모습이 다른 이유는 무엇일까요? [개념 형성 1-1] 세계의 기후는 어떻게 구분하고, 각 특성은 무엇인가요? [논쟁 1-3] 왜 키토와 보고타는 열대기후 지역이면서 온대기후에 속할까요? [사실 1-2] 세계에는 어떤 다양한 지형이 있나요? [개념 형성 1-2] 지형과 기후는 어떤 관계가 있나요?
2. 자연환경은 다양한 생활 모습을 형성한다.	[개념 형성 2-1] 기후는 인간 생활과 어떤 관계를 맺고 있나요? [개념 형성 2-2] 지형은 인간 생활과 어떤 관계를 맺고 있나요? [개념] 자연환경은 사람들이 살아가는 모습과 어떤 관계가 있나요?

03. 지식과 기능

핵심 지식 학생들은 다음의 사실과 기본 개념을 알고 기억할 것이다.	기능 학생들은 다음의 기능과 절차를 활용할 것이다.
1. 세계의 기후 2. 세계의 지형 3. 다양한 자연환경과 인간 생활	1. 지도, 기후 그래프, 사진 등을 활용해 세계의 다양한 기후 비교하기 2. 사진, 기록물, 영상 자료 등을 활용해 다양한 지형의 사례 조사하기 3. 자료를 바탕으로 다양한 자연환경과 생활 모습 조사하기

「사회」
교과 내용 체계와
성취기준 매칭 자료(2022)

[UbD 2단계] 어떻게 탐구를 확인할까?

01. 수행과제(총괄평가)

"다른 나라의 생활 모습을 해석하는 자료를 만들어 발표하라."

목표 Goal	너의 목표는 다른 나라의 생활 모습을 해석하는 자료를 만들어 발표하는 것이다.
역할 Role	너의 역할은 지리학자이다.
대상/청중 Audience	너의 청중은 우리 학교 학생들과 선생님이다.
상황 Situation	너는 다음의 문제 상황에 놓여 있다. 우리나라는 점점 다문화 사회가 되어 가고 있다. 그러나 우리 학교 학생들은 다른 나라의 문화에 대한 이해가 부족해서 배려하지 못하는 행동을 보일 때가 종종 있다. 문화존중이 부족한 우리 학교 학생들에게 다른 나라의 문화와 생활 모습에 대한 이해를 높일 필요가 있다.
결과물 Product	너는 다른 나라의 생활 모습을 해석하는 프레젠테이션 자료를 만들 것이다.
기준 Standards	너의 결과물은 반드시 다음의 기준을 만족해야 한다. 첫째, 다른 나라의 생활 모습 주제 정하기(집, 음식, 옷, 모자 등) 둘째, 선정한 주제에 맞게 차이점을 드러낼 수 있는 나라 2~3개국 선정하기 셋째, 환경과 생활 모습의 관련성이 드러나게 프레젠테이션 만들기 넷째, 발표 자료와 발표 내용을 평가 준거에 맞게 작성하고 발표하기

02. 루브릭(평가 준거와 수준)

[준거] 내용	기준보다 우수 Ⓐ	기준을 충족 Ⓑ	기준에 근접 Ⓒ
[내용의 정확성] **자연환경과 생활 모습의 관계를 이해하고 있는가?**	다양한 자연환경과 생활 모습의 관계를 다양한 예를 바탕으로 분명하게 나타낸다.	다양한 자연환경과 생활 모습의 관계를 분명하게 나타낸다.	다양한 자연환경과 생활 모습의 관계를 다른 사람의 도움을 받아 나타낸다.
[기능의 효과성] **자연환경과 생활 모습의 관계를 자료를 통해 탐구하는가?**	자연환경과 생활 모습의 관계를 자료를 활용해 효과적으로 탐구한다.	자연환경과 생활 모습의 관계를 자료를 활용해 탐구한다.	자연환경과 생활 모습의 관계를 다른 사람의 도움을 받아 탐구한다.
[발표 자료의 효율성] **자연환경과 생활 모습의 관계를 매체를 통해 전달하는가?**	자연환경과 생활 모습의 관계를 매체를 통해 효율적으로 전달한다.	자연환경과 생활 모습의 관계를 매체를 통해 전달한다.	자연환경과 생활 모습의 관계를 다른 사람의 도움을 받아 매체를 활용해 전달한다.
[가치·태도의 개방성] **다양한 생활양식을 존중하는 태도를 보이는가?**	다양한 생활양식에 관심을 갖고 있으며 존중하는 태도를 보인다.	다양한 생활양식을 존중하는 태도를 보인다.	다양한 자연환경과 생활양식에 관해 관심을 가지려고 노력한다.

[UbD 3단계] 학생들은 무엇을 탐구할까?

수업흐름	① 나라별 음식이 다른 이유 토론하기	② 세계 여러 나라 사람들의 생활 모습 살펴보기	③ 세계 여러 나라 사람들의 생활 모습이 다른 이유 생각해 보기	④ 세계의 기후 구분하기	⑤ 세계 기후의 특성 학습 돌아보기	⑥ 열대 지역에 속하면서 온대기후인 지역(키토) 탐구하기	⑦ 세계의 지형 조사하기
	관계 맺기 전략	조사 전략	관계 맺기 전략	개념 형성 전략	성찰 전략	관계 맺기 전략	조사 전략
	⑧ 지형과 기후의 관계 탐구하기	⑨ 세계의 지형 학습 돌아보기	⑩ 기후와 인간 생활의 관계 생각해 보기	⑪ 지형과 인간 생활의 관계 생각해 보기	⑫ 자연환경과 생활 모습의 관련성 패턴 찾기	⑬ 체크리스트 점검하기	⑭ 자연환경과 생활 모습의 관련성 수행평가 수행하기
	조직 및 정리 전략	성찰 전략	조직 및 정리 전략	조직 및 정리 전략	일반화 전략	성찰 전략	전이 전략

지식-이해-기능	탐구 단계	학습 경험	평가[자료]
[이해 1] 지표상에는 다양한 자연환경이 있다. [지식 1] 세계의 기후 [기능 1] 지도, 기후 그래프, 사진 등을 활용해 세계의 다양한 기후 비교하기	**관계 맺기 전략** 토론기반 전략 ▼ 거미줄 토론	Q. 나라별로 음식은 왜 다를까요? [논쟁 1-1] 다른 나라 음식을 먹어 본 적이 있나요? 각 나라의 음식 사진을 보면서 나라별로 음식이 다른 이유에 대한 자기 생각을 정리하고 거미줄 토론을 해봅시다. **Tip** 학생들을 두 그룹으로 나누고 한 그룹이 먼저 교실 가운데로 나와 둥글게 앉도록 한다. 칠판에 큰 원형 그림을 그리고 참여하는 학생의 좌석 배치를 표시한다. 듣는 그룹 학생들이 참여하는 학생들의 대화 상황을 학습지에 표시하면서 모든 학생이 참여하도록 한다.	진 구술평가 개별 사전 탐구 결과 자료 확인하기 [Worksheet]
	조사 전략 출판 자료, 테크놀로지 활용	Q. 세계 여러 나라 사람들은 어떤 모습으로 살아가고 있나요? [사실 1-1] 음식 외에도 사람들이 살아가는 모습에는 어떤 차이점과 공통점이 있을까요? 모둠별로 대륙을 하나씩 맡아서 각 대륙의 유명한 나라 1, 2곳을 정해 그 나라 사람들의 생활 모습을 조사하고 발표해 봅시다. 자료는 학급의 세계 지리 관련 도서, 검색 엔진의 어린이 백과 등을 이용해 찾아봅시다. **Tip** 발표할 때 '둘 가고 둘 남기' 방법을 활용하면 소규모로 발표가 이루어져 좀 더 참여도를 높일 수 있다. '둘 가고, 둘 남기'는 A, B조로 나누어 A조가 준비한 내용을 발표할 때는 B조가 다른 모둠의 발표를 들으러 돌아다니고, B조가 발표할 때는 A조가 다른 모둠의 발표를 들으러 돌아다니는 방식이다.	형 보고서 평가 개인-모둠 작성한 내용 확인하기 [보고서]
	관계 맺기 전략 토론기반 전략 ▼ 침묵의 대화	Q. 세계 여러 나라 사람들의 삶의 모습이 다른 이유는 무엇일까요? [논쟁 1-2] 여러분들이 조사한 나라들의 삶의 모습은 비슷한 점도 있지만 다른 점도 많았습니다. 그 이유는 무엇일까요? 침묵의 대화를 통해 이야기를 나누어 봅시다. **Tip** 침묵의 대화 방법은 학생들이 말없이 서면으로 토론하는 방식이다. 이 방법은 조용하고 깊이 있는 토론이 가능하다. 학생들은 먼저 질문에 관한 자기 생각을 학습지에 쓰고, 다 쓴 학습지를 모둠의 1번 학생은 2번 학생에게, 2번은 3번에게, 3번은 4번에게 전달한다. 친구의 학습지를 받으면 친구의 생각과 연결하거나 다른 점을 쓰도록 하고 1~2분 뒤에는 다시 순서대로 다른 친구에게 학습지를 넘겨 서면 대화가 이루어지도록 한다.	진 관찰평가 개별 사전 탐구 결과 자료 확인하기 [Worksheet]

수업 열기 지리학자가 어떤 일을 하는지 알고 있나요? 지리학자는 자연환경과 삶의 연관성을 연구하는 사람입니다. 우리나라도 점점 다문화 사회가 되어 가고 있습니다. 어떤 초등학교에서는 외국인이나 다문화 가정이 절반 이상을 차지하기도 한다고 합니다. 이런 상황 속에서 여러분은 지리학자가 되어 다른 나라에 대한 이해가 부족한 우리 학교 학생들에게 다른 나라의 문화와 생활 모습을 이해시켜야 합니다.

여러분이 다음과 같은 순서로 탐구합니다.

첫째, 다른 나라의 집이나 옷, 모자 등의 생활 모습 주제를 정하고, 둘째, 선정한 주제에 맞게 차이점을 드러낼 수 있는 나라 2~3곳을 선정해야 합니다. 셋째, 환경과 생활 모습의 관련성이 드러나게 프레젠테이션 만들고, 넷째, 발표 자료와 발표 내용은 평가 준거에 맞게 작성하여 선생님과 우리 학교 학생들 앞에서 발표합니다.

과제를 수행하기 위해 우리는 무엇을 알고 할 수 있어야 할까요?

수업 시작 전에 선생님이 제시하는 평가 수준과 준거를 확인해 봅시다.

	개념 형성 전략 명명 전략 ▼ 분류, 기술, 명명하기	Q. 세계의 기후는 어떻게 구분하고, 각 특성은 무엇인가요? [개념 형성 1] 세계 여러 나라의 가장 추운 달과 가장 따뜻한 달의 평균기온, 강수량이 나타난 자료와 기후 분류표를 보고 세계 지도에 색깔 스티커로 분류해 봅시다. 그다음 우리나라의 가장 추운 달과 가장 따뜻한 달의 평균기온, 강수량이 나타난 자료와 비교해 분류된 기후의 이름을 생각해 봅시다. 마지막으로 왜 그런 이름을 짓게 되었는지 이유를 발표해 봅시다.	형 관찰평가 개인-모둠 작성한 내용 확인하기 [모둠보드판]

기후	분류기준	스티커색
○○기후	가장 추운 달의 평균기온이 18℃ 이상	빨강
○○기후	가장 추운 달의 평균기온이 -3~18℃	초록
○○기후	가장 추운 달의 평균기온이 -3℃ 미만	보라
	가장 따뜻한 달의 평균기온이 10℃ 이상	
○○기후	가장 따뜻한 달의 평균기온이 10℃ 미만	파랑
○○기후	연 강수량 500mm이하, 강수량<증발량	노랑

기후 구분 출처-쾨펜의 기후 분류표(두산백과)

Tip 학생들의 수준에 따라 기후별 특성이 두드러지는 도시와 기후를 나누는 기준을 제시해 주고 학생들이 세계 지도에 스티커로 분류하도록 도와주면 위도별로 나타나는 기후 변화에 대해 쉽게 인지할 수 있다.

	성찰 전략 광범위한 전략 ▼ 성찰일기	세계의 기후는 어떻게 분류되고, 각 기후는 어떤 특성이 있나요? 학습한 내용을 성찰일기에 요약해 써 봅시다.	형 서술평가 개인이 작성한 내용 점검하기 [성찰일기]
[지식 2] 세계의 지형 [기능 2] 사진, 기록물, 영상 자료 등을 활용해 다양한 지형의 사례 조사하기	관계 맺기 전략 토론기반 전략 ▼ 침묵의 대화	Q. 왜 키토와 보고타는 열대 지역이면서 온대기후에 속할까요? [논쟁 1-3] 적도에 있는 키토와 보고타(고산기후)는 열대 지역에 속해 있으면서도 왜 온대기후일까요? 침묵의 대화를 통해 이야기를 나누어 봅시다. **Tip** 침묵의 대화는 사고 기법 중 '더하기 1' 기법과 유사한 점이 많다. '더하기 1' 학습지를 사용해 서면 대화를 유도할 수 있다.	진 관찰평가 개별 사전 탐구 결과 자료 확인하기 [Worksheet]
	조사 전략 출판 자료, 테크놀로지 활용	Q. 세계에는 어떤 다양한 지형이 있나요? [사실 1-2] 책, 인터넷, 영상 자료 등을 이용해 세계 여러 지역에 있는 다양한 지형을 찾고, 모둠끼리 의견을 나누어 정리한 후 간단한 프레젠테이션을 만들어 발표해 봅시다. 발표 자료에는 키토를 포함한 3가지 이상의 지형 사진과 지형의 위치(나라), 기후가 포함되어야 합니다.	형 관찰평가 개인-모둠 작성한 내용 확인하기 [PPT]
	조직 및 정리 전략 요약 조직자 ▼ 시각적 메모 작성	Q. 지형과 기후는 어떤 관계가 있나요? [개념 형성 1-2] 키토나 보고타처럼 지형이 기후에 영향을 미치는 사례로 무엇이 있나요? 지형과 기후는 어떤 관계가 있는지 시각적 메모로 나타내어 봅시다. 북반구 — 한대 / 냉대 / 온대 적도 — 열대 — 키토(고산 지역) 남반구 — 온대 / 한대 **Tip** 왼쪽 그림은 예시자료로 학생들이 기후와 지형의 관계를 연결하는 흐름을 차트, 표, 그래프 또는 지도 등으로 표현하도록 한다.	형 관찰평가 개인-모둠 작성한 내용 확인하기 [모둠보드판]

ATL: 자기관리기능 시간 관리하기	Q. 학습 활동을 할 때 알맞은 시간 계획을 수립하고 실천할 수 있는가? [교과 연계] [6도01-02] 생활 습관에 대한 성찰을 통해 자기 생활을 점검하고 올바른 계획을 세워 이를 실천한다.

[이해 2] 지형환경은 다양한 생활 모습을 형성한다. [지식 3] 다양한 자연환경과 인간 생활 [기능 3] 자료를 바탕으로 다양한 자연환경과 생활 모습 조사하기	**조직 정리 전략** 비교 조직자 ▼ 교차비교 차트	Q. 기후는 인간 생활과 어떤 관계를 맺고 있나요? [개념 형성 2-1] 먼저, 제시하는 여러 지역의 그래프(월별 평균기온과 강수량) 자료를 잘 살펴보고, 각 기후에 맞게 연결해 봅시다. 다음으로 제시하는 기후별 특징이 잘 드러나는 사진 자료들을 잘 살펴보고, 각 기후에 맞게 연결해 봅시다. 어떤 기후와 연결될 수 있을까요? 그래프 자료와 사진 자료를 통해 알 수 있는 기후의 특성은 무엇인가요? 마지막으로 여러 가지 생활 모습 사진을 준비했습니다. 어떤 기후와 연결될 수 있을까요? 교차비교 차트에 각 자료를 붙이고 정리해 봅시다.	 개인-모둠 작성한 내용 확인하기 [모둠보드판]

(기후 교차비교 차트)

위치	기후	기후 그래프	기후별 특성	생활 모습
북반구	한대기후			
	냉대기후			
	온대기후 (예시)	(기후 그래프)	사계절 변화 비교적 뚜렷, 온화한 기후 등	다양한 농업 발달, 사람이 살기 적합 ⇨ 대도시 발달
적도	열대기후			
남반구	온대기후			
	한대기후			

Tip 글로 정리하는 대신, 기후나 생활 모습 관련 사진 자료를 제시하고 분류해 붙이고 설명하게 하는 것도 학생들의 탐구심과 흥미를 높이는 방법이다.

	조직 및 정리 전략 비교 조직자 ▼ 교차비교 차트	Q. 지형은 인간 생활과 어떤 관계를 맺고 있나요? [개념 형성 2-2] 지형이 인간 생활에 미치는 영향을 교차비교 차트에 정리해 봅시다. 지형별 특성은 무엇인가요?	 개인-모둠 작성한 내용 확인하기

위치	기후 그래프	생활 모습
사막 (예시)	(사진) 강수량이 매우 적음.	(사진) 오아시스 주변에서 농사를 지으며 살아감.
고산지대		

	일반화 전략 사고 스케폴딩 패턴 및 연관성 탐색 ▼ 패턴 찾기	Q. 자연환경은 사람들이 살아가는 모습과 어떤 관계가 있나요? [개념] 다양한 활동을 통해서 우리는 기후와 지형에 따라 사람들이 어떤 모습으로 살아가는지 알아보았습니다. 여러분은 기후와 지형 같은 자연환경이 사람들이 살아가는 모습과 어떤 관련성이 있는지 한 문장으로 진술해 주세요. 예) 자연환경은 ( ) 생활 모습은 ( )	 개인이 작성한 내용 점검하기 [배움공책]
	성찰 전략 전략평가 ▼ 체크 리스트와 루브릭	지금까지 한 수업을 되돌아봅시다. 수업 시간과 함께 제공한 루브릭 종이를 보면서 표시를 해봅시다. 여러분은 A, B, C 중에 어디에 해당하나요? 왜 그렇게 생각하고 있나요? 돌아가면서 자신이 표시한 부분을 보면서 성찰한 부분을 발표해 봅시다.	 체크리스트에 표시된 사항 확인하기 [채점기준표]

[학생과 함께 설정한 채점 가이드]

	채점 준거	성취점수(%)	자기평가			교사평가		
지식·이해	Q. 자연환경과 생활 모습의 관계를 알고 있나요?	30% [30/20/10]	Ⓐ	Ⓑ	Ⓒ	Ⓐ	Ⓑ	Ⓒ
과정·기능	Q. 자연환경과 생활 모습의 관계를 자료를 통해 알맞게 탐구했나요?	30% [30/20/10]	Ⓐ	Ⓑ	Ⓒ	Ⓐ	Ⓑ	Ⓒ
수행(역량)	Q. 작성한 자료를 효과적으로 전달했나요?	20% [20/15/10]	Ⓐ	Ⓑ	Ⓒ	Ⓐ	Ⓑ	Ⓒ
가치·태도	Q. 다양한 자연환경과 생활 모습에 대해 긍정적인 태도를 보이나요?	20% [20/15/10]	Ⓐ	Ⓑ	Ⓒ	Ⓐ	Ⓑ	Ⓒ
최종 점수								

전이 전략

적용 및 행동
▼
수행평가

처음에 제시했던 '지리학자가 되어 자연환경과 생활 모습의 관련성 탐구하기' 수행과제를 시작하겠습니다. 수행과제를 시작하기에 앞서 평가 기준을 확인해야 합니다. 함께 채점 가이드를 만들어 봅시다.

<제작 후 발표>

발표하기 전에 발표를 효과적으로 전달하는 방법을 공부해 봅시다. 선생님이 제공하는 학습지를 통해서 발표의 기준을 명확하게 알아봅시다.

지금부터 탐구과제 발표를 시작하겠습니다. 발표를 듣는 친구들은 발표하는 학생들이 기준에 맞게 발표하는지 점검해 주기를 바랍니다. 발표를 들은 후, 궁금한 점을 질문해 봅시다.

총 구술평가

수행과제 결과물과
상호소통과정
관찰하기
[PPT]

수업 마무리 이번 탐구 단원에서 자연환경과 인간 생활과의 관계를 배웠습니다. 선생님이 제시했던 본질적 질문을 다시 생각해 봅시다.

마지막으로 체크리스트를 보면서 태도적인 부분에 체크해 보고, 부족한 부분을 발표해 봅시다. 제시된 본질적 질문(개념질문)과 체크리스트 결과를 보면서 반성일기(최종 서술형 평가)를 작성해 봅시다.

학습 접근 방법(ATL) 학습지

자기관리기능: 시간 관리하기	(　　　　　)초등학교 (　　)학년 (　　)반 이름:

1. 수행과제는 무엇인가요?

2. 수행과제와 관련해 KWL 차트를 완성해 봅시다.

알고 있는 것 (Know)	알고 싶은 것 (Want to know)	배운 것 (Learned)

3. 나의 학습 주제와 학습 결과물 형태를 선택해 봅시다.

학습 주제 선정	학습 결과물 유형		필수 내용
①	① 서술형 보고서		
②	② 프레젠테이션		
③	③ 포스터		
④	④ 연극		
⑤	⑤ (　　　　)		

4. 수행과제를 잘 마무리하기 위한 학습 계획서를 작성해 봅시다.

순	날짜	학습내용	잘 이해했어요			담임 확인
1			○	□	△	
2			○	□	△	
3			○	□	△	
4			○	□	△	
5			○	□	△	
6			○	□	△	
7			○	□	△	
8			○	□	△	
9			○	□	△	
10			○	□	△	

5. 수행과제를 수행하며 알게 된 점과 반성할 점을 글로 써 봅시다.

나의 일반화(수행과제를 통해 최종적으로 알게 된 것)

반성일기(수행과제를 통해 배운 것, 좋았던 것, 아쉬운 것, 더 알고 싶은 것)

ATL 기능 자기평가	기준보다 우수	기준을 충족	기준에 근접	기준에 미달
Q1. 학습 활동을 할 때 자신의 수준과 상황에 맞게 주제와 결과물을 선택할 수 있는가?				
Q2. 학습 활동을 할 때 과제를 제시간에 해결할 수 있도록 시간 계획을 수립할 수 있는가?				
Q3. 자신이 세운 계획에 맞게 활동을 완료하거나 무리한 계획은 시간을 적절하게 조정할 수 있는가?				

[한 줄 글쓰기] 나의 자기관리기능에 어떤 장점과 단점이 있나요?

04 Unit Plan 도덕

[UbD 1단계] 왜 탐구할까?

01. 단원의 개요와 조망도

단원명	친구야, 너의 고민은 무엇이니?	학년(차시)	4학년(6차시)
개념(PYP)	관계(우리가 속한 공간과 시간)	교사	이승하

이 단원은 세상을 '나' 중심에서 타인의 관계 속에서의 '나'로 볼 수 있도록 하는 눈을 제공해 준다. 나와 다른 경험과 가치관을 가진 타인을 인정하고 타인과의 관계 속에서 나를 이해하도록 성찰하고 타인을 배려하는 역지사지의 자세 형성이 목표다. 타인 공감의 의미를 이해하고 타인의 감정을 함께 나누면서 공감을 기반으로 타인과의 관계가 긍정적으로 개선되도록 배려하는 태도를 갖도록 한다.

[2022 개정교육과정 내용 체계표]

핵심 아이디어	3~4학년 일반화	핵심 개념 Lens	관련 개념	범주/내용 요소			성취기준
				지식·이해	과정·기능	가치·태도	
배려는 타인에 대한 관심과 공감을 기반으로 타인의 삶을 개선한다.	공감은 타인과의 관계를 개선하는 데 도움을 준다.	관계	공감	타인에 대한 공감은 왜 필요할까?	타인의 감정 함께 나누기	타인에 공감하는 태도	[4도02-03] 공감의 태도가 필요한 이유를 이해하고 도덕적 상상력을 바탕으로 대상과 상황에 따라 감정을 나누는 방법을 탐구해 실천한다.

행복은 개인의 가치 추구뿐만 아니라 타인과의 관계 속에서도 이루어진다. 학생들은 타인과의 원만한 관계를 위해서 공감이 필요하며, 공감하기 위해서는 상대방의 감정이나 상황 등을 알아야 하고 대화 속에서 어떤 말과 행동이 상대방을 공감할 수 있게 하는지 깨닫게 된다. 최종적으로 학생들은 친구의 고민을 들어주고 해결해 주는 상담가 역할을 통해 공감은 타인과의 관계를 개선하는 데 도움을 준다는 것을 깨닫게 된다.

[단원의 조망도(지식의 구조)]

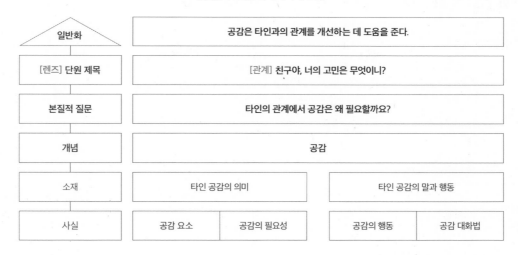

일반화	공감은 타인과의 관계를 개선하는 데 도움을 준다.	
[렌즈] 단원 제목	[관계] 친구야, 너의 고민은 무엇이니?	
본질적 질문	타인의 관계에서 공감은 왜 필요할까요?	
개념	공감	
소재	타인 공감의 의미	타인 공감의 말과 행동
사실	공감 요소 / 공감의 필요성	공감의 행동 / 공감 대화법

02. 일반화와 안내 질문

일반화·이해 학생들은 다음을 이해할 것이다.	안내 질문 학생들은 다음을 탐구할 것이다.
1. 타인과의 관계는 공감을 통해 개선된다.	[논쟁 1] 타인에 대한 공감은 필요하다! 필요하지 않다! [사실 1-1] 나는 타인에게 공감을 잘하고 있나요? [사실 1-2] 공감하기 위해 무엇을 알아야 할까요? [사실 1-3] 공감하는 말과 행동은 어떤 것이 있을까요? [개념 형성 1-1] 공감이란 무엇일까요? [개념 형성 1-2] 친구의 마음을 공감할 수 있는지 어떻게 확인할까요? [개념] 타인과의 관계에서 공감은 왜 필요할까요?

03. 지식과 기능

핵심 지식 학생들은 다음의 사실과 기본 개념을 알고 기억할 것이다.	기능 학생들은 다음의 기능과 절차를 활용할 것이다.
1. 타인 공감	1. 타인의 감정 함께 나누기

「도덕」
교과 내용 체계와
성취기준 매칭 자료(2022)

[UbD 2단계] 어떻게 탐구를 확인할까?

01. 수행과제(총괄평가)

	"친구의 고민을 들어주는 상담가 역할을 수행하라."
목표 Goal	너의 목표는 친구의 고민을 들어주고 도움을 주는 것이다.
역할 Role	너의 역할은 상담가다.
대상/청중 Audience	너의 청중은 담임 선생님이다.
상황 Situation	너는 다음의 문제 상황에 놓여 있다. 학급 안에서 친구 관계, 학업, 부모님과의 갈등으로 고민이나 걱정거리로 인해 힘들어하는 친구들이 많아지고 있다. 그런 친구들을 도와주는 방법이 필요하다.
결과물 Product	너는 친구를 상담하고 대화 내용을 녹음해 제출하는 것이다.
기준 Standards	너의 결과물은 반드시 다음의 기준을 만족해야 한다. 첫째, 상대방의 고민을 들어주기 위한 사전 질문지 작성하기 둘째, 상담 대화 시 상대방의 이야기를 끝까지 경청하기 셋째, 말과 표정으로 상대방의 말에 호응하기

02. 루브릭(평가 준거와 수준)

[준거] 내용	기준보다 우수 Ⓐ	기준을 충족 Ⓑ	기준에 근접 Ⓒ
[내용의 정확성] 상대방과 공감할 수 있는 질문 내용을 알고 있는가?	상대방(내담자)과 공감할 수 있는 질문 내용을 정확히 안다.	상대방(내담자)과 공감할 수 있는 질문 내용을 기본적으로 안다.	상대방(내담자)과 공감할 수 있는 질문 내용을 부분적으로 안다.
[기능의 적절성] 상대방의 입장이나 감정과 공감하는 말과 행동이 적절한가?	상대방의 입장이나 감정에 공감하는 말과 행동이 매우 적절하다.	상대방의 입장이나 감정에 공감하는 말과 행동이 적절하다.	상대방의 입장이나 감정과 공감하는 말과 행동이 부적절하다.
[수행의 효과성] 상담을 통해 상대방의 고민을 해결할 수 있는가?	상담을 통해 상대방의 고민을 효과적으로 해결한다.	친구와의 상담을 효과적으로 수행해 과제를 제출한다.	친구와의 상담을 제대로 수행하지 못하고 과제를 제출한다.
[가치·태도의 적극성] 다른 사람에 대해 공감하는 태도를 보이고 있는가?	다른 사람의 상황과 감정을 이해하려는 적극적인 태도가 있다.	다른 사람의 상황과 감정을 이해하려는 태도가 있다.	다른 사람의 상황 또는 감정을 이해하려는 태도가 수동적이다.

[UbD 3단계] 학생들은 무엇을 탐구할까?

수업 흐름	① 역할극하기	② 공감을 형용사로 나타내기	③ 타인에 대한 이해 요소 및 말과 행동 인식하기	④ 타인에 대한 공감 정리하기	⑤ 타인 공감 정의하기	⑥ 수행평가하기	⑦ 체크리스트 점검하기
	관계 맺기 전략	개념 형성 전략	조사 전략	조직 및 정리 전략	일반화 전략	전이 전략	성찰 전략

지식-이해-기능	탐구 단계	학습 경험	평가[자료]
[이해] 타인과의 관계는 공감을 통해 개선된다.	**관계 맺기 전략** 경험기반 전략 ▼ 시뮬레이션 놀이	Q. 타인에 대한 공감은 필요하다! 필요하지 않다! [논쟁 1] 등장인물이 처한 상황과 감정에 유의하며 『돼지책』을 들어봅시다. 엄마는 왜 집을 나갔으며 엄마가 집을 나간 후 어떤 일이 생겼나요? 등장인물의 상황과 감정이 드러나도록 역할극을 해봅시다. 『돼지책』에 나오는 등장인물의 역할을 나누어 역할극을 해봅시다. 역할극을 해보고 엄마의 마음이 어떨지 추측해 보고 자기의 생각을 발표해 봅시다. 엄마의 마음을 이해하기 위해서 가족들이 무엇을 알아야 하는지 이야기를 해 봅시다.	진 관찰평가 역할극

수업 열기 역할극을 통해 『돼지책』에 나오는 엄마의 마음을 짐작해 보았습니다.

여러분의 가족들이 무엇을 좋아하고 무엇을 싫어하는지, 여러분이 친하다고 생각하는 친구들이 어떤 고민을 하고 있는지 또는 어떤 감정을 느끼고 있는지 잘 알고 있나요? 다른 사람의 기분이나 감정을 알기 위해서는 무엇을 알아야 할까요?

이번 수업은 여러분이 상담가가 되어서 친구를 이해하기 위해서는 무엇을 알아야 하는지, 그리고 친구의 고민을 해결해 주는 상담가로서 어떤 말이나 행동을 할 수 있는지를 알아보도록 하겠습니다. 여러분이 수행과제의 역할을 제대로 수행했는지 확인하기 위해 상담한 내용을 녹음해 파일로 선생님에게 제출해야 합니다.

수업 시작 전에 선생님이 제시하는 평가 수준과 준거를 확인해 봅시다.

지식-이해-기능	탐구 단계	학습 경험	평가[자료]
[지식 1] 공감의 의미	**개념 형성 전략** 명명 전략 ▼ 형용사	Q. 공감이란 무엇일까요? [개념 형성 1-1] 여러분 '공감'이란 무엇일까요? '공감'과 관련된 형용사들을 붙임 딱지에 각자 적어 보고 모둠에서 생각하는 공통의 형용사를 교실 칠판에 붙여 봅시다. 각각의 모둠이 작성한 형용사 중에 공통된 부분을 골라 우리 반의 생각들을 모아서 한 문장으로 써 봅시다. 공감은 (　　　), (　　　), (　　　) 하는 것이다.	형 서술평가 붙임 쪽지
	개념 형성 전략 순위 전략 ▼ 스펙트럼 정렬	Q. 나는 타인에게 공감을 잘하고 있나요? [사실 1-1] 여러분 평소에 다른 사람에게 잘 공감하고 있나요? 중간을 기준으로 왼쪽은 '못함', 오른쪽은 '잘함' 입니다 자신의 공감력을 표시해 봅시다. 왜 그렇게 표시했는지 이유를 붙임 딱지에 적어 봅시다. 나는 다른 사람과 공감을 잘하고 있다. 못함 ◀　　　　　　　　▶ 잘함	진 관찰평가 스펙트럼 정렬 결과 **[교실 칠판, 자석 이름표]**

[지식 1] 공감의 의미 [기능 1] 타인의 감정 함께 나누기	조사 전략 인적 자원 ▼ 인터뷰, 설문지	Q. 공감하기 위해 무엇을 알아야 할까요? [사실 1-2] 여러분이 다른 사람과 공감을 잘하려면 무엇을 알아야 할까요? 여러분이 다른 사람의 마음을 알기 위한 8가지 질문을 만들어 봅시다. 그리고 짝에게 직접 질문을 해 보고 그 답을 적어 봅시다. 상대방의 마음을 이해하려면 무엇을 알아야 하는지 모둠원과 토의해 보고 붙임 쪽지에 모둠에서 토의된 내용을 적어서 칠판에 붙여 봅시다. 모둠의 의견을 바탕으로 타인에게 공감하기 위해 알아야 할 것을 이야기해 봅시다	형 서술평가 개인별 조사지
[기능 1] 타인의 감정 함께 나누기	조사 전략 인적 자원 ▼ 인터뷰, 설문지	Q. 공감하는 말과 행동은 어떤 것이 있을까요? [사실 1-3] 우리는 상대방이 어떤 말과 행동을 했을 때 공감하고 있다고 느낄까요? 친구들은 여러분과 대화 중에 어떤 말과 행동을 했을 때 공감한다고 느꼈는지, 그 이유는 무엇인지 모둠 친구들의 의견을 조사해 봅시다. **Tip** 말(그랬구나 ▶ 나를 생각해 주는 것 같았다 등), 행동(경청하기 ▶ 이야기를 들어주니 나에게 관심이 있는 것 같다 등) 모둠의 의견을 모아 어떤 말과 행동을 했을 때 공감했다고 느끼는지 정리해 봅시다.	형 서술평가 모둠별 조사지
[이해 1] 타인과의 관계는 공감을 통해 개선된다.	조직 및 정리 전략 비교 조직자 ▼ 밀기 당기기 잡기	Q. 타인과의 관계에서 공감은 왜 필요할까요? [개념] 타인에 대한 공감은 왜 필요할까요? 타인에 대한 공감이 없다면 어떻게 되는지, 공감하도록 당기는 것은 무엇인지, 공감하지 못하게 밀어내는 것은 무엇인지 이야기해 봅시다.	형 서술평가 개인별 붙임 쪽지, 모둠별 그래픽 조직자
	일반화 전략 사고 스캐폴딩을 위한 개념 은행 ▼ 개념 은행 ▼ 문장 구조	Q. 공감이란 무엇일까요? [개념 형성 1-1] 이번 단원에서 배운 개념을 카드로 작성해 보도록 하겠습니다. 여러분들이 '배려' 하면 떠오르는 생각들을 단어 형식으로 카드에 작성해 주기를 바랍니다. **Tip** 학생들에게 하나의 예시를 보여 준다. 모인 개념 단어를 사용해 다음 문장을 완성해 봅시다. (개인→모둠→전체)	형 관찰평가 개념 은행 카드 작성 [개념 간 설명] 형 서술평가 문장 구조 학습지

표 1 (사실 1-2):

1.	2.	3.	4.
5.	6.	7.	8.

표 2 (사실 1-3):

대상		1	2	3	4
	말				
	행동				

표 3 (개념):

질문	타인과 공감하지 못하면 어디로 밀려가게 되는가?	타인과 공감하도록 당기는 것은 무엇인가?	타인과의 공감을 방해하는 것은 무엇인가?

표 4 (개념 형성 1-1):

행복	취미	장점	가족	친구

상대방과의 관계를 개선하기 위해서는 _____ 해야 하며

_____을 알고

_____을 할 수 있어야 한다.

ATL: 대인관계기능	Q. 상대방의 마음을 이해할 수 있는가?
다양한 역할 받아들이기	[교과 연계] [6국01-06] 매체 자료를 활용해 내용을 효과적으로 발표한다.

전이 전략 적용 행동 ▼ 수행평가	Q. 타인과의 관계에서 공감은 왜 필요할까요? [개념] 여러분들이 공감을 잘할 수 있는지 확인하기 위해 지금부터 수행과제를 시작하도록 하겠습니다. 수행과제는 친구들의 고민을 듣고 해결 방법을 제시하는 상담가 역할 수행하기입니다. 평가 기준을 함께 작성해 보도록 합시다. 상담 후, 상담 녹취록과 사전 질문지를 제출해 주시기 바랍니다. **Tip** 상담내용은 수행과제를 확인하기 위해 사용하며 다른 학생들에게는 상담내용의 비밀을 보장한다.	[총] 수행평가 수행평가 루브릭

[학생과 함께 설정한 채점 가이드]

	채점 준거	성취점수(%)	자기평가	교사평가
지식·이해	Q. 친구와 공감하기 위한 내용을 알고 사전 질문지를 작성할 수 있나요?	20% [20/15/10]	Ⓐ Ⓑ Ⓒ	Ⓐ Ⓑ Ⓒ
과정·기능	Q. 친구와 공감하기 위한 말과 행동을 실천하고 있나요?	20% [20/15/10]	Ⓐ Ⓑ Ⓒ	Ⓐ Ⓑ Ⓒ
수행(역량)	Q. 친구 상담을 잘 진행하고 녹음도 잘했나요?	30% [30/20/10]	Ⓐ Ⓑ Ⓒ	Ⓐ Ⓑ Ⓒ
가치·태도	Q. 진지하고 적극적인 태도로 상담에 임했나요?	30% [30/20/10]	Ⓐ Ⓑ Ⓒ	Ⓐ Ⓑ Ⓒ
최종 점수				

성찰 전략 전략평가 ▼ 체크리스트	Q. 친구의 마음을 공감할 수 있는지 어떻게 확인할까요? [개념 형성 1-2] 여러분들은 발표자가 수행과제를 잘 수행했는지 체크리스트의 내용과 기준을 확인해 보고 자기평가를 해주시기 바랍니다. 선생님은 여러분의 파일을 확인해 여러분이 친구의 마음을 이해하기 위한 내용은 알고 있는지 공감하기 위한 대화를 사용했는지 평가하도록 하겠습니다.	[총] 자기평가 [총] 교사평가

수업 마무리 이번 단원에서 우리는 친구와 원만한 관계를 이루기 위해서는 친구가 무엇을 좋아하는지, 무엇을 싫어하는지, 어떤 고민이 있는지 등 처한 상황이나 감정 등에 대해 공감하는 게 필요하다는 것을 알게 되었습니다. 그뿐만 아니라 대화에서는 상대방의 말을 경청하고 호응해 주는 말과 행동이 필요함을 알고 실천해 보았습니다.

이번 단원에서 배운 친구에게 공감하는 말과 행동을 가족과 주변인들에게도 실천하고 있나요? 가족과 주변인들에게 공감하기 위해 더 필요한 것은 무엇일까요?

학습 접근 방법(ATL) 학습지	
대인관계기능: 다양한 역할 받아들이기	( )초등학교 ( )학년 ( )반 이름:

1. 역할극 후 상황에 따른 감정을 나타내 봅시다.

역할	상황	나의 감정

2. 역할극 후 느낀 점은 무엇인가요?

느낀 점	

ATL 기능 자기평가	기준보다 우수	기준을 충족	기준에 근접	기준에 미달
Q1. 갈등을 해결하고, 모둠과 함께 공동 작업을 했나요?				
Q2. 리더십을 발휘하고, 모둠 내에서 다양한 역할을 수행했나요?				

[한 줄 글쓰기] 나의 대인관계기능에 어떤 장점과 단점이 있나요?

05 Unit Plan 수학

[UbD 1단계] 왜 탐구할까?

01. 단원의 개요와 조망도

단원명	각기둥과 각뿔: 어떻게 구분되는가?	학년(차시)	6학년(12차시)
개념(PYP)	관계(세계가 돌아가는 방식)	교사	손성국

인간이 세상과 관계를 맺고 살아가면서 물건을 만들거나 건축물을 만들 때 가장 많이 활용하는 입체도형의 개념이 각기둥과 각뿔이다. 각기둥과 각뿔은 다양한 모양을 바탕으로 범주화한 것으로 각각이 고유한 성질을 갖는다. 각기둥과 각뿔을 탐구하는 활동을 통해 학생들은 정보처리 및 연결 역량을 키울 수 있다.

[2022 개정교육과정 내용 체계표]

핵심 아이디어	5~6학년 일반화	핵심 개념 Lens	관련 개념	범주/내용 요소			성취기준
				지식·이해	과정·기능	가치·태도	
평면도형과 입체도형은 여러 가지 모양을 범주화한 것이며, 각각의 평면도형과 입체도형은 고유한 성질을 갖는다.	입체도형은 여러 가지 모양을 범주화한 것이며 고유한 성질을 갖는다.	연결	각기둥 각뿔	각기둥과 각뿔	도형의 개념, 구성 요소, 성질 탐구하고 설명하기	타인에 공감하는 태도	[6수03-05] 각기둥과 각뿔을 이해하고, 구성 요소와 성질을 탐구하고 설명할 수 있다.
				각기둥과 각뿔	평면도형이나 입체도형 그리기와 만들기	평면도형, 입체도형에 대한 흥미와 관심	[6수03-06] 각기둥의 전개도를 그릴 수 있다.

각기둥과 각뿔의 구성 요소로는 면(밑면, 옆면), 모서리, 꼭짓점, 각뿔의 꼭짓점이 있으며 각기둥과 각뿔은 각각 구성 요소 사이의 대응 관계를 맺고 있다. 이 단원에서는 각기둥과 각뿔의 종류에 따라 모서리, 꼭짓점 개수가 달라지는 것을 확인하며 각기둥과 각뿔을 분류한다. 그리고 옆면의 모양을 살펴보고 전개도를 그리며 각기둥과 각뿔의 고유한 성질을 찾아낸다.

[단원의 조망도(지식의 구조)]

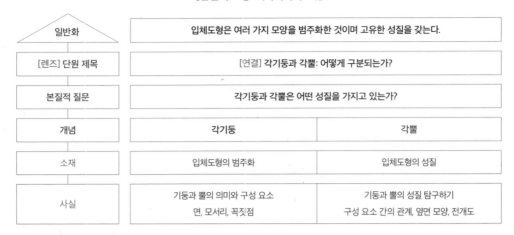

일반화	입체도형은 여러 가지 모양을 범주화한 것이며 고유한 성질을 갖는다.	
[렌즈] 단원 제목	[연결] 각기둥과 각뿔: 어떻게 구분되는가?	
본질적 질문	각기둥과 각뿔은 어떤 성질을 가지고 있는가?	
개념	각기둥	각뿔
소재	입체도형의 범주화	입체도형의 성질
사실	기둥과 뿔의 의미와 구성 요소 면, 모서리, 꼭짓점	기둥과 뿔의 성질 탐구하기 구성 요소 간의 관계, 옆면 모양, 전개도

02. 일반화와 안내 질문

일반화·이해 학생들은 다음을 이해할 것이다.	안내 질문 학생들은 다음을 탐구할 것이다.
1. 각기둥과 각뿔은 여러 가지 모양을 범주화한 것이다.	[논쟁 1-1] 입체도형을 어떻게 나누어 볼 수 있나요? [논쟁 1-2] 분류한 입체도형의 이름을 무엇이라고 할까요? [개념 형성 1-1] 각뿔의 꼭짓점과 높이는 무엇인가요? [개념 형성 1-2] 각기둥은 무엇인가요? [개념 형성 1-3] 각뿔은 무엇인가요?
2. 각기둥과 각뿔의 구성 요소는 특정한 관계를 맺고 있다.	[사실 2-1] 각 각기둥의 모서리, 면의 수, 꼭짓점의 수는 몇 개인가요? [사실 2-2] 각 각뿔의 모서리, 면의 수, 꼭짓점의 수는 몇 개인가요? [개념 형성 2-1] 밑면의 각의 수와 면의 수, 모서리 수 사이에는 어떤 관계가 있나요? [개념 형성 2-2] 각뿔과 각기둥의 구성 요소 사이에는 어떤 관계가 있나요?
3. 각기둥과 각뿔은 고유한 성질을 가지고 있다.	[사실 3-1] 각기둥과 각뿔의 옆면은 어떤 모양인가요? [사실 3-2] 각기둥과 각뿔의 전개도는 어떻게 그리나요? [개념] 각기둥과 각뿔은 어떤 성질을 가지고 있나요?

03. 지식과 기능

핵심 지식 학생들은 다음의 사실과 기본 개념을 알고 기억할 것이다.	기능 학생들은 다음의 기능과 절차를 활용할 것이다.
1. 각기둥과 각뿔의 성질 2. 각기둥과 각뿔의 구성 요소	1. 각기둥과 각뿔 분류하기 2. 전개도 그리기

「수학」
교과 내용 체계와
성취기준 매칭 자료(2022)

[UbD 2단계] 어떻게 탐구를 확인할까?

01. 수행과제(총괄평가)

	"입체도형의 관계와 성질을 이용해, 마술 비법서를 만들어라."
목표 Goal	너의 목표는 입체도형의 성질을 이용해 마술 비법서를 만드는 것이다.
역할 Role	너의 역할은 마술사다.
대상/청중 Audience	너의 청중은 우리 학교 5학년 학생들이다.
상황 Situation	너는 다음의 문제 상황에 놓여 있다. 세계에는 다양한 건축물이 많이 있다. 건축물은 어떠한 형상을 하고 있고, 그 형상을 보고 우리는 수학적 호기심이 생긴다. 유명 건축물은 어떤 입체도형이 숨어 있을까? 입체도형(각기둥, 각뿔)의 비밀을 알게 되면 호기심을 해결할 수 있을 것이다.
결과물 Product	너는 상대방이 생각하는 입체도형(각기둥, 각뿔)을 맞추는 마술 비법서를 만들 것이다.
기준 Standards	너의 결과물은 반드시 다음의 기준을 만족해야 한다. 첫째, 기둥과 뿔의 성질 적용하고, '이해하기 둘째, 구성 요소 사이의 관계(모서리 수나 꼭짓점의 수)를 활용해 분류하는 질문 만들기

02. 루브릭(평가 준거와 수준)

[준거] 내용	기준보다 우수 Ⓐ	기준을 충족 Ⓑ	기준에 근접 Ⓒ
[내용의 타당성] 각기둥, 각뿔의 성질과 구성 요소의 관계를 이해하고 말할 수 있는가?	각기둥과 각뿔의 성질과 구성 요소의 관계를 정확하게 말할 수 있다.	각기둥과 각뿔의 성질과 구성 요소의 관계를 알고 말할 수 있다.	각기둥과 각뿔의 성질과 구성 요소의 관계를 도움을 받아 말할 수 있다.
[기능의 효과성] 각기둥, 각뿔의 성질과 구성 요소 사이의 관계를 산출물에 표현하는가?	각기둥과 각뿔의 성질과 구성 요소 관계를 산출물에 자신만의 방법을 사용해 창의적으로 표현한다.	각기둥과 각뿔의 성질과 구성 요소 관계를 산출물에 표현한다.	각기둥과 각뿔의 성질과 구성 요소 관계를 산출물에 표현하는 데 도움이 필요하다.
[탐구 전략의 적절성] 각기둥과 각뿔의 성질과 구성 요소 사이의 관계를 파악해 탐구 전략을 사용하는가?	각기둥과 각뿔의 성질과 구성 요소 사이의 관계를 파악하기 위해 가장 적절한 탐구 전략을 사용한다.	각기둥과 각뿔의 성질과 구성 요소 사이의 관계를 파악하기 위해 탐구 전략을 사용한다.	각기둥과 각뿔의 성질과 구성 요소 사이의 관계를 파악하기 위해 교사의 도움을 받아 탐구 전략을 사용한다.
[정보처리의 효율성] 각기둥과 각뿔에 대한 자료를 수집하고 처리해 관계를 파악하는가?	각기둥과 각뿔에 대한 자료를 목적에 맞게 수집한 뒤 알맞게 정리하고 사실에 근거해 관계를 파악한다.	각기둥과 각뿔에 대한 자료를 수집하고 정리하고 사실에 근거해 관계를 파악한다.	각기둥과 각뿔에 대한 자료를 교사의 도움을 받아 수집하고 정리하고 사실에 근거해 관계를 파악한다.
[산출물의 실제성] 산출물을 실제 상황에서 활용할 수 있는가?	산출물이 이해하기 쉽고 구체적으로 작성되어 있어 실제 상황에서 활용하기 쉽다.	산출물이 이해할 수 있도록 작성되어 있어 실제 상황에서 활용할 수 있다.	산출물을 실제 상황에서 활용하기 위해 다른 사람의 도움이 필요하다.

[UbD 3단계] 학생들은 무엇을 탐구할까?

수업흐름					
	① 분류하기 실험놀이	② 구성요소 알아보기	③ 각기둥, 각뿔 구성 요소 사이의 관계 조사하기	④ 다양한 각기둥, 각뿔 옆면 모양 조사하기	⑤ 각기둥, 각뿔의 전개도, 면의 수 조사하기
	관계 맺기 전략	개념 형성 전략	조사 전략	조사 전략	조사 전략
	⑥ 시각적 메모를 통해 조사 내용 정리하기	⑦ 문창 구조를 통해 관계 나타내기	⑧ 수행과제 실시하기	⑨ 과정 성찰하기	
	조직 및 정리 전략	일반화 전략	전이 전략	성찰 전략	

지식-이해-기능	탐구 단계	학습 경험	평가[자료]
[이해 1] 각기둥과 각뿔은 여러 가지 모양을 범주화한 것이다. [지식 1] 각기둥과 구성 요소 사이의 관계 [기능 1] 각기둥과 각뿔로 도형 분류하기	**관계 맺기 전략** 경험기반 전략 ▼ 실험놀이	Q.입체도형(각기둥과 각뿔)을 어떻게 나누어 볼 수 있나요? [논쟁 1-1] 주어진 입체도형을 만지고 살펴봅시다. 모양을 보고 비슷한 것끼리 나누어 봅시다. 어떻게 나누어 볼 수 있나요? 모둠원끼리 협력해 분류해 봅시다. Q. 분류한 입체도형의 이름을 무엇이라고 할까요? [논쟁1-2] 분류한 입체도형의 이름을 무엇이라고 하면 좋을까요? 각자 분류한 입체도형에 이름을 붙이고, 그 이유를 발표해 봅시다.	진 관찰평가 분류 과정 및 결과 확인하기 [각기둥, 각뿔 구체물]

수업 열기 질문 몇 개만으로 상대방의 생일을 맞추는 마술사를 본 적이 있나요?

마술사는 마술을 개발하기 위해 큰 노력을 하고, 이러한 노력의 대가로 사람들에게 놀라움을 주고 박수를 받습니다.

이번 탐구를 통해 여러분들은 각기둥과 각뿔의 구성 요소 사이의 관계와 성질을 알아내야 합니다. 알아낸 지식을 바탕으로 여러분들은 마술사가 되어 2~3개의 질문을 통해 학생들이 선택한 도형을 맞추는 마술 비법서를 만들어 볼 것입니다. 우리 반 모두 멋진 마술사가 되어 봅시다.

수업을 시작하기 전에 선생님이 제시하는 평가 수준과 준거를 함께 확인해 봅시다.

	개념 형성 전략 분류 전략 ▼ 프레이어 모델	Q. 각뿔의 꼭짓점과 높이는 무엇인가요? [개념 1-1] Q. 각기둥은 무엇인가요? [개념 1-2] Q. 각뿔은 무엇인가요? [개념 1-3] 이전에 모서리, 면, 꼭짓점을 포함해 입체도형을 구성하는 각각의 요소에 대해 배웠습니다. 각뿔의 꼭짓점, 높이, 각기둥, 각뿔의 의미를 생각해 보고, 모둠별로 다음의 학습지를 작성해 봅시다. | 정의	속성
해당하는 예	해당하지 않는 예	 **Tip** 학생이 모서리, 면, 꼭짓점에 대해 모르는 경우, 보충 학습지를 제공한다.	형 학습지 결과물 모둠이 작성한 내용 확인하기 [학습지]

[이해 2] 각기둥과 각뿔의 구성 요소는 특정한 관계를 맺고 있다. [지식 1] 각기둥, 각뿔의 구성 요소 사이의 관계 [지식 2] 각뿔과 각기둥의 성질	**조사 전략** 동심원적 사례연구	Q. 각 각기둥의 모서리, 면의 수, 꼭짓점의 수는 몇 개인가요? [사실 2-1] Q. 각 각뿔의 모서리, 면의 수, 꼭짓점의 수는 몇 개인가요? [사실 2-2] Q. 밑면의 각의 수와 면의 수, 모서리 수 사이에는 어떤 관계가 있나요? [개념 형성 2-1] Q. 각뿔과 각기둥의 구성 요소 사이에는 어떤 관계가 있나요? [개념 형성 2-2] 제시된 입체도형(삼각기둥, 사각기둥, 오각기둥, 육각기둥)의 모서리, 면의 수, 꼭짓점의 수를 관찰해 각기둥과 각뿔의 특징을 탐구해 봅시다. 그리고 각 구성 요소의 수를 살펴보고, 구성 요소 사이의 대응 관계를 찾아봅시다.	헝 관찰평가 학생들이 조사하는 과정 확인하기
[이해 3] 각기둥과 각뿔은 고유한 성질을 가지고 있다. [기능 1] 각기둥과 각뿔로 도형 분류하기 [지식 2] 각뿔과 각기둥의 성질 [기능 2] 전개도를 그리기	**조사 전략** 네트워크로 연결된 사례연구	Q. 각기둥과 각뿔의 옆면은 어떤 모양인가요? [사실 3-1] 다음 분류한 두 도형의 옆면을 살펴봅시다. 어떠한 공통점을 발견할 수 있나요?	
	조사 전략 동심원적 사례연구	Q. 각기둥과 각뿔의 전개도는 어떻게 그리나요? [사실 3-2] 여러 도형을 잘라 보고 전개도를 살펴보세요. 전개도를 쉽게 그리려면 어떻게 하면 좋을까요? 여러 전개도를 보고 각기둥의 전개도와 전개도가 아닌 것을 구분해 봅시다.	헝 관찰평가 학생들이 활동하는 과정 확인하기
[이해 1] 각기둥과 각뿔은 여러 가지 모양을 범주화한 것이다. **[이해 2]** 각기둥과 각뿔의 구성 요소는 특정한 관계를 맺고 있다. **[이해 3]** 각기둥과 각뿔은 고유한 성질을 가지고 있다.	**조직 및 정리 전략** 요약 조직자 ▼ 시각적 메모	Q. 각기둥과 각뿔은 어떤 성질을 가지고 있나요? [개념] 사례연구한 내용을 바탕으로 여러분의 생각을 정리하고 기록해 봅시다. 그 외에 찾아냈던 각기둥과 각뿔의 성질을 다른 사람이 쉽게 알 수 있도록 다양한 방법으로 정리해 봅시다. **Tip** 시각적 메모를 작성할 때 학생들의 자신의 생각을 텍스트, 이미지, 구조를 이용해 자유롭게 표현할 수 있도록 한다.	
ATL: 조사기능 자료 기록 및 정리하기		**Q. 수집된 정보를 다른 사람들이 잘 이해할 수 있도록 어떻게 기록하고 정리할 수 있나요?** **[교과 연계]** [6국01-05] 자료를 선별해 핵심 정보를 중심으로 내용을 구성하고 매체를 활용해 발표한다.	
[이해 1] 각기둥과 각뿔은 여러 가지 모양을 범주화한 것이다. **[이해 2]** 각기둥과 각뿔의 구성 요소는 특정한 관계를 맺고 있다. **[이해 3]** 각기둥과 각뿔은 고유한 성질을 가지고 있다.	**일반화 전략** 사고 스캐폴딩을 위한 개념 은행 ▼ 문장 구조	Q. 각기둥은 무엇인가요? [개념 형성 1-2] Q. 각뿔은 무엇인가요? [개념 형성 1-3] 어떤 입체도형을 각기둥과 각뿔이라고 하나요? 각기둥과 각뿔은 구성 요소와 어떤 관계가 있나요? 아래의 문장을 완성해 봅시다. **[문장 구조]** 수식과 보기를 활용해 나타내 보세요. **<보기>** 면, 모서리, 각, 꼭짓점, 높이, 각뿔의 꼭짓점 • 각 기둥은 _____ 모양으로, 밑면의 (보기)수와 (보기)의 수는 (수식)의 관계를 맺고 있다. • 각뿔은 _____ 모양으로, 밑면의 (보기)수와 (보기)의 수는 (수식)의 관계를 맺고 있다. **Tip** 학생 수준에 따라 보기를 추가하거나 줄인다. 학생들의 답변이 논리적으로 타당할 경우 인정하고, 논리적으로 맞지 않으면 함께 그 내용에 관해 탐구한다.	헝 학습지 학습지의 정확성 확인하기

| [이해 2] 각기둥과 각뿔의 구성 요소는 특정한 관계를 맺고 있다.

[이해 3] 각기둥과 각뿔은 고유한 성질을 가지고 있다.

[지식 1] 각기둥, 각뿔의 구성 요소 사이의 관계
[지식 2] 각뿔과 각기둥의 성질 | 전이 전략

적용 및 행동
▼
수행평가 | Q. 각기둥과 각뿔은 어떤 성질을 가지고 있나요? [개념]

단원 시작할 때 제시했던 '마술 비법서 만들기' 수행과제를 시작하겠습니다. 수행과제 결과물을 제작하기 위해서는 정확한 기준을 확인하고, 제작해 봅시다.

<비법서 예시>
주어진 여러 도형 중 하나를 마음속으로 생각해 보세요. 결정했나요?

1. 끝이 뾰족합니까? 뾰족하지 않습니까?
⇨ 뾰족하다면 **뿔**, 뾰족하지 않다면 **기둥**

2-1. 뾰족할 경우 모서리의 수를 모두 세어 보세요. 그리고 나누기 2를 해보세요.
⇨ **3**을 이야기한다면 **삼각뿔**

2-2. 뾰족하지 않다면 모서리의 수를 모두 세어 보세요. 그리고 나누기 3을 해보세요.
⇨ **3**을 이야기한다면 **삼각기둥**

3. 당신이 생각한 도형은 이것입니다.
그리고 이 도형의 이름은 **삼각뿔**입니다.

Tip 위의 예시는 간략하게 제시한 것으로, 구성 요소 사이의 대응 관계와 각기둥과 각뿔의 성질이 포함된 다양한 질문을 만들어 표현하도록 한다. | [총] 산출물
수행과제 확인하기
[마술 비법서]

[형] 서술평가
문장 구조 학습지 |

[학생과 함께 설정한 채점 가이드]

	채점 준거	성취점수(%)	자기평가	교사평가
지식·이해	Q. 각기둥과 각뿔의 성질과 구성 요소 사이의 관계를 말할 수 있는가?	30% [30/20/10]	Ⓐ Ⓑ ⓒ	Ⓐ Ⓑ ⓒ
과정·기능	Q. 각기둥과 각뿔의 성질과 구성 요소 사이의 관계를 잘 표현하고 설명하는가?	20% [20/15/10]	Ⓐ Ⓑ ⓒ	Ⓐ Ⓑ ⓒ
수행(역량)	Q. 실제 상황에 활용할 수 있는 산출물을 제작했는가?	40% [40/25/15]	Ⓐ Ⓑ ⓒ	Ⓐ Ⓑ ⓒ
가치·태도	Q. 흥미를 느끼고 적극적으로 참여하는가?	10% [10/8/6]	Ⓐ Ⓑ ⓒ	Ⓐ Ⓑ ⓒ
최종 점수				

		<제작 후 발표> 여러분이 제작한 마술 비법서를 가지고 5학년 학생들에게 마술을 해봅시다.	
	성찰 전략 3-2-1 반성	이번 단원에 배운 것을 모두 정리해 봅시다. 아래의 학습지를 정리해 봅시다. [3-2-1 반성] 3가지 배운 것 2가지 남은 질문 1가지 새로운 도전	[총] 학습지 학습지의 정확성 확인하기

수업 마무리 이번 탐구 단원에서는 입체도형인 각기둥과 각뿔의 성질과 각 구성 요소 사이의 관계를 알아보았습니다. 각기둥과 각뿔을 탐구하면서 경험했듯이 세상 모든 것은 상하, 좌우 관계를 맺고 살아가며 그러한 관계 사이에는 특정한 법칙이 있습니다. 이와 비슷한 관계가 더 있는지 여러분이 관심 있는 분야에서 찾아보세요.

학습 접근 방법(ATL) 학습지

조사기능: 자료 기록·정리하기	( )초등학교 ( )학년 ( )반 이름:

1. 여러 각기둥의 구성 요소(모서리, 면, 꼭짓점)의 수를 기록해 봅시다.

기록 방법을 'O' 해 보세요.	(순서대로 나열)	(분류해 정리)	(그림으로 나타내기)
선택한 이유는 무엇인가요?			

2. 여러 각뿔의 구성 요소(모서리, 면, 꼭짓점)의 수를 기록해 봅시다.

기록 방법을 'O' 해 보세요.	(순서대로 나열)	(분류해 정리)	(그림으로 나타내기)
선택한 이유는 무엇인가요?			

3. 어떠한 방법이 주변 학생들에게 설명하고, 기록하기 좋은가요? 그 이유는 무엇일까요?

4. 각뿔과 각기둥의 구성 요소 사이에는 어떠한 관계가 있나요? 그리고 관계를 파악할 때 앞에서 조사한 자료 중 구성 요소 사이의 관계를 파악하는 데 도움이 되지 않는 자료가 있다면 1, 2의 자료에서 그 내용을 지워 보세요. 그리고 그 이유를 적어 보세요.

구분	내용
각뿔과 각기둥의 구성 요소 사이의 관계	
1, 2에서 자료를 지운 이유	

ATL 기능 자기평가	기준보다 우수	기준을 충족	기준에 근접	기준에 미달
Q1. 다양한 정보와 자료를 연결할 수 있나요?				
Q2. 정보를 기억하고 개발할 수 있나요?				

[한 줄 글쓰기] 나의 조사기능에 어떤 장점과 단점이 있나요?

과학

[UbD 1단계] 왜 탐구할까?

01. 단원의 개요와 조망도

단원명	지구에서 만나는 태양과 별	학년(차시)	6학년(11차시)
개념(PYP)	연결(세상이 돌아가는 방식)	교사	이규만

이 단원은 태양과 별의 위치가 왜 달라지는지에 관한 질문을 던지고 이에 대한 관련 근거를 찾는 과정에서 지구의 운동이 태양과 별의 위상 변화의 원인임을 탐구하는 데 목적이 있다. 천문 어플리케이션을 활용한 관찰과 모의실험을 중심으로 지구의 운동과 관련된 개념을 이해하고 지구의 자전과 공전에 의해 일어나는 현상을 지구 안 관측자 중심으로 탐구한다. 탐구의 결과를 바탕으로 지구의 운동이 이러한 천체 움직임의 원인임을 이해하도록 하는 데 주안점을 둔다.

[2022 개정교육과정 내용 체계표]

핵심 아이디어	5~6학년 일반화	핵심 개념 Lens	관련 개념	범주/내용 요소			성취기준
				지식·이해	과정·기능	가치·태도	
별의 표면 온도, 크기, 질량, 거리 등을 결정하는 데 관측 자료와 증거 기반 해석 등이 활용된다.	지구의 운동으로 인해 지구에서 바라보는 다양한 천체는 연결되어 움직인다.	연결	지구의 자전 지구의 공전	태양과 별의 위치 변화	자연과 일상생활에서 지구와 우주 관련 문제 인식하기	우주 과학에 대해 관심과 지적 호기심	[6과12-01] 하루 동안 태양과 별을 관찰해 위치 변화의 규칙성을 찾을 수 있다.
				지구의 자전과 공전			[6과12-02] 지구의 자전을 알고, 낮과 밤이 생기는 이유를 설명할 수 있다.
				지구의 자전과 공전 계절별 별자리 변화	수학적 사고, 컴퓨터 및 모형 활용하기	우주 과학에 대해 관심과 지적 호기심	[6과12-03] 지구의 공전을 알고, 계절에 따라 달라지는 별자리를 관찰할 수 있다.

지식의 구조에서는 연결이라는 개념적 렌즈를 바탕으로 지구의 관측자가 바라보는 천체의 모양과 위치 변화를 관찰하고 위치 변화의 원인에 대한 가설을 설정한다. 가설의 검증을 위한 다양한 탐구과정을 거친 후 학생들이 '지구의 운동으로 인해 지구에서 바라보는 다양한 천체가 움직인다.'라는 일반화에 도달하도록 하는 것이 이 단원의 최종 목적이다.

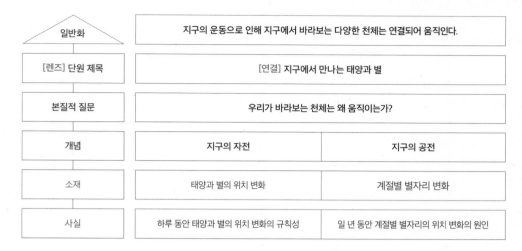

[단원의 조망도(지식의 구조)]

일반화	지구의 운동으로 인해 지구에서 바라보는 다양한 천체는 연결되어 움직인다.	
[렌즈] 단원 제목	[연결] 지구에서 만나는 태양과 별	
본질적 질문	우리가 바라보는 천체는 왜 움직이는가?	
개념	지구의 자전	지구의 공전
소재	태양과 별의 위치 변화	계절별 별자리 변화
사실	하루 동안 태양과 별의 위치 변화의 규칙성	일 년 동안 계절별 별자리의 위치 변화의 원인

02. 일반화와 안내 질문

일반화·이해 학생들은 다음을 이해할 것이다.	안내 질문 학생들은 다음을 탐구할 것이다.
1. 지구가 자전하기 때문에 매일 천체들의 위치가 규칙적으로 변한다.	[논쟁 1-1] 태양은 동쪽에서 서쪽으로 집니다. 움직이고 있는 것은 태양인가요? 지구인가요? [사실 1-1] 지구의 자전이란 무엇인가요? [사실 1-2] 하루 동안 하늘 위 천체들은 어디로 움직이나요? [사실 1-3] 같은 위도 지역들의 일출과 일몰 시간이 다른 까닭은 무엇일까요? [개념 형성 1] 하루 동안 하늘에 떠 있는 천체의 위치가 바뀌는 것은 지구의 운동과 어떤 관련이 있나요? [논쟁 1-2] 지구가 자전하지 않는다면 어떤 일들이 생길까요?
2. 지구가 공전하기 때문에 일 년을 주기로 천체들의 위치가 바뀌는 것으로 보인다.	[논쟁 2] 사계절 내내 볼 수 있는 별자리가 있을까요? [사실 2-1] 지구의 공전은 무엇인가요? [사실 2-2] 계절별 대표 별자리에는 어떤 것들이 있나요? [개념 형성 2-1] 계절별 대표 별자리가 달라지는 까닭은 무엇인가요? [개념 형성 2-2] 지구가 공전한다는 사실을 천체의 운동과 관련지어 증명할 수 있나요?
3. 지구의 운동으로 인해 지구에서 바라보는 다양한 천체가 연결되어 움직인다.	[논쟁 3] 지구는 정말 태양의 주위를 돌고 있나요? [개념] 우리가 바라보는 천체는 왜 움직이는가?

03. 지식과 기능

핵심 지식 학생들은 다음의 사실과 기본 개념을 알고 기억할 것이다.	기능 학생들은 다음의 기능과 절차를 활용할 것이다.
1. 태양과 별의 위치 변화 2. 계절별 별자리 변화 3. 지구의 자전과 공전	1. 자연과 일상생활에서 지구와 우주 관련 문제 인식하기 2. 관찰을 통해 자료를 수집하고 비교·분석하기 3. 결론을 도출하고, 지구와 우주 관련 상황에 적용·설명하기

「과학」
교과 내용 체계와
성취기준 매칭 자료(2022)

[UbD 2단계] 어떻게 탐구를 확인할까?

01. 수행과제(총괄평가)

"천문학자가 되어 천체의 움직이는 까닭을 분석하라."	
목표 Goal	너의 목표는 지구에서 바라보는 천체가 움직이는 까닭을 설명하는 것이다.
역할 Role	너의 역할은 천문학자이다.
대상/청중 Audience	너의 청중은 궁금증을 가진 5학년 학생이다.
상황 Situation	너는 다음의 문제 상황에 놓여 있다. 5학년 학생이 우리반 학생에게 질문을 했다고 한다. '왜 매일 해가 뜨고 지며, 또 왜 매번 계절에 따라 별자리가 바뀌나요?' 이런 사실을 궁금해하는 동생에게 도움을 주기 위해 천체의 비밀을 분석해 알려주어야 한다.
결과물 Product	너는 지구와 천체의 운동을 조사하고 분석하는 프레젠테이션을 만들 것이다.
기준 Standards	너의 결과물은 반드시 다음의 기준을 만족해야 한다. 첫째, 하루, 일 년 동안의 천체들의 움직임을 조사하고 해석하기 둘째, 우리가 바라보는 천체들이 하루, 일 년의 주기로 위치가 변화하는 까닭 설명하기 셋째, 논리성을 바탕으로 전달하고자 하는 내용을 담은 프레젠테이션 만들기 넷째, 발표 자료와 발표 내용은 평가 준거에 맞게 작성하고 발표하기

02. 루브릭(평가 준거와 수준)

[준거] 내용	기준보다 우수 Ⓐ	기준을 충족 Ⓑ	기준에 근접 ⓒ
[내용의 타당성] 지구에서 바라보는 천체들의 위치가 왜 달라지는지를 설명할 수 있는가?	낮과 밤이 생기는 까닭과 지구에서 바라보는 천체들의 위치가 달라지는 까닭을 지구의 운동과 연결 지어 체계적으로 설명한다.	낮과 밤이 생기는 까닭과 지구에서 바라보는 천체들의 위치가 달라지는 까닭을 설명한다.	매일 낮과 밤이 생기는 까닭과 지구에서 바라보는 천체들의 위치가 달라지는 까닭을 초보적 수준으로 설명한다.
[탐구기능의 정확성] 천체의 운동을 관찰해 정리, 분석할 수 있는가?	하루, 일 년 동안 태양과 달, 별들이 뜨고 지는 모습을 관찰해 체계적으로 정리하고 정확하게 분석한다.	하루, 일 년 동안 태양과 달, 별들이 뜨고 지는 모습을 관찰해 정리하고 분석한다.	다른 친구의 도움을 받아 하루, 일 년 동안 태양과 달, 별들이 뜨고 지는 모습 중 일부분을 관찰해 정리하고 분석한다.
[발표 자료의 완성도] 발표 자료가 전달하고자 하는 내용을 담고 있는가?	탐구를 기반으로 발표 자료에 자신만의 논리성을 바탕으로 정확하게 전달하고자 하는 내용을 담고 있다.	탐구를 기반으로 발표 자료에 자신만의 논리성을 바탕으로 전달하고자 하는 내용을 담고 있다.	다른 친구의 도움을 받아 발표 자료에 전달하고자 하는 내용을 담고 있다.
[과제 수행의 적극성] 과제 수행에 참여하는가?	우주 과학에 관해 관심과 지적 호기심을 갖고 적극적으로 탐구 활동에 참여한다.	우주 과학에 관해 관심을 두고 탐구 활동에 참여한다.	우주 과학에 대한 탐구 활동에 참여하려 노력한다.

[UbD 3단계] 학생들은 무엇을 탐구할까?

수업흐름	① 태양이 동쪽에서 서쪽으로 움직이고 있는지 논쟁하기	② 지구의 자전의 개념을 정의하기	③ 하루 동안의 지구 주변 천체의 운동을 관찰하기	④ 같은 위도 지역들의 일출, 일몰 시간이 다른 까닭 유추하기	⑤ 천체의 위치가 바뀌는 것과 지구의 운동과의 관련성 찾기	⑥ 지구가 자전하지 않을 시의 현상을 예상하기	⑦ 사계절 내내 볼 수 있는 별자리가 있는지 논쟁하기
	관계 맺기 전략	개념 형성 전략	조사 전략	관계 맺기 전략	조직 및 정리 전략	전이 전략	관계 맺기 전략
	⑧ 지구의 공전의 개념을 정의하기	⑨ 계절별 별자리 관찰하기	⑩ 계절별 대표 별자리가 달라지는 까닭 찾기	⑪ 지구가 공전한다는 사실을 천체의 운동과 관련지어 증명	⑫ 지구가 태양 주위를 돌고 있다는 사실을 논쟁하기	⑬ 지구의 움직임은 우리가 바라보는 천체의 변화와 어떻게 연결되는지 증명하기	⑭ 단원을 통해 배운 것을 성찰하기
	개념 형성 전략	조사 전략	조직 및 정리 전략	일반화 전략	일반화 전략	전이 전략	성찰 전략

지식-이해-기능	탐구 단계	학습 경험	평가[자료]
[이해 1] 지구가 자전하기 때문에 매일 천체들의 위치가 규칙적으로 변한다. [지식 1] 태양과 별의 위치 변화 [기능 1] 자연과 일상생활에서 지구와 우주 관련 문제 인식하기	**관계 맺기 전략** 경험기반 전략 ▼ 실험놀이	Q. 태양은 동쪽에서 서쪽으로 집니다. 움직이고 있는 것은 태양일까요? 지구인가요? [논쟁 1-1] 태양은 왜 동쪽 하늘에서 떠서 서쪽 하늘로 질까요? 태양은 매일 동쪽에서 떠서 서쪽으로 집니다. 움직이고 있는 것은 태양인가요? 지구인가요? 왜 그렇게 보일까요? 여러분 각자가 지구가 되어 봅시다. 그리고 여러분의 짝이 태양이 되어 봅시다. 우선, 지구는 제자리에 태양이 움직여 봅니다. 다음으로 태양은 제자리에 지구가 한쪽 방향으로 움직여 봅시다. 서로가 어떻게 보이나요?	진 구술평가 개별 사전 탐구 결과 자료 확인하기 [Worksheet]

수업 열기 코페르니쿠스를 아시나요? 처음으로 지동설, "지구가 태양의 주위를 돌고 있다."(1543년)고 주장한 사람입니다. 2세기, 프톨레마이오스가 『알마게스트』에서 "우주의 중심인 지구 주위를 여러 천체가 운동한다."라는 천동설을 주장한 이후로 긴 시간 동안 사람들은 의심 없이 천동설을 믿고 있었습니다.

정말 천체들이 지구를 중심으로 돌고 있는 거라면 왜 수성과 금성 그리고 화성과 목성, 토성이 서로 다른 움직임을 보일까요? 여러분이 당시의 과학자라면 지동설을 천체망원경 없이 어떻게 증명해 낼 수 있을까요? 과학자는 지구가 돈다는 것을 어떻게 증명해 냈을까요? 땅에서 보는 것만으로도 지구가 돈다는 것을 증명할 수 있을까요? 우리도 꼬마 코페르니쿠스가 될 수 있을까요?

지식-이해-기능	탐구 단계	학습 경험	평가[자료]
	개념 형성 전략 명명 전략 ▼ 개념 수수께끼	Q. 지구의 자전이란 무엇인가요? [사실 1-1] 선생님이 제시하는 수수께끼를 듣고 답을 유추해 봅시다. 　예) 1. 나 때문에 여러분은 밝고 어두움을 하루 동안 경험합니다. 　　　2. 나는 여러분과 항상 함께합니다. 　　　3. 여러분이 부모님의 차를 타고 바깥 풍경을 볼 때 경험하는 것과 비슷한 현상을 낮과 밤 동안 경험합니다. 　　　4. 내가 없다면…, 여러분은 항상 밤일지도 항상 낮일지도 모릅니다. 　　　5. 나는 누구입니까? 6가지의 수수께끼를 해결해 알게 된 정보를 '자전'의 의미를 설명해 봅시다.	형 관찰평가 질의응답과정 관찰
	조사 전략 테크놀로지 활용 ▼ 가상 및 증강현실	Q. 하루 동안 하늘 위 천체들은 어디로 움직이나요? [사실 1-2] 하루 동안의 해와 달, 별이 뜨고 지는 모습을 [스텔라리움] 어플을 활용해 관찰하고 글과 그림으로 표현해 봅시다.	형 보고서 평가 개인이 작성한 관찰일지 확인하기 [Worksheet]

관계 맺기 전략 토론 기반 전략 ▼ 침묵의 대화	Q. 같은 위도 지역들의 일출과 일몰 소요 시간이 다른 까닭은 무엇일까? [사실 1-3] 같은 위도 지역들의 일출, 일몰 시간이 다른 까닭이 무엇일까요? 침묵의 대화를 통해 이야기를 나누어 봅시다. 먼저 질문에 관한 자기 생각을 학습지에 쓰고, 다 쓴 학습지를 모둠의 1번 학생은 2번 학생에게, 2번은 3번에게, 3번은 4번에게 전달합니다. 친구의 학습지를 받으면 친구의 생각과 연결하거나 다른 점이 있을 경우 쓰도록 하고 1~2분 뒤에는 다시 순서대로 다른 친구에게 학습지를 넘겨 대화해 봅시다.	[형] 관찰평가 개별 사전 탐구 결과 자료 확인하기 [Worksheet]
조직 및 정리 전략 요약 조직자 ▼ 시각적 메모 작성	Q. 하루 동안 하늘에 떠 있는 천체의 위치가 바뀌는 것은 지구의 어떤 운동과 어떤 관련이 있나요? [개념 형성 1] 지구본과 전등, 관측자 모형을 사용해 태양과 달이 떠오르고 지는 모습을 관측자 입장에서 관찰하고 그림으로 그려 봅시다. 이를 바탕으로 지구가 자전하고 있다고 생각한다면 왜 그렇게 생각하는지 근거를 들어 설명해 봅시다.	[형] 관찰평가 수행과정 및 도출 결과 자료 확인하기 [Worksheet]
전이 전략 예측 및 가설 전략 ▼ 만약에 ~라면	Q. 지구가 자전하지 않는다면 어떤 일들이 생길까요? [논쟁 1-2] 만약에 지구의 자전하지 않는다면 어떤 일이 생길까요? 모둠별로 상상해 지구가 자전하지 않는다면 생길 상황을 모둠별로 토의해 구글 프레젠테이션을 활용해 사진이나 그림으로 표현해 봅시다.	[형] 관찰평가 개인-모둠 작성한 내용 확인하기 [모둠보드판]

[이해 2] 지구가 공전하기 때문에 1년을 주기로 천체들의 위치가 바뀌는 것으로 보인다. [지식 2] 계절별 별자리 변화 [지식 3] 지구의 자전과 공전 [기능 3] 설명하기: 결론을 도출하고, 지구와 우주 관련 상황에 적용·설명하기	관계 맺기 전략 토론기반 전략 ▼ 질문확장	Q. 사계절 내내 볼 수 있는 별자리가 있을까요? [논쟁 2] 별자리에 속하는 별들의 위치는 왜 규칙적으로 바뀔까요? 별자리와 관련된 다양한 질문을 만들고 함께 이야기를 나누어 봅시다. 예) 사계절 내내 볼 수 있는 별자리는? 그 이유는?	[진] 관찰평가 개별 사전 탐구 결과 자료 확인하기 [Worksheet]
	개념 형성 전략 명명 전략 ▼ 개념 수수께끼	Q. 지구의 공전은 무엇인가요? [사실 2-1] 선생님이 제시하는 수수께끼를 듣고 답을 유추해 봅시다. 예) 1. 나 때문에 여러분은 봄의 따스함을 느낄 수 있습니다. 　　2. 나 때문에 여러분은 모르겠지만 계속 움직이고 있습니다. 　　3. 내가 없다면 일 년 내내 겨울일지도 모릅니다. 　　4. 내가 있어서 여러분은 일 년 동안 매일 조금씩 다른 별자리를 볼 수 있습니다. 　　5. 나는 누구입니까? 수수께끼들을 해결하면 알게 된 정보로 '공전'의 의미를 설명해 봅시다.	[형] 관찰평가 질의응답과정 관찰
	조사 전략 테크놀로지 활용 ▼ 가상 및 증강 현실	Q. 계절별 대표 별자리에는 어떤 것이 있을까요? [사실 2-2] 계절별 별자리의 모습을 [스텔라리움] 어플을 활용해 관찰합시다. 계절별 대표 별자리를 조사하고 계절마다 볼 수 있는 별자리가 왜 다른지에 대한 까닭을 찾아봅시다.	[형] 관찰평가 개별 사전 탐구 결과 자료 확인하기 [Worksheet, 스텔라리움 어플]
	조직 및 정리 전략 요약 조직자 ▼ 시각적 메모 작성	Q. 계절별로 대표 별자리가 달라지는 까닭은 무엇인가요? [개념 형성 2-1] (구체적 모델링) 주어진 도구를 활용해 지구와 천체의 운동을 설명할 수 있을까요? 전구(태양), 지구본(지구), 그림(계절별 별자리)을 활용해 지구가 태양 주변을 공전하는 현상을 직접 표현해 봅시다. 지구가 공전함으로써 볼 수 있는 계절별 별자리에는 어떤 것들이 있는지 관찰해 봅시다. 마지막으로 여러분이 스텔라리움으로 실제 관찰한 계절별 별자리가 어떤 원리로 보이게 되는지 그림으로 표현해 봅시다.	[형] 관찰평가 개별 사전 탐구 결과 자료 확인하기 [Worksheet]
	일반화 전략 사고 스케폴딩 패턴 및 연관성 탐색 ▼ 패턴 찾기	Q. 지구가 공전한다는 사실을 천체의 운동과 관련지어 증명할 수 있나요? [개념 형성 2-2] 앞에서 탐구한 지구 주변의 다양한 천체들의 하루 동안, 일 년 동안의 움직임은 어떠했나요? 지구의 자전, 공전이라는 교점을 중심으로 하늘 위 다양한 천체들과 어떻게 연결되어 있을까요? 지구가 스스로 움직이는 것이 지구 주변의 천체인 태양과 달, 별의 운동과 어떻게 관련되어 있는지 모둠과 함께 이야기를 나누고 한 문장으로 만들어 봅시다. 예) 지구의 공전으로 인해 (　　　　　) 현상을 관찰할 수 있다. 　　 지구의 공전은 (　　　　)이다.	[형] 보고서 평가 개인-모둠 작성한 내용 확인하기 [보고서]

[이해 3] 지구의 운동으로 인해 지구에서 바라보는 다양한 천체가 연결되어 움직인다.	관계 맺기 전략 토론기반 전략 ▼ 거미줄 토론	Q. 지구는 정말 태양의 주위를 돌고 있나요? [논쟁 3] 지구가 정말 태양의 주위를 돌고 있다면 어떤 근거로 그 주장을 뒷받침할 수 있을까요? 여러분이 코페르니쿠스라면 어떤 근거를 들어 지구의 운동을 설명할 수 있을까요? 지구가 운동한다면 우리 주변에 어떤 현상들을 관찰할 수 있을까요? 지동설과 천동설의 입장 중 하나를 정해 생각을 정리하고 거미줄 토론으로 돌아가며 이야기해 봅시다. **Tip** 학생들을 두 그룹(토론, 경청팀)으로 나누고 토론 그룹이 먼저 교실 가운데로 나와 둥글게 앉도록 한다. 칠판에 큰 원형 그림을 그리고 참여하는 학생의 좌석 배치를 표시한다. 듣는 그룹의 학생들은 토론 그룹의 대화 상황을 학습지에 줄잇기 형태로 표시한다.	진 구술평가 개별 사전 탐구 결과 자료 확인하기 [Worksheet]
ATL: 조사기능 자료 해석하기		**Q. 수집한 정보를 활용해 문제를 해결하며 의미를 부여할 수 있는가?** [교과 연계] [6수04-06] 자료를 이용해 가능성을 예상하고, 가능성에 근거해 적절한 판단을 내릴 수 있다.	
	전이 전략 학습 적용 및 실행 ▼ 수행평가	Q. 우리가 바라보는 천체는 왜 움직이는가? 처음에 제시했던 '천문학자가 되어 지구의 운동이 지구에서 바라보는 천체가 움직이는 까닭을 탐구하기' 수행과제를 시작하겠습니다. 수행과제 결과물을 제작하기 위해서는 정확한 기준을 확인하고 제작합니다. 함께 채점 가이드를 만들어 봅시다.	총 구술평가 수행과제 결과물(구글 프레젠테이션)과 상호소통과정을 살펴보기

[학생과 함께 설정한 채점 가이드]

채점 준거		성취점수(%)	자기평가	교사평가
지식·이해	Q. 천체와 지구의 운동과 관련성을 체계적으로 설명할 수 있는가?	30% [30/20/10]	Ⓐ Ⓑ Ⓒ	Ⓐ Ⓑ Ⓒ
과정·기능	Q. 천체의 운동을 관찰해 정리, 분석했는가?	30% [30/20/10]	Ⓐ Ⓑ Ⓒ	Ⓐ Ⓑ Ⓒ
수행(역량)	Q. 자기 생각을 발표 자료에 정확하게 전할 수 있는가?	20% [20/15/10]	Ⓐ Ⓑ Ⓒ	Ⓐ Ⓑ Ⓒ
가치·태도	Q. 과제 수행과정에서 적극적인 태도를 보였는가?	20% [20/15/10]	Ⓐ Ⓑ Ⓒ	Ⓐ Ⓑ Ⓒ
최종 점수				

		<제작 후 발표> 발표하기 전에 발표를 효과적으로 전달 할 수 있는 방법을 공부해 봅시다. 선생님이 제공하는 학습지를 통해서 발표의 기준을 명확하게 공부해 봅시다. 지금부터 탐구과제 발표를 시작하겠습니다. 발표를 듣는 친구들은 발표하는 학생들이 기준에 맞게 발표하는지 점검해 주기를 바랍니다. 또, 발표를 들은 후 궁금한 점을 질문해 봅시다.	
	성찰 전략 광범위한 전략 ▼ 대화 유도	지금까지 여러분이 배운 것을 떠올려 봅시다. 다음 질문들에 대해 짝과 함께 생각을 정리해 봅시다. 1. 지구에서 바라보는 천체들은 어떻게 연결되어 있는가? 2. 지구의 운동을 생각하면 _____이 생각난다. 이것은 무엇인가? 3. 내가 배운 가장 중요한 것은 무엇인가?	형 학습지

수업 마무리 이번 단원에서 여러분은 매일 우리가 바라보는 천체들의 모습을 관찰하고 지구와 어떻게 연결되어 있는지를 탐구했습니다.
앞으로도 천문 현상에 대한 흥미와 호기심을 갖고 내가 바라보는 하늘 위 천체들이 서로 어떻게 연결되어 있는지를 지속해서 관찰하고 사고해 나가기를 바랍니다.

학습 접근 방법(ATL) 학습지	
조사기능: 자료 해석하기	( )초등학교 ( )학년 ( )반 이름:

목표: 나는 수집한 정보를 활용해 학습 문제를 해결하며 의미를 부여할 수 있나요?

탐구질문	
1단계 자료 조사 내용	수집한 자료(도표, 사진, 영상, 글 등)

2단계 자료 분류하기	분류기준	

3단계 자료 해석하기	

4단계 가능성 예상하기

ATL 기능 자기평가	기준보다 우수	기준을 충족	기준에 근접	기준에 미달
Q1. 자료의 수집 기록, 분류 및 검토했나요?				
Q2. 수집된 자료의 특징을 이해하고, 찾은 자료에서 통계적 사실을 분석하고 해석했나요?				

[한 줄 글쓰기] 나의 조사기능에 어떤 장점과 단점이 있나요?

실과

[UbD 1단계] 왜 탐구할까?

01. 단원의 개요와 조망도

단원명	건강한 식습관과 적절한 옷차림	학년(차시)	5학년(10차시)
개념(PYP)	기능(우리 자신을 표현하는 방법)	교사	이동한

우리는 식사를 통해서 몸을 구성하고 유지하는 데 필요한 영양소를 얻고 음식의 맛을 즐긴다. 식사의 기능을 이해하고 그 기능이 충족되게 식사하는 것은 건강한 몸을 구성하고 개인의 행복을 위해 필요하다. 또한, 몸을 보호하고 자신을 표현하기 위해서는 적절한 옷차림이 필요하다. 때와 장소, 상황에 따라 건강, 안전, 위생, 예절을 고려한 옷차림을 영위하는 능력과 태도는 개인에게 자존감을 함양시키고, 정신적·신체적 건강을 지켜주는 역할을 한다. 식사와 옷의 기능을 충족시키기 위해 고려해야 하는 것과 필요한 과정을 탐구함으로써 개인은 건강한 식습관과 적절한 옷차림으로 긍정적인 발달과 행복한 삶을 영위할 수 있다.

[2022 개정교육과정 내용 체계표]

핵심 아이디어	5~6학년 일반화	핵심 개념 Lens	관련 개념	범주/내용 요소			성취기준
				지식·이해	과정·기능	가치·태도	
일상에서 직면하는 문제에 대처할 수 있는 역량은 개인 및 가족의 긍정적 발달과 행복한 일상의 삶을 주도적으로 이끌 수 있게 한다.	올바른 식습관과 옷차림은 긍정적인 발달과 행복한 삶을 이끌 수 있다.	기능	식습관 옷차림	-	가족원의 다양한 요구 파악하기	가족 간 배려와 돌봄의 가치	[6실01-03] 건강한 가정생활을 위해 가족원 모두에게 다양한 요구가 있음을 이해해 서로에 대한 배려와 돌봄을 실천한다.
				균형 잡힌 식사	바람직한 식습관 형성하기	-	[6실01-04] 균형 잡힌 식사의 중요성과 조건을 탐색해 자신의 식습관을 검토해 보고 건강한 식습관 형성에 적용한다.
				옷의 기능과 옷차림	건강하고 적절한 옷차림 파악하기	-	[6실01-05] 옷의 기능을 이해해 평소 자신의 옷차림을 살펴보고 건강하고 적절한 옷 입기를 실천한다.

기능이라는 개념적 렌즈를 바탕으로 식사를 하는 것과 옷을 입는 것을 살펴보고 그 기능에 알맞은 건강한 식습관과 적절한 옷차림을 형성할 수 있도록 한다. 옷, 식사와 관련된 습관 형성을 통해 가족은 물론 생활·문화 공동체로서 함께 살아가기 위한 공동체 역량을 함께 기를 수 있으며 이는 곧 자신의 성장 발달과 관련되어 있다.

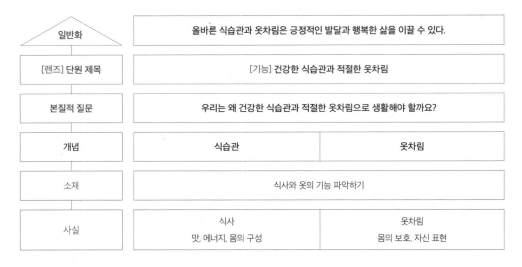

[단원의 조망도(지식의 구조)]

일반화	올바른 식습관과 옷차림은 긍정적인 발달과 행복한 삶을 이끌 수 있다.	
[렌즈] 단원 제목	[기능] 건강한 식습관과 적절한 옷차림	
본질적 질문	우리는 왜 건강한 식습관과 적절한 옷차림으로 생활해야 할까요?	
개념	식습관	옷차림
소재	식사와 옷의 기능 파악하기	
사실	식사 맛, 에너지, 몸의 구성	옷차림 몸의 보호, 자신 표현

02. 일반화와 안내 질문

일반화·이해 학생들은 다음을 이해할 것이다.	안내 질문 학생들은 다음을 탐구할 것이다.
1. 건강한 식습관은 균형 잡힌 식단으로 규칙적인 식사를 하는 것이다.	[개념 형성 1-1] 우리는 왜 식사하는가요? [사실 1-1] 어느 식단이 건강할까요? [사실 1-2] 우리가 먹은 음식에서 우리는 무엇을 얻을까요? [사실 1-3] 음식이 맛있기 위해서는 무엇이 필요한가요? [사실 1-4] 나와 주변 사람들의 식습관은 어떠한가요? [논쟁1] 주변의 식습관 중 더 나은 식습관은 무엇인가요? [개념 형성 1-2] 식사의 기능을 갖춘 건강한 식습관은 무엇인가요? [개념 형성 1-3] 건강한 식습관은 무엇인가요?
2. 적절한 옷차림은 상황에 맞게 자신을 표현하고 몸을 보호하는 것도 고려하며 옷을 입는 것이다.	[개념 형성 2-1] 옷은 왜 입을까요? [사실 2] 어느 옷차림이 적절한가요? [개념 형성 2-2] 옷의 기능을 갖춘 적절한 옷차림은 무엇인가요? [개념 형성 2-3] 적절한 옷차림은 무엇인가요?
3. 올바른 식습관과 옷차림은 긍정적인 발달과 행복한 삶을 이끌 수 있다.	[개념] 우리는 왜 건강한 식습관과 적절한 옷차림으로 생활해야 할까요?

03. 지식과 기능

핵심 지식 학생들은 다음의 사실과 기본 개념을 알고 기억할 것이다.	기능 학생들은 다음의 기능과 절차를 활용할 것이다.
1. 균형 잡힌 식사 2. 옷의 기능과 옷차림	1. 바람직한 식습관 형성하기 2. 건강하고 적절한 옷차림 파악하기

「실과」
교과 내용 체계와
성취기준 매칭 자료(2022)

[UbD 2단계] 어떻게 탐구를 확인할까?

01. 수행과제(총괄평가)

	"건강한 식습관과 적절한 옷차림 설명서를 만들고 발표해라."
목표 Goal	너의 목표는 건강한 식습관과 적절한 옷차림에 무엇이 필요하고 긍정적인 효과를 설명하는 것이다.
역할 Role	너의 역할은 가족 건강 책임관이다.
대상/청중 Audience	너의 청중은 여러분의 가족들(○○학교 식구들)이다.
상황 Situation	너는 다음의 문제 상황에 놓여 있다. 잘못된 식습관과 부적절한 옷차림을 하는 학생들을 설득해야 하는 상황이다.
결과물 Product	너는 올바른 식습관과 옷차림에 대한 설명 보고서를 만들 것이다.
기준 Standards	너의 결과물은 반드시 다음의 기준을 만족해야 한다. 첫째, 식사와 옷은 왜 필요한지 이유 제시하기 둘째, 건강한 식습관과 적절한 옷차림을 설명하고 긍정적인 효과 제시하기 셋째, 모둠에서 정한 횟수와 기간만큼 건강한 식단과 적절한 옷차림 일지 작성하기

02. 루브릭(평가 준거와 수준)

[준거] 내용	기준보다 우수 Ⓐ	기준을 충족 Ⓑ	기준에 근접 Ⓒ
[내용의 정확성] **건강한 식습관과 적절한 옷차림의 의미를 파악하는가?**	건강한 식습관과 적절한 옷차림은 어떤 점을 고려해야 형성할 수 있는지 논리적으로 파악해 설명한다.	건강한 식습관과 적절한 옷차림은 어떤 점을 고려해야 형성할 수 있는지 파악해 설명한다.	건강한 식습관과 적절한 옷차림은 어떤 점을 고려해야 하는지 알고 있다.
[기능의 효과성] **건강한 식습관과 적절한 옷차림에 대한 보고서를 작성하는가?**	건강한 식습관과 적절한 옷차림이 여러 측면에서 필요한 이유를 논리적으로 작성한다.	건강한 식습관과 적절한 옷차림이 필요한 이유를 1~2가지로 작성한다.	건강한 식습관과 적절한 옷차림이 필요한 이유를 간단하게 작성한다.
[참여의 적극성] **과제 수행에 참여하는가?**	과제를 수행하기 위해 모든 과정에서 적극적으로 참여한다.	과제를 수행하기 위해 과정 대부분에서 적극적으로 참여한다.	과제 수행에 소극적으로 참여한다.
[가치·태도의 접근성] **건강한 식사와 적절한 옷차림을 습관 형성할 수 있는가?**	건강한 식단 및 적절한 옷차림 일지를 꾸준히 작성하며, 지속적인 습관을 형성한다.	건강한 식단일지 및 적절한 옷차림 관련 일기를 빈번하게 작성한다.	건강한 식단일지 작성과 옷차림 관련 일기를 작성한다.

[UbD 3단계] 학생들은 무엇을 탐구할까?

수업흐름	① 식사의 기능	② 식사의 기능을 갖춘 습관 구별	③ 식사에서 얻는 영양소/맛/나와 주변 습관	④ 건강한 식습관 교차비교 차트	⑤ 건강한 식습관 문장 구조 프레임
	관계 맺기 전략	개념 형성 전략	조사 전략	조직 및 정리 전략	일반화 전략

	⑥ 옷의 기능	⑦ 옷의 기능을 갖춘 옷차림 구별	⑧ 옷의 기능을 갖춘 적절한 옷차림 구성 과정	⑨ 적절한 옷차림 문장 구조 프레임	⑩ 건강한 식습관과 적절한 옷차림관련 개념 매핑	⑪ 수행과제 설명 보고서 만들기
	개념 형성 전략	개념 형성 전략	조직 및 정리 전략	일반화 전략	일반화 전략	전이 전략

지식-이해-기능	탐구 단계	학습 경험	평가[자료]
[이해 1] 건강한 습관은 균형 잡힌 식단으로 규칙적인 식사를 하는 것이다. [지식 1] 균형 잡힌 식사 [기능 1] 바람직한 습관 형성하기	**관계 맺기 전략** 토론기반 전략 ▼ 선호도 다이어그램	Q. 우리는 왜 식사하는가요? [개념 형성 1-1] 여러분은 오늘 무엇을 먹었나요? 우리는 왜 음식을 먹을까요? 메모지 4~5개를 이용해서 그 이유를 작성해 봅시다. 여러분이 작성한 메모지를 기준을 세워 분류하고 각 그룹에 어울리는 이름을 지어 봅시다. 모둠별로 돌아가며 분류한 그룹을 설명해 봅시다.	진 서술형 평가 선호도 다이어그램 [활동지]

수업 열기 몸에 좋은 식습관과 적절한 옷차림을 계획하고 실천하는 것이 어떤 측면에서, 어느 정도 그 사람에게 이로울까요?
지금부터 여러분은 훌륭한 가족 건강 책임관(역할)이 되어서 왜 우리가 식사하고 옷을 입는지, 어떻게 식사하고 옷을 입어야 하는지를 가족들에게 안내할 것입니다. 또한 건강한 식습관과 적절한 옷차림이 어떠한 긍정적인 효과를 줄 수 있는지 설명해야 합니다. 가족들의 건강을 책임질 준비가 되었나요?
수업 시작 전에 선생님이 제시하는 평가 수준과 준거를 확인해 봅시다.

	탐구 단계	학습 경험	평가[자료]
	개념 형성 전략 순위 전략 ▼ 개념 그래프	Q. 어느 식단이 건강할까요? [사실 1-1] 다음 그래프의 가로축은 균형(영양소, 식재료, 간 조절 등), 세로축은 규칙(식사 횟수, 시간 등)입니다. 규칙성 ┃ ┃ 　　　└─────┴─────┘ 　　　　　　균형 식단 및 습관 관련된 9가지 사례를 제시합니다. 사례들을 그래프에 배치해 봅시다. 어떤 위치가 적절한지 토의해 봅시다. 배치된 음식을 보다 균형 있고, 규칙적으로 배치하기 위해서 무엇이 필요한지 이야기 나누어 봅시다.	형 서술형 평가 개념그래프 9가지 사례 [활동지]
	조사 전략 1 교과 자료 영상 자료	Q. 우리가 먹은 음식에서 우리는 무엇을 얻을까요? [사실 1-2] 영양소가 무엇이며, 어떤 일을 하는지 조사해 봅시다. 그리고 식품 구성 자전거를 살펴보면서 식품군과 영양소를 연관 지어 분류해 봅시다. [당신의 대변은 안녕하십니까? EBS 다큐 프라임] 일부를 시청해 봅시다. 아래의 3가지 질문에 대해 대답해 봅시다. 　Q. 우리가 먹은 음식에서 우리는 무엇을 얻을까요? 　Q. 장내 미생물이 좋게 구성되면 무엇이 좋아질까요? 　Q. 장내 미생물을 좋게 구성하려면 무엇이 필요할까요?	
	조사 전략 2 인적 자원 설문조사	Q. 음식이 맛있기 위해서는 무엇이 필요한가요? [사실 1-3] 각자 이번 달 학교 급식에서 가장 선호하는 식당을 선택해 우리 학교 영양사님과 조리사님에게 질문해 봅시다. 기본 질문에 추가적인 질문을 미리 작성해서 인터뷰 대상자에게 보냅니다. 그리고 인터뷰 날짜, 시각, 장소를 정해 인터뷰합니다. 인터뷰를 통해 알게 된 사실을 서로 이야기해 봅시다.	

조사 전략 3 인적 자원 설문조사	**Q. 나와 주변 사람들의 식습관은 어떤가요? [사실 1-4]** 교내 학생(4~6학년) 및 교직원 들을 대상으로 건강 설문 문항을 다음 4가지 주제로 만들어 봅시다. | 현재 건강	**영양소**	식사 방식	건강한 식단 횟수 | 여러 가지 자료들을 참고(어린이 6~11세 영양지수 설문지)해 학생들의 식습관, 건강 상태를 알 수 있는 문항으로 다듬어 봅시다. 우리가 직접 설문을 하고 통계 분석을 해서 건강한 식습관이 꼭 필요하다고 생각되는 대상을 선별합니다. 대상이 되는 학생과 아닌 학생들의 평소 식단을 작성할 수 있도록 요청해 학생들의 일주일 치 식단 구성을 확보해 봅시다. 또한 자신을 대상으로도 일주일 치 식단일지를 기록해 봅시다.	혱 서술형 평가 질문 대답 서술형 [활동지]
조직 및 정리 전략 비교 조직자 ▼ 교차비교 차트	**Q. 주변의 식습관 중 더 나은 식습관은 무엇인가요? [논쟁 1]** 앞서 건강 설문한 내용을 바탕으로 학생들의 식단을 아래 제시된 항목과 관련된 교차비교 차트로 구성해 봅시다. |	영양소/ 식이섬유/ 식재료/	개인의 음식 및 맛 선호도/균형	식사 방식	건강한 식단 횟수 및 지속성
A				
B				| 비교차트를 작성한 후, 아래 질문에 대해 서로 이야기를 나누어 봅시다. - 여러 식습관 중 가장 건강한 식습관은 무엇인가요? 왜 그렇게 생각하나요? - 우리 주변 사람들의 식습관과 나의 식습관은 어떤 차이가 있나요?	혱 서술형 평가 교차비교 차트 [활동지]
일반화 전략 문장 구조 프레임	**Q. 건강한 식습관은 무엇인가요? [개념 형성 1-3]** '건강한 식습관은( )으로 이루어진다.' 제시하는 문장 구조 프레임에 지금까지 배운 내용을 토대로 문장을 완성해 봅시다.	혱 서술형 평가 일반화 [활동지]

[이해 2] 적절한 옷차림은 상황에 맞게 자신을 표현하고 몸을 보호하는 것도 고려하며 옷을 입는 것이다. [지식 2] 옷의 기능과 옷차림 [기능 2] 건강하고 적절한 옷차림 파악하기	**개념 형성 전략** G.S.C.E 생성-분류-연결-확장	**Q. 우리는 왜 옷을 입을까요?[개념 형성 2-1]** 옷은 왜 입을까요? (Generate) 옷의 기능에 대해 자유롭게 아이디어를 기록해 봅시다. (Sort) 여러분이 생성한 아이디어를 직접 기준을 정해서 분류하고 이름도 지어 볼까요? (Connect) 생성한 아이디어와 관련 세부적인 내용을 추가해 봅시다. (Elaborate) 옷의 각각의 기능에 대해 더 자세히 연구하거나 특정 문화나 시대의 옷에 대해서도 살펴봅시다.	혱 서술형 평가 G.S.C.E [활동지]
	집중하기 순위 전략 ▼ 다이아몬드 랭킹	**Q. 어느 옷차림이 적절한가요? [사실 2]** 날씨(맑음, 눈 내릴 때 등 상황), 남성, 여성, 나이대, 상황 등의 9가지 옷차림 사례 카드가 있습니다. 사례들을 가지고 각 모둠에서 순위를 정해 봅시다. 그렇게 순위를 정한 이유를 설명해 봅시다. 순위를 정하기 위한 핵심 가치를 정해 봅시다. 서로 다른 모둠끼리 상대 팀의 1~2개의 카드를 선택해 그 카드들의 순위를 바꾸도록 설득해 봅시다. 순위를 바꾸거나 동의하지 않을 시 정당한 근거로 제안 제시 및 반대 및 동의 의견을 자유롭게 나누도록 합니다.	혱 서술형 평가 다이아몬드랭킹 전략에 활용할 수 있는 사례

조직 및 표상 전략 과정조직자 ▼ 흐름 다이어그램	Q. 옷의 기능과 관련해 적절한 옷차림이란 무엇일까요? [개념 형성 2-2] 여러 가지 상황 옵션별로 적절한 이미지를 찾거나, 그림을 그려서 적절한 옷차림을 정리해 봅시다. 적절한 옷차림을 영위하는 데 필요한 노력과 과정은 무엇이 있을까요? 앞서 위의 순위 세울 때 제시된 문제 상황(인물, 사건, 배경을 설정)을 적절한 옷차림으로 구성하기 위한 과정을 흐름 다이어그램으로 작성해 봅시다. 	혱 서술형 평가 영상 자료 [활동지] 혱 서술형 평가 흐름 다이어그램 [활동지]
일반화 전략 문장 구조 프레임	Q. 적절한 옷차림은 무엇인가요? [개념 형성 2-3] 적절한 옷차림을 위해 필요한 개념 간의 관계를 한 문장으로 작성해 봅시다. '적절한 옷차림은 ( )이다.' (~구성된다. ~고려된다.)	혱 서술형 평가 문장 구조 일반화 [활동지]

[이해 3] 올바른 식습관과 옷차림은 긍정적인 발달과 행복한 삶을 이끌 수 있다.	일반화 전략 패턴 및 연관성 탐색 ▼ 개념 매핑	Q. 우리는 왜 건강한 식습관과 적절한 옷차림으로 생활해야 할까요? [개념] 건강한 식습관과 적절한 옷차림에 필요한 개념 간의 관계를 살펴보려고 합니다. | 건강한 식습관	적절한 옷차림	영양소	균형	식단
식이섬유	유지	지속	개선	표현
때와 장소	기능 신장	보호	수단	
위생	예절	맛	선호		 개념들을 분류해 보고 개념 간의 관계를 그림으로 그려 봅시다. 먼저, 큰 개념에서 작고 구체적인 개념으로 순서를 정하고 배치해 봅시다. 선이나 단어를 추가할 수 있습니다. 여러분이 그린 개념 매핑을 토대로 문장 구조 프레임에 맞게 나만의 일반화를 완성해 봅시다. "건강한 식습관과 적절한 옷차림( )을 이끌 수 있다."	혱 서술형 평가 활동 사진 [활동지]
---	---	---

ATL: 자기관리기능 건강한 습관 가지기	Q. 건강한 생활 습관을 지닐 수 있는가? [교과 연계] [6도01-02] 생활 습관에 대한 성찰을 통해 자기 생활을 점검하고 올바른 계획을 세워 이를 실천한다.	
전이 전략 적용 행동 ▼ 수행평가	Q. 우리는 왜 건강한 식습관과 적절한 옷차림으로 생활해야 할까요? [개념] 우리는 지금까지 건강한 식습관과 적절한 옷차림에 관해 탐구했습니다. 이 탐구 결과로 무엇을 알 수 있었나요? 여러분이 직접 탐구한 내용을 가지고 설명 보고서를 만들어 가족들의 건강을 지켜봅시다.	총 구술평가 수행과제 설명서 구글 프레젠테이션을 통해 함께 작성하기

[학생과 함께 설정한 채점 가이드]

	채점 준거	성취점수(%)	자기평가	교사평가
지식·이해	Q. 건강한 식습관과 적절한 옷차림이 무엇인지 정확하게 파악했는가?	30% [30/20/10]	Ⓐ Ⓑ Ⓒ	Ⓐ Ⓑ Ⓒ
과정·기능	Q. 건강한 식습관과 적절한 옷차림의 긍정적 효과를 설명할 수 있는가?	30% [30/20/10]	Ⓐ Ⓑ Ⓒ	Ⓐ Ⓑ Ⓒ
수행(역량)	Q. 청중에게 발표 자료를 효과적으로 전달하는가?	20% [20/15/10]	Ⓐ Ⓑ Ⓒ	Ⓐ Ⓑ Ⓒ
가치·태도	Q. 과제를 수행하기 위해 적극적으로 참여했는가?	10% [10/8/6]	Ⓐ Ⓑ Ⓒ	Ⓐ Ⓑ Ⓒ
최종 점수				

수업 마무리 우리는 이번 단원에서 건강한 식습관과 적절한 옷차림을 영위하는 방법과 필요성을 탐구했습니다. 오늘 수업 이후로 여러분이 식사와 옷을 일상생활에서 마주할 때, 어떤 생각을 하게 될지 궁금합니다.

자기관리기능: 건강한 습관 가지기	(　　　　　)초등학교 (　　)학년 (　　)반 이름:

1. 내가 지키고 싶은 건강한 습관은 무엇인가요? 왜 필요하고, 어떤 좋은 점을 가져오는지 마인드 맵으로 표현해 봅시다

건강한 습관(예시안)

건강 향상, 질병 예방, 행복과 만족감 증진	건강한	+	습관	생활 방식, 반복적 수행, 자동화되어 자연스럽게 이루어짐

2. 건강한 습관을 실천할 수 있도록 설계해 봅시다.

1. 구체적 목표	2. 보상	
예) 구체적, 양적	(말)	
	(물질)	
3. 도움되는 보조(공언 및 도구)	4. 매일 활동	

3. 건강한 습관을 실천할 수 있도록 위 설계한 것이 드러나도록 그려 봅시다.

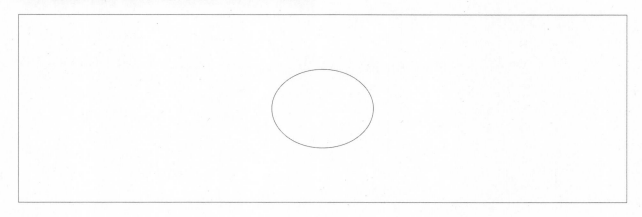

4. 꾸준한 실천은 습관이 되고 자동화되어 자연스럽게 이루어집니다.

일	월	화	수	목	금	토

※ 매일 할 수 있는 활동 및 습관을 기록해 봅니다.

나의 격려	성공 □					
	실패 □					

ATL 기능 자기평가	기준보다 우수	기준을 충족	기준에 근접	기준에 미달
Q1. 단기 및 장기적인 나의 과제를 계획했나요?				
Q2. 과제를 해결하기 위해 나만의 플래너를 유지하고 사용했나요?				

[한 줄 글쓰기] 나의 자기관리기능에 어떤 장점과 단점이 있나요?

[UbD 1단계] 단원의 목표 찾기: 왜 배워야 할까요?

01. 단원의 개요와 조망도

단원명	우리의 체력을 어떻게 키우는가?	학년(차시)	6학년(10차시)
개념(PYP)	변화(우리는 누구인가?)	교사	조선순

 체력은 건강의 기초가 되며, 체력 향상을 위해서는 반드시 적절한 운동을 꾸준히 연습해야 한다. 이 탐구 단원은 '변화'를 핵심 개념으로 탐구과정을 설계하고, 지속적인 운동 습관 형성으로 전이하는 데 목적이 있다. 탐구과정은 3월부터 7월까지 장기간의 체력 측정과 연습을 통해 체력의 요소를 파악하고, 체력별 운동을 통해 체력의 변화를 확인한다. 체력 증진을 목표로 자기 주도적으로 탐구하고, 해결하는 과정을 통해 체력에 대한 이해와 건강관리 역량을 키우고자 한다.

[2022 개정교육과정 내용 체계표]

핵심 아이디어	5~6학년 일반화	핵심 개념 Lens	관련 개념	범주/내용 요소			성취기준
				지식·이해	과정·기능	가치·태도	
운동은 체력과 건강을 관리하는 주요 방법으로, 생애 전반에 걸쳐 건강한 삶의 토대가 된다.	체력은 적절한 운동으로 증진되며 측정으로 확인된다.	변화	체력	건강 체력과 운동 체력	건강 체력과 운동 체력의 의미와 요소 파악하기	-	[6체01-01] 건강 체력과 운동 체력의 의미와 요소를 파악하고 다양한 운동 방법을 탐색한다.
			운동 방법	체력 종류별 운동 방법	체력을 측정하고 다양한 운동 시도하기	-	[6체01-02] 건강 체력과 운동 체력을 측정하고 자신의 체력 수준에 맞는 운동을 시도한다.

 본 탐구 단원은 '우리의 체력은 어떻게 키우는가?'라는 제목으로 체력의 기능 증진을 위한 과정의 구조로 설계한다. 우선, 토론을 통해 좋은 체력에 관해 생각해 보고, 체력의 종류를 조사한다. 더불어 체력을 측정하고 종류별 다양한 운동 방법을 시도함으로써 체력에 대한 지식과 기능을 학습한다. 다음으로 형성된 지식과 기능을 바탕으로 다양한 탐구·사고 전략을 활용해 '체력'과 '운동 방법'의 개념을 형성한다. 결과적으로 '체력은 적절한 운동으로 증진되며 측정으로 확인된다.'라는 일반화를 도출한다.

[단원의 조망도(과정의 구조)]

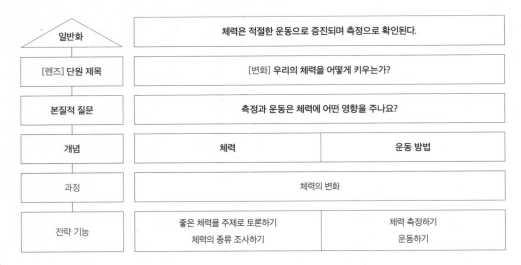

일반화	체력은 적절한 운동으로 증진되며 측정으로 확인된다.	
[렌즈] 단원 제목	[변화] 우리의 체력을 어떻게 키우는가?	
본질적 질문	측정과 운동은 체력에 어떤 영향을 주나요?	
개념	체력	운동 방법
과정	체력의 변화	
전략 기능	좋은 체력을 주제로 토론하기 체력의 종류 조사하기	체력 측정하기 운동하기

02. 일반화와 안내 질문

일반화·이해 학생들은 다음을 이해할 것이다.		안내 질문 학생들은 다음을 탐구할 것이다.
1. 체력은 적절한 운동으로 증진되며 측정으로 확인된다.		[논쟁 1] 좋은 체력은 선천적인가요? 아닌가요? [개념 형성 1-1] 체력의 종류에는 어떤 것이 있나요? [사실 1-1] 체력을 어떻게 측정할 수 있나요? [사실 1-2] 현재 나의 체력은 어떤 수준인가요? [개념 형성 1-2] 체력이 어떻게 변화되었나요? [개념] 측정과 운동은 체력에 어떤 영향을 주나요?

03. 지식과 기능

핵심 지식 학생들은 다음의 사실과 기본 개념을 알고 기억할 것이다.		기능 학생들은 다음의 기능과 절차를 활용할 것이다.
1. 건강 체력과 운동 체력 2. 체력 종류별 운동 방법		1. 건강 체력과 운동 체력의 의미와 요소 파악하기 2. 체력의 종류 조사하기 3. 체력 측정 방법과 기능 향상을 위한 적절한 운동법을 조사해 정리하기 4. 체력을 측정하고 다양한 운동 시도하기

「체육」
교과 내용 체계와
성취기준 매칭 자료(2022)

[UbD 2단계] 어떻게 탐구를 확인할까?

01. 수행과제(총괄평가)

<table>
<tr><td colspan="2" align="center">"체력 측정 후 적합한 운동 연습을 통해 자신의 체력을 평가하라."</td></tr>
<tr><td>목표
Goal</td><td>너의 과제는 우리 반 학생들의 체력을 증진하는 것이다.</td></tr>
<tr><td>역할
Role</td><td>너의 역할은 헬스트레이너이자 트레이닝을 받는 회원이다.</td></tr>
<tr><td>대상/청중
Audience</td><td>너의 청중은 헬스트레이닝을 받은 우리 반 학생들이다.</td></tr>
<tr><td>상황
Situation</td><td>너는 다음의 문제 상황에 놓여 있다.
우리 반에 체력이 저하된 학생들이 많다.</td></tr>
<tr><td>결과물
Product</td><td>너의 결과물은 체력의 변화 성장 그래프를 만드는 것이다.</td></tr>
<tr><td>기준
Standards</td><td>너의 결과물은 반드시 다음의 기준을 만족해야 한다.
첫째, 체력 종류별 적절한 운동 방법 및 기준 정해 안내하기
둘째, 팀은 처음(3월), 중간(5월), 최종(7월) 3번의 체력 측정하기
셋째, 3번의 체력 측정 결과를 성장 그래프로 표현하기</td></tr>
</table>

02. 루브릭(평가 준거와 수준)

[준거] 내용	기준보다 우수 Ⓐ	기준을 충족 Ⓑ	기준에 근접 Ⓒ
[내용의 정확성] **체력 측정 방법과 운동법을 파악하는가?**	회원으로서 체력별 수준 측정 방법과 연습을 위한 운동법을 정확하게 파악한다.	회원으로서 체력별 수준 측정 방법과 연습을 위한 운동법을 기본적으로 파악한다.	회원으로서 체력별 수준 측정 방법과 연습을 위한 운동법을 초보적으로 파악한다.
[기능의 효과성] **선택한 측정 방법과 운동법이 체력을 증진하는가?**	트레이너로서 선택한 측정 방법과 운동법은 체력 증진을 위해 매우 효과적이다.	트레이너로서 선택한 측정 방법과 운동법은 체력 증진을 위해 효과적이다.	트레이너로서 선택한 측정 방법과 운동법은 체력 증진에 비효과적이다.
[발표의 효율성] **트레이너로서 운동 방법을 노련하게 전달하는가?**	트레이너로서 운동 순서와 기준에 대해 시범을 보이며 매우 노련하게 전달한다.	트레이너로서 운동 순서와 기준에 대해 시범을 보이며 노련하게 전달한다.	트레이너로서 운동 순서와 기준에 대한 시범을 서투르게 전달한다.
[과정의 자발성] **가르침과 배움의 수행 태도가 자주적인가?**	트레이너로서의 가르침과 회원으로서의 배움에 참여하는 태도가 적극적이며 자주적이다.	트레이너로서의 가르침과 회원으로서의 배움에 참여하는 태도가 자주적이다.	트레이너로서의 가르침과 회원으로서의 배움에 참여하는 태도가 수동적이다.

[UbD 3단계] 학생들은 무엇을 탐구할까?

수업흐름				
① 좋은 체력에 관해 관심 가지기	② 체력의 정의와 종류 알아보기	③ 나의 사전 체력 성찰하기	④ 다양한 운동 시도하기	
관계 맺기 전략	개념 형성 전략	성찰 전략	조사 전략	
⑤ 체력 측정과 운동의 영향 조직하기	⑥ 체력의 변화 성찰하기	⑦ 새로운 운동법으로 전이 활동하기	⑧ 체력 변화의 원인에 대해 성찰하기	⑨ 측정과 운동이 체력에 주는 영향 일반화하기
조직 및 정리 전략	성찰 전략	전이 전략	성찰 전략	일반화 전략

지식-이해-기능	탐구 단계	학습 경험	평가[자료]
[이해] 체력은 적절한 운동으로 증진되며 측정으로 확인된다. [지식 1] 건강 체력과 운동체력 [기능 1] 건강 체력과 운동 체력의 의미와 요소 파악하기	**관계 맺기 전략** 의견기반 전략 ▼ 스펙트럼 입장 진술문	Q. 좋은 체력은 선천적인가요? 아닌가요? [논쟁 1] 여러분은 좋은 체력이 선천적으로 타고난다고 생각하나요? 이 주제에 대해 '동의'부터 '동의 안 함'까지 스펙트럼 라인으로 이동해 자신의 입장을 진술해 보도록 합시다. 동의 ———————————— 동의 안 함	진 관찰평가 개인별

수업 열기 여러분은 건강한가요? 세계보건기구(WHO)의 정의에 따르면 건강이란 신체적·정신적·사회적으로 안녕한 상태를 뜻한다고 합니다. 우리의 옛말에 '건강한 신체에 건강한 정신이 깃든다.'라는 말이 있는 것처럼 그 무엇보다 건강한 신체는 중요합니다. 여러분은 어떤 사람이 신체적으로 건강하다고 생각하나요?
이번 단원에서는 신체적 건강의 기초가 될 수 있는 체력을 탐구합니다.
체력에는 어떤 종류가 있는지 알아보고, 우리 반 학생들을 대상으로 체력의 수준을 측정합니다. 그런 다음 우리 반 학생들의 체력이 증진될 수 있도록 체력별 트레이닝 팀을 조직해 3월부터 7월까지 체육 시간 10분씩을 이용해 학생들의 체력 증진을 위한 운동을 실천합니다. 우리는 이러한 실험을 통해 체력의 종류별 개인의 수준을 측정하고, 적절한 운동이 체력 증진에 어떠한 영향을 미치는지 확인할 수 있을 것입니다.
본격적으로 단원의 탐구를 시작하기 전 선생님이 제시하는 평가 수준과 준거를 확인해 봅시다.

지식-이해-기능	탐구 단계	학습 경험	평가[자료]
[기능 2] 체력의 종류 조사하기	**개념 형성 전략** 명명 전략 ▼ 분류하기, 기술하기, 명명하기	Q. 체력의 종류에는 어떤 것이 있나요? [개념 형성 1-1] 나누어주는 이미지(체력 요소별 관련 운동 이미지)를 분류해 보세요. 모둠원과 그렇게 분류한 이유에 관해 이야기를 나누어 봅시다. 분류하기 (모둠) ⇒ 기술하기 (전체, 트레이너 팀) ⇒ 명명하기 (전체) 이미지 분류 및 설명하기 / 이미지 그룹의 이름 및 측정 방법 토의하기 / 이미지 그룹(체력 요소)의 이름 정하기	형 서술형 평가 모둠 작성한 내용 확인하기 [모둠칠판]
	자기성찰 방법 신호등 반응	트레이너 팀들이 정한 운동 방법으로 체력을 측정해 보았습니다. 측정 결과 자신은 체력의 어떤 수준인지 색깔로 표현해 봅시다. 신호등: 빨강 ○ ○ ○ 노랑 ○ ○ ○ 초록 이유:	형 신호등 평가 개인 작성한 내용 확인하기 [신호등 활동지]

| [지식 2] 체력의 종류 조사하기

[기능 3] 체력 측정 방법과 기능 향상을 위한 적절한 운동법을 조사해 정리하기 | **조사 전략**

체험 방법
▼
실험 | Q. 체력을 어떻게 측정할 수 있나요? [사실 1-1]

트레이닝 팀별로 체력 증진에 가장 적절하다고 생각하는 1가지의 운동을 선택해 봅시다. 그리고, 주 3회 체육 시간을 이용해 10분씩 우리 반 학생들의 운동법 실험을 이끕니다. 이때 운동 방법과 기준은 학생들의 수준에 맞추어 언제든 새로운 자료를 조사해 수정할 수 있습니다. | 형 관찰평가

적극적으로 가르치고, 연습하는지 개별 관찰평가 |

팀명 (체력 종류)	종목	운동 방법	기준		
			◎	○	□

| | **조직 및 정리 전략**

요약 조직자
▼
흐름 다이어그램 | Q. 현재 나의 체력은 어떤 수준인가요? [사실 1-2]

처음(3월)과 비교해 여러분의 체력은 어떻게 변화되었나요?
현재(5월)의 체력을 처음과 비교해 인과관계 흐름 다이어그램으로 표현해 봅시다. | 형 흐름 다이어그램

체력 측정, 운동 연습, 체력 증진의 영향을 인과관계 적절성 평가 |

| | **성찰 전략**

전략평가
▼
체크리스트
루브릭 | 여러분이 지금까지 한 체력 종류별 운동법 실험을 되돌아봅시다.
적극적으로 학생들을 가르치고 열심히 연습했나요? 체력 종류별 기준에 따라 자신의 체력 변화를 성찰해 봅시다. | 형 자기평가

체크리스트에 표시된 사항 확인하기 |

체력 종류	기준	3월 결과 ◎, ○, □	5월 결과 ◎, ○, □	성찰

ATL: 조사기능 자료 정리하기	Q. 수집한 정보를 분류하고, 정리할 수 있나요? [교과 연계] [6수05-04] 자료를 수집, 분류, 정리해 목적에 맞는 그래프로 나타내고, 해석할 수 있다.

| [기능 4] 체력을 측정하고 다양한 운동 시도하기 | **전이 전략**

예측 및 가설
▼
검증 가능한 가설 | Q. 체력이 어떻게 변화되었나요? [개념 1-2]

우리가 그동안 진행한 트레이닝 과정에 대한 이해를 증명하기 위해 가설을 세우고 검증해 봅시다. 가설은 트레이닝 팀의 **연습 운동방법**과 **체력**, 그리고 검증 가능한 **새로운 운동법**을 활용해 만들어 봅시다.

<검증 가능한 가설의 예>
'50미터 달리기의 출발 속도 빠르게 하기'(**연습 운동방법**)를 지속해서 연습하면 순발력(**체력**)이 증진하므로 축구 골대를 향해 서 있다가 '삐' 소리가 나면 재빨리 뒤를 돌아 날아오는 축구공을 쳐낼(**새로운 운동법**) 수 있을 것이다. | 총 동료평가

팀별로 작성한 검증 가능한 가설의 적절성을 다른 팀들이 개별로 동료 평가함 |

[학생과 함께 설정한 채점 가이드]

	채점 준거	성취점수(%)	자기평가	교사평가
지식·이해	Q. 체력 측정 방법과 운동법을 이해하는가?	20% [20/15/10]	Ⓐ Ⓑ Ⓒ	Ⓐ Ⓑ Ⓒ
과정·기능	Q. 측정 방법과 운동법이 체력을 증진할 수 있는가?	30% [30/20/10]	Ⓐ Ⓑ Ⓒ	Ⓐ Ⓑ Ⓒ
수행(역량)	Q. 운동법을 노련하게 전달하는가?	20% [20/15/10]	Ⓐ Ⓑ Ⓒ	Ⓐ Ⓑ Ⓒ
가치·태도	Q. 자주적으로 가르치고 연습했는가?	30% [30/20/10]	Ⓐ Ⓑ Ⓒ	Ⓐ Ⓑ Ⓒ
최종 점수				

	성찰 전략	여러분이 지금까지 한 <체력 증진 트레이닝 프로젝트>를 체크리스트와 성장 그래프를 활용해 성찰해 봅시다.	형 자기평가 체크리스트와 성장 그래프 확인하기

성찰 전략

전략평가
▼
체크리스트
루브릭

여러분이 지금까지 한 <체력 증진 트레이닝 프로젝트>를 체크리스트와 성장 그래프를 활용해 성찰해 봅시다.

형 자기평가

체크리스트와 성장 그래프 확인하기

	성장 그래프	체크리스트	
순발력		3월	
		5월	
		7월(전이 활동)	
유연성		3월	
		5월	
		7월(전이 활동)	
협응성		3월	
		5월	
		7월(전이 활동)	
평형성		3월	
		5월	
		7월(전이 활동)	
지구력		3월	
		5월	
		7월(전이 활동)	
유연성		3월	
		5월	
		7월(전이 활동)	

일반화 전략

사고 스캐폴딩 질문
▼
개념적
질문

Q. 측정과 운동은 체력에 어떤 영향을 주나요? [개념]

마지막으로 선생님이 제시하고 있는 개념질문에 대해 일반화를 작성해 봅시다.
　　예) 체력은 (　　　　　　　)의 영향으로 증진된다.

Tip 일반화 작성에 익숙하지 않은 학생에게는 문장 완성하기의 예시를 제공한다.

총 서술평가

개별적인 일반화를 작성하고, 발표 내용 확인하기
[탐구공책]

수업 마무리 이번 탐구 단원에서 여러분은 헬스 트레이너가 되어 체력을 증진하는 방법에 대해 배웠습니다. 선생님이 제시했던 본질적 질문을 다시 생각해 봅시다. 마지막으로 체크리스트를 보면서 태도적인 부분을 점검해 보고, 부족한 부분을 성찰해 봅시다. 제시된 본질적 질문(개념질문)과 체크리스트 결과를 보면서 에세이(최종 서술형 평가)를 작성해 봅시다.

다음에 기회가 된다면, 이번 성장 그래프에서 변화가 가장 적었던 체력의 종류와 관련된 새로운 운동법을 조사해 연습해 봅시다.

학습 접근 방법(ATL) 학습지		
조사기능: 자료 정리하기	( )초등학교 ( )학년 ( )반 이름:	

1. 체력의 변화를 표로 정리해 봅시다.

체력	3월	5월	7월
근력 및 근지구력			
유연성			
심폐 지구력			
순발력			
민첩성			
평형성			
협응성			

2. 발표할 내용에 어울리는 그래프를 정하고, 그 이유를 작성해 봅시다.

선정한 그래프	이유

3. 성장 그래프로 나타내 봅시다.

ATL 기능 자기평가	기준보다 우수	기준을 충족	기준에 근접	기준에 미달
Q1. 자료를 정확하게 수집, 기록 및 확인했나요?				
Q2. 정보를 처리하고, 결과를 정확하게 작성했나요?				

[한 줄 글쓰기] 나의 조사기능에 어떤 장점과 단점이 있나요?

[UbD 1단계] 왜 탐구할까?

01. 단원의 개요와 조망도

단원명	리듬 속의 숨은 비밀	학년(차시)	5학년(24차시)
개념(PYP)	연결(우리가 자신을 표현하는 방법)	교사	강석현

　2022 개정교육과정의 음악과에 창작 단원이 신설되었다. 이 창작 단원은 단순한 체험의 의미가 아닌 음악 요소를 이해하고 이를 적용하는 기회로써 설정된 단원이다. 음악 요소를 활용해 음악을 만든다는 것은 결코 쉬운 과정이 아니다. 각각의 음악 요소에 대한 명확한 이해가 있어야 창작 활동이 가능하다. 감상 영역에서 음악을 들으며 느낄 수 있는 음악 요소(박, 빠르기, 박자, 셈여림 등)를 감지하여 인식하고 구별하는 과정을 통해 음악 요소를 이해해야 한다. 경험으로써 창작이 아닌 활용으로써 창작을 위해서는 음악 요소에 대한 이해가 필요하고, 음악이란 음악 요소의 의도적인 구성으로 만들어진 것이라는 점을 이해해야 한다.

[2022 개정교육과정 내용 체계표]

핵심 아이디어	5~6학년 일반화	핵심 개념 Lens	관련 개념	범주/내용 요소			성취기준
				지식·이해	과정·기능	가치·태도	
음악은 고유한 방식과 원리에 따라 다양한 속성을 청각적 형태로 구현한 것이다.	리듬은 리듬 요소의 조합으로 표현되며 표현 의도에 따라 구성된다.	연결	리듬	음악 요소	노래 부르거나 악기 연주하기	음악으로 함께하는 태도	[6음01-02] 음악 요소를 살려 노래나 악기로 발표하고 과정을 돌아본다.
				음악 요소, 음악적 특징, 음악의 간단한 구성	감지하며 듣기, 인식하고 구별하기	음악의 아름다움에 대한 인식	[6음02-01] 음악을 듣고 음악의 요소를 감지하며 구별한다.
				음악 요소, 느낌, 아이디어	활용하여 만들기	음악에 대한 열린 태도	[6음03-03] 음악의 요소를 활용해 간단한 음악을 만든다.

　리듬은 박, 빠르기, 박자, 셈여림, 음의 길이, 음과 쉼의 조합 등의 다양한 요소로 구성된다. 학생들은 각각의 요소가 악곡과 어떤 관계를 맺고 있는지, 악곡의 느낌에 어떤 영향을 주는지를 탐구한다. 탐구를 통해 가지게 된 이해를 바탕으로 목적에 맞는 음악을 만드는 것이다. 이 단원의 이해는 '리듬은 리듬 요소의 조합으로 표현되며 표현 의도에 따라 구성된다.'이다.

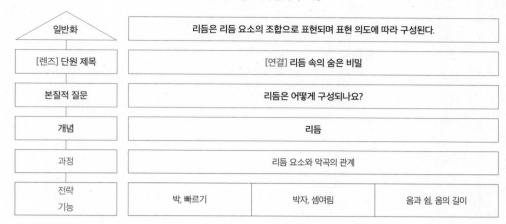

[단원의 조망도(과정의 구조)]

일반화	리듬은 리듬 요소의 조합으로 표현되며 표현 의도에 따라 구성된다.
[렌즈] 단원 제목	[연결] 리듬 속의 숨은 비밀
본질적 질문	리듬은 어떻게 구성되나요?
개념	리듬
과정	리듬 요소와 악곡의 관계
전략 기능	박, 빠르기 / 박자, 셈여림 / 음과 쉼, 음의 길이

02. 일반화와 안내 질문

일반화·이해 학생들은 다음을 이해할 것이다.	안내 질문 학생들은 다음을 탐구할 것이다.
1. 음악은 여러 요소로 구성되어 있다.	[논쟁] 새가 지저귀는 소리는 음악일까요, 아닐까요?
2. 빠르기는 악곡의 느낌에 영향을 준다.	[개념 형성 2-1] 음악에서 빠르고 느림을 어떻게 표현할까요? [사실 2-1] 각기 다른 빠르기의 악곡을 들으면 어떤 느낌이 드나요? [개념 형성 2-2] 빠르기는 악곡과 어떤 관계가 있나요? [사실 2-2] 악곡에서 일정박을 느끼고 연주할 수 있나요?
3. 셈과 여림, 박자는 악곡의 느낌에 영향을 준다.	[사실 3-1] 박자는 무엇일까요? [사실 3-2] 각각의 박자는 어떤 특징이 있나요? [개념 형성 3] 박자는 악곡과 어떤 관계가 있나요? [사실 3-3] 박자의 느낌을 살려 지휘할 수 있나요?
4. 박자 안에서 음의 길이와 쉼의 조합은 악곡의 느낌에 영향을 준다.	[개념 형성 4-1] 음의 길이는 무엇을 기준으로 정해질까요? [사실 4-1] 리듬은 무엇일까요? [사실 4-2] 각각의 리듬은 어떤 느낌이 드나요? [개념 형성 4-2] 음의 길고 짧음, 쉼의 조합은 악곡과 어떤 관계가 있을까요? [사실 4-3] 음의 길고 짧음, 쉼의 조합으로 느낌을 드러낼 수 있나요?
5. 리듬은 리듬 요소의 조합으로 표현되며 표현 의도에 따라 구성된다.	[개념] 리듬은 어떻게 구성되나요? [개념 형성 5] 나는 무엇을 알고, 배우고 느꼈나요?

03. 지식과 기능

핵심 지식 학생들은 다음의 사실과 기본 개념을 알고 기억할 것이다.	기능 학생들은 다음의 기능과 절차를 활용할 것이다.
1. 음악 요소 2. 음악적 특징, 음악의 간단한 구성 3. 느낌, 아이디어	1. 감지하며 듣기 2. 인식하고 구별하기 3. 활용하여 만들기 4. 노래 부르거나 악기 연주하기

「음악」
교과 내용 체계와
성취기준 매칭 자료(2022)

[UbD 2단계] 어떻게 탐구를 확인할까?

01. 수행과제(총괄평가)

<table>
<tr><td colspan="2" align="center">"신나는 영어 찬트(Chant)를 만들어라."</td></tr>
<tr><td>**목표**
Goal</td><td>너의 목표는 리듬 요소를 고려해 신나는 영어 찬트를 만들어 부르는 것이다.</td></tr>
<tr><td>**역할**
Role</td><td>너의 역할은 작곡가 겸 가수다.</td></tr>
<tr><td>**대상/청중**
Audience</td><td>너의 청중은 3학년 학생들이다.</td></tr>
<tr><td>**상황**
Situation</td><td>너는 다음의 문제 상황에 놓여 있다.
영어를 재미있게 배우고 싶어하는 3학년 학생에게 영어 찬트를 만들어 불러 주어야 한다.</td></tr>
<tr><td>**결과물**
Product</td><td>너는 리듬감 있는 영어 찬트를 만들어야 한다.</td></tr>
<tr><td>**기준**
Standards</td><td>너의 결과물은 반드시 다음의 기준을 만족해야 한다.
첫째, 리듬 요소를 고려해 리듬감 있게 찬트 만들기
둘째, 리듬 요소에 맞게 리듬보에 찬트 기록하기
셋째, 자신이 만든 찬트를 3학년 학생들에게 불러 주기</td></tr>
</table>

02. 루브릭(평가 준거와 수준)

[준거] 내용	기준보다 우수 Ⓐ	기준을 충족 Ⓑ	기준에 근접 Ⓒ
[내용의 정확성] **악보에 음악 요소를 써넣는가?**	악보에 기본적인 음악 요소를 정확하게 기재한다.	악보에 기본적인 음악 요소를 대부분 정확하게 기재한다.	악보에 음악 요소를 일부분만 기재한다.
[기능의 효과성] **음악 요소를 고려해 노래할 수 있는가?**	음악 요소를 정확하게 고려해 자신감 있게 노래한다.	기본적인 음악 요소를 고려해 노래한다.	음악 요소의 일부분을 고려해 다소 자신감이 부족하게 노래한다.
[발표 자료의 효율성] **찬트를 들었을 때 신나는 느낌이 느껴지는가?**	찬트를 들었을 때 신나는 느낌이 명확하게 느껴진다.	찬트를 들었을 때 신나는 느낌이 느껴진다.	찬트를 들었을 때 신나는 느낌을 인지하기 어렵다.
[음악에 대한 개방성] **자신의 수행과정과 수행 결과물에 대해 열린 태도를 보이고 있는가?**	자신의 수행과정과 수행 결과물에 대해 열린 태도를 보이고 적극적으로 참여한다.	자신의 수행과정과 수행 결과물에 대해 열린 태도를 보인다.	자신의 수행과정 또는 수행 결과물에 대해 열린 태도를 보이고자 노력한다.

[UbD 3단계] 학생들은 무엇을 탐구할까?

수업흐름	네 모퉁이 전략을 활용해 토론하기	A① 박, 빠르기 탐구하기 / 개념 형성 전략	A② 빠르기에 따른 느낌 탐구하기 / 조사 전략	A③ 빠르기에 따른 느낌 표현하기 / 조직 및 정리 전략	A④ 빠르기와 악곡의 관계 일반화하기 / 일반화 전략	A⑤ 일정박 연주하기 / 전이 전략	영어 찬트 만들기
		B① 박자, 셈여림 탐구하기 / 개념 형성 전략	B② 박자, 셈여림에 따른 느낌 탐구하기 / 조사 전략	B③ 다양한 박자의 곡을 듣고 박자에 맞게 부르기 / 조직 및 정리 전략	B④ 박자, 셈여림과 악곡의 관계 일반화하기 / 일반화 전략	B⑤ 박자, 셈여림을 살려 지휘하기 / 전이 전략	
	관계 맺기 전략	C① 음의 길이, 쉼 탐구하기 리듬 의미 탐구하기 / 개념 형성 전략	C② 음의 길이, 쉼의 조합과 느낌 탐구하기 / 조사 전략	C③ 음의 길이와 쉼을 조합하는 방법과 느낌의 관계 탐구하기 / 조직 및 정리 전략	C④ 음의 길이와 쉼을 조합하는 방법과 느낌의 관계 일반화하기 / 일반화 전략	C⑤ 말 리듬 만들기 / 전이 전략	전이 전략

지식-이해-기능	탐구 단계	학습 경험	평가[자료]
[이해 1] 음악은 여러 요소로 구성되어 있다. [지식 1] 음악 요소 [기능 2] 인식하고 구별하기	**관계 맺기 전략** 경험기반 전략 ▼ 네 모퉁이 토론	Q. 새가 지저귀는 소리는 음악일까요? 아닐까요? [논쟁] 가만히 귀를 기울여 새가 지저귀는 소리를 들어봅시다. 새가 지저귀는 저 소리는 음악일까요, 아닐까요? 네 모퉁이 토론을 통해서 친구와 자기 생각을 나눠 봅시다. | 새 지저귀는 소리는 음악이다.	새 지저귀는 소리는 음악에 가깝다.
---	---
새 지저귀는 소리는 음악이 아닌 것 같다.	새 지저귀는 소리는 음악이 아니다.		📄 구술평가 자신의 의견 이야기하기

수업 열기 새가 지저귀는 소리가 음악인지 아닌지는 지금부터 여러 음악 요소를 탐구하면 알 수 있습니다. 음악은 여러 음악 요소들로 구성되어 만들어집니다. 음악 요소들에는 무엇이 있을까요? 그리고 음악 요소들을 잘 이해하게 되면 멋진 음악을 만들 수 있습니다.

여러분은 이 단원에서 작곡가가 되어 신나는 영어 찬트를 만들어야 합니다. 찬트를 만들기 위해서 우리는 무엇을 탐구해 이해해야 할까요?

수업을 시작하기 전에 선생님이 제시하는 평가 수준과 준거를 확인해 봅시다.

지식-이해-기능	탐구 단계	학습 경험	평가[자료]
[이해 2] 빠르기는 악곡의 느낌에 영향을 준다. [지식 1] 음악 요소 [지식 2] 음악적 특징 [지식 3] 느낌, 아이디어 [기능 1] 감지하며 듣기 [기능 2] 인식하고 구별하기	**개념 형성 전략** 분류 전략 ▼ 개념 사분면	Q. 음악에서 빠르고 느림을 어떻게 표현할까요? [개념 형성 2-1] 지금부터 선생님이 들려주는 소리를 집중해 들어봅시다. 4가지 소리를 3가지 소리와 나머지 하나의 소리로 분류할 수 있습니다. | 빠른 박이 느껴지는 소리 (BPM 130)	중간 빠르기의 박이 느껴지는 소리 (BPM 100)
---	---
느린 박이 느껴지는 소리 (BPM 70)	불규칙적인 소리	 3가지 소리와 하나의 소리는 어떤 차이가 있나요? 빠르고 느린 간격을 무엇이라고 할까요?	📄 관찰평가 박과 박이 아닌 소리를 구별하기
	조사 전략 자료 ▼ 출판 자료	Q. 각기 다른 빠르기의 악곡을 들으면 어떤 느낌이 드나요? [사실 2-1] 악곡마다 빠르기는 다릅니다. 작곡가는 왜 악곡에서 빠르기를 다르게 할까요? 선생님이 들려주는 다양한 악곡을 들어보고 빠르기와 악곡의 관계를 탐구해 봅시다. **Tip** 학생들이 쉽게 일반화할 수 있도록 빠르기가 명확하게 빠르고 느린 곡을 제시해 학생들이 빠르기와 악곡의 관계를 탐구할 수 있도록 한다.	📄 서술형 평가 박과 박이 아닌 소리를 구별하기

	조직 및 정리 전략 표상 전략 ▼ 모델링	Q. 빠르기는 악곡과 어떤 관계가 있나요? [개념 형성 2-2] 각기 다른 빠르기를 가진 악곡을 들을 때 악곡의 느낌을 그림으로 표현해 봅시다. 나의 그림을 모둠원들의 그림과 비교하고, 우리 반 전체의 그림과 비교해 공통점을 찾아봅시다.	형 활동지 평가 악곡의 느낌을 그림으로 표현하기

	일반화 전략
	
	사고 스캐폴딩을 위한 개념 은행 ▼ 문장 구조 (프레임)
		Q. 빠르기는 악곡과 어떤 관계가 있나요? [개념 형성 2-2]
		
		우리 반 학생들의 그림에서 공통점을 찾을 수 있나요?
		그러한 공통점을 바탕으로 빠르기와 악곡의 관계를 한 문장으로 적어 봅시다.
		  ① 빠르기는 _____
		  ② 빠르기가 빠른 곡은 _____ 느낌이 들며, 빠르기가 느린 곡은 _____ 느낌이 든다.
		
		Tip 학생들에게 ① 형태로 제공하되 작성의 어려움을 겪는 학생들에게 ②를 제공해 도움을 제공할 수 있다.
			형 서술형 평가
			빠르기와 악곡의 관계 서술하기

	전이 전략 학습 적용 및 실행 ▼ 수행평가	Q. 악곡에서 일정박을 느끼고 연주할 수 있나요? [사실 2-2] 악곡에서 박은 소리로 들리지 않지만 느낄 수 있습니다. 박을 통해 악곡의 빠르기를 느낄 수 있으며, 모두 함께 손뼉을 치면서 음악을 감상하기도 합니다. 여러 가지 빠르기의 악곡을 들으며 다양한 악기를 활용해 일정 박 연주를 해봅시다.	총 수행평가 일정박 연주하기
[이해 3] 셈과 여림, 박자는 악곡의 느낌에 영향을 준다. [지식 1] 음악 요소 [지식 2] 음악적 특징 [지식 3] 느낌, 아이디어 [기능 1] 감지하며 듣기 [기능 2] 인식하고 구별하기	개념 형성 전략 분류 전략 ▼ 개념 사분면	Q. 박자는 무엇일까요? [사실 3-1] 박은 일정하게 이어지는 소리이며 흐름입니다. 이러한 박을 어떻게 구분할 수 있을까요? 선생님이 들려주는 소리를 듣고 박을 구분할 수 있는 것과 그렇지 않은 것을 찾아봅시다. | 2/4박자를 연주한 소리	3/4박자를 연주한 소리
4/4박자를 연주한 소리	일정박으로 연주한 소리	 활동을 통해 셈과 여림의 변화에 따라 박을 나눌 수 있음을 알게 되었습니다. 세다는 것과 여리다는 것은 어떤 의미일까요? 음악에서 셈과 여림을 어떻게 일정하게 나눌 수 있을까요? 강박과 약박이란 무엇일까요? **Tip** 이 과정에서 셈과 여림에 대한 탐구도 진행한다. 세다는 것과 여리다는 것의 의미를 탐구하고 음악에서 셈여림을 어떻게 표현하는지 알아보고 악곡에서 셈여림표가 어떻게 활용되는지 탐구한다.	형 관찰평가 박과 박이 아닌 소리 구별하기
	조사 전략 자료 ▼ 출판 자료	Q. 각각의 박자는 어떤 특징을 가지고 있나요? [사실 3-2] 교과서의 많은 악곡을 살펴보면 다양한 박자가 있습니다. 왜 박자는 다양할까요? 각 박자를 연주해 보고 박자가 어떤 느낌이 드는지 탐구해 봅시다.	형 구술평가 박자의 느낌 표현하기
	조직 및 정리 전략 요약 조직자 ▼ 시각적 메모 작성	Q. 박자는 악곡과 어떤 관계가 있나요? [개념 형성 3] 박자와 악곡의 관계를 탐구하기 위해 박자와 관련한 다양한 탐구를 진행합니다. 2/4, 3/4, 4/4, 6/8박자를 연주하고 느낌을 나누어 봅시다. 교과서에서 각 박자의 곡을 찾아 들어봅시다. 2/4박자, 3/4박자, 6/8박자의 곡들에서 각각의 공통점에 관해 이야기를 나누어 봅시다. **Tip** 모든 곡이 위의 특징대로 일반화되지 않으니 많은 곡의 예시를 통해 박자와 연관성을 인식할 수 있도록 한다. 4/4박자는 일반적인 박자로 4/4박자가 가지는 특별한 특징이 없기에 이 탐구에서는 고려하지 않는다. 이 악보에는 박자표와 마디가 없습니다. 여러분이 생각했을 때 가장 어울리는 박자표를 적고 그 박자표에 맞게 마디를 나누어 봅시다. 여러분이 나눈 박자에 따라 노래를 불러 봅시다. 작곡가와 작사가는 악곡의 특징에 따라 박자를 정하고, 박자에 따라 가사를 씁니다. 어떤 박자가 가장 잘 어울리나요? **Tip** 각각의 노래를 부를 때 박자(셈과 여림)를 살려서 부르기 어려운 학생은 노래 가사 아래에 셈과 여림을 표시(시각적 메모)해 불러 본다.	형 활동지 평가 박자 탐구하기

	일반화 전략 사고 스케폴딩을 위한 개념 은행 ▼ 문장 구조 (프레임)	Q. 박자는 악곡과 어떤 관계가 있나요? [개념 형성 3] 지금까지 박자에 관해 탐구했습니다. 박자는 왜 필요할까요? 그리고 박자는 악곡과 어떤 관계가 있나요? 다음의 문장 구조에 들어갈 말을 생각해 봅시다. 박자는 _____	형 서술형 평가 박자와 악곡의 관계 서술하기
	전이 전략 학습 적용 및 실행 ▼ 수행평가	Q. 박자의 느낌을 살려 지휘할 수 있나요? [사실 3-3] 교과서 또는 자신이 좋아하는 곡의 악보를 읽고 그 곡의 작곡가가 표현하고자 하는 느낌이 드러나도록 지휘해 봅시다. 지휘자는 박자, 악곡의 느낌, 셈과 여림을 어떻게 표현할까요? **Tip** 만약 지휘에 따라 기악 또는 가창할 수 있는 학생이 없다면 음악 파일을 재생하고 지휘하는 모습을 통해 악보의 이해를 평가한다.	총 수행평가 지휘하기
[이해 4] 박자 안에서 음의 길이와 쉼의 조합은 악곡의 느낌에 영향을 준다. [지식 1] 음악 요소 [지식 2] 음악적 특징 [지식 3] 느낌, 아이디어 [기능 1] 감지하며 듣기 [기능 2] 인식하고 구별하기	개념 형성 전략 명명 전략 ▼ 개념 수수께끼	음의 길이는 무엇을 기준으로 정해질까요? [개념 형성 4-1] 악보에는 다양한 음표와 쉼표가 있습니다. 음표와 쉼표는 무엇을 알려주는 것일까요? 다양한 음표의 의미를 이해하고 음표와 관련된 수수께끼를 만들어 친구와 함께 풀어 봅시다. **Tip** 음표와 쉼표의 개념을 익히고 보통 1박으로 쓰이는 음표를 기준으로 배로 길어지고 짧아지는 음표 간의 관계를 이해하도록 한다. 또한 악곡에서 정해진 빠르기에 따라 1박의 길이를 기준으로 음의 길이가 결정됨을 이해하도록 돕는다.	형 활동지 평가 음표와 쉼표의 의미 탐구하기
	개념 형성 전략 분류 전략 ▼ 프레이어 모델	Q. 리듬은 무엇일까요? [사실 4-1] 리듬은 우리가 배운 음악 요소들을 포함하는 개념입니다. 리듬을 어떻게 정의할 수 있을까요? 리듬의 예시와 비예시를 찾아 탐구하며 리듬을 정의해 봅시다.	형 활동지 평가 리듬의 의미 탐구하기
	조사 전략 테크놀로지 활용 ▼ 뮤지카 (음의 길이와 관련한 기능 향상)	Q. 각각의 리듬은 어떤 느낌이 드나요? [사실 4-2] 프레이어 모델 탐구를 통해 음표와 쉼표의 조합으로 리듬이 만들어진다는 것을 알게 되었지요? 왜 악보에는 이렇게 다양한 음표와 쉼표가 있을까요? 음표와 쉼표를 조합하는 방법이 악곡과 어떤 관계가 있는지 조사해 봅시다. **Tip** 학생들이 박자와 음표를 보고(듣지 않고도) 어떤 리듬인지 파악할 수 있다면 개별적인 조사가 가능하다. 보는 것으로 리듬을 인지하려면 음의 길이와 관련해 기능적인 연습이 필요하다. https://www.musicca.com/ko에서 제공하는 다양한 퀴즈를 통해 음의 길이를 머릿속으로 떠올릴 수 있도록 해서 리듬을 듣지 않고도 인지할 수 있도록 한다.	
	조직 및 정리 전략 비교 조직자 ▼ 교환 카드	Q. 음의 길고 짧음, 음과 쉼의 조합은 악곡과 어떤 관계가 있을까요? [개념 형성 4-2] 다양한 음과 쉼의 조합과 그 조합의 느낌을 조사하기 위해 교환 카드를 만들어 봅시다. | ① 조사한 음표와 쉼표의 조합(리듬)	③ 나의 느낌
② 코다이 음절	④ 친구의 느낌	 ①번에는 선생님이 제시한 곡에 등장하는 마디 안의 음표와 쉼표를 그립니다. ②번에는 그 음절을 코다이 리듬음절로 씁니다. ③번에는 그 리듬의 느낌을 씁니다. 그리고 친구와 만나면 교환 카드를 보여주고, 코다이 음절을 부르거나 연주를 해 그 리듬을 불러 준(들려준) 뒤 친구에게 어떤 느낌이 나는지 물어봅니다. 친구가 이야기하는 느낌을 ④에 씁니다.	형 활동지 평가 리듬의 느낌 탐구하기

| 일반화 전략

사고 스캐폴딩을
위한 질문
▼
연결 4 | Q. 음의 길고 짧음, 음과 쉼의 조합은 악곡과 어떤 관계가 있을까요? [개념 형성 4-2]

친구들과 교환 카드를 비교하며 개념적 질문에 대답해 봅시다.
'음과 쉼의 조합은 악곡과 어떤 관계가 있을까?'

| 연구사례 1
리듬:
느낌: | 연구사례 2
: 리듬
: 느낌 |
\|음과 쉼의 조합은 _____ 이다.\|
| 연구사례 3
리듬:
느낌: | 연구사례 4
: 리듬
: 느낌 | | [횔] 활동지 평가

리듬과 악곡의 관계
탐구하기 |

| 전이 전략

학습 적용 및 실행
▼
수행평가 | Q. 음의 길고 짧음, 쉼의 조합으로 느낌을 드러낼 수 있나요?[사실 4-3]

다양한 사례를 통해 음과 쉼을 적절히 조합하면 느낌이 드러난다는 것을 이해하게 되었습니다.
말의 느낌을 더 잘 살리기 위해 말 리듬을 만들어 봅시다. 예를 들어, '나는 지금 지루해'라는 말에 리듬을 붙인다면 리듬 요소를 어떻게 활용해야 할까요? 이렇게 신나는 말, 지루한 말 등에 리듬을 붙여 말 리듬을 만들어 봅시다

\| 나 \| 는 \| 지 \| 금 \| 지 \| 루 \| 해 \| | [총] 수행평가

말 리듬 만들기 |

| ATL: 사고기능

적용하기 | Q. 내가 배운 내용을 다른 상황에 적용할 수 있나요?
[교과 연계] [6국01-05] 자료를 선별해 핵심 정보를 중심으로 내용을 구성하고 매체를 활용하여 발표한다. | |

| [이해 5] 리듬은 리듬
요소의 조합으로 표현되며
표현 의도에 따라 구성된다.
[지식 1] 음악 요소
[지식 2] 음악적 특징
[지식 3] 느낌, 아이디어
[기능 3] 활용하여 만들기
[기능 4] 노래부르거나 악기
연주하기 | 전이 전략

학습 적용 및 실행
▼
수행평가 | Q. 리듬은 어떻게 구성되나요? [개념]

우리는 이때까지 여러 가지 음악 요소를 탐구했습니다. 그 탐구를 결과로 우리는 무엇을 알수 있었나요? 작곡가들은 자신이 표현하고자 하는 느낌을 전하기 위해 리듬 요소를 적절하게 활용하고 조합합니다. 여러분도 작곡가가 되어 영어 찬트를 만들어 봅시다. 3학년 학생들이 영어를 쉽고 재미있게 배울 수 있도록 신나는 리듬으로 찬트를 만들고 노래 불러 봅시다

Tip 리듬을 그릴 수 있는지를 평가하기 때문에 기존의 오선보가 아닌 리듬보의 형태로 작성하도록 합니다. | [총] 수행평가

찬트 만들기 |

[학생과 함께 설정한 채점 가이드]

	채점 준거	성취점수(%)	자기평가	교사평가
지식·이해	Q. 악보에 음악 요소를 정확하게 작성했나요?	30% [30/20/10]	Ⓐ Ⓑ Ⓒ	Ⓐ Ⓑ Ⓒ
과정·기능	Q. 음악 요소를 고려해 노래할 수 있나요?	30% [30/20/10]	Ⓐ Ⓑ Ⓒ	Ⓐ Ⓑ Ⓒ
수행(역량)	Q. 찬트를 들으면 신나는 느낌이 있나요?	30% [30/20/10]	Ⓐ Ⓑ Ⓒ	Ⓐ Ⓑ Ⓒ
가치·태도	Q. 자신의 문제를 해결하는 과정에서 긍정적인 태도를 지니고 있나요?	10% [10/8/6]	Ⓐ Ⓑ Ⓒ	Ⓐ Ⓑ Ⓒ
최종 점수				

| [이해 5] 리듬은 리듬
요소의 조합으로 표현되며
표현 의도에 따라 구성된다.
[지식 1] 음악 요소
[지식 2] 음악적 특징
[지식 3] 느낌, 아이디어 | 성찰 전략

모니터링 전략
▼
성찰하며
수업 마무리하기 | Q. 나는 무엇을 알고, 배우고 느꼈나요? [개념 형성 5]

이번 차시 또는 단원에서 무엇을 이해하게 되었나요?
여러분은 무엇을 알고, 배우고, 느꼈나요?

Tip 이 단원은 총 24차시 내외로 매주 주당 2시간의 수업을 한다면 2~3달 정도로 오랜 시간이 소요된다. 따라서 학생들이 각각의 음악 요소를 탐구하고 난 뒤 성찰하는 시간이 필요하다. 성찰하는 시스템을 만들고 꾸준히 실천하고, 성찰의 결과를 교실에 게시해 둔다면, 매 수업 시간 음악요소를 다시 기억하기 위해 드는 시간이 줄어들어 탐구하는 데 시간을 충분히 확보할 수 있다. | |

수업 마무리 이번 단원에서 여러분은 리듬을 탐구했습니다. 리듬을 구성하는 각각의 구성 요소가 무엇인지, 그 구성 요소는 악곡에서 어떤 역할을 하는지 다시 한번 떠올려 봅시다. 악보를 볼 때, 각 요소의 의미를 이해하며 리듬을 읽을 수 있게 되었나요? 음악을 더 깊이 있게 감상하기 위해 더 알고 싶은 것은 무엇인가요? 이제 악보를 볼 때 각 요소가 왜 존재하는지 이해하며 리듬을 읽을 수 있을 것입니다.

사고기능: **적용하기**	( )초등학교 ( )학년 ( )반 이름:

1. 리듬으로 표현하고 싶은 말을 정해 봅시다.

예) 나는 정말 즐거워 / 나는 지금 지루해

2. 가사에 맞게 리듬을 만들어 봅시다.

♩		♩		♩		♩		♩		♪	♪
나		는		지		금		지		루	해

3. 작곡 의도를 설명해 봅시다.

ATL 기능 자기평가	기준보다 우수	기준을 충족	기준에 근접	기준에 미달
Q1. 다양한 해결을 제안하고 평가했나요?				
Q2. 합리적인 결론과 일반화를 도출했나요?				

[한 줄 글쓰기] 나의 사고기능에 어떤 장점과 단점이 있나요?

미술

[UbD 1단계] 왜 탐구할까?

01. 단원의 개요와 조망도

단원명	미술 작품과 나	학년(차시)	4학년(10차시)
개념(PYP)	관점(우리 자신을 표현하는 방법)	교사	남도욱

    미술은 생각과 느낌을 시각적으로 표현해 다른 사람과 소통하고, 자신과 세계를 이해하는 인간 활동이다. 그러므로 미술은 삶의 질을 향상하는 데 중요한 역할을 한다. 이번 탐구 단원은 미술 감상이 낯선 아이들에게 단순히 눈으로 보는 감상이 아닌 자신만의 관점을 가지고 말이나 글로 표현하는 감상 활동을 할 수 있도록 설계했다.

[2022 개정교육과정 내용 체계표]

핵심 아이디어	3~4학년 일반화	핵심 개념 Lens	관련 개념	범주/내용 요소			성취기준
				지식·이해	과정·기능	가치·태도	
감상은 다양한 삶과 문화가 반영된 미술과의 만남으로 자신과 공동체의 문화를 이해하게 한다.	미술 감상은 자신의 관점을 드러낸다.	관점	감상	미술 작품과 미술가	자세히 보고 질문하기	–	[4미03-01] 미술 작품을 자세히 보고 작품과 미술가에 관해 질문할 수 있다.
				미술 작품의 특징	미술 작품에 관한 느낌과 생각을 말하기	자신의 감상 관점 존중	[4미03-02] 미술 작품의 특징과 작품에 관한 자신의 느낌과 생각을 설명할 수 있다.

    이 단원의 목적은 학생이 자신만의 관점을 가지고 미술 감상을 하는 것이다. 이 목표에 도달하기 위해 과정의 구조로 단원을 설계했다. 먼저, 대상의 특징과 표현 주제를 탐색하며 작품마다 고유한 작가의 의도가 있음을 파악한다. 그리고, 작품에 대해 사람마다 느낌과 생각이 다름을 알고 각자의 감상 관점을 가지고 의미 있는 감상 활동을 할 수 있음을 이해한다.

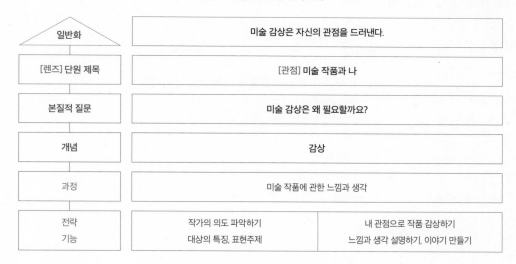

[단원의 조망도(과정의 구조)]

일반화	미술 감상은 자신의 관점을 드러낸다.
[렌즈] 단원 제목	[관점] 미술 작품과 나
본질적 질문	미술 감상은 왜 필요할까요?
개념	감상
과정	미술 작품에 관한 느낌과 생각
전략 기능	작가의 의도 파악하기 대상의 특징, 표현주제 // 내 관점으로 작품 감상하기 느낌과 생각 설명하기, 이야기 만들기

02. 일반화와 안내 질문

일반화·이해 학생들은 다음을 이해할 것이다.	안내 질문 학생들은 다음을 탐구할 것이다.
1. 미술 감상은 자신의 관점을 드러낸다.	[논쟁] 미술관은 필요하다! 필요하지않다? [사실 1-1] 미술 감상이란 무엇일까요? [사실 1-2] 미술 작품에는 어떤 이야기가 숨겨져 있을까요? [사실 1-3] 숨겨진 이야기를 통해 무엇을 알게 되었나요? [개념 형성 1-1] 주어진 미술 작품에 대해 어떤 생각과 느낌이 드나요? [개념 형성 1-2] 미술 작품에 대한 생각과 느낌이 다른 이유는 무엇일까요? [개념 형성 1-3] 미술 작품을 어떻게 감상할까요? [개념 형성 1-4] 새롭게 알고 할 수 있게 된 것은 무엇인가요? [개념] 미술 감상은 왜 필요할까요?

03. 지식과 기능

핵심 지식 학생들은 다음의 사실과 기본 개념을 알고 기억할 것이다.	기능 학생들은 다음의 기능과 절차를 활용할 것이다.
1. 미술 작품과 미술가 2. 미술 작품의 특징	1. 자세히 보고 질문하기 2. 미술 작품에 관한 느낌과 생각을 설명하기

「미술」
교과 내용 체계와
성취기준 매칭 자료(2022)

[UbD 2단계] 어떻게 탐구를 확인할까?

01. 수행과제(총괄평가)

"미술 작품에 대한 나만의 이야기를 만들어라."	
목표 Goal	너의 과제는 미술 작품에 대한 나만의 관점을 갖고 감상하는 것이다.
역할 Role	너의 역할은 미술관 도슨트이다.
대상/청중 Audience	너의 청중은 우리 학교 4학년 학생들이다.
상황 Situation	너는 다음의 문제 상황에 놓여 있다. 학생들은 미술관에 가면 무엇을 할지 모르고 가기 싫어한다. 미술관을 싫어하는 학생과 감상이 어려운 학생들을 위해 미술 작품에 대한 자신만의 이야기를 만들어 설명해야 한다.
결과물 Product	너의 결과물은 미술 작품에 관한 이야기를 만드는 것이다.
기준 Standards	너의 결과물은 반드시 다음의 기준을 만족해야 한다. 첫째, 설명하고자 하는 미술 작품에 대해 질문하기 둘째, 미술 작품에 대해 나만의 관점 가지고 감상하기 셋째, 미술 작품에 관한 이야기를 만들어 발표하기

02. 루브릭(평가 준거와 수준)

[준거] 내용	기준보다 우수 Ⓐ	기준을 충족 Ⓑ	기준에 근접 Ⓒ
[내용의 정확성] **미술 작품과 미술가를 조사하고 미술 작품의 특징을 설명하는가?**	미술 작품과 미술가를 조사하고 미술 작품의 특징을 정확히 설명한다.	미술 작품과 미술가를 조사하고 미술 작품의 특징을 설명한다.	다른 사람의 도움을 받아 미술 작품과 미술가를 조사하고 미술 작품의 특징을 설명한다.
[기능의 적절성] **작품을 보고 생각과 느낌에 따라 다양한 질문을 만드는가?**	작품을 자세히 보고 나의 생각과 느낌에 따라 작품에 대한 다양한 질문을 만든다.	작품을 자세히 보고 나의 생각과 느낌에 따라 작품에 대한 기본적인 질문을 만든다.	다른 사람의 도움을 받아 작품을 자세히 보고 나의 생각과 느낌에 따라 작품에 관한 질문을 만든다.
[발표의 효과성] **질문에 대한 답으로 만든 작품 이야기를 효과적으로 설명하는가?**	질문에 대한 답으로 만든 작품 이야기를 청중에게 효과적으로 설명한다.	질문에 대한 답으로 만든 작품 이야기를 청중에게 설명한다.	다른 사람의 도움을 받아 질문에 대한 답으로 만든 작품 이야기를 청중에게 설명한다.
[감상 태도의 개방성] **자신의 수행과정 또는 수행 결과물에 열린 태도를 지니고 있는가?**	자신의 수행과정 또는 수행 결과물에 대해 지속해서 열린 태도를 지니고 있다.	자신의 수행과정 또는 수행 결과물에 대해 기본적인 열린 태도를 지니고 있다.	자신의 수행과정 또는 수행 결과물에 대해 종종 열린 태도를 지니고 있다.

[UbD 3단계] 학생들은 무엇을 탐구할까?

수업흐름	① 미술관의 필요성에 대해 네모둥이 토론하기	② 감상이 무엇인지 형용사를 사용하여 개념 정의하기	③ 작품 속 이야기를 읽고 알게 된 내용 정리하기	④ 주어진 작품에 대해 질문 만들기
	관계 맺기 전략	개념 형성 전략	조사 전략 / 성찰 전략	조사 전략
	⑤ 사람마다 질문이 다른 이유 찾기	⑥ 관점을 가진 감상의 가치 탐색하기	⑦ 작품 이야기 만들기 및 도슨트 활동하기	⑧ 미술관 도슨트 활동에 대한 점검하기
	조직 및 정리 전략	일반화 전략	전이 전략	성찰 전략

지식-이해-기능	탐구 단계	학습 경험	평가[자료]
[이해] 미술 감상은 자신의 관점을 드러낸다. **[지식 1]** 미술 작품과 미술가 **[기능 1]** 자세히 보고 질문하기	**관계 맺기 전략** 의견기반 전략 ▼ 네 모둥이 토론	Q. 미술관은 왜 필요하다? 필요하지 않다? [논쟁 1] 우리는 학교에서나 일상생활에서나 다양한 감상 활동에 대한 경험이 있습니다. 미술관에 갔던 경험을 떠올려 보고, 미술관에서 무엇을 했는지를 이야기를 나눠 봅시다. 그리고 미술관이 우리에게 왜 필요한지에 대해 생각해 봅시다. 미술관은 우리 삶과 여러분에게 어떤 의미가 있을까요? 미술관을 가는 이유는 무엇일까요? <네 모둥이 토론> <table><tr><td>1. 미술관은 모든 사람에게 필요하다.</td><td>2. 미술관은 미술가들을 위해 필요하다.</td></tr><tr><td>3. 미술관은 작품 보관을 위해 필요하다.</td><td>4. 미술관은 모두에게 필요 없다.</td></tr></table>	진 관찰평가 학생 개별 입장 확인하기 **[네 모둥이 토론]**

수업 열기	여러분은 미술 작품을 감상해 본 경험이 있나요? 여러분은 어떻게 미술 작품을 감상하나요? 보통 우리는 미술 작품을 감상할 때 작품을 눈으로 관찰하고 느낌과 생각을 떠올려 봅니다. 하지만 눈으로 미술 작품을 관찰만 해서는 자신의 느낌과 생각을 풍부하게 떠올리기가 힘듭니다. 우리는 이제 눈으로만 하는 미술 감상이 아닌, 이야기로 하는 미술 감상을 해보려고 합니다. 본격적으로 단원의 탐구를 시작하기 전 선생님이 제시하는 평가 수준과 준거를 확인해 봅시다.		

지식-이해-기능	탐구 단계	학습 경험	평가[자료]
	개념 형성 전략 명명 전략 ▼ 형용사	Q. 미술 감상이란 무엇일까요? [사실 1-1] 일상생활 속에서 미술을 감상한다는 표현을 자주 사용합니다. 감상이란 무엇이라고 생각하나요? 감상 활동과 관련된 영상을 보고 자신이 생각하는 감상이 무엇인지 그리고 감상은 어떤 특징을 지닌 활동인지 이야기해 봅시다. <형용사> 1. ( )한 미술 감상. 2. 미술 감상은 ( )하다. **Tip** 미술 작품을 감상하며 눈을 감고 눈물을 흘리는 감상자의 모습, 미술 작품에서 영감을 얻고 새로운 디자인을 개발한 디자이너의 모습, 마음에 드는 미술 작품을 구입해 자신의 집에 걸어두는 사람의 모습 등을 학생들에게 제시한다.	형 관찰평가 개별의 발표 내용 확인하기
	조사 전략 출판 자료 ▼ 논픽션 자료	Q. 미술 작품에는 어떤 이야기가 숨겨져 있을까요?[사실 1-2] 작품에 숨겨진 이야기를 듣고 무엇을 알게 되었는지 짝과 함께 이야기를 나눠 봅시다. 그리고 모두 함께 이야기하며 감상을 위해서는 무엇을 알아야 하는지 토의해 봅시다. <논픽션 자료> 고흐는 자연을 그리는 화가들의 공동체를 만들기 위해 화가들에게 공동체를 만들자는 제안을 했지만, 고갱만 응답했다(중략). 말다툼 끝에 고흐는 자신의 귀를 잘라 버렸다.	형 구술평가 학생 개별의 발표 내용 확인하기

성찰 전략 광범위한전략 ▼ 성찰적 대화	Q. 숨겨진 이야기를 통해 무엇을 알게 되었나요? [사실 1-3] 작품의 숨겨진 이야기를 듣고 무엇을 알게 되었는지 짝과 함께 이야기를 나눠 봅시다. 그리고 반 전체적으로 이야기하며 감상을 위해서는 무엇을 알아야 하는지 토의해 봅시다. <성찰적 대화의 모델> 1. 내가 새롭게 알게 된 것은 (　　　　　). 2. 이번 탐구에서 중요한 것은 (　　　　　). 3. 떠오르는 생각은 (　　　　　). **Tip** 미술 작품을 감상할 때는 눈에 보이는 것뿐만 아니라 작품에 담긴 작가의 표현 의도와 주제를 파악하는 것도 중요하다.	형 구술평가 학생 개별의 발표 내용 확인하기	

조사 전략 테크놀로지 ▼ 검색 엔진 영상 자료 ▼ 이미지	Q. 주어진 미술 작품에 대해 어떤 생각과 느낌이 드나요? [개념 형성 1-1] 인터넷 검색을 통해 주어진 작품과 미술가를 조사해 봅시다. 그리고 작가의 표현 의도와 주제에 대해 알아봅시다. 조사 내용과 작품에 대한 관찰 그리고 여러분의 상상력을 바탕으로 작품에 대해 어떤 질문을 할 수 있을지 생각해 보고, 5가지의 질문을 만들어 봅시다. 질문들은 나중에 미술 작품에 관한 이야기 만들기에 중요한 기초 활동이 됩니다. 	<이미지 자료>	<질문 5가지>
---	---
	1. 2. 3. 4. 5. | **Tip** 단순한 관찰로 학생들이 표면적인 질문 만들기에 머물러 있다면 보다 깊은 탐구가 이루어지도록 교사가 다음 질문을 활용해 지원할 수 있다. '씨앗 줍는 사람의 입장이 되었다면 어떤 생각을 하고 있을까요?' '화가는 왜 이런 그림을 그리게 되었을까요?' 등	형 관찰평가 학생 활동지의 완성도 확인하기 [활동지]	

ATL: 사고기능
다양한 관점으로 생각하기

Q. 다양한 관점으로 대상을 바라보고 질문할 수 있나요?
[교과 연계] [4국01-06] 주제에 적절한 의견과 이유를 제시하고 서로의 생각을 교환하며 토의한다.

조직 및 정리 전략 비교 조직자 ▼ 교환 카드	Q. 미술 작품에 관한 생각과 느낌이 다른 이유는 무엇일까요? [개념 형성 1-2] 주어진 작품에 관한 질문 만들기가 끝났다면 질문에 대한 나만의 답을 적어 봅시다. 그리고 교환 카드를 만들어 친구와 바꿔 살펴보고, 친구의 질문과 답이 내가 생각한 것과 다른 이유를 생각해 봅시다. 같은 그림에 대해 질문하기를 했지만 왜 질문과 답이 다를까요? 그 이유는 무엇이라고 생각하나요? 같은 작품을 감상하더라도 만드는 질문과 그에 대한 답이 서로 다른 것은 사람마다 작품에 관한 생각과 느낌이 다르기 때문임을 알게 되었지요? 관점의 의미에 대해 함께 이야기해 봅시다. <교환 카드> | 학생 1 질문과 답	학생 2 질문과 답	학생 3 질문과 답
---	---	---
1. 2. 3. …	1. 2. 3. …	1. 2. 3. …		형 구두 질문 질문을 통해 교환 카드 활동 결과 점검하기 [교환 카드]	

[이해 1] 미술 감상은 자신의 관점을 드러낸다. [지식 2] 미술 작품의 특징 [기능 2] 미술 작품에 관한 느낌과 생각을 설명하기	일반화 전략 사고 스캐폴딩을 위한 개념 은행 ▼ 문장 구조 (프레임)	Q. 미술 감상은 왜 필요할까요? [개념] 교환 카드를 통해 무엇을 알게 되었나요? 작품 감상과 관련해 새롭게 알게 된 내용이 있나요? 알게 된 내용을 하나의 문장으로 정리해 봅시다. 같은 작품을 감상하더라도 사람마다 작품에 대한 느낌과 생각이 다를 수 있음을 생각하면서 다음의 문장 구조를 완성해 봅시다. <문장 구조> 미술 감상은 자신의 (　　　)을 드러낸다. 미술 감상은 자신의 (　　　)을 가지고 할 수 있다.	형 관찰평가 학생 활동지의 완성도 확인하기 [문장 구조]
[기능 2] 미술 작품에 관한 느낌과 생각을 설명하기	전이 전략 적용 및 행동 ▼ 수행 평가	Q. 미술 작품을 어떻게 감상할까요? [개념 형성 1-3] 미술 작품에 대해 여러분이 만든 5가지 질문과 답을 활용해 작품에 대한 하나의 완성된 이야기를 만들 것입니다. 이야기가 완성되었다면 미술 작품과 미술가에 대한 설명과 함께 나만의 작품 이야기에 대해 도슨트가 되어 친구들에게 이야기를 들려줍니다. 발표를 들을 때는 친구가 작품에 대해 어떤 생각과 느낌을 가지고 감상을 했는지 유념하도록 합니다. 그리고 나와 어떻게 다른지 생각하며 하나의 작품을 감상하더라도 사람마다 다를 수 있음을 확인합니다. Tip 상황의 여유가 있다면, 몇 가지 작품을 반 전체가 함께 자신의 관점으로 감상해 보는 활동을 해 보는 것도 좋다.	총 구술평가 수행과제 살펴보기 [도슨트 활동]

[학생과 함께 설정한 채점 가이드]

	채점 준거	성취점수(%)	자기평가	교사평가
지식·이해	Q. 미술 작품과 미술가를 조사하고 미술 작품의 특징을 설명할 수 있는가?	20% [20/15/10]	Ⓐ　Ⓑ　ⓒ	Ⓐ　Ⓑ　ⓒ
과정·기능	Q. 작품을 자세히 보고 나의 생각과 느낌에 따라 작품에 대한 적절한 질문을 할 수 있는가?	30% [30/20/10]	Ⓐ　Ⓑ　ⓒ	Ⓐ　Ⓑ　ⓒ
수행(역량)	Q. 질문에 대한 답으로 만든 작품 이야기가 청중에게 효과적으로 설명되었는가?	20% [20/15/10]	Ⓐ　Ⓑ　ⓒ	Ⓐ　Ⓑ　ⓒ
가치·태도	Q. 자신의 수행과정 또는 수행 결과물에 열린 태도를 지니고 있는가?	30% [30/20/10]	Ⓐ　Ⓑ　ⓒ	Ⓐ　Ⓑ　ⓒ
최종 점수				

	성찰 전략 전략평가 ▼ 체크리스트 루브릭	Q. 새롭게 알고 할 수 있게 된 것은 무엇인가요? [개념 형성 1-4] 여러분이 지금까지 미술 작품에 대해 자신만의 이야기를 만들어 보았던 과정을 되돌아봅시다. 함께 만들었던 채점 가이드를 보면서 자기평가 항목을 스스로 체크해 봅시다. 그리고 왜 그렇게 체크했는지에 대한 이유도 함께 생각해 봅시다. 이번 탐구에서 새롭게 알거나 할 수 있게 된 것은 무엇인지 성찰해 봅시다. Tip 자신의 관점으로 스스로 의미 있는 감상 활동을 일상생활에서 실천할 수 있도록 다짐한다.	형 자기평가 점검표에 표시된 사항 확인하기

수업 마무리 이번 탐구 단원에서 여러분은 미술관의 도슨트가 되어 보았습니다. 도슨트가 되어 작품을 감상하기 위해 주어진 작품에 대해 자신만의 이야기를 만들었습니다. 작품에는 작가의 표현 의도와 주제가 있지만, 감상은 '나'와 관련이 있을 때 의미가 있음을 알게 되었습니다.
단순히 눈으로 관찰하고 미술가 및 작품에 대한 조사를 통해서가 아닌, 앞으로는 자신만의 관점을 가지고 의미 있는 감상 활동을 지속할 수 있기를 기대합니다. 이로써 우리는 미술을 통해 자신에 대한 이해를 확장해 나갈 수 있을 것입니다.

학습 접근 방법(ATL) 학습지

사고기능: 다양한 관점으로 생각하기	(　　　　　　　)초등학교 (　　)학년 (　　)반 이름:

1. 주어진 미술 작품에 대해 나만의 관점을 가지고 궁금한 점을 적어 봅시다

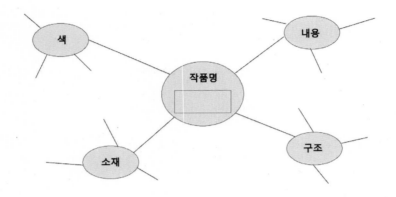

2. 미술 작품에 대한 질문을 만들고 그런 질문을 하게 된 이유에 대해 적어 봅시다.

순	질문 내용	질문을 한 이유
1		
2		
3		
4		
5		

ATL 기능 자기평가	기준보다 우수	기준을 충족	기준에 근접	기준에 미달
Q1. 다양한 해결을 제안하고 평가했나요?				
Q2. 합리적인 결론과 일반화를 도출했나요?				

[한 줄 글쓰기] 나의 사고기능에 어떤 장점과 단점이 있나요?

11 Unit Plan 영어

[UbD 1단계] 왜 탐구할까?

01. 단원의 개요와 조망도

단원명	영어권 나라에서 목적지 찾아가기	학년(차시)	6학년(8차시)
개념(PYP)	구조(우리가 속한 공간과 시간)	교사	김병일

특정 장소로 가기 위해 어떤 교통수단을 이용해야 하는지 묻고 답하는 상황은 다른 나라를 여행할 때 자주 접하게 된다. 이 탐구 단원은 '구조' 핵심 개념으로 탐구과정을 설계하고, 전이하는 목적이 있다. 탐구의 목적은 영어권 나라의 여행 과정에서 목적지까지 가는 데 필요한 영어 구문에 대한 이해와 표현을 중심으로 절차와 기능을 형성하는 것이다. 영어 문제 상황을 자기 주도적으로 탐구하고, 해결하는 과정을 통해 실제 영어 상황에서의 의사소통 역량을 키우고자 한다.

[2022 개정교육과정 내용 체계표]

핵심 아이디어	5~6학년 일반화	핵심 개념 Lens	관련 개념	범주/내용 요소			성취기준
				지식·이해	과정·기능	가치·태도	
적절한 사고 과정 및 전략을 활용해 담화나 글의 의미를 파악하고 분석한다.	정보전달의 담화 구조는 과정과 절차로 소통한다.	구조	과정 절차	일상적인 의사소통 상황 및 목적	일이나 사건의 순서 파악하기	상대의 감정을 느끼고 공감하는 태도	[6영01-06] 일상생활 주제에 관한 담화나 글에서 일이나 사건의 순서를 파악한다.
				정보전달·교환 목적의 담화와 글 (안내, 묘사 등)	주변 장소나 위치, 행동 순서나 방법 설명하기	말하기와 쓰기에 대한 흥미와 자신감	[6영02-05] 주변 장소나 위치, 행동 순서나 방법을 간단한 문장으로 설명한다.

본 탐구 단원은 '영어권 나라에서 목적지 찾아가기'라는 기능 학습을 신장하기 위해 과정의 구조로 설계되었다. 우선, 핵심 표현(소재와 기능)을 이해와 표현의 영역으로 지식과 기능을 학습한다. 다음으로 형성된 지식과 기능을 바탕으로 다양한 탐구·사고 전략을 활용해 '과정'과 '절차'의 개념을 형성한다. 결과적으로 '정보전달의 담화 구조는 과정과 절차로 소통한다.'라는 일반화를 도출한다.

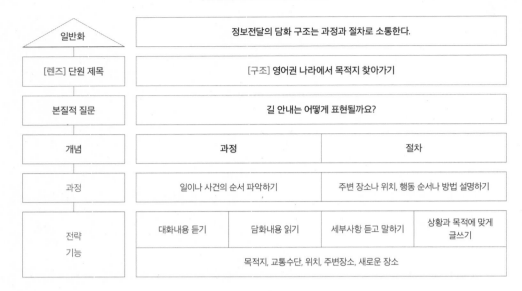

[단원의 조망도(과정의 구조)]

일반화	정보전달의 담화 구조는 과정과 절차로 소통한다.			
[렌즈] 단원 제목	[구조] 영어권 나라에서 목적지 찾아가기			
본질적 질문	길 안내는 어떻게 표현될까요?			
개념	과정		절차	
과정	일이나 사건의 순서 파악하기		주변 장소나 위치, 행동 순서나 방법 설명하기	
전략 기능	대화내용 듣기	담화내용 읽기	세부사항 듣고 말하기	상황과 목적에 맞게 글쓰기
	목적지, 교통수단, 위치, 주변장소, 새로운 장소			

02. 일반화와 안내 질문

일반화·이해 학생들은 다음을 이해할 것이다.	안내 질문 학생들은 다음을 탐구할 것이다.
1. 일이나 사건의 순서를 파악한다.	[논쟁] 나는 대중교통으로 ○○까지 가는 방법을 설명할 수 있다! 없다? [사실 1-1] 내용을 이해할 수 있나요? [사실 1-2] 교통수단과 그 순서를 파악할 수 있나요? [개념 형성 1] 일이나 사건의 과정은 어떻게 파악하나요?
2. 주변 장소와 위치를 설명한다.	[사실 2-2] 특정 장소에 가는 방법을 표현할 수 있나요? [사실 2-3] 건물의 위치를 표현할 수 있나요? [개념 형성 2] 주변 장소 찾기의 순서나 방법을 설명할 수 있나요? [개념] 길 안내의 절차(구조)는 어떻게 표현될까요?

03. 지식과 기능

핵심 지식 학생들은 다음의 사실과 기본 개념을 알고 기억할 것이다.	기능 학생들은 다음의 기능과 절차를 활용할 것이다.
1. 교통수단과 건물의 위치 관련 단어 2. 목적지의 길 안내 질문과 대답 구문	1. 목적지를 찾아가는 순서 파악하기 2. 목적지를 찾아가는 방법을 설명하기 3. 여행 목적지를 매체로 제작하고, 공유하기

「영어」
교과 내용 체계와 성취기준
매칭 자료(2022)

[UbD 2단계] 어떻게 탐구를 확인할까?

01. 수행과제(총괄평가)

<table>
<tr><td colspan="2" align="center">"관광지(목적지)까지 찾아가는 과정을 영어로 표현하라."</td></tr>
<tr><td>목표
Goal</td><td>너의 목표는 목적지까지 가는 과정과 순서를 영어로 묻고 답하는 것이다.</td></tr>
<tr><td>역할
Role</td><td>너의 역할은 영어권 나라의 관광지를 안내하는 여행 가이드이다.</td></tr>
<tr><td>대상/청중
Audience</td><td>너의 청중은 방학 때 처음으로 해외여행을 계획하고 있는 담임 선생님이다.</td></tr>
<tr><td>상황
Situation</td><td>너는 다음의 문제 상황에 놓여 있다.
영어권 나라를 여행하면서 특정 여행지로 가기 위해 영어로 물어보아야 한다.</td></tr>
<tr><td>결과물
Product</td><td>너는 목적지까지 가는 방법을 설명하는 그림+Padlet(지도 형식)을 만드는 것이다.</td></tr>
<tr><td>기준
Standards</td><td>너의 결과물은 반드시 다음의 기준을 만족해야 한다.
첫째, 세계의 명소 한 곳을 선정하고, 선정 이유를 밝히기
둘째, 다양한 웹 지도(구글 맵…)를 활용해서 교통수단과 목적지를 찾아가는 과정을 그림+Padlet으로 표현하기
셋째, 발표 자료와 발표 내용은 평가 준거에 맞게 작성하고 발표하기</td></tr>
</table>

02. 루브릭(평가 준거와 수준)

<table>
<tr><td>[준거] 내용</td><td>기준보다 우수 Ⓐ</td><td>기준을 충족 Ⓑ</td><td>기준에 근접 Ⓒ</td></tr>
<tr><td>[내용의 정확성]
목적지까지 가는 방법을 파악하고 있는가?</td><td>특정 장소를 찾아가는 방법과 영어 표현을 정확하게 파악하고 있다.</td><td>특정 장소를 찾아가는 방법과 영어 표현을 기본적으로 파악한다.</td><td>특정 장소를 찾아가는 방법과 영어 표현이 완전하지 않다.</td></tr>
<tr><td>[기능의 효과성]
교통수단과 위치 표현을 대화와 글쓰기로 표현하는가?</td><td>교통수단과 위치를 표현하는 대화와 글쓰기의 기능이 아주 효과적이다.</td><td>교통수단과 위치를 표현하는 대화와 글쓰기의 기능이 효과적이다.</td><td>교통수단과 위치를 표현하는 대화와 글쓰기의 기능이 비효과적이다.</td></tr>
<tr><td>[발표 자료의 효율성]
상대방에게 목적지 가는 방법을 매체를 통해 전달하는가?</td><td>상대방과 의사소통하는 과정에서 목적지에 가는 방법을 매체를 통해 매우 분명하게 전달한다.</td><td>상대방과 의사소통하는 과정에서 목적지에 가는 방법을 매체를 통해 분명하게 전달한다.</td><td>상대방과 의사소통하는 과정에서 목적지에 가는 방법을 매체를 통해 분명하지 않게 전달한다.</td></tr>
<tr><td>[의사소통의 참여도]
대화 예절을 지키며 의사소통 활동에 참여하는가?</td><td>의사소통을 주고받는 과정에서 상대방을 배려하고, 참여하는 태도가 자주적이다.</td><td>의사소통을 주고받는 과정에서 상대방을 배려하고, 참여하는 태도가 있다.</td><td>의사소통을 주고받는 과정에서 상대방을 배려하고, 참여하는 태도가 수동적이다.</td></tr>
</table>

[UbD 3단계] 학생들은 무엇을 탐구할까?

수업흐름	① 여행지 찾기 실험놀이	② 들은 표현 결합하기	③ 교통수단 과제 분석하기	④ 그림책으로 안내표현 찾아 읽기	⑤ 목적지 찾는 흐름 다이어그램 그리기	⑥ 듣기와 읽기 체크리스트 점검하기	⑦ 돌림판으로 언어적 표상하기
	관계 맺기 전략	개념 형성 전략	성찰 전략	조사 전략	조직 및 정리 전략	성찰 전략	조직 및 정리 전략
	⑧ 주요표현 소리 내어 생각하기	⑨ 모둠과 대화글 결합하기	⑩ 대화글 패턴 찾기	⑪ 말하기와 쓰기 체크리스트 점검하기	⑫수행평가하기	⑬ 본질적 질문에 대한 일반화 작성하기	
	성찰 전략	개념 형성 전략	일반화 전략	성찰 전략	전이 전략	일반화 전략	

지식-이해-기능	탐구 단계	학습 경험	평가[자료]
[이해 1] 일이나 사건의 순서를 파악한다. [지식 1] 교통수단과 건물의 위치 단어 [기능 1] 목적지를 찾아가는 순서 파악하기	**관계 맺기 전략** 경험기반 전략 ▼ 실험놀이	Q. 다양한지도 어플(웹 사이트)를 활용해서 OO까지 가는 방법을 설명할 수 있다! 없다! 　[논쟁 1] 여러분은 가족과 먼 곳으로 여행을 가 본 적이 있나요? 아니면 나 혼자 가고 싶은 국내 여행지가 있나요? 대부분 사람은 여행을 가기 전에 여행 경로에 대한 사전 조사를 해봅시다. 지금부터 1가지 실험을 해봅시다. 혼자 대중교통을 타고, 집에서부터 OO로 여행을 가려고 합니다. 휴대 전화기로 검색해 여행지로 가는 방법을 발표해 봅시다. 발표 내용에는 대중교통의 종류와 시간이 포함되어야 합니다.	진 구술평가 개별 사전 탐구 결과 자료 확인하기 [Worksheet]

수업 열기 앞의 활동은 어땠나요? 우리는 지구라는 공간에 살고 있으며 그 공간을 공유하면서 살아가고 있습니다. 그래서 누구나 시간적인 여유를 가지고 그 공간을 누리면서 살아갈 수 있습니다. 새로운 교통수단의 발달은 우리가 가고 싶은 곳 어디든지 안내해 줍니다.

여러분은 영어권 나라를 여행해 본 적이 있나요? 그리고, 그곳에서 특정 장소로 가기 위해 영어로 물어본 적이 있나요?

이번 탐구는 특정 장소로 가기 위해 어떻게 영어로 대화하며 그 영어 대화 속에 담긴 표현의 규칙이 무엇인지 발견하는 것입니다. 6학년 여러분은 이미 사회과를 탐구하면서 가고 싶은 영어권의 관광지를 발견했을 것입니다.

지금부터 여러분은 영어권 나라의 관광지를 찾아가는 여행 안내자가 되어 이번 방학에 처음으로 해외여행을 가는 담임 선생님을 위해 발표해 봅시다. 여러분은 로드맵을 제작하고, 여행의 과정을 담임 선생님과 영어로 주고받아야 합니다. 어떻게 영어로 의사소통을 할 수 있을까요?

수업 시작 전에 영어 선생님이 제시하는 평가 수준과 준거를 확인해 봅시다.

	개념 형성 전략 (듣기) 명명 전략 ▼ 결합하기	Q. 대화 내용을 이해할 수 있나요? [사실 1-1] 특정 장소를 안내하는 대화 내용을 듣고, 모둠별로 모여서 자신이 이해한 내용을 결합해서 표현을 종합해 봅시다. 개별적으로 듣고 찾아낸 '특정 장소에 가는 방법을 묻고 답하는 말'을 정합니다. 개별→짝→모둠별로 찾아낸 표현에서 이해했던 것을 모둠 화이트보드에 작성하고, 전체를 대상으로 발표해 봅시다. **Tip** 교사는 학생들이 잘 이해하고 있는지를 미리 준비한 교통 그림을 통해 확인하고 점검한다. 　*주요표현: Bus Number 11, Subway Line 1, Library, Post office.	형 단답형 평가 개인-모둠 작성한 내용 확인하기 [모둠보드판]
	자기성찰 방법 손가락 반응	학습한 내용을 정확하게 들었는지 자기평가를 합니다. 지금부터 3가지 손 모양(위, 중간, 아래 모양)으로 자신의 듣기 이해 정도를 표시해 봅시다. 아래를 표시한 친구들을 위해 다시 한번 더 들어봅시다. 다시 한번 더 손가락으로 평가를 해봅시다. 　👍　　👉　　👎 **Tip** 아래 모양의 손을 든 학생에게는 친구나 교사의 도움으로 부족한 부분을 채울 시간을 제공한다. 또한 모든 친구가 중간 이상(손 모양)이 될 수 있도록 피드백한다.	형 손가락 평가 위, 중간, 아래 모양으로 판단하기 [손가락 표시판]

조사 전략 (읽기) 자료 ▼ 출판 자료	Q. 교통수단과 그 순서를 파악할 수 있나요? [사실 1-2] 여행지의 최종 목적지까지 가려면 교통수단과 목적지를 정확하게 파악하는 것이 중요합니다. 선생님이 제공하는 길을 찾아가는 그림책인 마이크 로워리(Mike Lowery)의 『The way downtown』을 듣고, '묻고 답하는 말'과 '건물의 위치를 안내하는 표현'을 읽어 봅시다. 그림책에 있는 교통수단 그림을 순서대로 말해 봅시다.	형 구두 질문 동화책을 통해 1:1로 교통수단과 순서 점검하기 [마이크 로워리 『The way downtown』]
조직 및 정리 전략 과정 조직자 ▼ 흐름 다이어그램	Q. 일이나 사건의 과정은 어떻게 파악하나요? [개념 형성 1] 지금부터 선생님이 들려주는 그림책에 나오는 특정 목적지를 찾아가는 과정을 선형 다이어그램으로 표시해 봅시다. 선형 다이어그램 과정에는 목적지와 교통수단을 표시합니다. 전체적인 사건 절차를 보여주는 것이 중요합니다. 이 다이어그램을 통해서 찾을 수 있는 과정이 무엇인지를 정리해서 말해 봅시다. 목적지 / 교통 ▶ □ ▶ □ ▶ □ ▶ □	형 다이어그램 개인적으로 그리는 절차의 정확성 확인 [다이어그램]
성찰 전략 전략평가 ▼ 체크리스트 & 루브릭	지금까지 한 듣기와 읽기의 탐구 수업을 되돌아봅시다. 수업 시작에 제공한 평가 기준을 보면서 '내용의 정확성' 부분에 표시해 봅시다. 여러분은 A, B, C 중에 어디에 해당하나요? 왜 그렇게 생각하나요? 표: 채점 준거 / 자기평가 — 지식·이해 / Q. 목적지 가는 방법을 정확하게 파악하고 있는가? / Ⓐ Ⓑ Ⓒ	형 자기평가 체크리스트에 표시된 사항 확인하기 [채점기준표]

[이해 2] 주변 장소와 위치를 설명한다. [지식 2] 목적지 길 안내 질문과 대답 구문 [기능 2] 목적지 찾아가는 방법을 설명하기	조직 및 정리 전략 (말하기) 표상 전략 ▼ 언어적 표상	Q. 특정 장소에 가는 방법을 표현할 수 있나요? [사실 2-2] 지금부터 2인 1조로 짝 활동을 해봅시다. 건물과 교통수단이 그려진 돌림판을 이용해서 대화를 주고받아 봅시다. 활동 후 목적지까지 갈 수 있는 과정을 말해 봅시다. Tip 수업 전에 교통수단과 목적지가 있는 돌림판(안쪽 원에는 교통수단 그림, 바깥쪽 원에는 건물 그림)을 준비해 둔다.	형 관찰평가 학생들의 말하기 표현 점검하기
	성찰 전략 모니터링 전략 ▼ 소리 내어 생각하기	이번 단원에서 가장 중요한 문장들을 '소리 내어 생각하기'로 말해 봅시다. 첫째 자리에 있는 친구부터 돌아가면서 1명씩 선생님이 제시하는 질문에 대답해 봅시다. 발표자가 정확하게 표현하고 있는지를 주요 표현을 말하며 함께 점검해 봅시다.	형 구술평가 개인별 주요 문자 표현 확인하기
	개념 형성 전략 (쓰기) 명명 전략 ▼ 결합하기	Q. 건물의 위치를 표현할 수 있나요? [사실 2-3] 지금부터 대화 글쓰기를 완성해 봅시다. 3명이 한 모둠이 되고, 1번부터 3번까지 순서를 정합니다. 교사가 제공하는 다양한 그림 카드(목적지, 교통수단)를 책상 위에 뒤집어 놓고, 1명씩 목적지와 교통수단 그림 카드를 뒤집어서 모둠 자석 판에 작성합니다. 모두가 다 쓰면 문장을 결합해 글을 공책에 옮겨 적습니다.	형 관찰평가 학생들의 패턴 사용 여부 점검하기 [배움공책]
	일반화 전략 사고 스케폴딩 패턴 및 연관성 탐색 ▼ 패턴 찾기	Q. 주변 장소 찾기의 순서나 방법을 설명할 수 있나요? [개념 형성 2] 듣기, 읽기, 말하기, 쓰기 활동을 통해서 우리는 특정 장소로 찾아가는 방법을 이야기로 주고받아 봅시다. 지금까지 배운 글쓰기와 말하기를 통해서 특정 장소로 찾아가는 정확한 패턴을 찾아봅시다. '어떤 패턴을 볼 수 있나요?'라는 질문에 대답해 봅시다. Tip 길 찾기 과정의 대화 내용에는 '교통수단, 특정 장소, 위치, 시간'이 포함되어야 한다. 길 찾기와 관련된 소통을 하기 위해서는 다양한 건물, 교통수단의 이름을 알고 있어야 한다.	형 관찰평가 개인-모둠 작성한 내용 [모둠보드판]

성찰 전략	여러분은 지금까지 탐구한 말하기와 쓰기 수업을 되돌아봅시다. 미리 제공한 학습점검표를 보면서 '과정·기능' 부분에 표시해 봅시다.	형 자기평가
전략평가 ▼ 체크리스트 & 루브릭	여러분은 A, B, C 중 어디에 해당하는가요? 왜 그렇게 생각하고 있나요? 돌아가면서 자신이 표시한 부분을 보면서 성찰할 부분을 발표해 봅시다.	점검표에 표시된 사항 확인하기

	채점 준거		성취점수(%)	자기평가
과정 기능		Q. 목적지로 가는 방법을 주요 문장으로 표현할 수 있나요?	30% [30/20/10]	Ⓐ Ⓑ Ⓒ

Tip 학습점검표는 탐구 단원을 진행하는 과정에서 스스로 자신의 학습을 점검할 수 있는 것으로 성찰 전략에 활용하면 효율적이다.

ATL: 의사소통기능	Q. 효과적으로 전달할 수 있는가?
효과적으로 나타내기	[교과 연계] [6국01-05] 자료를 선별해 핵심 정보를 중심으로 내용을 구성하고 매체를 활용해 발표한다.

[기능 3] 여행 목적지를 매체로 제작하고, 공유하기	전이 전략	단원 시작에 제시했던 '담임 선생님에게 여행 관광지 안내하기' 수행과제를 시작하겠습니다.	총 구술평가
	적용 행동 ▼ 수행평가	수행과제 결과물을 제작하기 위해 영어 선생님이 만든 평가 기준을 함께 수정해 봅시다. 함께 설계한 채점 가이드의 기준을 확인하고, 결과물을 제작해 봅시다. 여러분의 담임 선생님을 초대했습니다. 지금부터 담임 선생님과 영어로 묻고 답해 봅시다. 담임 선생님의 질문에 자신이 패들렛에 올린 지도 사진을 보면서 여행 목적지까지의 내용을 상세히 발표해 봅시다.	수행과제 패들렛과 상호소통과정을 살펴보기 [Padlet]

Tip 교사의 언어로 설계한 평가 수준과 준거는 학습자가 이해하기 어렵다. 교사의 자세한 설명과 학습자와의 소통으로 채점 가이드를 골라 뽑는다. 또한, 공유하는 것이 학습자의 평가 메타인지에 도움이 된다.

[학생과 함께 설정한 채점 가이드]

	채점 준거	성취점수(%)	자기평가	교사평가
지식·이해	Q. 목적지까지 가는 방법을 정확하게 이해했나요?	30% [30/20/10]	Ⓐ Ⓑ Ⓒ	Ⓐ Ⓑ Ⓒ
과정·기능	Q. 목적지까지 가는 방법을 주요 문장으로 표현할 수 있나요?	20% [20/15/10]	Ⓐ Ⓑ Ⓒ	Ⓐ Ⓑ Ⓒ
수행(역량)	Q. 상대방에게 분명하게 전달되었나요?	40% [40/30/20]	Ⓐ Ⓑ Ⓒ	Ⓐ Ⓑ Ⓒ
가치·태도	Q. 대화 예절을 지키며 의사소통 활동에 참여했나요?	10% [10/8/6]	Ⓐ Ⓑ Ⓒ	Ⓐ Ⓑ Ⓒ
최종 점수				

일반화 전략	Q. 길 안내의 절차(구조)는 어떻게 표현될까요? [개념]	형 서술평가
사고 스캐폴딩 질문 ▼ 개념적 질문	마지막으로 선생님이 제시하고 있는 본질적인 질문(개념질문)에 대해 일반화를 작성해 봅시다. *학생 A: 길 안내의 표현은 과정과 절차가 필요하다. *학생 B: 정보를 전달하는 의사소통은 과정과 절차로 소통한다.	개별적인 일반화를 작성하고, 발표내용 확인하기 [배움공책]

수업 마무리 이번 탐구 단원에서 특정 장소에 가는 방법을 묻고 대답하는 표현을 탐구하고, 일반화를 도출했습니다.

이번 탐구 단원 수업은 어땠나요? 나의 학습점검표와 채점 가이드를 살펴보면서 이번 탐구 단원을 되돌아봅시다. 배움일지에 좋았던 점, 아쉬웠던 점, 다시 도전한다면 수정하고 싶었던 점에 대해 반성일기를 작성해 봅시다. 모둠에서 돌아가면서 나의 반성일기를 발표해 봅시다.

다음에 기회가 된다면, 학교에 있는 원어민 선생님에게 최고의 관광지를 찾아가는 과정을 영어로 주고받는 기회를 가져 보도록 합시다. 수고하셨습니다.

학습 접근 방법(ATL) 학습지	
의사소통기능: 효과적으로 나타내기	( )초등학교 ( )학년 ( )반 이름:

1. 생각 그물을 이용해 발표할 주제와 내용을 정리해 봅시다.

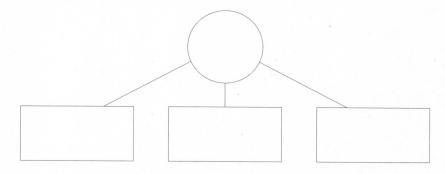

2. 발표할 내용에 어울리는 매체 자료를 정하고, 그 이유를 작성해 봅시다.

1.	2.	3.	4.

*매체의 종류: 표, 도표, 지도, 사진, 그림, 동영상

3. 발표 자료를 설계해 봅시다.

장면 구성 하기	
음악 소리	

4. 대본을 역할에 맞게 작성해 봅시다.

역할		질문을 한 이유

<발표순서> 발표자 소개하기 → 발표 주제 및 선정 이유 말하기 → 준비한 자료를 차례에 맞게 보여주기 → 또박또박 큰 소리로 말하기 → 발표 마지막에 간단한 내용 정리하기

2. 발표할 내용에 어울리는 매체 자료를 정하고, 그 이유를 작성해 봅시다.

점검 사항	확인
발표 상황에 알맞은 매체 자료를 활용하는가?	☐
발표 상황에 알맞은 주제를 정하는가?	☐
발표 자료에 주제가 잘 드러나는가?	☐
발표 주제에 알맞은 내용과 장면으로 구성하는가?	☐
듣는 사람을 배려해 이해하기 쉽게 구성하고 바르고 고운 언어를 사용하는가?	☐
비유적 표현과 음악처럼 효과적인 표현을 사용하는가?	☐

ATL 기능 자기평가	기준보다 우수	기준을 충족	기준에 근접	기준에 미달
Q1. 다양한 매체를 사용해 다양한 청중과 소통했나요?				
Q2. 다양한 목적과 청중을 위해 적절한 형태의 발표자료를 사용했나요?				

[한 줄 글쓰기] 나의 의사소통기능에 어떤 장점과 단점이 있나요?

12 Unit Plan 초(탈)학문적 통합

[UbD 1단계] 왜 탐구할까?

01. 단원의 개요와 조망도

단원명	세상을 바라보는 다른 눈	학년(차시)	6학년(29차시)
개념(PYP)	관점(우리가 자신을 조직하는 방법)	교사	권대홍

　과거 사람들의 관점은 오늘날 사람들의 관점과 얼마나 다를까? 본 탐구의 목적은 당시를 살아가는 사람들이 했던 다양한 선택들이 어떤 관점에서 이루어졌는지를 추론하며 지식정보처리, 협력적 소통, 심미적 감성, 공동체 역량 등을 고루 키우는 것이다. 선거와 정치적 관점, 합리적 선택과 경제적 관점, 시대적 배경에 대한 음악과 미술의 관점 등의 마이크로 개념에서 매크로 개념(핵심 개념)으로의 초학문적 통합으로 단원을 구성한다.

[2022 개정교육과정 내용 체계표]

과목	핵심 아이디어	5~6학년 일반화	핵심 개념 Lens	관련 개념	범주/내용 요소			성취기준
					지식·이해	과정·기능	가치·태도	
사회	각 시대의 모습에는 당시 사람들의 생활상과 사고방식이 반영된다.	각 시대의 모습에는 당시 사람들의 관점이 반영된다.	관점	선택	민주화와 산업화로 달라진 생활 문화	시대별 생활 모습에 대한 역사적 질문 생성하기	타인의 역사해석을 존중하는 태도	[6사07-02] 민주화와 산업화로 인해 달라진 생활 문화 세례를 들어 이해한다.
	다양한 정치 주체가 정치과정에 참여하며, 민주주의는 여러 제도와 시민 참여를 통해 실현된다.	선거는 사람들이 자신의 관점에서 원하는 나라를 만들기 위해서 하는 정치 참여이다.		선거	선거의 의미와 역할	민주주의의 사례를 조사하기	선거 과정에 참여	[6사08-01] 민주주의에서 선거의 의미와 역할을 파악하고, 시민의 주권 행사를 위해 선거에 참여하는 태도를 기른다.
	가계와 기업은 합리적 선택을 통해 소비와 금융, 생산 등의 경제활동에 참여하면서 각자의 역할을 수행한다.	경제활동은 자신의 관점에서 발전이나 풍요를 위해 하는 합리적 선택이다.		경제 활동	기업의 자유와 사회적 책임	합리적으로 선택하기	자유를 존중하는 태도 공정한 분배에 대한 감수성	[6사11-01] 시장경제에서 가계와 기업의 역할을 이해하고, 근로자의 권리와 기업의 자유 및 사회적 책임을 탐색한다.
국어	독자는 다양한 상황 맥락과 사회·문화적 맥락 속에서 자신의 읽기 목적을 달성하기 위해 다양한 유형의 글을 읽는다.	글은 다양한 관점에 따라 다르게 쓰이고 읽힌다.		다양성	일상적 화제나 사회·문화적 화제의 글	글의 주장이나 주제 파악하기	읽기에 적극적 참여	[6국02-04] 문제 상황과 관련된 다양한 관점의 글을 읽고 이를 문제 해결에 활용한다.
음악	음악의 수용과 반응은 인간의 감수성과 사회·문화적 배경에 따라 다양하게 나타난다.	음악은 당시 시대의 배경과 관점에 따라 표현된다.		음악적 배경	느낌, 배경, 활용	설명하기	음악에 대한 공감	[6음02-03] 다양한 종류의 음악을 듣고 음악의 배경과 활용을 설명한다.
미술	감상은 다양한 삶과 문화가 반영된 미술과의 만남으로 자신과 공동체의 문화를 이해하게 한다.	미술 작품의 조형 요소와 표현 방법의 선택은 배경에 대한 관점에 영향을 받는다.		미술적 배경	미술 작품의 배경	작품과 배경을 연결하기	서로 다른 관점의 존중	[6미03-01] 미술 작품을 작품이 만들어진 시대적, 지역적 배경 등과 연결해 이해할 수 있다.

이 탐구 단원은 초학문적 주제인 '우리가 세상을 조직하는 방법'을 탐구하기 위해 '관점'이라는 핵심 개념을 중심으로 선거, 경제활동, 음악적 배경, 미술적 배경 등의 6개의 학문적 개념을 통합했다. 먼저, 학생들이 접할 수 있는 실제 사례에 기반한 수행과제를 완성하는 데 필요한 마이크로 개념의 탐구를 수행해 하위 개념에 대한 이해를 충족시킨다. 다음으로 하위 개념들을 핵심 주제로 통합해 일반화를 완성하는 과정으로 초학문 단원이 전개된다.

[단원의 조망도(지식/과정의 구조)]

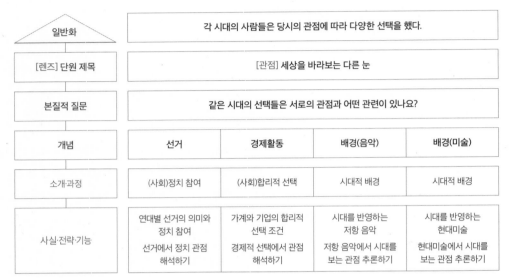

일반화	각 시대의 사람들은 당시의 관점에 따라 다양한 선택을 했다.			
[렌즈] 단원 제목	[관점] 세상을 바라보는 다른 눈			
본질적 질문	같은 시대의 선택들은 서로의 관점과 어떤 관련이 있나요?			
개념	선거	경제활동	배경(음악)	배경(미술)
소개·과정	(사회)정치 참여	(사회)합리적 선택	시대적 배경	시대적 배경
사실·전략·기능	연대별 선거의 의미와 정치 참여 선거에서 정치 관점 해석하기	가계와 기업의 합리적 선택 조건 경제적 선택에서 관점 해석하기	시대를 반영하는 저항 음악 저항 음악에서 시대를 보는 관점 추론하기	시대를 반영하는 현대미술 현대미술에서 시대를 보는 관점 추론하기

02. 일반화와 안내 질문

일반화·이해 학생들은 다음을 이해할 것이다.	안내 질문 학생들은 다음을 탐구할 것이다.
1. 각 시대의 사람들은 당시의 관점에 따라 다양한 선택을 했다.	[논쟁 1-1] 오늘날의 관점에 의해 좋거나 나쁜 평가를 받는 선택은 과거의 관점으로 봤을 때도 마찬가지일까요? [개념 형성1] '관점'을 한 문장으로 표현하면? [개념] 같은 시대의 선택들은 서로의 관점과 어떤 관련이 있나요? [논쟁 1-2] 같은 사실과 현상을 함께 알고 있는 사람들은 모두 같은 관점을 가지게 될까요?
2. 선거는 사람들이 자신의 관점에서 원하는 나라를 만들기 위해 하는 정치적 선택이다.	[논쟁 2] 지금까지의 선거 중 가장 중요한 선거는 무엇이라고 생각하나요? 그렇게 선택한 이유는 무엇인가요? [사실 2] 선거를 통해 사람들은 어떤 관점을 선택했나요? [개념 형성 2] 당선자를 선택한 사람들이 만들고 싶은 나라는 어떤 모습일까요?
3. 경제활동은 사람들이 자신의 관점에서 더 잘 살기 위해 하는 합리적 선택이다.	[개념 형성 3] 연대별로 산업의 형태가 달라지는 이유는 무엇일까요? [논쟁 3] 당시 대한민국의 선택은 그 시절 경제 상황에 합리적이었나요? [사실 3-1] 당시 기업들은 어떤 산업에 투자를 선택했나요? [사실 3-2] 당시를 살던 근로자들은 어떤 선택을 했나요?
4. 음악은 당시 시대의 배경과 관점에 따라 표현된다.	[개념 형성 4] 음악은 시대적 배경에 대한 관점을 어떻게 표현할까요? [사실 4-1] 시대를 비판하는 저항 음악에는 어떤 것이 있나요? [사실 4-2] 저항 음악 속 시대를 바라보는 관점을 표현하기 위해 선택한 악곡의 특징(예: 조성 등)은 무엇인가요?
5. 미술 작품의 조형 요소와 표현 방법의 선택은 배경에 대한 관점에 영향을 받는다.	[개념 형성 5] 미술은 시대적 배경에 대한 관점을 어떻게 표현할까요? [사실 5-1] 청년의 초상 특별전에는 어떤 작품이 있나요? [사실 5-2] 미술 작품 속 청년의 감정을 표현하기 위해 선택한 조형 요소와 표현 기법은 무엇인가요?

03. 지식과 기능

핵심 지식 학생들은 다음의 사실과 기본 개념을 알고 기억할 것이다.	기능 학생들은 다음의 기능과 절차를 활용할 것이다.
1. 민주화와 산업화로 달라진 생활 문화	1. 민주화와 산업화의 관련성 분석하기
2. 선거의 의미와 역할	2. 역대 선거 결과에서 당시 사람들의 선택과 관점(여론) 해석하기
3. 국가와 기업의 합리적 선택	3. 연대별 경제 상황 속 국가와 기업의 선택에서 경제를 바라보는 관점 해석하기
4. 음악적 배경	4. 저항 음악 속에 표현된 시대 상황과 당시 사회를 바라보는 관점 해석하기
5. 미술적 배경	5. 미술 작품을 시대적 배경을 바라보는 관점과 관련지어 해석하기

[UbD 2단계] 어떻게 탐구를 확인할까?

01. 수행과제(총괄평가)

<table>
<tr><td colspan="2" align="center">"20세기 대한민국을 살아간 사람들의 다양한 관점을 해석하라."</td></tr>
<tr><td>목표
Goal</td><td>너의 목표는 '응답하라! 대한민국 20세기 전시회'를 운영하는 것이다.</td></tr>
<tr><td>역할
Role</td><td>너의 역할은 대한민국의 현대를 다루는 사회·문화 해설사이다.</td></tr>
<tr><td>대상/청중
Audience</td><td>너의 청중은 6학년 학생이다.</td></tr>
<tr><td>상황
Situation</td><td>너는 다음의 문제 상황에 놓여 있다.
과거 사람들의 생각이 궁금한 학생들의 궁금증을 해결해 주어야 한다.</td></tr>
<tr><td>결과물
Product</td><td>너는 50년대에서 90년대까지 과거의 선택을 관점으로 설명할 발표 자료를 만들 것이다.</td></tr>
<tr><td>기준
Standards</td><td>너의 결과물은 반드시 다음의 기준을 만족해야 한다.
첫째, ○○년대 선거와 경제 정책에 대한 당시의 국민, 국가, 기업의 관점 탐구하기
둘째, ○○년대를 표현한 음악과 미술 작품에서 작가의 관점 탐구하기
셋째, 발표 자료와 발표는 평가 준거에 맞게 작성하고 발표하기
넷째, 나와 다른 관점에 대해 존중하는 태도 보이기</td></tr>
</table>

02. 루브릭(평가 준거와 수준)

[준거] 내용	기준보다 우수 Ⓐ	기준을 충족 Ⓑ	기준에 근접 Ⓒ
[내용의 적절성] ○○년대 선거, 경제, 음악, 미술의 관점과 선택을 역사적 배경으로 해석하는가?	○○년대 선거, 경제, 음악, 미술의 관점과 선택을 역사적 배경을 바탕으로 통찰력 있게 해석한다.	○○년대 선거, 경제, 음악, 미술의 관점과 선택을 역사적 사실에 근거해 해석한다.	○○년대 선거, 경제, 음악, 미술의 선택을 글자 그대로 해석한다.
[기능의 효과성] ○○년대 당시 사람들의 관점을 전달하는가?	청중에게 충분한 정보를 얻고 당시 사람들의 관점을 세련되고 포괄적으로 전달한다.	청중에게 당시 사람들의 관점을 보다 발전된 형태로 전달한다.	청중에게 당시 사람들의 관점을 초보적으로 맥락 없이 전달한다.
[발표 자료의 완성도] 발표를 위한 매체 자료를 청중의 특성에 맞게 작성하는가?	발표를 위한 매체 자료를 청중의 특성에 맞게 숙련되고 노련하게 작성한다.	발표를 위한 매체 자료를 기본적인 조건에 맞게 작성한다.	발표를 위한 매체 자료를 부분적으로 작성한다.
[다른 관점의 수용성] 다른 관점에 대해 존중하는 태도가 있는가?	다른 관점에 대해 심사숙고해 존중하는 태도를 보이고 다양한 관점을 수용한다.	다른 관점에 대해 신중하게 인식하는 태도를 보인다.	다른 관점에 대해 자기중심적으로 받아들인다.

[UbD 3단계] 학생들은 무엇을 탐구할까?

수업흐름	① 완전한 관점은 있을까?	② 관점과 선택 정의하기	③ 과제분석하기	④ 역대 선거 결과 조사하기	⑤ 선거 당선자 교환 카드 만들기	⑥ 성찰하기의 일반화	⑦ 연대별 경제 정책 조사하기
	관계 맺기 전략	개념 형성 전략	성찰 전략	조사 전략	조직 및 정리 전략	성찰 전략	조사 전략
	⑧ 경제적 선택의 밀기 당기기 잡기	⑨ 저항가요 조사하기	⑩ 저항가요 교차비교 차트 작성하기	⑪ 청년의 초상 작품 조사하기	⑫ 관점에 근거한 작품 감상문 작성하기	⑬ 관점 사례연구 사이의 규칙 찾기	⑭ 응답하라, 현대사! 전시회 (Exhibition)
	조직 및 정리 전략	조사 전략	조직 및 정리 전략	조사 전략	표상 전략	일반화 전략	전이 전략

지식-이해-기능	탐구 단계	학습 경험	평가[자료]
[이해 1] 각 시대의 사람들은 당시의 관점에 따라 다양한 선택을 했다.	**관계 맺기 전략** 의견기반 전략 ▼ 스펙트럼 입장문	Q. 오늘날의 관점에 의해 나쁜 평가를 받는 선택은 과거의 관점으로 봤을 때도 마찬가지일까요? [논쟁 1-1] 대한민국은 산업화와 민주화를 동시에 이룩한 위대한 나라입니다. 우리나라를 성장시켰던 그때 그날의 선택들이 지금의 대한민국을 만들었습니다. 그때의 관점과 선택은 모두 훌륭했을까요? <table><tr><td colspan="2" align="center">과거의 관점과 선택은 모두 훌륭했을까요?</td></tr><tr><td>그렇다</td><td>아니다</td></tr></table>	진 지필평가 의견 서술 [붙임 딱지]

수업 열기 지금의 대한민국 국민은 풍요로움 속에서 살고 있습니다. 스마트폰으로 언제 어디에서든 친구와 대화할 수 있고 SNS를 통해 어떤 목소리도 자유롭게 낼 수 있는 세상에 살고 있습니다. 우리가 누리는 물질적 풍요와 자유로운 민주사회는 옛사람들의 수많은 선택이 모여서 만들어졌겠습니다.

이번 탐구는 옛날 대한민국을 살았던 사람들의 의사결정이 어떤 관점에서 이루어졌는지를 탐색하는 것입니다. 6학년 여러분들은 지난 사회 수업 시간에 민주화와 산업화의 과정과 영향을 배웠습니다. 지금부터 여러분은 사회·문화 해설사가 되어서 50년대에서 90년대까지의 과거의 선거, 경제활동, 음악, 미술에서 당시의 관점을 탐구하게 됩니다. 마지막으로 '응답하라 대한민국의 20세기 전시회'를 개최해 배움을 더 키우고 나누게 됩니다.

수업을 시작하기 전에 선생님이 제시하는 평가 수준과 준거를 확인해 봅시다.

지식-이해-기능	탐구 단계	학습 경험	평가[자료]
	개념 형성 전략 (초학문) 명명 전략 ▼ 결합하기	Q. '관점'을 한 문장으로 표현하면? [개념 형성 1] 앞으로 우리는 관점이라는 개념으로 과거의 시간을 탐구할 것입니다. 그 전에, 개념과 용어가 모두에게 같은 의미로 사용되어야 앞으로의 탐구가 문제 없이 이루어질 것입니다. 개념을 정의하고, 토의하고, 고쳐 쓰고 마지막에 하나로 결합해 봅시다. 모둠원/모둠원/나/모둠원 ▶ 우리 모둠/다른 모둠/다른 모둠/다른 모둠 ▶ 그룹1/그룹2 ▶ 학급 전체	형 문장형 평가 개인-전체 서술한 내용 [수형도]
	성찰 전략 계획 전략 ▼ 과제분석 + Compass point 사고 전략	우리는 어떤 배움을 가지고 무엇을 배울까요? 당시를 살아가는 사람들의 관점을 탐구한다는 목표를 달성하기 위해서는 어떤 작은 과제들을 수행해야 할까요? '콤패스 포인트(Compass point)' 전략에 따라 과거의 관점을 탐구하면서 좋은 점(E), 어려운 점(W), 나의 입장(S), 필요한 활동(N)으로 나누어 내 생각을 붙임 딱지에 표현해 붙여 봅시다. N(필요한 활동) / W(어려운 점) / E(좋은 점) / S(나의 입장)	형 서술평가 [피쉬본 다이어그램]

| [이해 2] 선거는 사람들이 자신의 관점에서 원하는 나라를 만들기 위해 하는 정치적 선택이다.

[지식 2] 연대별 선거의 의미와 역할

[기능 2] 역대 선거 결과에서 당시 사람들의 선택과 관점(여론) 해석하기	**조사 전략** (선거) 네트워크로 연결된 사례연구 ▼ 출판 자료 테크놀로지	Q. 지금까지의 선거 중 가장 중요한 선거는 무엇이라고 생각하나요? 그렇게 생각한 이유는 무엇인가요? [논쟁 2] Q. 선거를 통해 사람들은 어떤 관점을 선택했나요? [사실 2] 선거란 국민이 정치에 참여하는 가장 기본적인 형태입니다. 국민은 나와 유사한 관점을 가지고 나를 대신해 선택해 주는 후보에게 투표함으로써 내 정치적 의사를 표현합니다. 역대 선거 중 가장 중요한 선거라고 생각되는 것을 모둠의 협의로 골라 조사해 봅시다. 그리고 해당 선거에 참여한 사람들의 관점을 추론해 봅시다.	휑 관찰평가 조사 활동과 개념 간의 맥락 확인하기
	조직 및 정리 전략 (선거) 비교 조직자 ▼ 교환 카드 + Step inside 사고 전략	Q. 당선자를 선택한 사람들이 만들고 싶은 나라는 어떤 모습일까요? [개념 형성 2] 선거의 당선자가 가진 관점을 살펴보면 그 당시 사람들이 꿈꾸던 세상을 짐작할 수 있지 않을까요? 우리가 앞서 조사한 사례를 교환 카드 템플릿에 정리해 기록해 봅시다. 그에 앞서 '스텝 인사이드(Step inside)' 사고 전략으로 당선자가 보고, 듣고, 믿고, 궁금해하는 것들에 대해 추론하고 작성해 봅시다. 1. 무엇을 보고 들었을까요? 2. 인물의 주장이나 생각 3. 인물이 추구하는 가치 4. 인물이 궁금할 만한 질문	휑 서술평가 교환 카드, Step inside 작성 평가하기
	성찰 전략 광범위한 전략 ▼ 성찰하기에 대한 일반화	여러분의 배움은 어떠했나요? 교환 카드와 스텝 인사이드는 선거에서 찾은 관점과 선택이라는 개념을 이해하는 데 어떤 도움이 되었나요? 나의 경험과 배움을 돌아보고 질문지를 작성해 봅시다. 질문1 단원에서 가장 중심이 되는 개념은? 질문2 전략이 학습에 어떤 도움이 되었나요? 질문3 언제(단원의 시작/중간/끝)에 사용하나요? 질문4 이 전략을 통해 무엇을 이해하게 되었나요?	휑 구술평가 모둠 내에서 프로토콜의 응답 확인하기
[이해 3] 경제활동은 사람들이 자신의 관점에서 더 잘 살기 위해 하는 합리적 선택이다.

[지식 3] 연대별 경제 상황 속 국가와 기업의 합리적 선택

[기능 3] 연대별 경제 상황 속 국가와 기업의 선택에서 경제를 바라보는 관점 해석하기 | **조사 전략**
(경제)

네트워크로 연결된 사례연구
▼
출판 자료 테크놀로지 | Q. 당시 기업들은 어떤 산업에 투자했나요? [사실 3-1]

Q. 당시를 살던 근로자들은 어떤 선택을 했나요? [사실 3-2]

대한민국이 이룬 한강의 기적과 경제성장 가운데 국가와 기업은 어떤 선택을 했을까요? 연대별 선택 사례를 조사해 봅시다.

또한 근로자는 어떤 대우를 받았으며 어떻게 반응했을까요? 옛 경제 상황을 조사해 봅시다. | 휑 관찰평가

조사 활동과 개념 간의 맥락 확인하기 |
| | **조직 및 정리 전략**
(경제)

비교 조직자
▼
밀기, 당기기, 잡기
+
줄다리기 사고 전략 | Q. 당시 대한민국의 선택은 그 시절 경제 상황에 합리적이었나요? [논쟁 3]

Q. 연대별로 산업의 형태가 달라지는 이유는 무엇일까요? [개념 형성 3]

밀기 당기기 잡기는 경제에 관한 관점에 따라 선택을 하지 못했을 때의 문제, 선택해 생기는 긍정적 변화, 선택을 못 하게 혹은 방해하는 것을 분류하며 고민하게 하는 전략입니다.

또한, '줄다리기(Tug-of-War)' 전략으로 양쪽의 당김(못하게 하거나 방해하는 것)이 모두 틀리지 않았음을 신중하게 생각해 봅시다.

안 하면 어떤 나쁜 일이 생길까?   밀기   당기기   했을 때 어떤 좋은 일이 있을까?
잡기
일어나지 않도록 방해하는 것은? | 휑 서술평가

밀기 당기기 잡기, 줄다리기 전략 작성 평가하기 |

이해/지식/기능	전략	내용	평가
[이해 4] 음악은 당시 시대의 배경과 관점에 따라 표현된다. [지식 4] 시대를 반영하는 저항 음악 [기능 4] 저항 음악 속에 표현된 시대 상황과 당시 사회를 바라보는 관점 해석하기	조사 전략 (음악) 네트워크로 연결된 사례연구 ▼ 출판 자료 테크놀로지	Q. 시대를 비판하는 저항 음악에는 어떤 것이 있나요? [사실 4-1] 여러분이 흔히 듣는 가요나 동요가 아닌 사회 비판적인 가사를 담은 저항 음악에 대해 알고 있나요? 음악은 시대를 반영합니다. 그리고 그 중 저항 음악은 시대에 대한 비판적 관점을 표현함을 주로 선택한 예술의 한 장르입니다. 다양한 저항 음악을 조사해 당시 시대의 관점들을 해석해 봅시다.	형 관찰평가 조사 활동과 개념 간의 맥락 확인하기
	조직 및 정리 전략 (음악) 비교 조직자 ▼ 교차비교 차트	Q. 음악은 시대적 배경에 대한 관점을 어떻게 표현할까요? [개념 형성 4] Q. 저항 음악 속 시대를 바라보는 관점을 표현하기 위해 선택한 악곡의 특징은 무엇인가요? [사실 4-2] 음악가는 시대에 대한 자신의 관점을 표현하기 위해 다양한 표현 방법 및 요소를 활용합니다. 조사한 저항 음악을 다양한 기준에 따라 비교, 분석해 봅시다.	형 서술평가 교차비교 차트 작성 평가하기

	사례 1 (60년대)	사례 2 (70년대)	사례 3 (80년대)	사례 4 (90년대)
조성				
분위기				
…				

이해/지식/기능	전략	내용	평가
[이해 5] 미술 작품의 조형 요소와 표현 방법의 선택은 배경에 대한 관점에 영향을 받는다. [지식 5] 시대를 반영하는 현대 미술 [기능 5] 미술 작품을 시대적 배경을 바라보는 관점과 관련지어 해석하기	조사 전략 (미술) 네트워크로 연결된 사례연구 ▼ 영상 자료 + See Think Wonder	Q. 청년의 초상 특별전에는 어떤 작품이 있나요? [사실 5-1] 청년의 초상은 개항기-일제강점기-6.25전쟁-민주화-신세대-개별화로 이어지는 시대별 청년의 모습을 전시한 행사이며, 현재는 책과 인터넷 자료로 찾아볼 수 있습니다. S-T-W 전략을 활용해 작품을 더 자세히 해석해 봅시다.	형 관찰평가 조사 활동과 개념 간의 맥락 확인하기

See(보이는 것)	Think(생각한 것)	Wonder(궁금한 것)

이해/지식/기능	전략	내용	평가
	표상 전략 (미술) 표상 ▼ 언어적 표상	Q. 미술은 시대적 배경에 대한 관점을 어떻게 표현할까요? [개념 형성 5] Q. 미술 작품 속 청년의 감정을 표현하기 위해 선택한 조형 요소와 표현 기법은 무엇인가요? [사실 5-2] 작품을 감상하고 알게 된 정보를 에세이(수필)로 표현해 봅시다. 글쓰기 전에 S-T-W 전략의 결과를 활용해 글의 작성에 적용해 봅시다.	형 서술평가 에세이(수필) 작성 평가하기
	성찰 전략 전략평가 ▼ 체크리스트 루브릭	여러분이 지금까지 한 조사 탐구 활동을 되돌아봅시다. 수업 시간과 함께 제공한 루브릭 종이를 보면서 '내용의 정확성' 부분에 표시해 봅시다. 여러분은 A, B, C 중에 어디에 해당하나요? 왜 그렇게 생각하나요? 스스로 성찰해 봅시다.	형 자기평가 체크리스트에 표시된 사항 확인하기
[이해 1] 각 시대의 사람들은 당시의 관점에 따라 다양한 선택을 했다. [지식 1] 민주화와 산업화로 달라진 생활 문화 [기능 1] 민주화와 산업화의 관련성 분석하기	일반화 전략 (초학문) 사고 스케폴딩 패턴 및 연관성 탐색 ▼ 연결4	Q. 같은 시대의 다양한 선택들은 서로의 관점과 어떤 관련이 있나요? [개념] 여러분은 지금까지 선거, 경제, 음악, 미술의 개념 가운데 다양한 관점으로 세상을 만들어 갈 선택을 하는 사례를 조사 및 정리했습니다. 앞선 4가지의 사례연구 간의 유사점, 차이점, 관련성 등을 연구하면 우리 배움의 목표에 비로소 도달할 수 있습니다. 규칙을 찾아 일반화 문장을 작성해 봅시다. 그리고 일반화를 결합하고 고쳐 더 강한 일반화를 만들어 봅시다.	형 서술평가 연결4 작성 평가하기

연구사례 1 (선거)		(경제) 2 연구사례
	일반화	
연구사례 3 (음악)		(미술) 4 연구사례

ATL: 조사기능 다양한 관점으로 생각하기	Q. 다양한 관점에서 사례를 바라볼 수 있나요? **[교과 연계]** [6국02-04] 문제 상황과 관련된 다양한 관점의 글을 읽고 이를 문제 해결에 활용한다.	

| **전이 전략**

적용 행동
▼
수행평가 | Q. 같은 사실과 현상을 함께 알고 있는 사람들은 모두 같은 관점을 가지게 될까요?
[논쟁 1-2]

여러분은 사회·문화 해설사가 되어서 50년대에서 90년대까지의 과거에 일어나거나 과거를 표현한 연대별 정치, 경제, 음악, 미술을 설명하는 발표 자료를 제작해 여름방학 전 마지막 주에 우리 학교 학생들을 대상으로 '응답하라 대한민국의 20세기 전시회'을 개최합니다.

앞서 우리가 직접 완성한 일반화를 바탕으로 함께 평가 기준을 작성하고 함께 성찰하며 배움을 더 멀리 뻗어나갈 수 있도록 합니다. | 총 관찰평가
수행과제 발표 자료와 상호소통과정을 살펴보기 |

[학생과 함께 설정한 채점 가이드]

	채점 준거	성취점수(%)	자기평가	교사평가
지식·이해	Q. 선거, 경제, 음악, 미술의 관점과 선택을 이해하는가?	30% [30/20/10]	Ⓐ Ⓑ ©	Ⓐ Ⓑ ©
과정·기능	Q. 사람들의 의사 선택에서 관점을 파악할 수 있는가?	20% [20/15/10]	Ⓐ Ⓑ ©	Ⓐ Ⓑ ©
수행(역량)	Q. 자료를 청중의 특성에 적합하게 작성했나?	20% [20/15/10]	Ⓐ Ⓑ ©	Ⓐ Ⓑ ©
가치·태도	Q. 다른 관점에 대해 존중하는 태도가 있는가?	30% [30/20/10]	Ⓐ Ⓑ ©	Ⓐ Ⓑ ©
최종 점수				

| **성찰 전략**

전략평가
▼
사전·사후 성찰하기 | 단원을 시작할 때 오늘날의 관점으로 과거의 선택을 바라보는 것에 대한 내 생각을 표현했습니다. 지금 여러분의 생각은 어떤가요? 처음과 비교해 지금 어떻게 이해가 발달했는지 고민하고 배움과 성장에 관해 일반화해 봅시다.

나의 탐구과정이 이해에 미친 영향을 돌아보면서 배움이 일어나는 장면을 살펴보고 더 성장할 수 있는 탐구 방안을 고민해 봅시다. | 형 서술평가
성장을 비유로 표현하기 |

수업 마무리 이번 탐구 단원에서 우리는 과거에 살았던 사람들의 선택을 통해 그 관점을 파악했습니다. 단원의 시작, 우리의 생각을 되돌아봅시다. 당시의 상황에 대한 조사도 없이 현재의 관점에서 과거의 선택을 평가하거나 판단하는 경우는 없었을까요?

사람들은 저마다의 관점에서 나에게 좋은 세상을 조직하기 위한 선택을 합니다. 모두의 선택은 저마다의 가치가 있으며 각자 모두 소중하답니다. 시간과 공간의 변화가 가져오는 관점의 차이를 인정하고 이를 깊이 생각한다면 보다 넓은 안목을 가질 수 있을 것입니다.

학습 접근 방법(ATL) 학습지

조사기능: 다양한 관점으로 생각하기	( )초등학교 ( )학년 ( )반
	이름:

사례의 배경

인물이나 집단의 선택

조사할 사례

가치

더 탐구하기 위한 질문

사건과 관점

배경-선택-가치를 연계해 관점 파악하기

ATL 기능 자기평가	기준보다 우수	기준을 충족	기준에 근접	기준에 미달
Q1. 다양한 매체를 사용해 다양한 청중과 소통했나요?				
Q2. 다양한 목적과 청중을 위해 적절한 형태의 발표자료를 사용했나요?				

[한 줄 글쓰기] 나의 조사기능에 어떤 장점과 단점이 있나요?

핵심 개념: 관점	나의 탐구 일지 [학습점검표]
이름:	Q. 같은 시대의 선택들은 서로의 관점과 어떤 관련이 있나요?

최종 수행평가: [관점] 같은 시대의 선택들은 서로의 관점과 어떤 관련이 있나요?

왜?	20세기 대한민국을 살아간 사람들의 다양한 관점 해석하기	
어떻게?	응답하라 대한민국 20세기 전시회(Exhibition) 운영하기	
무엇을?	50년대에서 90년대 과거의 선택을 관점에 의해 설명하는 발표자료 제작하기(선거, 경제, 음악, 미술)	
어디에서?	우리 교실(○○초등학교 6-1반 교실에서) 발표하기	
누구에게?	과거 사람들의 생각이 궁금한 우리 반 친구들	
언제?	○○○○년 ○월 ○일 5~6교시	최종 결과물

[탐구 평가 기준]

Ⓐ	나는 탐구질문보다 더 많이 탐구했으며, 더 많은 사실을 알게 되었다.
Ⓑ	나는 탐구질문에 맞게 내용과 기능을 충실히 탐구해 배웠다.
Ⓒ	나는 탐구질문에 맞는 배움을 위해 지난 학년 때 배움이 필요하고, 선생님의 도움을 받았다.

탐구과정	탐구질문 [평가 자료]	평가	성찰 및 피드백	담임 확인
개념 ①	각 시대의 선거 결과에서 관점을 파악하면?	자기평가	부족한 점/ 알게 된 점/ 더 궁금한 점	
		Ⓐ Ⓑ Ⓒ		
		교사/친구평가	교사 및 친구의 피드백	
		Ⓐ Ⓑ Ⓒ		

탐구과정	탐구질문	평가	성찰 및 피드백	담임 확인
개념 ②	각 시대의 경제적 선택에서 관점을 파악하면?	자기평가	부족한 점/ 알게 된 점/ 더 궁금한 점	
		Ⓐ Ⓑ Ⓒ		
		교사/친구평가	교사 및 친구의 피드백	
		Ⓐ Ⓑ Ⓒ		

탐구과정	탐구질문	평가	성찰 및 피드백	담임 확인
개념 ③	시대를 표현한 음악과 미술에서 관점을 파악하면?	자기평가	부족한 점/ 알게 된 점/ 더 궁금한 점	
		Ⓐ Ⓑ Ⓒ		
		교사/친구평가	교사 및 친구의 피드백	
		Ⓐ Ⓑ Ⓒ		

핵심 개념: 관점	최종 수행과제(평가) 채점표
이름:	Q. 같은 시대의 선택들은 서로의 관점과 어떤 관련이 있나요?

	최종 수행평가: 발표 자료 대본 작성하기

★ 나의 수행과제의 수준은?

	채점 준거	성취점수(%)	자기 평가	교사 평가
<내용>	**결과물이 과제 목표에 적절하며 정확하고 뒷받침되었는가?** [준거] 과거의 선거, 경제, 음악, 미술을 관점으로 해석했는가?	30% [30/20/10]	Ⓐ Ⓑ Ⓒ	Ⓐ Ⓑ Ⓒ
<과정>	**자기 주도적으로 문제를 해결했는가?** [준거] 관점 개념의 표현 및 발견 과정이 주도적이었는가?	20% [20/15/10]	Ⓐ Ⓑ Ⓒ	Ⓐ Ⓑ Ⓒ
<질>	**수행(발표)이나 결과물의 질이 우수했는가?** [준거] 발표를 위한 자료가 청중에게 효과적으로 전달되었나?	20% [20/15/10]	Ⓐ Ⓑ Ⓒ	Ⓐ Ⓑ Ⓒ
<효과>	**문제를 해결하고, 수행이 효과적인가?** [준거] 과거의 관점을 포괄적이고 설득력 있게 해석했나?	30% [30/20/10]	Ⓐ Ⓑ Ⓒ	Ⓐ Ⓑ Ⓒ
	최종 점수			

[참고자료: 평가 수준]

준거/내용	기준보다 우수 Ⓐ	기준을 충족 Ⓑ	기준에 근접 Ⓒ
[내용의 정절성]	○○년대 선거, 경제, 음악, 미술의 관점과 선택을 추론을 바탕으로 통찰력 있게 해석한다.	○○년대 선거, 경제, 음악, 미술의 관점과 선택을 자신의 기준에 따라 해석한다.	○○년대 선거, 경제, 음악, 미술의 선택을 글자 그대로 해석한다.
[기능의 효과성]	자신 탐구를 통해 관련 개념을 찾고, 묶고, 새로운 개념을 정확하게 명명하고, 최종적인 이해를 명확하게 드러낸 제작과정을 보여준다.	자신 탐구를 통해 관련 개념을 찾고, 묶고, 새로운 개념을 찾는 과정에서 교사의 도움을 받아 설계하고 제작한다.	자신 탐구에 대한 어려움이 있고, 이미지를 찾는 과정에서 기초적인 부족함이 드러난다. 많은 도움으로 작품을 제작한다.
[발표 자료의 완성도]	발표를 위한 매체 자료를 청중의 특성에 맞게 숙련되고 노련하게 작성한다.	발표를 위한 매체 자료를 지시에 따라 작성한다.	발표를 위한 매체 자료를 어설프게 작성한다.
[다른 관점의 수용성]	청중이 충분한 정보를 얻고 당시 사람들의 관점을 세련되고 포괄적으로 전달한다.	청중이 당시 사람들의 관점을 보다 발전된 형태로 전달한다.	당시 사람들의 관점을 초보적으로 서투르게 전달한다.

핵심 개념: 관점	최종 논술형 평가
이름:	Q. 같은 시대의 선택들은 서로의 관점과 어떤 관련이 있나요?

[성찰 글쓰기] 아래의 내용을 글에 담아 탐구질문에 대한 나의 생각을 구체적으로 적어 봅시다.

관점이란 무엇이라고 생각하나요?

당시 사람의 관점은 어떻게 파악할까요? 그 예를 들어 설명을 적어 주세요.

오늘날의 관점으로만 과거의 선택을 파악하는 것은 어떤 이유에서 잘못된 것일까요?

같은 시대를 사는 사람들의 관점은 서로 같을까요, 또는 다를까요? 그 이유는 무엇일까요?

당시 사람들의 관점을 더욱 깊이 이해하는 방법은 무엇일까요?

모든 탐구 중에서 관점을 이해하기에 가장 적합한 활동은 무엇이었나요? 그 이유는 무엇인가요?

탐구를 시작하기 전과 후에 관점에 대한 나의 생각은 어떻게 바뀌었나요?

[개념: 관점] 당시 사람들의 선택에서 관점을 파악한다면?

제 **3** 장

수행과제(총괄평가) 교과별 사례

《 독자를 위한 문해력 》

제3장 수행과제 교과별 사례는 김병일 외(2022)의『초등 백워드 교육과정 설계와 실천 이야기』와 초등성장연구소 회원들이 2017년부터 2023년까지 7년 동안 개발한 사례를 재구성했다.
수행과제가 실제적이며 학생이 각 교과에서 실천할 수 있을 때, 참 과제라 할 수 있다.

각 교과별로 대표적인 참 과제로 선정된 3편의 수행과제 개발 도움 자료는 다음과 같이 설계했다. 첫째, 2015 개정교육과정에 개발된 수행과제를 2022 개정 교육과정 관련성으로 연계한다. 둘째, 수행과제는 목표, 역할, 대상, 상황, 결과물, 기준으로 제시한다. 셋째, 평가 준거는 이해와 수행의 2가지 대영역으로 '기준보다 우수, 기준을 충족, 기준에 근접'의 평가 수준 정보로 분류한다.

또한, 국가 지속가능발전목표(K-SDGs)를 GRASPS의 오른쪽 칸에 연계했다. 그 이유는 학습자주도성(Student-Agency)를 신장하는 방안으로 학습자가 지속가능한 개발 목표에 관심과 문제 해결을 확장, 전이, 연계시키고자 함이다. 이해중심교육과정의 목적은 이해와 전이다. 제시된 K-SDGs는 학습자의 주도적인 전이의 목적에 적합성을 가진다. 또한, 마지막 장에 제시된 '학생자율탐구'의 주제로 활용할 수도 있다.

01 통합교과

1-1. [우리는 누구로 살아갈까] 가족에 대한 마음을 이야기로 표현하라

① 교육과정(CURRICULUM)

핵심 아이디어	1~2학년 일반화	핵심 개념 Lens	관련 개념	범주/내용 요소			성취기준
				지식·이해	과정·기능	가치·태도	
우리는 서로 관계를 맺으며 생활한다.	가족은 사랑을 바탕으로 서로 돕고 배려하는 관계다.	관계	가족	-	관계 맺기	배려	[2바01-03] 가족이나 주변 사람을 배려하며 관계를 맺는다.
				가족과 주변 사람	탐색하기	소통하기	[2슬01-03] 가족이나 주변 사람에게 관심을 갖고 함께 살아가는 모습을 탐구한다.
				-	소통하기	어울림	[2즐01-03] 가족이나 주변 사람과 소통하며 어울린다.

② 수행과제(GRASPS)

목표 Goal	너의 목표는 가족과 친척을 배려하는 태도를 보이는 것이다.
역할 Role	너의 역할은 동화책 작가이다.
대상/청중 Audience	너의 청중은 나의 가족이다.
상황 Situation	너는 다음의 문제 상황에 놓여 있다. 치매로 기억을 잃어 가는 증조할머니를 위해 가족의 기억과 고마운 마음을 동화책에 담아 전해야 한다.
결과물 Product	너는 가족 동화책을 만들 것이다.
기준 Standards	너의 결과물은 반드시 다음의 기준을 만족해야 한다. 첫째, 가정 예절과 가족 행사가 잘 드러나도록 이야기 구성하기 　　　예) 결혼식, 제사, 장례식, 생신, 돌잔치 등 둘째, 이야기에 맞게 그림 그리기

K-SDGs

1 빈곤층 감소와
사회안전망 강화

세부 목표 1-3
"빈곤층과 취약계층에
사회서비스 제공을 강화한다."

③ 평가 준거(RUBRIC)

평가항목	기준보다 우수	기준을 충족	기준에 근접
내용 원인 파악의 정확성(이해) **나와 가족 및 친척의 관계를 알고 배려해야 하는 이유를 설명하는가?**	나와 가족 및 친척의 관계를 정확하게 이해하고 배려해야 하는 이유를 자세하게 설명한다.	나와 가족 및 친척의 관계를 알고 배려해야 하는 기본적인 이유를 설명한다.	나와 가족 및 친척의 관계를 부분적으로 알고 배려해야 하는 이유를 일부 설명한다.
도덕적 태도의 실현성(수행) **가족이나 친척 사이에 지켜야 할 예절을 알고 존중하는 자세를 가지는가?**	가족이나 친척 사이에 지켜야 할 예절을 알고 일상생활에서 항상 존중하는 자세를 가진다.	가족이나 친척 사이에 지켜야 할 기본적인 예절을 알고 존중하는 자세를 가진다.	가족이나 친척 사이에 지켜야 할 예절을 일부 알고 있으며 존중하기 위해 노력한다.

1-2. [우리는 어디서 살아갈까] 우리 마을을 안내하는 지도를 제작하라

① 교육과정

핵심 아이디어	1~2학년 일반화	핵심 개념 Lens	관련 개념	범주/내용 요소			성취기준
				지식·이해	과정·기능	가치·태도	
우리는 여러 공동체 속에서 생활한다.	우리 동네 사람들이 하는 일은 나의 삶과 연결된다.	연결	공동체	공동체 생활 모습	실천하기	다양성 존중	[2바02-01] 공동체에서 내가 할 수 있는 일을 찾아보고 실천한다.
				마을의 모습과 생활	살펴보기	관심	[2슬02-01] 우리가 살고 있는 마을과 사람들이 생활하는 모습을 살펴본다.

② 수행과제

		K-SDGs
목표 Goal	너의 목표는 우리 마을의 모습을 표현하고 공공규칙을 지키는 것이다.	**17** 지구촌 협력 강화
역할 Role	너의 역할은 지도제작자이다.	
대상/청중 Audience	너의 청중은 새로 오신 선생님이다.	
상황 Situation	너는 다음의 문제 상황에 놓여 있다. 올해 우리 학교에 ○분의 선생님이 부임해 오셨다. 우리 마을의 모습에 대해 모르는 선생님에게 우리 마을을 소개해야 한다.	
결과물 Product	너는 우리 마을 그림지도를 만들 것이다.	세부 목표 17-7
기준 Standards	너의 결과물은 반드시 다음의 기준을 만족해야 한다. 첫째, 우리 마을의 주요 도로 그리기 둘째, 우리 마을 주요 시설물의 위치와 그 역할 표시하기 셋째, 마을에서 지켜야 할 공공규칙 3가지 설명하기	"효과적인 공공, 공공-민간 및 시민사회 간 파트너십을 권장하고 촉진한다."

③ 평가 준거

평가항목	기준보다 우수	기준을 충족	기준에 근접
타인 이해의 정확성(이해) **우리 마을의 주요 도로와 시설물의 위치와 그 역할에 관해 설명하는가?**	우리 마을의 주요 도로와 시설물의 위치와 그 역할에 대해 정확하게 설명한다.	우리 마을의 주요 도로와 시설물의 위치와 그 역할에 대해 기본적으로 설명한다.	우리 마을의 주요 도로와 시설물의 위치와 그 역할에 대해 부분적으로 설명한다.
도덕적 태도의 실현성(수행) **우리 마을의 소중함을 알고 공공규칙을 지키는 태도를 보이는가?**	우리 마을의 소중함을 알고 일상생활에서 항상 공공규칙을 지키는 태도를 보인다.	우리 마을의 소중함을 알고 공공규칙을 지키는 기본 태도를 보인다.	우리 마을의 소중함을 알고 공공규칙을 지키려고 노력 중이다.

1-3. [우리는 어디서 살아갈까] 우리나라의 상징과 문화를 다양하게 소개하라

1 교육과정

핵심 아이디어	1~2학년 일반화	핵심 개념 Lens	관련 개념	범주/내용 요소			성취기준
				지식·이해	과정·기능	가치·태도	
우리는 여러 공동체 속에서 생활한다.	국민은 국가의 자랑스럽고 고유한 문화를 공유한다.	연결	우리 나라	우리나라의 소중함	호기심 갖기	나라 사랑	[2바02-02] 우리나라의 소중함을 알고 사랑하는 마음을 기른다.
				우리나라의 모습과 문화	조사하기	관심	[2슬02-02] 우리나라의 모습이나 문화를 조사한다.
				우리나라의 문화 예술	문화 예술 활동하기	문화 예술 향유	[2즐02-02] 우리나라의 문화 예술을 즐긴다.

2 수행과제

		K-SDGs
목표 Goal	너의 목표는 우리나라 문화의 소중함을 알고 사랑하는 마음을 공유하는 것이다.	
역할 Role	너의 역할은 우리나라 홍보단이다.	16 평화·정의·포용
대상/청중 Audience	너의 청중은 외국인 가정의 부모님들이다.	
상황 Situation	너는 다음의 문제 상황에 놓여 있다. 올해 우리나라로 이주한 외국인 가정의 부모님들이 학예회에서 우리나라를 알려주는 공연을 보고 싶다고 한다.	
결과물 Product	너는 우리나라의 상징과 문화를 표현하는 공연을 제작할 것이다.	
기준 Standards	너의 결과물은 반드시 다음의 기준을 만족해야 한다. 첫째, 우리나라의 상징과 자랑스러운 문화를 정확하게 파악하기 둘째, 우리나라의 상징과 문화를 다양한 방법으로 표현하기 　　예) 노래, 전통 놀이, 우리나라 상징, 전통춤 등 셋째, 우리나라의 소중함을 알고 자랑스러운 마음 가지기	세부 목표 16-7 "포용적이며 사회 각계각층의 시민 참여도가 높은 의사결정을 보장하고 정보에 대한 대중의 접근을 향상시킨다."

3 평가 준거

평가항목	기준보다 우수	기준을 충족	기준에 근접
문화 인식의 중요성(이해) **우리나라의 소중함을 알고, 상징과 문화의 우수성에 대해 설명하는가?**	우리나라의 소중함을 알고 상징과 문화의 우수성에 대해 자세히 알고 완벽하게 설명한다.	우리나라의 소중함을 알고 상징과 문화의 우수성을 알고 기본적인 설명을 한다.	우리나라의 소중함을 알고 상징과 문화의 우수성에 대해 일부분 알고 설명한다.
국가애 표현의 적극성(수행) **우리나라에 자랑스러운 마음을 갖고 다양한 방법으로 표현하는가?**	우리나라에 자랑스러운 마음을 갖고 다양한 방법으로 능동적으로 표현한다.	우리나라에 자랑스러운 마음을 갖고 다양한 방법으로 표현한다.	우리나라에 자랑스러운 마음을 갖고 있으나 소극적으로 표현한다.

02 국어

2-1. [읽기] 이야기책을 소리 내어 전달하라

1 교육과정

핵심 아이디어	1~2학년 일반화	핵심 개념 Lens	관련 개념	범주/내용 요소			성취기준
				지식·이해	과정·기능	가치·태도	
독자는 읽기 경험을 통해 읽기에 대한 긍정적 정서를 형성하고 삶과 공동체의 문제 해결을 위해 공동체 구성원과 함께 독서를 통해 소통함으로써 사회적 독서 문화를 만들어 간다.	읽기 습관은 읽기에 대한 흥미에서 시작된다.	성찰	읽기 흥미	친숙한 화제의 글	문장, 짧은 글 소리 내어 읽기	읽기에 대한 흥미	[2국02-05] 읽기에 흥미를 가지고 즐겨 읽는 태도를 지닌다.

2 수행과제

목표 Goal	너의 목표는 읽기에 흥미를 느끼며 정확하게 소리 내어 읽는 것이다.
역할 Role	너의 역할은 이야기꾼이다.
대상/청중 Audience	너의 청중은 유치원 동생들이다.
상황 Situation	너는 다음의 문제 상황에 놓여 있다. 유치원 선생님께서 글을 모르는 병설 유치원 동생들에게 반복해서 들을 수 있도록 소리 책을 만들어 달라고 부탁해 왔다.
결과물 Product	너는 소리 책을 만들 것이다.
기준 Standards	너의 결과물은 반드시 다음의 기준을 만족해야 한다. 첫째, 이야기책의 주요 내용 파악하기 둘째, 알맞은 목소리로 정확하게 소리 내어 읽기 셋째, 이야기 녹음하기

K-SDGs

4 모두를 위한 양질의 교육

세부 목표 4-2
"모든 아동에게 양질의 영유아 보육 및 교육서비스의 이용 기회를 보장해 초등교육에서 대비한다."

3 평가 준거

평가항목	기준보다 우수	기준을 충족	기준에 근접
읽기 기능의 타당성(이해) **글자, 낱말, 문장을 소리 내어 읽는가?**	글자, 낱말, 문장을 자연스럽게 소리 내어 읽는다.	글자, 낱말, 문장을 소리 내어 읽는다.	글자, 낱말, 문장 일부를 초보적인 수준으로 소리 내어 읽는다.
읽기 흥미의 적극성(수행) **읽기에 흥미가 있고 즐겨 있는 태도가 있는가?**	읽기에 흥미를 느끼고, 즐겨 읽는 태도가 충분히 드러난다.	읽기에 흥미를 느끼고, 즐겨 있는 태도가 있다.	읽기에 흥미를 느끼지만, 즐겨 있는 태도가 다소 부족하다.

2-2. [읽기] 우리나라 위인전을 소개하라

1 교육과정

핵심 아이디어	5~6학년 일반화	핵심 개념 Lens	관련 개념	범주/내용 요소			성취기준
				지식·이해	과정·기능	가치·태도	
독자는 읽기 과정을 점검·조정하며 읽기 과정에서 부딪히는 문제를 해결하기 위해 적절한 읽기 전략을 사용해 글을 읽는다.	글의 구조에 따라 요약하면 효과적으로 글을 이해할 수 있다.	연결	구조	주장이 명시적이고 다양한 이유와 근거가 제시된 글	글의 구조 고려하며 내용 요약하기	읽기에 적극적 참여	[6국02-01] 글의 구조를 고려하며 주제나 주장을 파악하고 글 내용을 요약한다.

2 수행과제

목표 Goal	너의 목표는 위인전의 구조에 맞게 요약해 위인을 소개하는 것이다.
역할 Role	너의 역할은 편집자이다.
대상/청중 Audience	너의 청중은 외국인 교류 학생이다.
상황 Situation	너는 다음의 문제 상황에 놓여 있다. 지난주, 우리 학교에 옌볜 조선족 자치주에서 교류 학생 5명이 왔다. 교류 학생들의 조부모님들은 한국 사람이다. 어려서부터 한국 역사와 문화에 관심이 많았다고 한다. 교류 학생이 우리에게 우리나라 위인을 간략하게 설명해 달라고 부탁했다.
결과물 Product	너는 우리나라 위인 소개서를 만들 것이다.
기준 Standards	너의 결과물은 반드시 다음의 기준을 만족해야 한다. 첫째, 우리나라 위인전 정독하기 둘째, 글의 구조 파악하기 셋째, 중요한 내용이 드러나게 글 요약하기

K-SDGs

4 모두를 위한 양질의 교육

세부 목표 4-6
"모든 청소년과 다수의 성인이 문해 및 산술 능력을 갖추도록 한다."

3 평가 준거

평가항목	기준보다 우수	기준을 충족	기준에 근접
글 구조의 체계성(이해) **글을 읽고 글의 구조(순서 구조, 나열 구조)를 파악하는가?**	글을 읽고 글의 구조(순서 구조, 나열 구조)를 정확하게 파악한다.	글을 읽고 글의 구조(순서 구조, 나열 구조)를 파악한다.	글을 읽고 글의 구조(순서 구조, 나열 구조)를 일부를 파악한다.
논리성의 정확성(수행) **글의 구조를 고려해 중요한 내용이 드러나게 내용을 요약하는가?**	글의 구조를 고려해 글의 중요한 내용을 짜임새 있게 요약한다.	글의 구조를 고려해 글의 중요한 내용을 요약한다.	글의 내용을 초보적인 수준으로 요약한다.

2-3. [쓰기] 나의 마음과 생각을 담은 마음 책을 제작하라

1 교육과정

핵심 아이디어	3~4학년 일반화	핵심 개념 Lens	관련 개념	범주/내용 요소			성취기준
				지식·이해	과정·기능	가치·태도	
쓰기는 언어를 비롯한 다양한 기호나 매체를 활용해 인간의 생각과 감정을 글로 표현함으로써 의미를 구성하는 행위이다.	글쓰기는 내 생각과 마음을 표현하는 도구다.	의사 소통	독자 마음	독자에게 마음을 전하는 글	목적, 주제에 따라 내용 생성하기	쓰기 효능감	[4국03-04] 목적과 주제를 고려해 독자에게 마음을 전하는 글을 쓴다.

2 수행과제

목표 Goal	너의 목표는 글쓰기를 통해 자기 생각과 마음을 담아 표현하고 나누는 것이다.
역할 Role	너의 역할은 작가이다.
대상/청중 Audience	너의 청중은 친구이다.
상황 Situation	너는 다음의 문제 상황에 놓여 있다. 요즈음 우리 학급에 친구 사이의 다툼이 많다는 소식을 들은 교장 선생님이 서로의 마음을 표현하는 책을 만들어 전하라는 과제를 주셨다.
결과물 Product	너는 마음이 담긴 책을 만들 것이다.
기준 Standards	너의 결과물은 반드시 다음의 기준을 만족해야 한다. 첫째, 목적과 주제를 고려해 글을 쓰는 이유와 방법 설명하기 둘째, 목적과 주제를 고려해 마음을 전하는 글쓰기

K-SDGs

16 평화·정의·포용

세부 목표 16-9
"국내법과 국제협정에 따라 정보에 대한 대중의 접근을 보장하고, 기본적 자유를 보호한다."

3 평가 준거

평가항목	기준보다 우수	기준을 충족	기준에 근접
쓰기 의도의 정확성(이해) **목적과 주제를 고려해 글을 쓰는 이유와 방법을 설명하는가?**	목적과 주제를 고려해 글을 쓰는 이유와 방법을 구체적으로 설명한다.	목적과 주제를 고려해 글을 쓰는 이유와 방법을 설명한다.	목적과 주제를 고려해 글을 쓰는 이유와 방법이 정확하지 않다.
글 형식 사용의 효과성(수행) **자기 생각과 마음을 담아 마음을 전하는 글쓰기를 작성하는가?**	자기 생각과 마음을 담아 마음을 전하는 글쓰기를 체계에 맞게 작성한다.	자기 생각과 마음을 담아 마음을 전하는 글쓰기를 작성한다.	자기 생각과 마음을 담아 마음을 전하는 글쓰기를 단편적으로 작성한다.

03 사회

3-1. [지역사] 청도 읍성 이야기를 제작하라

1 교육과정

핵심 아이디어	3~4학년 일반화	핵심 개념 Lens	관련 개념	범주/내용 요소			성취기준
				지식·이해	과정·기능	가치·태도	
문화유산은 과거와 현재를 이어 주는 자료이다.	문화유산은 과거와 현재를 이어 주는 자료이다.	연결	지역사	지역의 문화유산 알아보기	신뢰성 있는 역사 정보를 선택, 분석, 추론하기	지역의 문화유산을 보존하는 태도	[4사06-01] 지역의 문화유산을 통해 문화유산의 의미와 유형을 알아보고, 문화유산의 가치를 탐색한다.
				-	지역의 박물관, 기념관, 유적지 답사하기	지역의 역사에 대한 관심과 흥미	[4사06-02] 지역의 박물관, 기념관, 유적지 등을 체험하고 지역의 역사를 이해한다.

2 수행과제

목표 Goal	너의 목표는 청도의 역사를 이해할 수 있는 청도읍성 이야기를 만드는 것이다.
역할 Role	너의 역할은 문화유산 이야기 작가이다.
대상/청중 Audience	너의 청중은 다른 학교 학생들(지역 교류)이다.
상황 Situation	너는 다음의 문제 상황에 놓여 있다. 전라도 남원 지역에는 이도령과 성춘향이라는 유명한 이야기가 있다. 올해 청도군에서도 청도 읍성을 알리기 위해 청도 읍성 이야기를 공모하고 있다.
결과물 Product	너는 읍성에 있는 3가지 건물을 골라 이와 관련된 이야기를 만들어 패들렛에 사진과 글로 올릴 것이다.
기준 Standards	너의 결과물은 반드시 다음의 기준을 만족해야 한다. 첫째, 청도 읍성 내 시설의 역할과 현재 시설과의 공통점과 차이점 나타내기 둘째, 청도 읍성과 관련된 과거 사람들의 생활 모습 조사하고 추론하기 셋째, 청도 읍성에 있는 3가지 건물을 골라 이와 관련된 이야기를 만들기 넷째, 역할극으로 나타내기

K-SDGs

11 지속가능한 도시와 주거지 조성

세부 목표 11-4

"세계 유산을 보호하고 보존하기 위한 노력을 강화한다."

3 평가 준거

평가항목	기준보다 우수	기준을 충족	기준에 근접
문화유산의 정확성(이해) **우리 지역의 문화유산을 통해 문화유산의 의미와 유형을 아는가?**	우리 지역의 문화유산을 통해 문화유산의 의미와 유형을 정확하게 이해한다.	우리 지역의 문화유산을 통해 문화유산의 의미와 유형을 이해한다.	문화유산의 의미와 유형 이해가 초보적이고 서투르다.
발표 참여의 적극성(수행) **청도 읍성과 관련된 당시 사람들의 이야기를 만들고 발표하는가?**	청도 읍성과 관련된 당시 사람들의 이야기를 실감나게 발표한다.	청도 읍성과 관련된 당시 사람들의 이야기를 만들고 발표한다.	청도 읍성과 관련된 당시 사람들의 이야기를 부자연스럽게 발표한다.

3-2. [자연환경과 인간 생활, 인문환경과 인간 생활] 우리 지역을 더 살기 좋은 곳으로 개발하라

1 교육과정

핵심 아이디어	3~4학년 일반화	핵심 개념 Lens	관련 개념	범주/내용 요소			성취기준
				지식·이해	과정·기능	가치·태도	
도시와 촌락은 입지, 기능, 공간 구조와 경관 등의 측면에서 다양한 유형이 존재하며, 여러 요인에 의해 변화한다.	도시와 촌락은 다양한 유형이 존재하며, 여러 요인에 의해 변화한다.	변화	도시와 촌락	이용과 개발에 따른 환경 변화	자료를 바탕으로 다양한 자연환경과 생활모습 조사하기	개발과 보전에 대한 균형있는 관점	[4사10-01] 여러 지역의 자연환경과 인문환경의 특징을 살펴보고, 환경의 이용과 개발에 따른 변화를 탐구한다.
				도시의 특징과 도시문제	도시의 특징과 관련지어 도시문제를 파악하고 해결방안 탐구하기	도시문제 해결을 위한 실천 노력	[4사10-02] 사례에서 도시의 인구, 교통, 산업 등의 특징을 탐구하고, 도시에서의 삶의 모습을 이해한다.

2 수행과제

목표 Goal	너의 목표는 우리 지역의 인문·자연환경 개선을 제안하는 것이다.
역할 Role	너의 역할은 시민 또는 민원인이다.
대상/청중 Audience	너의 청중은 우리 지역 시민들이다.
상황 Situation	너는 다음의 문제 상황에 놓여 있다. 우리 지역의 시장 선거가 곧 열린다. 너는 시장 후보가 되어 우리 지역을 더 살기 좋은 곳으로 만들기 위한 공약을 발표해야 한다.
결과물 Product	너는 공약 포스터를 만들 것이다.
기준 Standards	너의 결과물은 반드시 다음의 기준을 만족해야 한다. 첫째, 우리 지역의 환경과 문제점 설명하기 둘째, 우리 지역의 환경과 문제점을 바탕으로 지역을 더 살기 좋은 곳으로 만드는 방법 제안하기

K-SDGs

8 좋은 일자리 확대와 경제성장

세부 목표 8-1
"모두가 행복해지는 경제성장을 한다."

3 평가 준거

평가항목	기준보다 우수	기준을 충족	기준에 근접
문제 분석의 구체성(이해) **우리 지역의 인문환경과 자연환경의 특징을 알고 문제점을 찾아 설명하는가?**	우리 지역의 인문환경과 자연환경의 특징을 알고 문제점을 찾아 구체적으로 설명한다.	우리 지역의 인문환경과 자연환경의 특징을 알고 문제점을 찾아 설명한다.	우리 지역의 인문환경과 자연환경의 특징을 알고 문제점을 부분적으로 설명한다.
문제 해결의 실현 가능성(수행) **우리 지역의 문제점을 개선할 방법을 제시하는가?**	우리 지역의 문제점을 구체적으로 설명하고, 개선할 방법을 설득력 있게 제시한다.	우리 지역의 문제점을 구체적으로 설명하고 개선할 방법을 제시한다.	우리 지역의 문제점을 한정적으로 설명하고 개선할 방법을 제시한다.

3-3. [경제] 창업을 위한 사업계획서를 설계하라

1 교육과정

핵심 아이디어	5~6학년 일반화	핵심 개념 Lens	관련 개념	범주/내용 요소			성취기준
				지식·이해	과정·기능	가치·태도	
가계와 기업은 합리적 선택을 통해 소비와 금융, 생산 등의 경제활동에 참여하면서 각자의 역할을 수행한다.	시장경제는 가계와 기업의 책임이 따른다.	책임	경제 생활	가계와 기업의 역할 근로자의 권리 기업의 자유와 사회적 책임	-	경제활동의 자유를 존중하는 태도	[6사11-01] 시장경제에서 가계와 기업의 역할을 이해하고, 근로자의 권리와 기업의 자유 및 사회적 책임을 탐색한다.

2 수행과제

목표 Goal	너의 목표는 시장경제 원리와 책임을 바탕으로 창업 계획서를 설계하는 것이다.
역할 Role	너의 역할은 기업가이다.
대상/청중 Audience	너의 청중은 창업 심사관(학급 친구들과 선생님)이다.
상황 Situation	너는 다음의 문제 상황에 놓여 있다. 우리 반은 3월부터 국가를 세우고 민주 학급을 운영 중이다. 기획재정부에서 학급시장경제 운영을 제안했고, 학급 국회를 통해 가결되었다. 기획재정부에서 ○월 ○일까지 사업 계획서를 학급의 창업 심사관에게 제출하라고 요청했다.
결과물 Product	너는 사업 계획서를 만들 것이다.
기준 Standards	너의 결과물은 반드시 다음의 기준을 만족해야 한다. 첫째, 이윤 추구를 위해 기업에서 생산하는 물건, 서비스의 종류와 판매 계획 및 근거 제시하기 둘째, 기업의 사회적 책임 방법(이윤의 소비 계획, 공정한 근로자의 고용 계획, 환경 보호 등) 제시하기

K-SDGs

8 좋은 일자리 확대와 경제성장

세부 목표 8-2
"좋은 일자리 창출을 위한 정책을 강화한다."

3 평가 준거

평가항목	기준보다 우수	기준을 충족	기준에 근접
창업 계획의 정확성(이해) **재화와 서비스를 제공하는 기업의 역할을 이해하고 창업 계획을 세우는가?**	재화와 서비스를 제공하는 기업의 역할을 이해하고 합리적인 창업 계획을 세운다.	재화와 서비스를 제공하는 기업의 역할을 이해하고 창업 계획을 세운다.	재화와 서비스를 제공하는 기업의 역할을 일부분 이해하고 창업 계획을 세운다.
대안 제시의 실현성(수행) **이윤의 소비 계획, 공정한 근로자 고용 계획 등 기업의 사회적 책임 방법을 제시하는가?**	이윤의 소비 계획, 공정한 근로자 고용 계획 등 기업의 사회적 책임 방법을 구체적으로 제시한다.	이윤의 소비 계획, 공정한 근로자 고용 계획 등 기업의 사회적 책임 방법을 제시한다.	이윤의 소비 계획, 공정한 근로자 고용 계획 등 기업의 사회적 책임 방법을 주변의 도움을 받아 제시한다.

04 도덕

4-1. [타인과의 관계] 친구를 도와주는 배려 안내책을 제작하라

1 교육과정

핵심 아이디어	3~4학년 일반화	핵심 개념 Lens	관련 개념	범주/내용 요소			성취기준
				지식·이해	과정·기능	가치·태도	
배려는 타인에 대한 관심과 공감을 기반으로 타인의 삶을 개선한다.	배려는 나와 타인의 삶을 긍정적으로 개선한다.	상호 작용	친구	친구끼리 배려해야 하는 이유는 무엇일까?	친구를 서로 배려하는 방법 탐색하기	친구를 배려하는 자세	[4도02-02] 친구 사이의 배려에 대한 올바른 이해를 바탕으로 일상생활에서 배려에 기반한 도덕적 관계를 맺을 수 있는 방안을 탐색한다.

2 수행과제

목표 Goal	너의 목표는 친구끼리 배려해야 하는 이유와 방법을 설명하는 것이다.	K-SDGs
역할 Role	너의 역할은 작가이다.	
대상/청중 Audience	너의 청중은 3학년 학생들이다.	**10** 모든 종류의 불평등 해소
상황 Situation	너는 다음의 문제 상황에 놓여 있다. 학기 초 3학년 학생들이 친구 간의 갈등 문제로 인해 어려움을 겪고 있다고 한다. 3학년 담임 선생님이 친구끼리 서로 도와주고 배려해야 하는 이유와 방법을 3학년 학생들에게 가르쳐 달라고 요청하셨다.	
결과물 Product	너는 배려 안내책을 만들 것이다.	
기준 Standards	너의 결과물은 반드시 다음의 기준을 만족해야 한다. 첫째, 구체적 해결 방법으로 배려가 필요한 이유 설명하기 둘째, 배려하는 방법을 그림과 글로 나타내기	세부 목표 10-3 "나이, 성별, 장애 여부에 따른 차별적 대우를 철폐해 공정한 기회를 제공한다."

3 평가 준거

평가항목	기준보다 우수	기준을 충족	기준에 근접
가치 이해의 정확성(이해) **친구끼리 배려해야 하는 이유와 방법을 설명하는가?**	친구끼리 배려해야 하는 이유와 방법을 구체적인 사례를 들어 자세하게 설명한다.	친구끼리 배려해야 하는 이유를 정확히 설명한다.	친구끼리 배려해야 하는 이유를 부정확하게 설명한다.
의사소통의 효과성(수행) **배려 안내책을 제작하고 내용을 효과적으로 전달하는가?**	배려 안내책 내용을 이해하기 쉽게 제작해 효과적으로 발표한다.	배려 안내책을 제작해, 다른 사람에게 전달한다.	배려 안내책의 내용을 단순하게 제작하고, 비효과적으로 전달한다.

4-2. [사회·공동체와의 관계] 인권의 문제를 알리는 미술 작품을 창안하라

① 교육과정

핵심 아이디어	5~6학년 일반화	핵심 개념 Lens	관련 개념	범주/내용 요소			성취기준
				지식·이해	과정·기능	가치·태도	
사회 정의는 시민의 인간다운 삶을 보장하는 도덕공동체의 토대가 된다.	인권 문제는 공감과 관점의 변화로 해결된다.	책임	인권	인권을 존중해야 하는 이유는 무엇일까?	인권 관련 문제 사례 조사하기	인권 감수성 함양	[6도03-01] 인권과 관련된 다양한 사례를 살펴보고 인권에 대한 감수성을 길러 이를 실천하려는 의지를 함양한다.

② 수행과제

목표 Goal	너의 목표는 인권 문제의 원인과 해결 방법을 알리는 것이다.	K-SDGs
역할 Role	너의 역할은 미술가다.	
대상/청중 Audience	너의 청중은 전교생이다.	
상황 Situation	너는 다음의 문제 상황에 놓여 있다. 최근 뉴스에 전쟁 또는 경제, 환경 등으로 인해 인권이 침해받고 있다는 내용이 보도되었지만, 우리 학교 학생들은 인권에 관한 지식과 정보가 부족한 상황이다. 교장 선생님이 6학년 학생들이 우리 학교 전교생에게 인권을 존중해야 하는 이유를 가르쳐 달라고 부탁했다.	
결과물 Product	너는 인권 문제를 알리는 미술 작품과 설명서를 만들 것이다.	
기준 Standards	너의 결과물은 반드시 다음의 기준을 만족해야 한다. 첫째, 인권 침해 사례 조사하기 둘째, 인권 침해 사례를 미술 작품으로 표현하기 셋째, 미술 작품과 관련된 인권 존중의 이유 설명하기	세부 목표 16-12 "디지털 인권을 보호하고 강화한다."

③ 평가 준거

평가항목	기준보다 우수	기준을 충족	기준에 근접
인권 존중의 타당성(이해) **인권 존중의 필요성과 방법을 설명하는가?**	인권 존중의 필요성과 방법을 구체적인 사례를 들어 정확하게 설명한다.	인권 존중의 필요성과 방법을 설명한다.	인권 존중의 필요성과 방법을 대략적으로 설명한다.
작품 제작의 효과성(수행) **인권 존중을 알리는 미술 작품을 제작해 발표하는가?**	인권 존중이 효과적으로 표현된 미술 작품을 제작해 설득력 있게 발표한다.	인권 존중이 효과적으로 표현된 미술 작품을 제작해 발표한다.	인권 존중이 효과적으로 표현된 미술 작품을 제작한다.

4-3. [자연과의 관계] 동물보호 활동가가 되어 생명의 소중함을 알려라

① 교육과정

핵심 아이디어	3~4학년 일반화	핵심 개념 Lens	관련 개념	범주/내용 요소			성취기준
				지식·이해	과정·기능	가치·태도	
자연을 아끼고 생명을 소중히 여기는 마음은 환경 위기의 극복을 돕는다.	모든 생명은 소중하다.	성찰	생명 존중	생명은 왜 소중할까?	생명 경시 사례 조사하기	생명에 대한 존중	[4도04-01] 생명 경시 사례를 조사하고 문제 해결 방법을 탐구함으로써 생명의 소중함을 이해한다.

② 수행과제

목표 Goal	너의 목표는 생명의 소중함을 알리는 것이다.	K-SDGs
역할 Role	너의 역할은 동물보호 활동가다.	**15 육상생태계 보전**
대상/청중 Audience	너의 청중은 ○○초등학교 학생들이다.	
상황 Situation	너는 다음의 문제 상황에 놓여 있다. 최근 우리 지역에 반려견이 주인에게 버려지거나 주인 없는 고양이들이 사고로 피해를 보는 일이 발생했다. 동물보호 단체로부터 우리 학교 전교생에게 동물보호의 소중함에 대해 알려 달라는 요청이 들어왔다.	
결과물 Product	너는 동물보호 포스터를 만들 것이다.	세부 목표 15-4 "생물 다양성 손실을 예방하기 위해 멸종위기종을 보호한다."
기준 Standards	너의 결과물은 반드시 다음의 기준을 만족해야 한다. 첫째, 동물 학대 사례 조사하기 둘째, 동물을 보호하는 이유와 방법 설명하기	

③ 평가 준거

평가항목	기준보다 우수	기준을 충족	기준에 근접
내용이해의 구체성(이해) **동물을 보호하는 이유와 방법을 알고 있는가?**	동물을 보호하는 이유와 방법을 아주 구체적으로 설명한다.	동물을 보호하는 이유와 방법을 구체적으로 설명한다.	동물을 보호하는 이유와 방법을 부분적으로 설명한다.
제작 및 발표의 효과성(수행) **동물보호 포스터를 만들어 발표할 수 있는가?**	동물보호 포스터를 창의적으로 제작해 효과적으로 발표한다.	동물보호 포스터를 만들어 효과적으로 발표한다.	동물보호 포스터의 일부를 제작하고, 내용을 읽으면서 발표한다.

05 수학

5-1. [수와 연산] 큰 수를 이용해 지구 역사 연표를 창안하라

① 교육과정

핵심 아이디어	3~4학년 일반화	핵심 개념 Lens	관련 개념	범주/내용 요소			성취기준
				지식·이해	과정·기능	가치·태도	
사물의 양은 자연수, 분수, 소수 등으로 표현되며, 수는 자연수에서 정수, 유리수, 실수로 확장된다.	자연에 존재하는 양을 쉽게 나타내기 위해 수의 규칙을 활용한다.	형태	위치적 기수법	다섯 자리 이상의 수	수를 읽고 쓰기	자연수의 필요성 인식	[4수01-01] 큰 수의 필요성을 인식하면서 10000 이상의 큰 수에 대한 자릿값과 위치적 기수법을 이해하고, 수를 읽고 쓸 수 있다.
				다섯 자리 이상의 수	자연수의 크기를 비교하고 그 방법을 설명하기	-	[4수01-02] 다섯 자리 이상의 수의 범위에서 수의 계열을 이해하고, 수의 크기를 비교하며 그 방법을 설명할 수 있다.

② 수행과제

목표 Goal	너의 목표는 10000자리 이상의 수를 활용해 지구 연표를 만드는 것이다.	K-SDGs
역할 Role	너의 역할은 암막 디자이너이다.	
대상/청중 Audience	너의 청중은 과학 선생님이다.	**4** 모두를 위한 양질의 교육
상황 Situation	너는 다음의 문제 상황에 놓여 있다. 지난주부터 우리 학교에서는 과학실 현대화 사업으로 과학실 리모델링을 하고 있다. 과학 선생님이 지구의 역사 연표가 들어간 암막 디자인을 만들어 주기를 요청해 왔다.	
결과물 Product	너는 지구 역사 연표가 포함된 암막 디자인을 만들 것이다.	
기준 Standards	너의 결과물은 반드시 다음의 기준을 만족해야 한다. 첫째, 지구의 역사 연표 조사하기 둘째, 역사 연표를 순서대로 나열하고 읽는 방법 표기하기 셋째, 다섯 자리 이상의 수에 대한 위치적 기수법과 수의 계열 설명하기	세부 목표 4-6 "모든 청소년과 다수의 성인이 문해 및 산술 능력을 갖추도록 한다."

③ 평가 준거

평가항목	기준보다 우수	기준을 충족	기준에 근접
자릿수의 정확성(이해) **10000 이상의 수를 각 자리의 숫자가 나타내는 값의 합으로 나타내고, 자릿값 사이의 관계를 설명하는가?**	10000 이상의 수를 각 자리의 숫자가 나타내는 값의 합으로 나타내고, 자릿값 사이의 관계를 구체적인 예를 들어 설명한다.	10000 이상의 수를 각 자리의 숫자가 나타내는 값의 합으로 나타내고, 자릿값 사이의 관계를 설명한다.	10000 이상의 수를 각 자리의 숫자가 나타내는 값의 합으로 나타내고, 자릿값 사이의 관계를 일부만 설명한다.
연산 기능의 효과성(수행) **다섯 자리 이상의 수를 읽고 쓰고 비교하는가?**	다섯 자리 이상의 수를 정확하게 읽고 쓰고 비교한다.	다섯 자리 이상의 수를 읽고 쓰고 비교한다.	다섯 자리 이상의 수를 읽고 쓴다.

5-2. [변화와 관계] 규칙적인 무늬를 개발하라

① 교육과정

핵심 아이디어	1~2학년 일반화	핵심 개념 Lens	관련 개념	범주/내용 요소			성취기준
				지식·이해	과정·기능	가치·태도	
변화하는 현상에 반복적인 요소로 들어 있는 규칙은 수나 식으로 표현될 수 있으며, 규칙을 탐구하는 것은 수학적으로 추측하고 일반화하는 데 기반이 된다.	변화하는 현상에 반복되는 규칙은 수나 식으로 표현된다.	원인	배열 규칙	규칙	물체, 무늬, 수의 배열에서 규칙을 탐구하기	규칙, 동치 관계 탐구에 대한 흥미	[2수02-01] 물체, 무늬, 수 등의 배열에서 규칙을 찾아 여러 가지 방법으로 표현할 수 있다.
				규칙	규칙을 찾아 여러 가지 방법으로 표현하기	-	[2수02-02] 자신이 정한 규칙에 따라 물체, 무늬, 수 등을 배열할 수 있다.

② 수행과제

목표 Goal	너의 목표는 무늬를 보고 규칙을 찾을 수 있으며, 규칙을 정해 새로운 무늬를 꾸미는 것이다.	**K-SDGs**
역할 Role	너의 역할은 무늬 디자이너다.	
대상/청중 Audience	너의 청중은 반 친구와 선생님이다.	
상황 Situation	너는 다음의 문제 상황에 놓여 있다. 푸름 수학체험센터로 체험학습을 가기로 했다. 체험센터에서 모든 학생에게 미션챌린지로 자기만의 수학적이고 규칙적인 무늬가 있는 티셔츠를 입고 참여할 것을 요구해 왔다. 미션챌린지로 모든 참여 학생은 수학적이고 독창적인 무늬가 있는 티셔츠를 착용해야 한다.	
결과물 Product	너는 규칙적인 무늬로 디자인한 티셔츠를 만들 것이다.	
기준 Standards	너의 결과물은 반드시 다음의 기준을 만족해야 한다. 첫째, 우리 주변의 규칙적인 무늬 조사하기 둘째, 자신이 정한 규칙에 따라 무늬 꾸미기 셋째, 자신의 무늬를 수학적 용어로 설명하기	세부 목표 4-6 "모든 청소년과 다수의 성인이 문해 및 산출 능력을 갖추도록 한다."

③ 평가 준거

평가항목	기준보다 우수	기준을 충족	기준에 근접
규칙 표현의 타당성(이해) **물체, 무늬, 수 등의 배열에서 규칙을 찾아 여러 가지 방법으로 표현하는가?**	물체, 무늬, 수 등의 배열에서 규칙을 찾아 독창적인 방법으로 표현한다.	물체, 무늬, 수 등의 배열에서 규칙을 찾아 여러 가지 방법으로 표현한다.	물체, 무늬, 수 등의 배열에서 규칙을 찾아 표현한다.
배열 규칙의 정확성(수행) **자신이 정한 규칙에 따라 무늬를 꾸미는가?**	자신이 정한 규칙에 따라 무늬를 능숙하게 꾸민다.	자신이 정한 규칙에 따라 무늬를 꾸민다.	초보적인 규칙에 따라 무늬를 꾸민다.

5-3. [도형] 보드게임용 쌓기나무 문제 카드를 창조하라

① 교육과정

핵심 아이디어	5~6학년 일반화	핵심 개념 Lens	관련 개념	범주/내용 요소			성취기준
				지식·이해	과정·기능	가치·태도	
도형의 성질과 관계를 탐구하고 정당화하는 것은 논리적이고 비판적으로 사고하는 데 기반이 된다.	입체도형의 공간 감각은 간략화로 측정된다.	형태	입체 도형	직육면체와 정육면체	쌓기 모양 추측하고 쌓기나무의 개수 구하기	-	[6수03-09] 쌓기나무로 만든 입체도형을 보고 사용된 쌓기나무의 개수를 구할 수 있다.
				직육면체와 정육면체	공간 감각 기르기	평면도형과 입체도형에 대한 흥미와 관심	[6수03-10] 쌓기나무로 만든 입체도형의 위, 앞, 옆에서 본 모양을 표현할 수 있고, 이러한 표현을 보고 입체도형의 모양을 추측할 수 있다.

② 수행과제

목표 Goal	너의 목표는 도형의 성질과 관계를 이해해 쌓기나무 문제 카드를 제작하는 것이다.
역할 Role	너의 역할은 보드게임 제작자이다.
대상/청중 Audience	너의 청중은 보드게임을 체험하러 온 친구들이다.
상황 Situation	너는 다음의 문제 상황에 놓여 있다. 도형 수업의 마지막 시간에 보드게임을 실시한다. 학급 전체가 돌아가면서 보드게임을 하는데, 한 모둠이 가져온 쌓기나무 보드게임 안의 문제 카드를 잃어버렸다. 쌓기나무 보드게임에서 6장의 쌓기나무 문제 카드 중 잃어버린 5장의 카드를 다시 제작해야 한다.
결과물 Product	너는 쌓기나무 문제 카드를 만들 것이다.
기준 Standards	너의 결과물은 반드시 다음의 기준을 만족해야 한다. 첫째, 쌓은 모양의 투영도를 보고 위, 앞, 옆에서 본 모양을 그린 1장의 문제 카드 만들기 둘째, 방향을 파악해 평면도와 투영도가 그려진 4장의 문제 카드 만들기 셋째, 문제 카드에 대한 정답 해설하기

K-SDGs

**12 지속가능한
생산과 소비**

세부 목표 12-2
"모든 자원을 지속가능하게
관리하고 효율적으로
사용한다."

③ 평가 준거

평가항목	기준보다 우수	기준을 충족	기준에 근접
관찰의 정확성(이해) **쌓여 있는 모양을 보고 위, 앞, 옆에서 본 모양과 개수를 설명하는가?**	쌓여 있는 모양을 보고 위, 앞, 옆에서 본 모양과 개수를 정확하게 설명한다.	쌓여 있는 모양을 보고 위, 앞, 옆에서 본 모양과 개수를 설명한다.	쌓여 있는 모양을 보고 위, 앞, 옆에서 본 모양과 개수를 부분적으로 설명한다.
측정의 효과성(수행) **쌓기나무의 문제를 해결할 수 있는 보드게임을 제작하는가?**	도형의 성질과 관계를 통해 쌓기나무의 문제 해결 보드게임을 체계적으로 제작한다.	도형의 성질과 관계를 통해 쌓기나무의 문제 해결 보드게임을 제작한다.	도형의 성질과 관계를 통해 쌓기나무의 문제 해결 보드게임을 단순하게 제작한다.

06 과학

6-1. [물질] 달걀을 띄우는 소금물의 비밀을 밝혀라

1 교육과정

핵심 아이디어	5~6학년 일반화	핵심 개념 Lens	관련 개념	범주/내용 요소			성취기준
				지식·이해	과정·기능	가치·태도	
물질은 여러 가지 상태로 존재하며, 구성 입자의 운동에 따라 물질의 상태와 물리적 성질이 변한다.	용질과 용매의 관계를 통해 용액의 상태가 달라진다.	형태	물질	용액, 용매, 용질 용해	문제를 해결하기 위한 탐구 설계하기	-	[6과03-01] 용해 현상의 의미를 알고, 용질의 종류와 물의 온도에 따라 물에 녹는 용질의 양이 달라짐을 비교할 수 있다.
				용액의 진하기	관찰, 측정, 분류, 예상, 추리 등을 통해 자료를 수집하고 비교·분석하기	-	[6과03-02] 용질이나 용매의 양에 따라 용액의 진하기가 달라짐을 관찰하고, 용액의 상대적인 진하기를 비교할 수 있다.
				용액, 용매, 용질	결론을 도출하고, 자연과 일상생활에서 물질 관련 상황에 적용·설명하기	과학 유용성	[6과03-03] 일상생활에서 용액이 쓰이는 사례를 조사해 용액의 필요성을 알리는 자료를 만들고 공유할 수 있다.

2 수행과제

목표 Goal	너의 목표는 달걀이 물에 뜨는 까닭을 밝히는 것이다.	K-SDGs
역할 Role	너의 역할은 꼬마 과학자이다.	
대상/청중 Audience	너의 청중은 체육 선생님과 우리 반 친구들이다.	**14 해양생태계 보전**
상황 Situation	너는 다음의 문제 상황에 놓여 있다. 생존수영 수업에서 수영장과 바다에서 뜨는 법에 차이가 나는 이유에 관한 질문이 나왔다. 체육 선생님이 그 이유를 직접 탐구해 보고 보고서로 제출하라고 요청했다.	
결과물 Product	너는 실험 계획서와 보고서를 만들 것이다.	

기준 Standards	너의 결과물은 반드시 다음의 기준을 만족해야 한다.
	첫째, 실험 계획서 세우기
	둘째, 실험 결과 보고서에 다음의 내용 포함하기
	  - 물에 녹는 용질의 양에 영향을 미치는 요인 설명하기
	  - 용액의 진하기에 따라 물체의 뜨는 정도가 다른 까닭을 설명하기
		세부 목표 14-1
		"육상과 해상의
		오염물질로부터 해양환경
		보전을 위한 관리 체계를
		확립한다."

3 평가 준거

평가항목	기준보다 우수	기준을 충족	기준에 근접
과학 사실의 정확성(이해) **물에 녹는 용질의 양을 달라지게 하는 요인을 알고 있는가?**	물에 녹는 용질의 양을 달라지게 하는 요인을 아주 정확하게 설명한다.	물에 녹는 용질의 양을 달라지게 하는 요인을 정확하게 설명한다.	물에 녹는 용질의 양을 달라지게 하는 요인을 부정확하게 설명한다.
과학증명의 체계성(수행) **물체가 용액에 뜨는 정도가 다른 까닭을 설명할 수 있나?**	진하기가 다른 두 용액에서 같은 물체의 뜨는 정도가 다른 까닭을 근거를 들어 체계적으로 설명할 수 있다.	진하기가 다른 두 용액에서 같은 물체의 뜨는 정도가 다른 까닭을 설명할 수 있다.	진하기가 다른 두 용액에서 같은 물체의 뜨는 정도가 다른 까닭을 초보적으로 설명할 수 있다.

6-2. [지구와 우주] 우리 지역의 날씨를 추론하라

① 교육과정

핵심 아이디어	5~6학년 일반화	핵심 개념 Lens	관련 개념	범주/내용 요소			성취기준
				지식·이해	과정·기능	가치·태도	
지구의 기후시스템은 태양 복사와 지구 복사, 인간 활동 등의 영향을 받으며, 이러한 요인들이 복합적으로 상호작용해 나타난 기상 현상과 기후 변화는 우리 생활과 지속가능성에 영향을 미친다.	날씨는 공기의 운동과 물의 순환으로 나타난다.	연결	기상 요소	날씨와 기상 요소	수학적 사고, 컴퓨터 및 모형 활용하기	과학 유용성	[6과06-01] 기상 요소를 조사하고, 날씨가 우리 생활에 주는 영향을 인식할 수 있다.
				이슬, 안개, 구름	결론을 도출하고, 지구와 우주 관련 상황에 적용·설명하기	과학 창의성	[6과06-02] 이슬, 안개, 구름을 관찰하고, 공통점과 차이점을 찾을 수 있다.
				고기압과 저기압	자신의 생각과 주장을 과학적 언어를 사용해 다양한 방식으로 표현하고 공유하기	과학 창의성	[6과06-03] 고기압과 저기압의 분포에 따른 날씨의 특징을 기상 요소로 표현할 수 있다.

② 수행과제

목표 Goal	너의 목표는 날씨에 영향을 주는 기상 요소를 설명하는 것이다.
역할 Role	너의 역할은 기상캐스터다.
대상/청중 Audience	너의 청중은 우리 학교 1학년 학생들이다.
상황 Situation	너는 다음의 문제 상황에 놓여 있다. 어제 오후, 갑자기 내린 비로 우산 없이 하교하던 1학년 동생들의 옷이 다 젖었다. 1학년 선생님이 시시각각 달라지는 날씨의 원인이 무엇인지 1학년이 궁금해하니 가르쳐 달라고 요청했다.
결과물 Product	너는 일기 예보 대본을 만들 것이다.
기준 Standards	너의 결과물은 반드시 다음의 기준을 만족해야 한다. 첫째, 오늘 날씨와 그 날씨가 나타나는 원인을 설명하기 둘째, 오늘 날씨에 대비하는 방법을 설명하기

K-SDGs

13 기후변화와 대응

세부 목표 13-3
"기후 변화 대응에 관한 역량을 강화한다."

③ 평가 준거

평가항목	기준보다 우수	기준을 충족	기준에 근접
원인 분석의 정확성(이해) **오늘 날씨와 그 날씨가 나타나는 원인을 설명하는가?**	오늘 날씨와 그 날씨가 나타나는 원인을 근거를 들어 체계적으로 설명한다.	오늘 날씨와 그 날씨가 나타나는 원인을 근거를 들어 설명한다.	오늘 날씨와 그 날씨가 나타나는 원인을 초보적으로 설명한다.
실생활의 전이성(수행) **오늘 날씨에 대비하는 방법을 제안하는가?**	오늘 날씨에 대비하는 방법을 분명하게 제안한다.	오늘 날씨에 대비하는 방법을 제안한다.	오늘 날씨에 대비하는 방법을 부분적으로 제안한다.

6-3. [생명] 생태계 보전을 실천하라

1 교육과정

핵심 아이디어	3~4학년 일반화	핵심 개념 Lens	관련 개념	범주/내용 요소			성취기준
				지식·이해	과정·기능	가치·태도	
우리 주변의 다양한 생물은 환경과 영향을 주고받으며 밀접한 관계를 맺고 있으며, 생물 다양성은 생태계와 인간의 삶과도 밀접하게 관련되어 있다.	생태계의 균형은 생물과 비생물 요소가 조화로운 상태이다.	상호 작용	생태계	생물 요소와 비생물 요소	생물 관찰 및 분류하기	-	[4과14-01] 생태계의 구성 요소를 조사해 생물 요소와 비생물 요소로 분류할 수 있다.
				먹이사슬과 먹이그물	자료 조사 및 해석하기	-	[4과14-02] 생물 요소들의 먹고 먹히는 관계를 조사해 먹이그물로 표현할 수 있다.
				환경오염이 생물에 미치는 영향	자신의 생각과 주장을 과학적 언어를 사용해 협력적 소통하기	과학 문제 해결에 대한 개방성	[4과14-03] 인간 활동이 생태계에 미치는 영향을 조사하고, 생태계 보전을 위해 우리가 할 수 있는 일을 토의해 실천할 수 있다.

2 수행과제

목표 Goal	너의 목표는 생태계 균형의 의미를 알고 보존을 위해 할 일을 실천하는 것이다.	**K-SDGs**
역할 Role	너의 역할은 환경 지킴이이다.	
대상/청중 Audience	너의 청중은 영양선생님이다.	
상황 Situation	너는 다음의 문제 상황에 놓여 있다. 올해 학교 급식 메뉴에 톳, 김, 미역 등의 해조류와 해조류를 먹고 사는 조개류가 줄었다. 영양선생님이 해조류와 조개류의 가격 상승의 원인과 해결책에 관해 설명해 달라고 요청했다.	15 육상생태계 보전
결과물 Product	너는 생태계 보호 실천 보고서를 만들 것이다.	
기준 Standards	너의 결과물은 반드시 다음의 기준을 만족해야 한다. 첫째, 우리나라 바닷속 생태계 파괴 사례 조사하기 둘째, 생태계 파괴 원인을 생물과 비생물 요소로 설명하기 셋째, 생태계 보전을 위해 우리가 할 수 있는 일을 찾고 실천하기	세부 목표 15-7 "개발사업 등 인간 활동으로 단절된 생태축의 복원과 생태 네트워크 유지·관리를 위해 노력한다."

3 평가 준거

평가항목	기준보다 우수	기준을 충족	기준에 근접
생물학적 원인 분석의 정확성(이해) **생태계 파괴의 사례를 들어 원인을 설명하는가?**	생태계 파괴 사례를 구체적으로 제시하고, 그 원인을 생태계 구성 요소와 연결해 구체적으로 설명한다.	생태계 파괴 사례를 제시하고, 환경오염이 생태계에 미치는 영향을 근거를 들어 설명한다.	생태계 파괴 사례를 제시하나, 환경오염이 생태계에 미치는 영향의 근거가 부족하다.
과학적 문제 해결의 참여도(수행) **생태계 보전을 위한 일에 적극적으로 참여하는가?**	생태계 파괴 원인을 분석해 생태계 보전을 위해 우리가 할 수 있는 실제적이고 구체적인 일을 찾아 적극적으로 실천한다.	생태계 파괴 원인을 분석해 생태계 보전을 위해 우리가 할 수 있는 구체적인 일을 찾아 실천한다.	생태계 파괴 원인을 분석해 생태계 보전을 위해 우리가 할 수 있는 일을 생각한다.

07 실과

7-1. [인간 발달과 주도적 삶] 자기 계발 플래너를 설계하라

① 교육과정

핵심 아이디어	5~6학년 일반화	핵심 개념 Lens	관련 개념	범주/내용 요소			성취기준
				지식·이해	과정·기능	가치·태도	
가정일과 생활 습관은 변화하는 일상에서 개인 및 가족의 요구와 문제를 해결해 나갈 수 있게 하면서 생활 방식과 진로를 스스로 개척하고 성장하기 위한 바탕이 된다.	자신의 미래를 성찰하는 과정에서 주도적인 성장의 기회가 제공된다.	성찰	진로	진로 발달과 직업	건강한 발달을 위한 자기 관리 방법 탐색하기	아동기 발달에 대한 긍정적인 수용	[6실01-07] 직업의 필요성을 이해하고 자신의 적성이나 흥미, 성격에 따라 진로 발달 계획을 세워 자신의 진로를 주도적으로 탐색한다.

② 수행과제

목표 Goal	너의 목표는 자신의 진로를 설계하는 것이다.	**K-SDGs**
역할 Role	너의 역할은 진로 설계사이다.	
대상/청중 Audience	너의 청중은 부모님과 친구들이다.	1 빈곤층 감소와 사회안전망 강화
상황 Situation	너는 다음의 문제 상황에 놓여 있다. ○○○○년 ○월 기준, 우리나라에는 은둔형 외톨이가 20~50만 명으로 추정된다는 기사가 나왔다. 기사를 접한 교감 선생님이 곧 중학생이 될 우리 6학년들의 진로 설계를 궁금해하며 계발 플래너를 작성할 것을 요청했다.	
결과물 Product	너는 자기 진로 계발 플래너을 만들 것이다.	
기준 Standards	너의 결과물은 반드시 다음의 기준을 만족해야 한다. 첫째, 나의 장점, 적성과 흥미 분석하기 둘째, 나의 특성과 어울리는 진로 탐색하기 셋째, 하루-월간-일 년 순으로 자기 계발을 위한 계획 세우기	세부 목표 1-3 "빈곤층과 취약계층에 사회서비스 제공을 강화한다."

③ 평가 준거

평가항목	기준보다 우수	기준을 충족	기준에 근접
자기 이해의 적합성(이해) **나의 장점, 적성, 흥미를 고려해 진로를 선택하고, 그 이유를 설명하는가?**	나의 장점, 적성, 흥미를 고려해 진로를 선택하고, 그 이유를 구체적인 사례를 통해 설명한다.	나의 장점, 적성, 흥미를 고려해 진로를 선택하고, 그 이유를 설명한다.	나의 장점, 적성, 흥미를 고려해 진로를 선택하는 데 어려움이 있고, 그 이유에 대한 설명이 부족하다.
자기 계발 설계의 계획성(수행) **진로에 맞게 자기 계발을 실천할 수 있도록 계획서를 작성하는가?**	자기 계발을 위한 실천 계획의 구체적인 목표와 성찰할 수 있는 실천 전략을 세운다.	자기 계발을 위한 실천 계획의 목표와 실천 전략을 세운다.	자기 계발을 위한 실천 계획의 목표와 실천 전략이 부족하다.

7-2. [생활환경과 지속가능한 선택] 나만의 간식 레시피를 제작하라

① 교육과정

핵심 아이디어	5~6학년 일반화	핵심 개념 Lens	관련 개념	범주/내용 요소			성취기준
				지식·이해	과정·기능	가치·태도	
생활의 기본 조건으로서 의식주 생활의 수행 능력을 갖추는 일은 창의적이고 가치 있는 삶을 설계하고 영위할 수 있는 기초가 된다.	건강한 식생활은 환경과 문화의 책임이 필요하다.	기능	식생활	식재료의 생산과 선택	자신의 선택이 공동체의 삶과 환경에 미치는 영향 설명하기	함께하는 식사의 즐거움	[6실02-04] 식재료 생산과 선택의 중요성을 인식하고 여러 식재료의 고유하고 다양한 맛을 경험해 자신의 식사에 적용한다.
				음식 마련과 섭취	음식을 마련하는 과정 체험하기	제작 과정에서 절차적 사고를 중시하는 태도	[6실02-05] 음식의 조리과정을 체험해 자기 간식이나 식사를 스스로 마련하는 식생활을 실천한다.

② 수행과제

목표 Goal	너의 목표는 식재료 고유의 맛과 중요성을 알고 간식 레시피를 만드는 것이다.
역할 Role	너의 역할은 요리사이다.
대상/청중 Audience	너의 청중은 나의 가족이다.
상황 Situation	너는 다음의 문제 상황에 놓여 있다. 인근 학교에서 집단 피부알레르기가 발생한 사건이 일어났다. 원인은 과도한 즉석식품과 과자 섭취로 밝혀졌다. 우리 지역 보건소에서 초등학생을 대상으로 건강한 간식 레시피를 공모한다. 교장 선생님이 우리 학년에게 학교를 대표해 공모에 참여해 줄 것을 요청했다.
결과물 Product	너는 제철 식재료로 식단의 부족한 영양소를 보충해 주는 간식 레시피를 만들 것이다.
기준 Standards	너의 결과물은 반드시 다음의 기준을 만족해야 한다. 첫째, 영양 균형, 식재료의 맛, 조리과정, 안전 대책 등을 포함해 레시피로 나타내기 둘째, 안전하게 조리하는 과정과 조리된 요리 사진 첨부하기 셋째, 맛을 본 후 소감 설명하기

K-SDGs

**12 지속가능한
생산과 소비**

∞

세부 목표 12-3
"식품의 생산·유통과정에서
발생하는 식품 손실과
소비과정에서 발생하는
식품폐기물을 감소시킨다."

③ 평가 준거

평가항목	기준보다 우수	기준을 충족	기준에 근접
식생활 정보의 정확성(이해) **식재료 생산과 선택의 중요성을 인식하고, 식재료의 고유하고 다양한 맛을 아는가?**	영양소와 지역 및 제철 식품 신선도를 고려한 식재료로 식단을 조리할 수 있도록 계획해 레시피를 자세하게 구성한다.	영양소와 지역 및 제철 식품 신선도를 고려한 식재료로 식단을 조리할 수 있도록 계획해 레시피를 구성한다.	영양소와 지역 및 제철 식품 신선도를 고려한 식재료로 식단을 조리할 수 있도록 구성하는 데 도움이 필요하다.
식생활 수행 능력의 가능성(수행) **조리 순서를 지키며 건강한 간식 식단을 제작하는가?**	조리 순서를 정확하게 지키며 건강한 레시피를 명확하게 만든다.	조리 순서를 지키며 건강한 간식 레시피를 만든다.	조리 순서를 지키며 간식 레시피를 만든다.

7-3. [인간 발달과 주도적 삶] 속력 측정 자동차 로봇을 프로그래밍해라

① 교육과정

핵심 아이디어	1~2학년 일반화	핵심 개념 Lens	관련 개념	범주/내용 요소			성취기준
				지식·이해	과정·기능	가치·태도	
컴퓨터로 처리할 수 있는 데이터는 디지털 데이터이며, 문제 해결을 위한 명령은 정확한 절차가 필요하다.	컴퓨터로 활용하는 문제 해결은 절차적 과정으로 처리된다.	기능	프로그램	컴퓨터에게 명령하는 방법	문제를 해결하는 기초적인 프로그래밍하기	생활 속에서 컴퓨터를 활용해 해결 가능한 문제를 탐색해 보려는 자세	[6실05-02] 컴퓨터에게 명령하는 방법을 체험하고, 주어진 문제를 해결하는 프로그램을 작성한다.
				문제 찾기와 문제 해결 절차	-	프로그래밍을 통해 만든 산출물을 타인과 공유하고 협력하려는 자세	[6실05-03] 실생활의 문제를 해결하는 프로그램을 협력해 작성하고, 산출물을 타인과 공유한다.

② 수행과제

목표 Goal	너의 목표는 절차적 순서로 스스로 속력을 측정하는 자동차 로봇을 프로그래밍하는 것이다.
역할 Role	너의 역할은 로봇 프로그래밍 설계자이다.
대상/청중 Audience	너의 청중은 우리 반 프로그래머이다.
상황 Situation	너는 다음의 문제 상황에 놓여 있다. 과학 선생님이 속력 수업 시간에 자동차 로봇의 속력을 측정하고자 한다. 과학 선생님이 우리에게 실과에서 배우는 알고리즘(코딩 로봇) 시간을 활용해 자동차 로봇의 속력을 측정하는 프로그래밍을 설계해 줄 것을 의뢰했다.
결과물 Product	너는 자동차 로봇으로 속력 측정 프로그래밍을 만들 것이다.

기준 Standards	너의 결과물은 반드시 다음의 기준을 만족해야 한다.
	첫째, 문제를 분석하고 해결 방법 제안하기
	둘째, 물체의 속력을 구하는 프로그램을 설계해 다음 조건을 구현하는 절차 설명하기
	  - 일정한 거리에 시간이라는 변수
	  - 일정한 시간에 거리라는 변수

K-SDGs

9 산업의 성장과 혁신 활성화 및 사회기반시설 구축

세부 목표 9-3
"기술 역량을 구축하고 고도화된 기술 상용화를 촉진해 국제 경쟁력을 강화한다."

③ 평가 준거

평가항목	기준보다 우수	기준을 충족	기준에 근접
절차적 사고의 논리성(이해) **문제를 이해하고 해결하기 위한 절차를 논리적으로 설명하는가?**	문제를 이해하고 해결하는 절차를 논리적으로 타당하게 설명한다.	문제를 이해하고 해결하는 절차를 논리적으로 설명한다.	문제를 이해하고 해결하는 절차를 대략적으로 설명한다.
프로그램 실행의 완성도(수행) **문제를 해결하는 프로그래밍을 설계, 입력해 물체의 속력을 측정하는가?**	문제를 해결하는 프로그래밍을 완성도 높게 설계해 조건에 맞는 물체의 속력을 정확하게 측정한다.	문제를 해결하는 프로그래밍을 설계해 물체의 속력을 측정한다.	문제를 해결하는 프로그래밍을 절차적인 설명서로 설계하고 물체의 속력을 측정한다.

08 체육

8-1. [운동] 체력 증진을 위한 운동 프로그램을 창안하라

① 교육과정

핵심 아이디어	5~6학년 일반화	핵심 개념 Lens	관련 개념	범주/내용 요소			성취기준
				지식·이해	과정·기능	가치·태도	
운동은 체력과 건강을 관리하는 주요 방법으로, 생애 전반에 걸쳐 건강한 삶의 토대가 된다.	체력은 지속적인 성찰과 적절한 운동으로 증진된다.	성찰	건강 체력	건강 체력과 운동 체력	건강 체력과 운동 체력의 의미와 요소 파악하기	체력 운동 참여의 근면성	[6체01-01] 건강 체력과 운동 체력의 의미와 요소를 파악하고 다양한 운동 방법을 탐색한다.
				체력 종류별 운동 방법	체력을 측정하고 다양한 운동 시도하기	체력 증진을 위한 끈기	[6체01-02] 건강 체력과 운동 체력을 측정하고 자신의 수준에 맞는 운동을 시도한다.

① 수행과제

목표 Goal	너의 목표는 자신의 체력을 알고 수준에 맞는 운동 프로그램을 창안하는 것이다.
역할 Role	너의 역할은 퍼스널 트레이너(Personal Trainer, 개인운동사)이다.
대상/청중 Audience	너의 청중은 선생님이다.
상황 Situation	너는 다음의 문제 상황에 놓여 있다. 얼마 전 실시된 PAPS(학생건강체력평가) 예비 측정 결과 우리 반에 낮은 등급의 학생들이 많았다. 따라서 2학기 정시 평가에서 등급을 높일 방법이 필요하다.
결과물 Product	너는 PT 계획서와 실천 보고서를 만들 것이다.
기준 Standards	너의 결과물은 반드시 다음의 기준을 만족해야 한다. 첫째, 자신의 체력 수준에 맞는 운동 방법 창안하기 둘째, 계획을 꾸준히 수행하기

K-SDGs

3 건강하고 행복한 삶 보장

세부 목표 3-6
"아동의 건강을 보호하고 증진한다."

③ 평가 준거

평가항목	기준보다 우수	기준을 충족	기준에 근접
새로운 운동 방법의 창안성(이해) **자신의 체력 수준 성찰을 반영해 운동 방법과 기준을 창안하는가?**	자신의 체력 수준을 정확하게 파악하고 지속적인 성찰을 반영해 알맞은 운동 방법과 기준을 창안한다.	자신의 체력 수준에 대한 성찰을 반영해 운동 방법과 기준을 창안한다.	자신의 체력 수준에 대한 성찰이 부족해 창안한 운동 방법과 기준이 단순하다.
결과 보고서의 효과성(수행) **실천 결과를 보고서로 작성해 체력 증진을 증명하는가?**	계획에 따른 꾸준한 실천 결과를 세련된 보고서로 작성해 체력 증진을 증명한다.	계획에 따른 실천 결과를 보고서로 작성해 체력 증진을 증명한다.	실천 결과 보고서가 단순하며 체력 증진이 초보적이다.

8-2. [스포츠] 멀리뛰기 자세 교정으로 기록을 향상하라

1 교육과정

핵심 아이디어	5~6학년 일반화	핵심 개념 Lens	관련 개념	범주/내용 요소			성취기준
				지식·이해	과정·기능	가치·태도	
스포츠는 인간이 제도화된 규범과 움직임 기술을 바탕으로 타인 및 주변 세계와 소통하며 바람직한 구성원으로 성장하는 데 이바지한다.	기본 움직임 기술 교정은 기록의 긍정적인 변화를 돕는다.	변화	기술형 스포츠	기술형 스포츠의 유형별 움직임 기술 응용 방법	기술형 스포츠의 유형별 움직임 기술 응용 방법 활용하기	목표 달성 의지	[6체02-02] 기술형 스포츠 유형별로 기본 움직임 기술을 응용한 기본 기능을 파악하고 수행한다.
				기술형 스포츠의 활동 방법과 기본 전략	기술형 스포츠의 기본 전략 적용하기	팀원과의 협력	[6체02-03] 기술형 스포츠 유형별로 활동 방법을 파악하고 기본 전략을 게임 활동에서 수행한다.

2 수행과제

목표 Goal	너의 목표는 기본 움직임 기술 교정을 통해 멀리뛰기 기록을 향상하는 것이다.
역할 Role	너의 역할은 멀리뛰기 선수이다.
대상/청중 Audience	너의 청중은 우리 반 친구들과 선생님이다.
상황 Situation	너는 다음의 문제 상황에 놓여 있다. 경산시장배 육상대회 출전을 위해 육상부 감독 선생님으로부터 6학년 멀리뛰기 선수를 선발해 달라는 요청이 왔다. 특별 훈련 기간을 거쳐 대회에 출전하기 때문에 성장의 가능성이 있는 학생 선발을 특별히 부탁했다.
결과물 Product	너는 멀리뛰기 기록변화 그래프를 만들 것이다.
기준 Standards	너의 결과물은 반드시 다음의 기준을 만족해야 한다. 첫째, 멀리뛰기 기본자세 설명하기 둘째, 나의 자세와 교정 내용 포함하기 셋째, 자세 교정과 기록의 변화 관계 설명하기

K-SDGs

12 지속가능한 생산과 소비

세부 목표 12-3

"기술 역량을 구축하고 고도화된 기술 상용화를 촉진해 국제 경쟁력을 강화한다."

3 평가 준거

평가항목	기준보다 우수	기준을 충족	기준에 근접
기술형 스포츠의 분석력(이해) **멀리뛰기의 기본자세를 파악하는가?**	멀리뛰기의 기본자세를 정확하게 파악하고 있다.	멀리뛰기의 기본자세를 파악하고 있다.	멀리뛰기의 기본자세를 파악하는 정도가 초보적이다.
측정과 기록의 체계성(수행) **자세 교정과 기록의 변화 관계를 설명하는가?**	자신이 교정한 자세와 그에 따른 기록의 변화 관계를 체계적으로 설명한다.	자신이 교정한 자세와 기록의 변화 관계를 설명한다.	자신이 교정한 자세와 기록의 변화 관계를 서툴게 설명한다.

8-3. [스포츠] 족구 우승을 위한 유리한 전략을 제안하라

① 교육과정

핵심 아이디어	5~6학년 일반화	핵심 개념 Lens	관련 개념	범주/내용 요소			성취기준
				지식·이해	과정·기능	가치·태도	
스포츠는 인간이 환경과 상호작용하고 다양한 기술과 창의적인 전략을 발휘하여 한계를 극복하는 과정에서 발달한다.	전략형 스포츠는 기본 기능을 바탕으로 한 전략 구성이 필요하다.	기능	전략형 스포츠	전략형 스포츠의 유형별 움직임 기술 응용방법	전략형 스포츠의 유형별 움직임 기술 응용방법 활동하기	상대 기술 인정	[6체02-05] 전략형 스포츠 유형별로 기본 움직임 기술을 응용한 기본 기능을 파악하고 수행한다.
				전략형 스포츠의 활동 방법과 기본 전략	전략형 스포츠의 활동 방법과 기본 전략 적용하기	구성원 배려	[6체02-06] 전략형 스포츠 유형별 활동 방법을 파악하고 기본 전략을 게임 활동에서 수행한다.

② 수행과제

목표 Goal	너의 목표는 족구의 기본 기능과 전략을 파악하고 팀 전략을 제안하는 것이다.	**K-SDGs**
역할 Role	너의 역할은 스포츠 전력분석가이다.	**3 건강하고 행복한 삶 보장**
대상/청중 Audience	너의 청중은 같은 팀원과 선생님이다.	
상황 Situation	너는 다음의 문제 상황에 놓여 있다. 어린이날을 기념해 6학년 반별 족구대회가 열릴 예정이다. 우리 반에도 4개의 팀이 출전할 수 있는 초대장이 왔다. 우승팀에게는 큰 상품이 시상될 예정으로 우리 팀의 우승을 위한 전략을 창안해야 한다.	
결과물 Product	너는 전략 계획서를 만들 것이다.	
기준 Standards	너의 결과물은 반드시 다음의 기준을 만족해야 한다. 첫째, 족구에 필요한 기본 기능과 전략 분석하기 둘째, 자신의 기능을 평가하고 기능 향상 계획 세우기 셋째, 팀원의 전력 분석에 따라 팀 전략 제안하기	세부 목표3-6 "아동의 건강을 보호하고 증진한다."

③ 평가 준거

평가항목	기준보다 우수	기준을 충족	기준에 근접
운동 기능의 이해도(이해) **족구의 기본 기능을 이해하고 있는가?**	족구의 기본 기능을 정확하게 이해한다.	족구의 기본 기능을 기본적으로 이해한다.	족구의 기본 기능에 대한 이해가 초보적이다.
팀 전략 수행의 효과성(수행) **팀원의 전력 분석 결과를 반영한 전략을 세우고 실제로 수행할 수 있는가?**	팀원들의 전력 분석 결과가 적절하게 반영되어 전략이 효과적이다.	팀원들의 전력 분석 결과를 전략에 반영한다.	팀원들의 전력 분석 결과가 반영되지 않아 전략이 비효과적이다.

09 음악

9-1. [연주] 악곡의 아름다움을 리코더로 연주하라

① 교육과정

핵심 아이디어	3~4학년 일반화	핵심 개념 Lens	관련 개념	범주/내용 요소			성취기준
				지식·이해	과정·기능	가치·태도	
음악은 고유한 방식과 원리에 따라 인간의 느낌, 생각, 경험을 다양한 소리의 어울림으로 표현한 것이다.	음악은 노래, 연주, 신체표현으로 로 느낌, 생각, 경험을 표현한 것이다.	기능	자세와 주법 음악 요소	자세와 주법	노래 부르거나 연주하기	연주를 즐기는 태도	[4음01-01] 바른 자세와 주법을 익혀 노래 부르거나 악기로 연주한다.
				기초적인 음악 요소	노래 부르거나 연주하기	연구에 대한 관심	[4음01-02] 기초적인 음악 요소를 살려 노래 부르거나 악기로 연주하고 느낌을 이야기한다.

② 수행과제

목표 Goal	너의 목표는 음악 요소를 고려해 아름다운 리코더 연주를 하는 것이다.
역할 Role	너의 역할은 리코더 연주자이다.
대상/청중 Audience	너의 청중은 학교 구성원이다.
상황 Situation	너는 다음의 문제 상황에 놓여 있다. 코로나-19로 인해 음악 공연이 많이 줄었다. 학생들은 음악 공연을 접할 기회가 점차 줄어들고 있다. 우리 학교 학생들이 음악 공연을 접할 기회가 필요하다.
결과물 Product	너는 아름다운 리코더 연주를 할 것이다.
기준 Standards	너의 결과물은 반드시 다음의 기준을 만족해야 한다. 첫째, 악곡의 음악 요소(리듬, 멜로디, 하모니) 이해하기 둘째, 바른 자세와 주법으로 음악 요소를 살려 연주하기

K-SDGs

10 모든 종류의 불평등 해소

세부 목표 10-3
"나이, 성별, 장애 여부에 따른 차별적 대우를 철폐해 공정한 기회를 제공한다."

③ 평가 준거

평가항목	기준보다 우수	기준을 충족	기준에 근접
음악 요소의 정확성(이해) **악곡의 음악 요소인 리듬, 멜로디, 하모니를 설명하는가?**	악곡의 음악 요소인 리듬, 멜로디, 하모니를 능숙하게 설명한다.	악곡의 음악 요소인 리듬, 멜로디, 하모니를 설명한다.	악곡의 음악 요소인 리듬, 멜로디, 하모니 설명이 미흡하다.
음악 요소의 표현력(수행) **바른 자세와 주법으로 음악 요소를 살려 리코더를 연주하는가?**	바른 자세와 주법으로 음악 요소를 살려 리코더 연주를 명확하게 표현한다.	바른 자세와 주법으로 음악 요소를 살려 리코더를 연주한다.	바른 자세와 주법으로 음악 요소를 살린 리코더 연주가 부자연스럽다.

9-2. [감상] 자신이 좋아하는 악곡을 라디오 방송을 통해 소개하라

① 교육과정

핵심 아이디어	5~6학년 일반화	핵심 개념 Lens	관련 개념	범주/내용 요소			성취기준
				지식·이해	과정·기능	가치·태도	
음악적 수용과 반응은 인간의 감수성과 사회·문화적 배경에 따라 다양하게 나타난다.	인간이 바라보는 음악 관점은 아름다움의 가치를 발견한다.	변화	음악적 특징	다양한 종류와 문화권의 음악	인식하고 구별하기	음악에 대한 공감	[6음02-02] 다양한 문화권의 음악을 듣고 음악적 특징과 음악의 간단한 구성을 인식한다.
				느낌, 배경, 활용	감지하며 듣기	음악의 아름다움에 대한 인식	[6음02-04] 생활 속에서 음악을 찾아 들으며 아름다움을 느끼고 공감한다.

② 수행과제

목표 Goal	너의 목표는 음악을 듣고 악곡의 특징과 구성을 알고 아름다움을 느끼는 것이다.	K-SDGs
역할 Role	너의 역할은 라디오디제이(DJ)이다.	**16** 평화·정의·포용
대상/청중 Audience	너의 청중은 학교 구성원이다.	
상황 Situation	너는 다음의 문제 상황에 놓여 있다. 지난주 전교 어린이 회의 결과 학교 점심시간에 학생들이 좋아할 만한 곡이 흘러나오면 좋겠다는 의견이 나왔다. 방송부 선생님이 좋은 곡을 추천하고 소개해 달라고 요청했다.	
결과물 Product	너는 라디오 대본을 만들 것이다.	
기준 Standards	너의 결과물은 반드시 다음의 기준을 만족해야 한다. 첫째, 악곡을 선정하고 악곡 소개하기 둘째, 악곡에서 느낀 자신의 느낌과 생각 전하기	세부 목표 16-3 "차별을 지양하기 위한 법과 정책을 수립하고 시행한다."

③ 평가 준거

평가항목	기준보다 우수	기준을 충족	기준에 근접
음악적 특징의 정확성(이해) **악곡에 나타난 음악적 특징을 인식하고, 설명하는가?**	악곡에 나타난 음악적 특징을 인식하고 다른 사람이 이해하기 쉽게 설명한다.	악곡에 나타난 음악적 특징을 인식하고 설명한다.	악곡에 나타난 음악적 특징을 인식하는 데 어려움이 있다.
가치에 대한 접근성(수행) **악곡을 듣고 음악의 아름다움을 느끼고 공감을 표현하는가?**	악곡을 듣고 느낀 아름다움을 다른 사람과 함께 공감할 수 있도록 구체적으로 표현한다.	악곡을 듣고 느낀 아름다움을 공감해 이를 표현한다.	악곡을 듣고 아름다움을 느끼며 공감하는 표현 능력이 부족하다.

9-3. [창작] 모둠 응원 구호를 작곡하라

① 교육과정

핵심 아이디어	5~6학년 일반화	핵심 개념 Lens	관련 개념	범주/내용 요소			성취기준
				지식·이해	과정·기능	가치·태도	
음악은 고유한 방식과 원리에 따라 인간의 무한한 상상과 가능성을 탐구해 만들어 낸 것이다.	음악적 효과와 특징을 통해 음악 요소를 인식한다.	변화	음악 요소	간단한 음악 음악 요소	활용해 만들기	음악에 대한 자신감	[6음03-03] 음악의 요소를 활용해 간단한 음악을 만든다.

② 수행과제

		K-SDGs
목표 Goal	너의 목표는 표현 의도를 담은 리듬으로 모둠 구호를 제작하는 것이다.	
역할 Role	너의 역할은 구호 작곡가이다.	
대상/청중 Audience	너의 청중은 나의 모둠원이다.	
상황 Situation	너는 다음의 문제 상황에 놓여 있다. 매월 학급 프로젝트를 시작하면서 새로운 모둠을 구성한다. 한 학생이 모둠끼리 좋은 결속력을 다지기 위해 구호가 필요함을 제안했다. 적극적으로 모둠 활동에 참여하기 위해 모둠 구호를 모든 모둠에 요청했다.	
결과물 Product	너는 리듬을 활용한 응원 구호를 만들 것이다.	
기준 Standards	너의 결과물은 반드시 다음의 기준을 만족해야 한다. 첫째, 응원 구호 조사해 분석하기 둘째, 리듬 요소를 활용해 응원 구호 만들기 셋째, 어떤 리듬 요소를 고려했는지 설명하기	

K-SDGs

3 건강하고 행복한 삶 보장

세부 목표 3-6

"지속가능발전, 인권, 성평등, 평화와 비폭력문화 확산, 세계시민의식, 문화다양성 존중과 지속가능발전을 위한 문화의 기여 등에 대한 교육을 통해 모든 학습자들이 지속가능발전을 증진하기 위한 지식과 기술을 습득할 수 있게 한다."

③ 평가 준거

평가항목	기준보다 우수	기준을 충족	기준에 근접
개념의 정확성(이해) **다양한 응원 구호를 조사하고 리듬 요소와 표현 의도를 연결해 설명하는가?**	다양한 응원 구호를 조사하고 리듬 요소와 표현 의도를 연결해 명확하게 설명한다.	다양한 응원 구호를 조사하고 리듬 요소와 표현 의도를 연결해 설명한다.	다양한 응원 구호를 조사하지만, 리듬 요소와 표현 의도의 연결이 부족하다.
기능의 효과성(수행) **리듬 요소를 고려해 표현 의도가 드러나게 응원 구호를 제작하는가?**	리듬 요소를 고려해 표현 의도가 드러나게 응원 구호를 창의적으로 제작한다.	리듬 요소를 고려해 표현 의도가 드러나게 응원 구호를 제작한다.	리듬 요소를 고려한 표현 의도가 드러나지 않고, 응원 구호가 단순하다.

10 미술

10-1. [표현] 나를 표현하는 로고를 디자인하라

1 교육과정

핵심 아이디어	5~6학년 일반화	핵심 개념 Lens	관련 개념	범주/내용 요소			성취기준
				지식·이해	과정·기능	가치·태도	
이미지에 대한 비판적 이해는 시각적 소통과 문화적 참여의 토대가 된다.	이미지는 주제를 전달할 수 있는 유용한 도구이다.	관점	주제	감각과 매체의 역할	감각과 매체를 활용해 탐색하기	주변 환경에 대한 민감성	[6미01-01] 다양한 감각과 매체를 활용해 자신과 대상을 탐색할 수 있다.
				이미지와 의미	이미지를 해석하고 활용하기	비판적 이해 태도	[6미01-04] 이미지가 나타내는 의미를 비판적으로 이해하고 느낌과 생각을 전달하는 데 활용할 수 있다.

2 수행과제

목표 Goal	너의 목표는 나의 이미지를 전달할 수 있는 로고를 만드는 것이다.	**K-SDGs**
역할 Role	너의 역할은 로고 디자이너이다.	**12 지속가능한 생산과 소비**
대상/청중 Audience	너의 청중은 우리 반 친구들이다.	∞
상황 Situation	너는 다음의 문제 상황에 놓여 있다. 4월에 수학여행을 계획하고 있다. 3월, 학급협의회를 통해 새롭게 만난 학급 친구들에게 자신을 알릴 수 있는 티셔츠를 제작해야 한다. 또한 그 티셔츠를 입고, 수학여행을 떠나자고 제안했다.	
결과물 Product	너는 자신을 나타내는 로고를 만들 것이다.	
기준 Standards	너의 결과물은 반드시 다음의 기준을 만족해야 한다. 첫째, 다양한 감각과 매체를 활용해 자신의 특징 파악하기 둘째, 자신의 내적·외적 특징을 표현할 로고 디자인하기	세부 목표 12-3 "기업의 지속가능 경영활동을 관리하고 지원을 확대한다."

3 평가 준거

평가항목	기준보다 우수	기준을 충족	기준에 근접
감각과 매체의 활용도(이해) **다양한 감각과 매체를 활용해 나의 특징을 탐색하는가?**	다양한 감각과 매체를 활용해 나의 특징을 정확하게 파악한다.	다양한 감각과 매체를 활용해 나의 특징을 파악한다.	다양한 감각과 매체를 활용해 나의 특징을 일부 파악한다.
미술 작품의 표현력(수행) **나의 내적·외적 특징을 이미지 로고로 표현하는가?**	나의 내적·외적 특징이 잘 드러나도록 표현하는 로고를 만든다.	나의 내적·외적 특징을 표현하는 로고를 만든다.	나의 내적·외적 특징이 부분적으로 드러나고 표현이 부적합하다.

10-2. [표현] 명화 속 조형 요소와 원리로 나만의 작품을 제작하라

① 교육과정

핵심 아이디어	5~6학년 일반화	핵심 개념 Lens	관련 개념	범주/내용 요소			성취기준
				지식·이해	과정·기능	가치·태도	
작품 제작은 표현 재료와 방법, 조형 요소와 원리 등을 선택하고 활용해 창의적으로 문제를 해결하는 과정을 통해 예술적 성취를 경험하게 한다.	표현은 조형 요소와 원리를 통해 아이디어로 발산된다.	연결	조형 요소와 원리	표현 주제와 발상	다양한 방법으로 아이디어를 연결하기	자유롭게 시도하는 태도	[6미02-01] 다양한 방법으로 아이디어를 연결해 확장된 표현 주제로 발전시킬 수 있다.
				조형 요소와 원리의 관계	표현 방법을 탐색해 활용하기	주제 표현의 의도	[6미02-03] 조형 요소의 어울림을 통해 조형 원리를 이해하고 주제 표현에 연결할 수 있다.

② 수행과제

목표 Goal	너의 목표는 조형 요소와 원리의 조화를 활용해 작가의 의도를 드러내는 것이다.
역할 Role	너의 역할은 창작 미술가이다.
대상/청중 Audience	너의 청중은 우리 학교의 전교생이다.
상황 Situation	너는 다음의 문제 상황에 놓여 있다. 우리 학교 복도 곳곳에 전시된 명화를 학생들이 무관심하게 지나치고 있다. 교장 선생님이 전교생이 명화에 관심을 가질 수 있도록 색다른 전시회를 요청했다
결과물 Product	너는 조형 요소와 원리가 활용된 미술 작품을 만들 것이다.
기준 Standards	너의 결과물은 반드시 다음의 기준을 만족해야 한다. 첫째, 기존 명화 속 조형 요소와 원리에 관해 설명하기 둘째, 조형 요소와 원리를 적용한 자신의 작품 만들기

K-SDGs

12 지속가능한 생산과 소비

세부 목표 12-8
"모든 국민이 지속가능발전에 대한 의식을 갖도록 환경교육 참여 기회를 확대한다."

③ 평가 준거

평가항목	기준보다 우수	기준을 충족	기준에 근접
미술 이론의 정확성(이해) **명화 속 조형 요소와 원리를 찾아 설명할 수 있는가?**	명화 속 조형 요소와 원리를 찾아 분명하게 설명한다.	명화 속 조형 요소와 원리를 찾아 설명한다.	명화 속 조형 요소와 원리를 다른 사람의 도움을 받아 설명한다.
미술 작품 제작의 완성도(수행) **조형 요소와 원리가 드러나게 작품을 만드는가?**	조형 요소와 원리가 명확하게 드러나도록 작품을 만든다.	조형 요소와 원리가 드러나도록 작품을 만든다.	조형 요소와 원리가 구체적으로 작품에 드러나지 않는다.

10-3. [감상] 대상을 감상하고, 생각과 느낌을 설명하라

① 교육과정

핵심 아이디어	3~4학년 일반화	핵심 개념 Lens	관련 개념	범주/내용 요소			성취기준
				지식·이해	과정·기능	가치·태도	
감상은 서로 다른 관점을 이해해 삶에서 미술 문화의 다원적 가치를 존중하도록 한다.	감상은 작품을 통해 서로 다른 생각이 공존할 수 있음을 이해하는 과정이다.	관점	미술 작품	미술 작품의 특징	미술 작품에 관한 느낌과 생각을 설명하기	-	[4미03-02] 미술 작품의 특징과 작품에 관한 자신의 느낌과 생각을 설명할 수 있다.
				미술 전시	미술 전시 및 행사에 참여하기	자신의 감상 관점 존중	[4미03-04] 작품 감상에 흥미를 가지고 참여하며 작품에 대한 자신의 감상 관점을 존중할 수 있다.

② 수행과제

목표 Goal	너의 목표는 대상을 발견할 수 있는 아름다움은 사람마다 다름을 이해하는 것이다.	K-SDGs
역할 Role	너의 역할은 미술 비평가이다.	**11** 지속가능한 도시와 주거지 조성
대상/청중 Audience	너의 청중은 우리 반 친구들이다.	
상황 Situation	너는 다음의 문제 상황에 놓여 있다. 자신이 감상하고 싶은 미술 작품을 선택하고 조사한 후, 작품에 대한 자신의 느낌과 생각을 친구에게 설명하기 위한 비평서를 만들어야 한다.	
결과물 Product	너는 미술 작품에 대한 조사 결과와 함께 자신의 느낌과 생각이 담긴 미술 작품 안내서를 만들 것이다.	세부 목표 11-7
기준 Standards	너의 결과물은 반드시 다음의 기준을 만족해야 한다. 첫째, 미술 작품의 특징과 미술가를 조사하기 둘째, 미술 작품에 대한 내 느낌과 생각 표현하기	"여성, 아동, 장애인, 고령자를 포함한 모든 이에게 공공 녹지공간으로의 안전하고 용이한 접근을 보장한다."

③ 평가 준거

평가항목	기준보다 우수	기준을 충족	기준에 근접
미술 작품의 인지도(이해) **미술 작품의 특징과 작품에 대해 설명할 수 있는가?**	미술 작품의 특징과 작품에 관한 자신의 느낌과 생각을 명료하게 설명한다.	미술 작품의 특징과 작품에 관한 자신의 느낌과 생각을 설명한다.	미술 작품의 특징과 작품에 관한 자신의 느낌과 생각을 불분명하게 설명한다.
미술 감상의 참여도(수행) **자신의 감상 관점을 존중하며 작품 감상에 참여할 수 있는가?**	자신의 감상 관점을 존중하며 작품 감상에 적극적으로 참여한다.	자신의 감상 관점을 존중하며 작품 감상에 참여한다.	자신의 감상 관점을 가지고 작품 감상에 참여하는 데 어려움이 있다.

11 영어

11-1. [이해와 표현] 나의 장점과 장래 희망을 표현하라

① 교육과정

핵심 아이디어	5~6학년 일반화	핵심 개념 Lens	관련 개념	범주/내용 요소			성취기준
				지식·이해	과정·기능	가치·태도	
의사소통 목적과 상황에 맞게 배경지식을 활용하고 관점, 목적과 맥락을 파악함으로써 담화나 글을 이해하는 능력을 함양한다.	자신의 생각, 느낌, 의견 등을 다양한 방식과 매체로 표현한다.	의사 소통	세부 정보	일상생활 주제	세부 정보 파악하기	흥미와 자신감을 가지고 듣거나 읽으며 즐기는 태도	[6영01-04] 일상생활 주제에 관한 담화나 글의 세부 정보를 파악한다.
				정보전달·교환 목적의 담화와 글	감정이나 의견, 경험이나 계획 기술하기	말하기와 쓰기에 대한 흥미와 자신감	[6영02-06] 자신의 감정이나 의견, 경험이나 계획을 간단한 문장으로 표현한다.

② 수행과제

목표 Goal	너의 목표는 나의 장점과 장래 희망을 소개하는 것이다.
역할 Role	너의 역할은 드림 플래너(Dream planner)이다.
대상/청중 Audience	너의 청중은 가족 중 1명이다.
상황 Situation	너는 다음의 문제 상황에 놓여 있다. 사춘기가 시작되는 5~6학년은 자기 자신의 정체성에 대해 많은 고민에 빠진다. 나의 장점과 미래 설계를 통해 자신의 존재적 의미(나는 누구인가)를 파악할 계기가 필요하다.
결과물 Product	너는 장점과 진로 관련 내용을 만화 형식 대화문으로 만들 것이다.
기준 Standards	너의 결과물은 반드시 다음의 기준을 만족해야 한다. 첫째, 흥미와 진로를 표현하는 어구나 문장의 정보 파악하기 둘째, 나의 흥미와 진로를 영어 형식으로 표현하기 * I want to be a ~, be good at~.

zK-SDGs

10 모든 종류의 불평등 해소

◀▲▶
▼

세부 목표 10-2
"나이, 성별, 장애 여부, 지위 등과 관계 없이 모든 사람에 대한 사회·경제·정치적 포용성을 확대한다."

③ 평가 준거

평가항목	기준보다 우수	기준을 충족	기준에 근접
표현 이해의 정확성(이해) **나의 장점과 진로를 표현하는 어구나 문장을 이해하는가?**	나의 장점과 진로를 표현하는 전반적인 내용을 이해해 세부 정보를 포괄적으로 파악한다.	나의 장점과 진로를 표현하는 어구나 문장을 통해 이해해 기본적인 세부 정보를 파악한다.	나의 장점과 진로를 표현하는 내용을 낱말을 이용해 세부 정보를 일부 파악한다.
언어형식 사용의 효과성(수행) **나의 흥미와 진로에 관해 적절한 낱말을 사용해 표현하는가?**	나의 흥미와 진로에 관해 적절한 낱말과 정확한 언어 형식을 사용해 정확하게 표현한다.	나의 흥미와 진로에 관해 적절한 낱말을 사용해 기본적으로 표현한다.	나의 흥미와 진로에 관해 주어진 낱말을 참고해 부분적으로 표현한다.

11-2. [이해와 표현] 이웃 나라의 문화를 비교해 표현하라

① 교육과정

핵심 아이디어	5~6학년 일반화	핵심 개념 Lens	관련 개념	범주/내용 요소			성취기준
				지식·이해	과정·기능	가치·태도	
적절한 사고 과정 및 전략을 활용해 담화나 글의 의미를 파악하고 분석한다.	언어사용자는 장르별로 담화와 글로 이해한다.	관점	세부 정보	일상생활 주제	세부 정보 파악하기	다양한 문화와 의견을 존중하고 포용하는 태도	[6영01-05] 일상생활 주제에 관한 담화나 글의 중심 내용을 파악한다.
				일상생활 주제	세부 정보 묻거나 답하기	대화 예절을 지키고 협력하며 의사소통 활동에 참여하는 태도	[6영02-07] 일상생활 주제에 관한 담화나 글의 세부 정보를 간단한 문장으로 묻거나 답한다.

② 수행과제

목표 Goal	너의 목표는 이웃 나라의 문화적 유사점과 차이점을 비교 표현하는 담화와 글을 이해하는 것이다.	**K-SDGs** **12 지속가능한 생산과 소비** ∞
역할 Role	너의 역할은 사회연구원이다.	
대상/청중 Audience	너의 청중은 동학년 옆 반 학생들이다.	
상황 Situation	너는 다음의 문제 상황에 놓여 있다. 우리는 중국, 일본, 러시아, 북한 등 주변국과 살고 있다. 주변국과 교류와 경쟁 관계에 놓여 있지만, 여전히 이웃 나라의 문화를 제대로 이해하지 못하고 있다. 문화의 유사점과 차이점을 비교하면서 이웃 나라의 문화에 관심을 가질 필요성이 있다.	
결과물 Product	너는 이웃 나라의 문화적 차이점의 의사소통 표현을 자신이 원하는 발표 양식으로 만들 것이다.	세부 목표 12-8 "내·외국인 권익을 균형적으로 보장하는 이민 정책을 통한 상호문화 이해 환경을 조성한다."
기준 Standards	너의 결과물은 반드시 다음의 기준을 만족해야 한다. 첫째, 비교 표현 및 형용사 변화를 정확하게 파악하기 둘째, 비교급(형용사)을 3문장 이상 사용해 발표하기 * A is ~er than B	

③ 평가 준거

평가항목	기준보다 우수	기준을 충족	기준에 근접
내용 파악의 정확성(이해) **비교(형용사)를 표현한 담화와 글을 읽고 내용의 기본 정보를 파악하는가?**	비교(형용사)를 표현한 대화와 글을 읽고 모든 정보를 정확하게 파악한다.	비교(형용사)를 표현한 대화와 글을 읽고 내용의 기본 정보를 파악한다.	비교(형용사)를 표현한 대화와 글을 읽고 내용의 기본 정보를 부분적으로 파악한다.
의사소통의 효율성(수행) **대화(발표)할 때, 비교하는 표현 정보를 전달하는가?**	비교하는 표현을 유창하게 사용해 대화하며 정보를 명확하고 효과적으로 전달한다.	비교하는 표현을 사용해 대화하며 정보를 전달한다.	비교하는 표현을 일부 사용해 대화하며 정보를 부분적으로 전달한다.

11-3. [이해와 표현] 우리나라의 경제 역사 정보로 소통하라

1 교육과정

핵심 아이디어	5~6학년 일반화	핵심 개념 Lens	관련 개념	범주/내용 요소			성취기준
				지식·이해	과정·기능	가치·태도	
담화나 글을 이해하는 활동은 협력적, 포용적 태도로 화자나 필자의 의도를 이해하는 태도를 가진다.	의사소통 상황은 소재와 주제에 따라 다양한 방식으로 소통된다.	연결	매체	정보전달·교환 목적의 담화와 글	다양한 매체로 표현된 담화나 글을 듣거나 읽기	흥미와 자신감을 가지고 듣거나 읽으며 즐기는 태도	[6영01-06] 다양한 매체로 표현된 담화나 글을 흥미와 자신감을 가지고 듣거나 읽는다.
				정보전달·교환 목적의 담화와 글	다양한 매체를 활용해 창의적으로 표현하기	말하기와 쓰기에 대한 흥미와 자신감	[6영02-09] 적절한 매체와 전략을 활용해 창의적으로 의미를 생성하고 표현한다.

2 수행과제

목표 Goal	너의 목표는 경제 역사(날짜)를 영어로 묻고 답하는 것이다.
역할 Role	너의 역할은 한국 경제 역사학자이다.
대상/청중 Audience	너의 청중은 6학년 담임 선생님이다.
상황 Situation	너는 다음의 문제 상황에 놓여 있다. 초등학교 6학년은 사회 시간에 경제 영역을 학습한다. 사회 수업에서의 문제는 우리나라의 경제성장의 원인을 분석하는 것이다. 원인 분석을 위해 경제의 역사(날짜)를 정확하게 파악하는 것이 필요하다.
결과물 Product	너는 3가지 이상의 경제 역사를 대화문이 포함된 구글 프레젠테이션으로 만들 것이다.
기준 Standards	너의 결과물은 반드시 다음의 기준을 만족해야 한다. 첫째, 날짜를 묻고 대답하는 표현을 정확하게 파악하기 둘째, 2인 발표자가 3문장으로 묻고 대답하는 형식으로 발표하기 * When's ~day? It's ~.

K-SDGs

17 지구촌 협력 강화

세부 목표 17-6
"개도국의 지속가능발전을 위한 다양한 글로벌 파트너십을 강화한다."

3 평가 준거

평가항목	기준보다 우수	기준을 충족	기준에 근접
표현 이해의 정확성(이해) **날짜와 역사에 대해 표현한 그림과 글을 파악하는가?**	날짜와 역사에 대해 표현한 그림과 글을 읽고 내용 정보를 분명하게 파악한다.	날짜와 역사에 대해 표현한 그림과 글을 읽고 내용 정보를 기본적으로 파악한다.	날짜와 역사에 대해 표현한 그림과 글을 읽고 내용 정보를 일부분 파악한다.
의사소통의 효율성(수행) **표현을 묻고 대답하는 형식으로 청중에게 정보를 전달하는가?**	능숙하게 묻고 대답하며 청중에게 정보를 효과적으로 전달한다.	묻고 대답하는 형식으로 청중에게 정보를 전달한다.	일부 문장으로 묻고 대답하며 청중에게 부분적인 정보를 전달한다.

제 **4** 장

탐구 전략
수업 실천 이야기

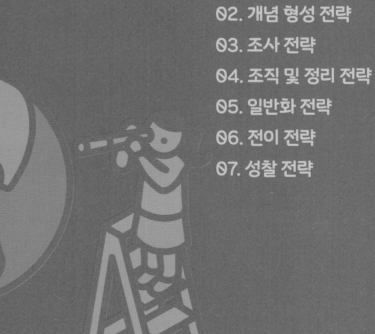

《 독자를 위한 문해력 》

제4장 탐구 전략 수업 실천 이야기는 칼 마샬과 레이첼 프렌치(Carla Marschall and Rachel French, 2018)의 『개념 기반 탐구학습(Concept-Based Inquiry in Action)』을 기반으로 7개의 탐구 단계의 세부 탐구 전략을 초등학교 교실에서 실천한 이야기이다.

첫째, 관계 맺기 전략은 의견 기반 전략, 경험 기반 전략, 토론 기반 전략의 세부 전략을 실천하고, 둘째, 개념 형성 전략은 분류 전략, 명명 전략, 순위 전략의 세부 전략을 구현했다. 셋째, 조사 전략은 사례연구 접근 방식과 조사를 위한 전략 및 자료의 세부 전략을 실천하고, 넷째, 조직 및 정리 전략은 조직 전략과 표상 전략의 세부 전략을 구현했다. 다섯째, 일반화 전략은 사고 스캐폴딩을 위한 질문, 사고 스캐폴딩을 위한 개념 은행, 사고 스캐폴딩을 위한 패턴 및 연관성 탐색의 세부 전략을 실천하고, 여섯째, 전이 전략은 일반화 테스트 및 정당화, 새로운 사건 및 상황 이해, 예측 및 가설, 적용 및 행동의 세부 전략을 구현했다. 마지막, 성찰 전략은 광범위한 전략, 계획 전략, 모니터링 전략, 전략평가의 세부 전략을 실천했다.

각 탐구 전략의 마지막 부분에 있는 '탐구 성찰'은 실천 교사의 탐구 전략 기술, 성찰 및 개선점을 중심으로 실천적인 성찰 내용을 작성해서 독자에게 활용 가능한 지식을 제공한다.

01 관계 맺기 전략

1-1. 네 모퉁이 토론

① 탐구질문: 우리 동네 소방관이 마트 사장님보다 더 소중할까요?

② 교육과정

핵심 아이디어	1~2학년 일반화	핵심 개념 Lens	관련 개념	범주/내용 요소			성취기준
				지식·이해	과정·기능	가치·태도	
우리는 여러 공동체 속에서 생활한다.	마을 공동체는 여러 사람과 도움을 주고받으며 생활하는 곳이다.	연결	공동체	공동체 생활 모습	실천하기 호기심 갖기	적극성과 도전의식	[2바02-01] 공동체에서 내가 할 수 있는 일을 찾아보고 실천한다.

③ 탐구과정

가. 토론 논제 선정하기

단원에 들어서며 동네 지도를 보면서 '우리 동네'에 대해 이야기를 나눈다. 본 단원에서는 '우리 동네'를 중심으로 동네의 모습을 살펴보고 동네 사람들이 하는 일을 탐구하게 된다.

학생의 사고를 끌어내기 위해 호기심을 유발하는 논제나 비약된 일반화 문장으로 논제를 제시한다.

<그림 1> 토론 논제

나. 토론 규범 정하기

본격적인 토론에 앞서 네 모퉁이 토론 방법을 안내하고, 토론할 때 어떤 마음가짐이 필요할지 이야기를 나눈다.

방법
1. 선생님이 제시하는 토론 논제를 확인한다.
2. 논제에 대한 자기 생각을 정리한다.
3. 자기 생각을 가장 잘 반영하는 모퉁이(매우 동의함, 동의함, 동의하지 않음, 매우 동의하지 않음)로 이동한다.
4. 같은 의견인 친구들과 함께 의견을 공유하고 통합한다.
5. 다른 의견 친구들에게 자신의 의견을 제시한다. 이때 자기 생각과 그렇게 생각하는 까닭을 함께 설명한다.
6. 친구의 의견을 경청하고 반박하는 질문을 한다.

마음가짐
1. 사람마다 경험한 것이 다르므로 서로의 생각이 다를 수 있다. 그러므로 나와 생각이 다르다고 해서 틀린 것이 아니다.
2. 친한 친구가 아닌 자신의 생각에 따라 모퉁이를 정한다.

다. 모퉁이로 이동하기

'우리 동네 소방관이 마트 사장님보다 더 소중하다.'라는 논제를 확인한 후 자신의 생각을 가장 잘 반영하는 모퉁이로 이동한다. 앞서 안내한 것처럼 자기 생각과 그렇게 생각하는 까닭을 반드시 밝혀야 하므로 친한 친구를 따라 이동하는 일이 없도록 재차 안내한다.

<그림 2> 모퉁이별 토의

라. 논쟁하기

먼저, 같은 모퉁이에 있는 학생끼리 의견을 나누고 통합한다. 다음으로, 다른 모퉁이에 있는 학생들과도 의견을 공유한다. 상대방의 의견에 의문이 생기면 질문하고, 반박하는 의견을 제시한다. 다른 모퉁이의 의견을 들은 후 자기 생각이 바뀌면 모퉁이를 한번 이동하는 기회를 준다.

교사는 토론 중에 공유한 중요 아이디어를 칠판에 기록하고 토론이 끝난 후 학생들과 함께 이야기를 나눈다.

<그림 3> 논쟁

<그림 4> 반박 의견 제시

교사   이번 논제인 '우리 동네 소방관이 마트 사장님보다 더 소중하다.'에 대해 발표해 봅시다.

[매우 동의] 소방관은 불이 났을 때 출동해서 불을 끄고 우리 목숨을 구해 주는 소중한 사람이다.	VS	[동의하지 않음] 소방관이 소중한 사람은 맞지만, 우리 동네에 소중한 사람은 많다. 그리고 마트 사장님보다 더 소중하다고 말할 수 없다. 그래서 동의하지 않는다.
[매우 동의하지 않음] 마트 사장님이 가장 소중하다고 생각한다. 왜냐하면, 마트가 없으면 우리가 먹을 것을 구할 수도 없고 먹을 것을 구하지 못하면 굶어 죽을 수도 있다.	VS	[동의] 마트가 없으면 쿠☆에서 시키면 된다.
[매우 동의하지 않음] 선생님도 소중하고, 경찰관도 소중하다. 우리 동네에 소중한 사람이 정말 많다.	VS	[매우 동의] 우리 목숨보다 소중한 것은 없다. 죽으면 아무것도 못 한다. 그러니 소방관은 우리 목숨과 관련된 소중한 사람이다.

교사   토론을 통해 여러분은 무엇을 이해하게 되었나요? 느낀 점을 발표해 봅시다.

학생 1   처음에는 소방관이 가장 중요하다고 생각했는데 다른 모퉁이의 얘기를 들어보니 마트 사장님도 소방관만큼 중요한 것 같아요.

학생 2   우리 동네에 꼭 필요한 직업에는 어떤 것들이 있는지 궁금하고 알고 싶어요.

4 탐구성찰

'네 모퉁이 토론' 관계 맺기 전략은 학생의 호기심을 유발하고 논쟁을 유도하는 논제에 대해 교실의 네 모퉁이에서 토론하는 방식이다.

이 전략은 다양한 시각과 아이디어를 탐구하고 토론의 질을 높이는 데 도움을 준다. 따라서 토론 논제는 다양한 의견을 생성하고 토론을 촉진하는 내용으로 제시하는 것이 중요하다. 저학년의 경우 상대방의 의견에 논리적인 반박이 어려우므로 교사가 몇 가지 질문 예시를 제공해 토론을 돕는 과정이 필요하다.

1-2. 스펙트럼 입장 진술문

① 탐구질문: 선거는 꼭 참여해야 할까요?

② 교육과정

핵심 아이디어	5~6학년 일반화	핵심 개념 Lens	관련 개념	범주/내용 요소			성취기준
				지식·이해	과정·기능	가치·태도	
다양한 정치 주체가 정치과정에 참여하며, 민주주의는 여러 제도와 시민 참여를 통해 실현된다.	민주주의는 시민이 선거를 통해 자신의 관점을 드러낸다.	관점	선거	선거의 의미와 역할	-	선거 과정의 참여	[6사08-01] 민주주의에서 선거의 의미와 역할을 파악하고, 시민의 주권 행사를 위해 선거에 참여하는 태도를 기른다.

③ 탐구과정

가. 진술문 확인하기

선거에 관련해 호기심을 촉발할 수 있는 2개의 진술문을 개발한다. 이때 활용 가능한 예시 진술문은 다음과 같다.

> 진술문 1. 마음에 드는 후보가 없으면 선거에 참여하지 않아도 된다.
> 진술문 2. 우리 학교 전교학생회 임원 선거를 4~6학년만 하는 것은 바람직하다.

이러한 진술문에 '전적으로 동의한다.'에서부터 '전적으로 반대한다.'까지 표현할 수 있는 '동의' 척도가 적절하다.

나. 척도 알아보기

진술문을 제공하기 전, 본 단원의 척도 단어인 '동의'에 대해 설명한다. 교실 바닥 중앙에 표시해 둔 선의 왼쪽 끝은 진술문 각각에 대해 '전적으로 동의한다.'이고, 오른쪽 끝으로 갈수록 '전적으로 반대한다.'에 가까워진다는 의미임을 설명한다.

<그림 1> 교실 바닥 스펙트럼

다. 스펙트럼 라인으로 이동해 생각 나누기

'교사가 하나씩 보여주는 진술문을 확인한 후 자신의 '동의' 정도에 따라 스펙트럼 라인으로 이동한다. 진술문 2 '우리 학교 전교학생회 임원 선거를 4~6학년만 하는 것은 바람직하다.'에 대해 각자의 생각을 공유하는 과정에서 나눈 대화는 다음과 같다.

학생 1 1학년에서부터 3학년까지는 우리 학교 학생들이 아닌가요? 선거에 대해 잘 모른다고 4~6학년만 참여시킨다면 1~3학년 학급회장 선거는 왜 하는 거죠? 학급회장 선거도 선거잖아요. 저는 1~3학년 학생들도 충분히 전교학생회 선거에 참여할 수 있다고 생각합니다. 그래서 매우 동의하지 않음에 와 있어요.

학생 2 제가 지금 서 있는 곳은 아마 동의의 70% 정도인 것 같아요. 이곳으로 온 이유는 1~3학년 학생들은 아직 전교학생회 후보가 이야기하는 공약의 내용을 이해하지 못할 가능성이 크다는 뜻이에요. 공약 내용을 이해 못 한다면 아마 그 선거는 외모 선거나 아는 사람 선거가 될 수밖에 없을 겁니다. 실제로 저에게는 2학년 동생이 있는데 지난해 학교에 붙은 전교학생회장 후보 벽보를 보고 "저

언니 예쁘다. 저 언니가 우리 반 **이랑 같은 학원 다니는 언니래."라고 얘기하더군요. 벽보에 적혀 있는 공약은 정말 한 글자도 읽지 않았어요. 그런데 100%가 아닌 70% 정도에 와 있는 이유는 제 동생과 달리 똑똑한 1~3학년도 30%는 있을 수 있을 것을 대비했어요.

이 과정에서 나와 생각이 유사한 친구에서부터 완전히 상반되는 생각의 친구가 있음을 이해하게 된다. 또한 본 단원의 주요 개념인 '민주주의'에 대해 적극적인 관심을 가지게 된다.

④ 탐구성찰

'스펙트럼 입장 진술문' 관계 맺기 전략은 배우게 될 단원의 주요 개념과 관련된 진술문을 제시하고 교실의 특정 장소에 표시된 스펙트럼에 대한 자신의 의견을 표출하는 방식이다.

이 전략에서 단순한 질문 형태가 아닌 진술문 형태로 제시하는 것은 의도적인 교육 전략이다. '선거는 꼭 참여해야 할까요?'와 같은 질문은 학생들이 '예', 또는 '아니오'로 답하게 된다. 이러한 질문 형태는 강한 확신의 답만 요구하게 된다. 하지만 '선거에 꼭 참여해야 한다.'라는 진술문 형태는 이에 대해 어느 정도 동의하는지 표현하면 되기 때문에 강한 확신이 없는 학생도 토론에 참여할 수 있게 한다. 또한 진술문 작성 시 '반드시, 꼭, 해야 한다.' 등의 단정적 표현을 의도적으로 사용하면 저항적 감정을 유도시켜 적극적인 참여로 연결할 수 있다.

1-3. 시뮬레이션

① 탐구질문: 차별이 왜 문제일까요?

② 교육과정

핵심 아이디어	5~6학년 일반화	핵심 개념 Lens	관련 개념	범주/내용 요소			성취기준
				지식·이해	과정·기능	가치·태도	
인권 보장을 위해 헌법에 기본권을 규정하고, 국가와 시민은 기본권 보장을 위해 노력한다.	인권을 보호하기 위해 국가와 시민 모두의 노력이 필요하다.	책임	인권	인권 침해 문제의 해결 인권 보호 활동 참여	인권 침해 문제를 합리적으로 해결하기	인권 친화적 태도	[6사03-02] 일상생활에서 인권이 침해되는 사례를 찾아 그 해결 방안을 탐색하고, 인권을 보호하는 활동에 참여한다.

③ 탐구과정

가. 시뮬레이션 준비하기

'인권을 왜 배울까? 인권이 왜 중요할까?' 라는 본 단원의 탐구질문은 학습자에게 가치와 태도를 요구한다. 시뮬레이션은 학생들이 지식으로써 인권의 중요성을 이해하는 것이 아닌 인권의 필요성과 중요성을 느끼도록 하는 데 도움이 되는 체험 전략이다. 그래서 6학년 도덕 교과서에 제시된 '한 걸음 더' 놀이를 참고해 '인권 체험 게임'을 활용하기로 한다.

나. 역할 체험하기

'학력, 성별, 외모, 인종, 나이, 건강, 재산' 중 1~2가지 사항의 차이가 부여된 다양한 상황별 인물의 예시를 잘 보이게 게시해 둔다. 인물이 적힌 쪽지를 제비뽑기 상자에 넣고 1명씩 뽑아 자신이 그 인물의 입장이 되기로 한다. 쪽지를 뽑기 전에 자신이 뽑은 인물(쪽지)이 무엇인지 비밀로 유지할 것을 약속한다. 그런 후, 교실 제일 뒤편에 길게 늘어서서 우리 사회에서 차별이 벌어질 수 있는 다양한 상황에 관련된 교사의 질문에 자신이 뽑은 역할이 해당한다고 생각하면 한 걸음씩 앞으로 나온다.

나는 한국에 유학을 온 아프리카 출신 흑인입니다.	나는 대학을 졸업하고 한국에서 대기업을 다니는 백인 남성입니다.
나는 베트남 여자로 한국 남자와 결혼해서 농촌에 살고 있습니다.	나는 노숙자이며 언어장애를 가지고 있습니다.
나는 어릴 때 병을 앓아 다리가 불편한 장애를 가지고 있고, 부모님이 큰 회사를 운영하고 계십니다.	우리 부모님은 대기업 CEO이고 나는 그 회사를 물려받을 예정입니다.

<그림 1> 인물 쪽지 예시

<그림 2> 차별 상황 예시

모든 질문이 끝난 후 학생이 서 있는 자리로 교사가 가서 개별 인터뷰를 진행한다. 개별 인터뷰 진행 전, 현재 위치한 자리가 어떤 상황의 인물일지 추론해 맞춰 보게 한다. 왜 그렇게 추론하게 되었는지 이유를 설명한다.

인터뷰할 질문 예시는 다음과 같다.

> 당신은 누구십니까?
> 맨 앞까지 (또는 거의 움직이지 못했는데) 어떤 기분인가요?
> 맨 앞까지 나올 수 있었던(또는 거의 움직이지 못한) 이유는 무엇인가요?
> 당신과 달리 맨 뒤에 있는 사람이나 맨 앞까지 간 사람을 보면 어떤 생각이 드나요?

맨 앞까지 나온 인물은 그룹 1, 맨 뒤에 있는 인물은 그룹4로 정해 대략 4개의 그룹으로 나누고 각 그룹에 속한 인물의 공통점에 관해 이야기를 나눈다.

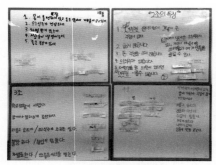

그룹1: 돈이 많음, 건강함, 좋은 부모

그룹2: 돈, 의식주에 큰 걱정 없음

그룹3: 의식주가 조금은 있음, 불편하지만 몹시 어려운 점은 없음

그룹4: 이겨내기 힘든 어려움(가난, 외모, 나이), 살아가는 데 걱정 많음

<그림 3> 그룹별 특성

사회적 약자가 받는 차별을 조금 더 크게 느낄 수 있도록 그룹별로 다른 혜택을 부여하고 하루 동안 인권 차별을 체험하게 한다.

- 급식 순서: 그룹 순서대로(그룹 안에서는 가위바위보로 결정)
- 간식 선택권: 그룹 순서대로(그룹 안에서는 가위바위보로 결정, 4가지 종류의 간식이 담긴 상자)
- 쉬는 시간: 1, 2그룹(10분), 3그룹(5분), 4그룹(청소 노동)
- 숙제 면제권: 1그룹만 부여

다. 시뮬레이션 돌아보고 소감 나누기

시뮬레이션 후 인물을 체험하며 지적 또는 정서적으로 어떤 점을 알고, 느끼게 되었는지 소감을 나눈다. 학생이 나눈 소감은 다음과 같다.

학생 1 이 게임을 하니까 매일 차별 받는 사람들의 마음이 어떨지 공감된다. 나는 차별받지 않은 역할이었지만 다른 사람이 차별받으니까 마음이 불편해졌다.

학생 2 차별은 없어야 한다는 생각이 든다. 왜냐하면, 1~4그룹 친구들 사이에 차별 때문에 친구들 사이에 갈등이 생겼기 때문이다.

학생 3 인권이 없으면 무시당하고 차별받는다. 매일 차별받는 사람들이 어떤 느낌일지 이 게임을 하면서 느꼈다. 인권이 있는 사람들은 인권이 없는 사람들을 도와줘야 한다.

④ 탐구성찰

'시뮬레이션' 관계 맺기 전략은 직접 경험해 보지 못한 학생들이 개념과 관련된 실제 상황(상황극)을 경험하고, 그 경험과 관련된 학습자의 학습 진단과 흥미가 무엇인지를 파악할 수 있는 방식이다.

이 탐구 전략에서 역할에 강하게 몰입하기 위해 연극적 요소를 도입해 교사가 신호를 주는 순간부터 그 사람이 되어 생각하고 행동해 보는 방법도 있다. 그러나 역할에 과몰입해 수업 후에도 맡았던 역할로 지속적인 놀림거리가 되는 일이 없도록 충분한 사전, 사후 지도가 필요하다. 또한, 다양한 차별 상황에 대한 깊이 있는 이해를 돕기 위해 다음날 역할을 바꿔 한 번 더 '인권 체험 게임'을 해보고 소감을 나누는 것도 효과적이다.

1-4. 실험놀이

① 탐구질문: 물의 상태 변화와 관련해 어떤 실험을 하고 싶은가요?

② 교육과정

핵심 아이디어	3~4학년 일반화	핵심 개념 Lens	관련 개념	범주/내용 요소			성취기준
				지식·이해	과정·기능	가치·태도	
물질의 상태 변화 및 화학 반응에는 에너지 출입이 수반되며, 이는 일상생활에 유용하게 활용된다.	물의 상태는 에너지로 인해 고체, 액체, 기체로 변화한다.	변화	물	물의 상태 변화	자연과 일상생활에서 물질과 관련된 문제 인식하기	과학 유용성	[4과10-11] 물이 3가지 상태로 변할 수 있음을 알고, 우리 주변에서 예를 찾을 수 있다.
				물의 상태 변화	관찰, 측정, 분류, 예상, 추리 등을 통해 자료를 수집하고 비교·분석하기	-	[4과10-02] 물이 얼 때, 얼음이 녹을 때, 물이 증발할 때와 끓을 때, 수증기가 응결할 때의 변화를 관찰할 수 있다.
				물의 상태 변화	물질과 관련된 일상생활의 문제를 해결하기 위한 탐구 설계하기	-	[4과10-03] 물의 상태 변화를 이용해 물을 얻을 수 있는 장치를 설계하고 만들 수 있다.

③ 탐구과정

가. 실험 놀이 전 사전 지식 활성화하기

실험 놀이 전 KWL(아는 것, 궁금한 것, 배운 것) 차트를 활용해 물의 상태 변화에 대해 '아는 것'을 붙임 쪽지에 작성한다. 물의 상태, 물의 상태 변화와 관련된 사전 지식을 확인한다.

<그림 1> KWL 차트 (수업 전)

> 교사　물의 상태에는 어떤 것들이 있나요?
>
> **학생들**　고체, 액체, 기체가 있어요.
>
> 교사　그럼, 물의 상태는 어떻게 변화하나요?
>
> **학생 1**　얼음이 녹는 것은 고체에서 액체로 변해요.
>
> **학생 2**　물이 끓으면 액체에서 기체로 변해요.

'아는 것'을 반 전체와 공유한 후, 물의 상태 변화에 관해 '알고 싶은 것'을 붙임 쪽지에 적어 칠판에 붙인다.

나. 실험 놀이 계획하기

'알고 싶은 것'에 대한 붙임 쪽지를 비슷한 주제로 분류하고 주제별로 구체적인 실험 계획을 세우도록 한다.

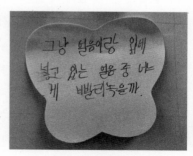

<그림 2> 알고 싶은 것 붙임 딱지

> 교사　여러분은 어떤 실험을 하고 싶나요?
>
> **학생 1**　그냥 얼음을 놔두는 것과 손에 놓았을 때 어떤 것이 빨리 녹는지 실험하고 싶어요.
>
> **학생 2**　휴지에 물을 묻혀서 어떻게 마르는지 관찰하고 싶어요.
>
> **학생 3**　공기와 물 중 어느 쪽의 얼음이 빨리 녹는지 실험하고 싶어요.

다. 실험 수행하기

개인별로 실험을 진행할 수 있으며 같은 실험이나 비슷한 실험은 모둠을 만들어 함께 의논하거나 도움을 주면서 실험할 수 있음을 안내한다. 자유롭게 과학실 내에서 얼음, 물, 끓인 물 등을 가지고 사전에 계획한 다양한 실험을 한다. 실험 중에 궁금하거나 알고 싶은 사항이 생기면 즉석에서 실험을 추가하는 것도 허용한다.

실험하면서 발생하는 물의 상태 변화나 과정, 결과 등을 관찰해 붙임 쪽지에 기록하고 칠판에 붙이도록 한다.

<그림 3> 실험 재료(얼음) 준비

라. 실험 결과 확인하기

실험을 수행하는 동안 교사는 실험 결과를 잘 도출할 수 있도록 질문을 통해 피드백한다.

교사   무엇을 알아보는 실험인가요?

학생 1   입 안에 있는 얼음과 손에 있는 얼음 중 어느 것이 빨리 녹는지 알아보는 실험이에요.

교사   동일한 크기의 얼음인지 어떻게 확인했나요?

학생 2   네, 무게가 최대한 같도록 전자저울을 사용했어요.

교사   결과는 어떻게 확인해야 할까요?

학생 3   다시 무게를 재면 될 것 같아요.

<그림 4> 얼음 녹이기 실험

마. 실험 놀이를 통해 배운 것 정리하기

학생들은 실험이 끝나면 결과를 '배운 것' 붙임 딱지를 칠판에 붙인다. 교사는 학생 전체와 함께 실험 결과를 공유한다.

교사   실험의 결과는 어떻게 되었나요?

학생 1   저는 얼음덩어리를 손바닥에 올리고 어떻게 되는지 관찰했는데요. 얼음이 녹아서 물이 되었고 손바닥이 빨갛게 변하고 손이 엄청 차가웠어요.

교사   손바닥이 왜 빨갛게 변했을까요?

학생 2   얼음이 차가워서 피부가 변한 것 같아요.

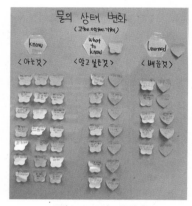

<그림 5> KWL차트(수업 후)

④ 탐구성찰

'실험 놀이' 관계 맺기 전략은 본격적인 탐구를 시작하기 전에 단원의 주제 또는 핵심 개념에 대해 호기심, 관심, 흥미를 가지도록 하는 동기유발을 자극하는 방식이다.

이 전략은 단원과 관련된 여러 가지 실험을 자유롭게 해보면서 사전 지식을 활성화하고 앞으로 배울 내용에 관해 미리 경험해 볼 수 있다. 학생들이 자율적으로 실험 계획을 세우기 때문에 학생들의 실험이 단원의 목표에서 벗어나기도 한다. 따라서 실험 주제에 맞는 실험을 할 수 있도록 주제를 명확하게 인식시켜 줄 필요가 있다. 또한, 학생들이 직접 실험을 계획하고 수행하기 때문에 실험을 설계하는 단계에서 고려해야 할 안전 요소를 놓치지 않도록 질문을 통한 맞춤형 피드백이 필요하며, 사전에 실험 도구 사용 수칙을 충분히 익히도록 한다.

1-5. 질문확장

1 탐구질문: 우주의 구성 요소와 관련해 무엇이 궁금하나요?

2 교육과정

핵심 아이디어	3~4학년 일반화	핵심 개념 Lens	관련 개념	범주/내용 요소			성취기준
				지식·이해	과정·기능	가치·태도	
태양계는 행성 및 소천체 등으로 구성되며, 생성 과정에 따라 태양계 천체의 표면은 다양하게 나타난다.	태양계의 구성 요소는 각 구성 요소가 가지는 특징에 따라 분류된다.	연결	태양계 별	태양계 행성	수학적 사고, 컴퓨터 및 모형 활용하기	-	[4과13-02] 태양계 구성원을 알고, 태양과 행성을 조사할 수 있다.
				별과 별자리	관찰, 측정, 분류, 예상, 추리 등을 통해 자료를 수집하고 비교·분석하기	자연과 과학에 대한 감수성	[4과13-03] 별의 정의를 알고, 북극성 주변의 별자리를 관찰할 수 있다.

3 탐구과정

가. 질문 초점 안내하기[1]

학생이 배워야 할 내용과 관련한 질문을 만들어 내기를 바란다면, 질문 초점을 분명하게 제시해야 한다. 명확한 초점을 제시해야 학생은 그 초점에 맞는 질문을 만들어 낸다.

질문 초점을 제시할 때 중요한 것은 질문 초점의 의미를 명확하게 이해하도록 하는 것이다. '우주'가 무엇을 의미하는지, '구성'이 무엇을 의미하는지, '요소'가 무엇을 의미하는지 명확하게 이해되어야 의미 있는 질문을 만들 수 있다.

나. 질문 생성하기

단원의 주제 또는 개념과 관련해 다양한 질문을 만들어 내도록 한다. 이러한 질문들은 학생들이 무엇을 궁금해하는지, 무엇을 알고 있는지 드러낸다. 질문을 만들 때는 최대한 많이 질문할 수 있도록 개방적인 분위기를 형성하고 서로의 질문을 평가하지 않도록 한다.

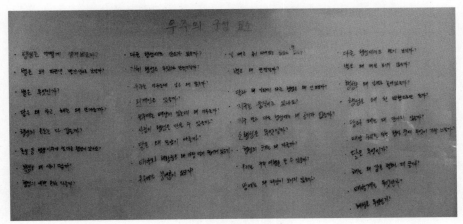

<그림 1> 학생이 생성한 질문

---

1 본 수업의 과정은 댄 로스스타인의 『한 가지만 바꾸기』의 활동 과정을 참고해 실천했다. 이 책은 학생이 질문을 만들고 정교화하도록 하는 방법을 이해하는 데 도움이 된다.

다. 닫힌 질문은 열린 질문으로, 열린 질문은 닫힌 질문으로 바꾸기

앞에서 생성한 질문을 정교화한다. 닫힌 질문은 '예/아니오' 또는 한 단어로 대답할 수 있는 질문이며, 열린 질문은 많은 문장을 활용해 대답해야 하는 질문이다. 질문을 바꾸는 과정을 통해 각 질문의 장단점을 파악하고, 이 2가지 질문이 탐구 과정에 어떤 도움이 되는지 이야기를 나눈다.

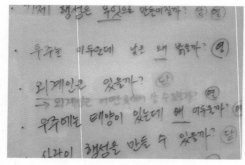

<그림 2> 닫힌 질문을 열린 질문으로 바꾸기

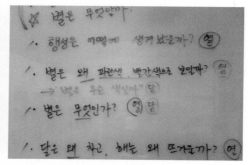

<그림 3> 열린 질문을 닫힌 질문으로 바꾸기

라. 분류, 묶기, 명명하기

다양하게 펼쳐진 질문들을 살펴보고 비슷한 질문들을 분류하여 묶는다. 각각 묶인 질문들의 이름을 명명한다. 이렇게 묶인 질문들은 모여서 소주제가 된다.

마. 질문의 우선순위 정하기

수행과제 해결 또는 탐구를 위해 질문을 해결할 순위를 결정한다. 이때 질문의 우선순위를 정할 범주를 다양하게 제시할 수 있다.

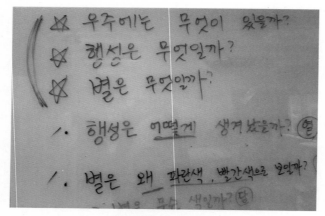

<그림 4> 질문의 우선순위 정하기

④ 탐구성찰

'질문확장' 관계 맺기 전략은 탐구를 시작하기에 앞서 학습자의 사전 지식을 확인하고 궁금증을 유발하는 방식으로 질문의 또 다른 질문을 형성한다. 또한 질문을 생성하고 분류하고 해결 순위를 정하는 과정에서 탐구의 흐름을 이해할 수 있다.

이 전략에서 가장 중요한 것은 질문 초점이다. 질문 초점을 너무 작게 설정한다면 질문을 확장하기 어렵다. 질문 초점을 너무 크게 설정하면 단원에서 학습해야 할 내용에서 벗어나는 질문들이 많이 생성될 수 있다. 질문 초점을 적절하게 설정하더라도 종종 단원에서 해결해야 할 탐구 내용과 거리가 먼 질문들이 만들어지기도 한다. 그러한 질문들은 방과 후 시간 또는 2022 개정 교육과정에서 도입된 학교 자율 시간 등을 활용해 각자 또는 함께 해결하는 시간을 확보할 수도 있다.

1-6. 토론 프로토콜

1 탐구질문: 사람의 생활 모습은 역사와 어떤 관계가 있을까요?

2 교육과정

핵심 아이디어	5~6학년 일반화	핵심 개념 Lens	관련 개념	범주/내용 요소			성취기준
				지식·이해	과정·기능	가치·태도	
각 시대의 모습에는 당시 사람들의 생활상과 사고방식이 반영된다.	사람의 생활 모습은 역사적 사건과 관계가 있다.	관계	민주화 산업화	민주화와 산업화로 달라진 생활 문화	역사 증거를 토대로 분석, 해석 및 판단하기	역사에 성찰적으로 접근하는 태도	[6사07-02] 민주화와 산업화로 인해 달라진 생활 문화를 사례를 들어 이해한다.

3 탐구과정

가. 문제나 질문 제시하기

문제나 질문 제시하기 단계는 2명씩 짝이 되어 주어진 문제를 파악하고, 문제에 대해 기초적인 이야기를 나누는 단계다. '사람의 생활 모습은 역사적 사건과 관계가 있다.'라는 일반화를 정당화할 수 있는 과거와 현재의 집회 모습이 담긴 사진을 무작위로 배치한 학습지를 제공한다. 충분히 관찰한 후 다음의 질문으로 이야기를 나눈다.

이때 제공한 사진은 화염병 투척 사진 2장, 촛불 집회 사진 2장이다.

<그림 1> 문제 살피기

> 교사　짝과 함께 사진을 두 묶음으로 나누어 보세요. 어떤 기준으로 나누었나요?
>
> 학생 1　앞의 사진과 뒤 사진으로 나누어 생각해 볼 수 있어요.
>
> 학생 2　앞의 묶음은 폭력적인데, 뒤의 묶음은 질서정연해요.

분류한 내용을 바탕으로 예전과 오늘날의 변화가 생긴 이유를 생각하도록 한다.

> 교사　폭력적 시위에서 평화적 집회로 변화한 까닭이 무엇일까요?
>
> 학생 1　너무 많은 사람이 다치면 나라가 유지가 안 돼요. 그래서 정부가 집회에서 요구하는 사항을 들어주었어요.
>
> 학생 2　민주주의를 위해 여러 사람이 희생되었기 때문이에요.
>
> 학생 3　민주주의가 성숙했기 때문이에요.

나. 4명이 그룹을 지어 생각 나누기

새로운 친구와 짝이 되어 만나 더 깊은 대화를 나누는 단계다. 이때 교사가 다양한 사전 지식과 관점을 가진 학생들이 서로 섞일 수 있도록 그룹을 형성하도록 해야 한다. 그룹을 정할 때는 짝끼리 대화하는 모습을 세심하게 관찰해 다양한 사전 지식과 관점을 가진 학생이 서로 섞일 수 있는 4명의 그룹으로 묶어 준다. 이질적 구성원으로 그룹을 형성하면 다양한 관점으로 깊이 있는 대화가 이루어질 수 있다.

4명의 학생이 주제에 관해 충분하게 대화하도록 한다. 교사는 순회하며 그룹에서 끊임없이 대화하도록 요청한다.

<그림 2> 4명이 생각 나누기

교사   이러한 변화가 생긴 이유가 무엇인가요? 그룹에서 나눈 대화를 이야기해 봅시다.

학생 1 여러 번의 시위와 여러 사람의 희생으로 민주주의가 발전했기 때문이에요.

교사   민주주의가 발전했다고 하는 것을 무엇이라고 말할 수 있을까요?

학생 1 민주주의 발전요.

학생 2 민주화요.

학생 3 민주국가요.

교사   그럼 이러한 변화에 대해 이제부터 함께 알아봅시다.

④ 탐구성찰

'토론 프로토콜' 관계 맺기 전략은 다양한 질문을 통한 대화 방법을 제공하는 방식이다. 이 전략의 다른 방식에는 4명이 함께 생각하기가 있다. 4명이 함께 생각하기는 토론 프로토콜의 한 전략으로 2명이 함께 주어진 문제나 질문에 대해 떠오르는 생각을 나눈다. 그 후 다른 2명의 짝과 만나 다양한 관점에서 더 깊은 대화를 한다. 침묵의 대화는 본 책의 사고기법 전략 중 '분필 토론'과 유사한 내용이다. 이를 참고해 활용할 수 있다.

일반적인 프로토콜의 의미는 빠르고 폭넓게 적용할 수 있는 고정 템플릿과 같은 개념이고 주로 질문에 많이 활용된다. 토론 프로토콜의 목적은 단원 주제나 개념에 대해 다양한 관점을 듣는 것이다. 이를 위해 모둠을 이질적인 집단으로 구성해야 더 효과적이다. 학습자는 다양한 생각을 들을수록 열린 마음을 가지게 되고, 학습할 단원에 더 적극적으로 참여하게 된다. 토론 인원이 부족한 소규모 학급의 경우, Clova-X나 Chat-GPT와 같은 AI 챗봇을 대화에 활용할 수 있다. 이런 경우 AI 챗봇이 말하는 것이 정답이 아니라, 하나의 의견이며 틀릴 수 있다는 것을 예를 들어 살펴보는 것이 중요하다. AI 챗봇도 잘못될 수 있다는 것을 함께 살펴보아야 논리적이고 비판적인 대화가 활성화된다.

1-7. 거미줄 토론

1 탐구질문: 정치와 민주주의를 하는 데 어떤 자세가 필요할까요?

2 교육과정

핵심 아이디어	5~6학년 일반화	핵심 개념 Lens	관련 개념	범주/내용 요소			성취기준
				지식·이해	과정·기능	가치·태도	
다양한 정치 주체가 정치과정에 참여하며, 민주주의는 여러 제도와 시민 참여를 통해 실현된다.	정치와 민주주의는 선거 등의 시민 참여를 통해 실현된다.	관점	선거	선거의 의미와 역할	사회문제 해결에 참여하기	민주적 기본 가치	[6사08-01] 민주주의에서 선거의 의미와 역할을 파악하고, 시민의 주권 행사를 위해 선거에 참여하는 태도를 기른다.

3 탐구과정

가. 토론 논쟁 질문 제시하기

토론을 시작하기 전, 원을 그리며 앉아 대화를 원활히 주고받을 수 있는 환경을 만든다. '하크니스 테이블'이라 불리는 본 탐구 전략에서 학생은 자유롭게 자기 생각을 쏟아내듯이 표현한다.

이 전략은 단원의 개념과 '관계 맺기'를 위한 전략이므로 학생이 아직 개념이 형성되지 않은 상황에서 진행된다. 그러므로 다양한 응답이 나올 수 있는 열린 토론 논쟁 질문을 제안하는 것이 좋다. 제시한 토론 주제는 '민주주의와 아는 척'이며 토론 프롬프트는 '민주주의는 항상 옳은가?'로 제시한다.

원형으로 제시된 학습지에 이름을 둘러쓰고 질문-응답의 방향을 화살표로 표시하면서 토론 상황을 시각화해 표현하도록 한다.

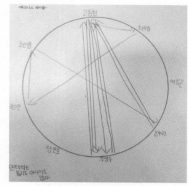

<그림 1> 토론 학습지

나. 토론 준비: '프롬프트 훈련(+대화형 AI)'

거미줄 토론은 절차가 따로 없는 자유토론이다. 자유토론은 개방적인 탐구가 가능해 다양한 생각을 나눌 수 있다. 사전 지식이 부족한 학생도 토론에 원활히 참여할 수 있도록 배경지식을 활성화하는 방안으로 Ask Up(대화형 AI)을 활용한다. 거미줄 토론의 장점을 극대화하기 위해 학생의 배경지식을 활성화할 필요가 있다. 대화형 AI 외에도 플립 러닝, 사전 과제 제시 등의 방법을 활용할 수 있다.

<그림 2> AI 활용

다. 토론하기

토론 중 누구든 대화를 원하면 손을 들고 기회를 요구하고, 앞선 발표자 또는 교사의 지시에 따라 하고 싶은 이야기를 마음껏 할 수 있다. 학급 내 토론은 10명 내외로 제한하고, 토론에 참여하지 않고 토론장 바깥에서 관찰하는 학생은 주어진 학습지에 대화가 오가는 상황을 화살표 선으로 표현하도록 역할을 부여한다.

교사는 대화 패턴을 관찰해 소수의 학생에게 토론이 집중되지는 않는지, 토론의 방향이 주제에서 크게 벗어나지는 않는지 확인한다.

<그림 3> 거미줄 토론 장면

라. 분석 및 결론 도출하기

교사는 대화에서 나타난 토론의 내용을 종합해 기록한다. 모둠별 토론 과정을 짧은 문장이나 단어로 칠판에 정리하고 토론 과정과 결과를 함께 토의한다. 제시된 아이디어를 모아 간략한 일반화를 구성한다.

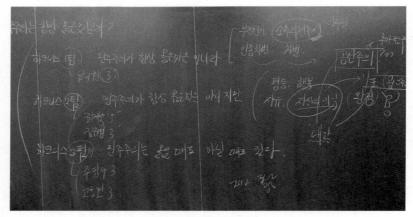

<그림 4> 토론 결과 분석

이 전략은 '관계 맺기 전략'에 해당하는 단원 초반의 활동이므로 정련된 일반화 작성에 집중하기보다는 학생들의 자유로운 의견을 모으는 방향으로 토의를 진행한다.

토론 후속 활동으로 개념적 질문을 통해 내용을 정리하거나 서로의 개념을 연결, 결합하는 등의 활동을 구성할 수 있다.

교사	민주주의에 대해서 거미줄 자유토론을 할 때 어떤 기분이 들었나요?
학생	틀려도 괜찮고 잘 몰라도 된다는 것이 익숙하지 않아서 어려웠어요.
교사	민주주의에 대해 관심을 갖게 되었나요?
학생	기회가 생긴다면 민주주의에 대해 더 많이 이야기하고 싶어요.

④ 탐구성찰

'거미줄 토론' 관계 맺기 전략은 개념 탐구의 초기 단계에 원형으로 둘러앉아 핵심 개념에 관해 알고 있는 내용을 자유롭게 상호소통하는 방식이다.

이 전략은 사전 지식이 없는 상황에서는 참여하기 어렵고, 오답에 대한 개방적인 분위기가 형성되어야 자유로운 대화가 이루어질 수 있다. 따라서 탐구를 성공적으로 이끌어 나가기 위해서는 준비와 격려가 필요하다. 하크니스 테이블에서 학생들이 서로를 바라보며 함께 이끌고, 참여자이자 진행자로서 강한 주도성을 발휘하는 활동이다. 교사는 학생의 학업 수행 역량을 키우고, 배움에 대한 애정과 다양성을 통해 타인을 수용하는 마음을 기를 수 있다.

시민의 선택과 참여, 그리고 개방적인 태도로 완성되는 민주주의는 본 탐구 전략과 유사한 속성을 지니고 있어 의사결정, 의사소통 역량을 중심으로 한 성취기준이나 단원을 만났을 때 효과가 더 커진다.

1-8. 선호도 다이어그램

① 탐구질문: 건강한 식습관은 무엇일까요?

② 교육과정

핵심 아이디어	5~6학년 일반화	핵심 개념 Lens	관련 개념	범주/내용 요소			성취기준
				지식·이해	과정·기능	가치·태도	
일상에서 직면하는 문제에 대처할 수 있는 역량은 개인 및 가족의 긍정적 발달과 행복한 일상의 삶을 주도적으로 이끌 수 있게 한다.	바람직한 식습관 형성은 긍정적인 발달을 가져온다.	기능	식습관	균형 잡힌 식사	바람직한 식습관 형성하기	일상생활 속 올바른 생활습관과 예절을 실천하는 태도	[6실01-04] 균형 잡힌 식사의 중요성과 조건을 탐색하여 자신의 식습관을 검토해 보고 건강한 식습관 형성에 적용한다.

③ 탐구과정

가. 사전 지식 활성화하기

'건강한 식습관을 위해 필요한 것을 말해 보자.'와 같은 구체적인 명령문을 제시한다. 교사는 개념질문과 관련된 구체적인 명령문을 먼저 제시함으로써 학생의 사전 지식을 활성화한다. 학생은 제시된 명령문에 대한 자신의 아이디어를 붙임 쪽지에 적어 칠판에 게시하고 공유한다. 아이디어를 작성할 때 정해진 정답이 없으며 자신의 경험과 지식을 자유롭게 이야기해도 된다는 것을 안내한다.

<그림 1> 구체적 명령문

나. 사전 지식과 개념질문 연결하기

구체적 명령문과 연결된 개념질문인 '건강한 식습관은 무엇일까요?'를 제시한다.

질문에 대한 자기 생각을 붙임 쪽지에 적어 칠판에 붙이고 공유한다. 이때 앞의 명령문으로 작성한 아이디어를 적극적으로 활용할 수 있음을 안내한다. 구체적 명령문에서 나타낸 사전 지식을 기반으로 개념적인 질문으로 연결하고, 이를 토대로 칠판에 붙어 있는 붙임 쪽지를 어떤 기준으로 분류할지에 대해 논의한다.

<그림 2> 개념질문

다. 그룹 이름 짓기

작성한 아이디어를 다양한 그룹으로 구분하고, 각 그룹에 대한 명칭을 부여해야 함을 안내한다. 학생들이 칠판의 붙임 쪽지를 열 또는 행으로 정렬하고 그룹화한 후 그 이유를 설명하도록 한다. 설명에 논리가 부족한 경우 붙임 쪽지를 재배열해 그 기준에 대해 설명할 수 있도록 한다. 최종적으로 배열된 붙임 쪽지 그룹의 이름을 함께 정한다. 붙임 쪽지를 배열할 때와 그룹명을 지을 때 토의, 토론이 충분히 이루어지도록 시간을 넉넉히 제공한다.

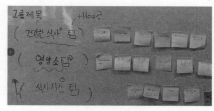
<그림 3> 그룹화

라. 공유하기

각 모둠의 이끔이가 붙임 쪽지의 그룹명을 발표한다. 그룹화한 자료를 바탕
으로 학생들은 자신들의 제작과정을 소개한다. 이때 교사는 다음과 같은 질
문을 통해 발표에 도움을 줄 수 있다.

<그림 4> 그룹 범주와 제목 설명

> 교사　어떻게 그룹 제목이 분류되었는가?
>
> 　　　아이디어들을 분류하면서 고민한 것이 있는가?
>
> 　　　인상적이었거나 새롭게 알게 된 내용이 있는가?

④ 탐구성찰

'선호도 다이어그램' 관계 맺기 전략은 개념과 관련된 구체적 명령문을 제시해 학생의 사전 지식이 끌어내고 그 사전 지식
을 활용해 개념질문에 답변하는 방식이다.

이 전략의 주요 목적은 정리되지 않은 학습자의 선행 정보를 체계화하고 이를 이해하여 모둠 토론과 의사결정을 촉진하
는 것이다. 선호도, 주제, 관심 영역, 그리고 기회를 식별하는 데 유용한 전략으로 문제 해결과 창의적 사고 과정에서 중요한
사전 정보가 된다. 학생의 개념에 대한 사전 이해 수준을 교사가 잘 알 수 있고 다음 단계인 개념 형성 활동을 설계하는 데
도움이 된다.

1-9. 모국어 연결

① 탐구질문: 모국어로 어떻게 쓰고 읽을까요?

② 교육과정

핵심 아이디어	1~2학년 일반화	핵심 개념 Lens	관련 개념	범주/내용 요소			성취기준
				지식·이해	과정·기능	가치·태도	
사물의 양은 자연수, 분수, 소수 등으로 표현되며, 수는 자연수에서 정수, 유리수, 실수로 확장된다.	자연수는 양과 순서를 추상해 나타낸 약속이다.	기능	수	네 자리 이하의 수	수를 세고 읽고 쓰기	자연수, 분수, 소수의 필요성 인식	[2수01-01] 수의 필요성을 인식하면서 0과 100까지의 수 개념을 이해하고, 수를 세고 읽고 쓸 수 있다.

③ 탐구과정

가. 모국어로 말하기

우리 학급의 21명 중 10명이 다문화 가정이다. 그중 5명은 베트남인 어머니와 한국인 아버지 가정으로 한글은 미해득이지만 한국어 소통은 가능하다. 나머지 5명은 올해 3월에 키르기스스탄, 우즈베키스탄, 방글라데시, 몽골에서 입국한 외국인 가정으로 한글뿐만 아니라 기본적인 한국어 대화도 어렵다.

아침 시간, 쉬는 시간과 방과 후 시간을 이용해 번역 앱(Google Translate, iTranslate Voice)을 매개로 교사와 모국어로 대화한다. 5명 중 4명의 학생은 부모의 협조로 매일 8시 이전에 등교해 학습 보충과 대화 시간을 확보할 수 있었다.

나. 학부모와 연결하기

5명의 외국인 학생은 만 6~7세의 나이로 모국어도 습득하지 못한 채 한국으로 입국한 상태다. 번역 앱으로 소통하려면 음성 지원이 필요하다. 하지만 키르기스스탄, 우즈베키스탄 등의 경우 현재(2023.4.기준) 음성 지원이 되지 않아 학부모의 도움이 필요하다. 수업 내용을 모국어와 연결하기 위해 부모님에게 도움을 구하는 전화 문자를 보낸다. 문자의 내용은 주로 현재 배우고 있는 단원을 모국어로 어떻게 읽고 설명하는지 자녀에게 가르쳐 달라는 내용이다.

이번 탐구 단원의 경우 자녀가 1~9까지 모국어로 쓰고 읽을 수 있도록 가르쳐 달라고 부탁하는 전화 문자를 보낸 후, 모국어로 된 질문으로 안내된 학습지를 가정으로 보낸다. 질문은 다음과 같다.

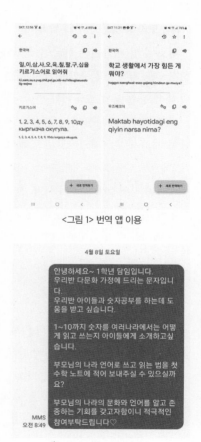

<그림 1> 번역 앱 이용

4월 8일 토요일

안녕하세요~ 1학년 담임입니다. 우리반 다문화 가정에 드리는 문자입니다.
우리반 아이들과 숫자공부를 하는데 도움을 받고 싶습니다.

1~10까지 숫자를 여러나라에서는 어떻게 읽고 쓰는지 아이들에게 소개하고싶습니다.

부모님의 나라 언어로 쓰고 읽는 법을 첫 수학 노트에 적어 보내주실 수 있으실까요?

부모님의 나라의 문화와 언어를 알고 존중하는 기회를 갖고자함이니 적극적인 참여부탁드립니다♡

<그림 2> 학부모 연결

> [한국어] 1, 2, 3, 4, 5, 6, 7, 8, 9를 어떻게 쓰고 읽나요?
> [우즈베크어] 1, 2, 3, 4, 5, 6, 7, 8, 9 o'zbek tilida qanday yoziladi va o'qiladi?
> [베트남어] Cách viết và đọc 1, 2, 3, 4, 5, 6, 7, 8, 9 trong tiếng Việt?
> [벵골어] কিভাবে বাংলায় 1, 2, 3, 4, 5, 6, 7, 8, 9 লিখিত ও পড়তে হয়?
> [러시아어] Как писать и читать 1, 2, 3, 4, 5, 6, 7, 8, 9 по-русски?
> [몽골어] Ta 1, 2, 3, 4, 5, 6, 7, 8, 9-ийг хэрхэн бичиж, уншдаг вэ?

다. 이중 언어 질문 개발하기

부모와 함께 모국어로 1~9까지의 수를 쓰고 읽는 법을 배워서 학습지에 기록해 학급 친구들에게 발표한다. 교사는 해당 모국어에 얽힌 의미와 유래 등을 사전에 조사하거나 학부모에게 문의해 전해 들은 것을 설명으로 덧붙일 수 있다. 학습지는 단원이 끝날 때까지 교실에 게시해 수시로 친구에게 설명해 보게 한다.

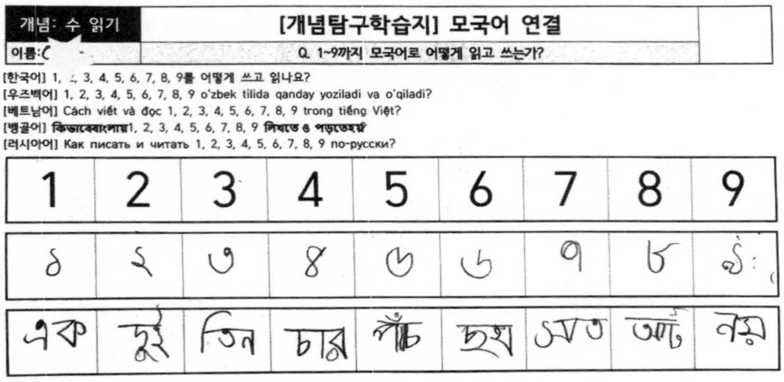

개념: 수 읽기	[개념탐구학습지] 모국어 연결	
이름:	Q. 1~9까지 모국어로 어떻게 읽고 쓰는가?	

[한국어] 1, 2, 3, 4, 5, 6, 7, 8, 9를 어떻게 쓰고 읽나요?
[우즈벡어] 1, 2, 3, 4, 5, 6, 7, 8, 9 o'zbek tilida qanday yoziladi va o'qiladi?
[베트남어] Cách viết và đọc 1, 2, 3, 4, 5, 6, 7, 8, 9 trong tiếng Việt?
[벵골어] কিভাবেবাংলায়1, 2, 3, 4, 5, 6, 7, 8, 9 লিখতে ও পড়তে হয়?
[러시아어] Как писать и читать 1, 2, 3, 4, 5, 6, 7, 8, 9 по-русски?

1	2	3	4	5	6	7	8	9

<그림 3> 이중 언어 질문 학습지

라. 모국어 사용 친구와 짝 되기

평소 수업 시간에는 한국인 친구와 짝이 되어 학습을 보조받는다. 급식과 놀이 시간에는 외국인 친구끼리 짝이 되는 기회를 자주 제공한다. 교사는 자리 배치, 특별 과제 등을 통해 모국어와 한국어를 함께 사용할 수 있는 여건을 조성한다.

키르기스어를 사용하는 학생과 우즈베크어를 사용하는 학생이 짝이 된 지 두어 달이 지나자 우즈베크어로 통일해 소통하기 시작하면서 모국어 사용 친구가 되었다. 베트남 다문화 가정의 학생은 방과 후 교과 보충 프로그램 시간에 한글 공부를 함께하며 자연스레 모국어 사용 친구이자 공부 친구가 되었다. 하지만 모국어 사용 친구의 연결로 모국어 사용 친구끼리만 어울리는 분위기가 되지 않도록 유동적인 모둠 배치와 수업 설계를 고민해야 한다.

<그림 4> 모국어 짝 친구

④ 탐구성찰

'모국어 연결' 관계 맺기 전략은 탐구할 주제와 관련된 사전 지식이나 초기 질문을 모국어로 표현하고 모국어 공동체(가정)와 현지어 공동체(학교)를 연결해 단원의 개념과 관계 맺도록 돕는 방식이다.

이 전략은 다문화 가정이 증가하고 있는 상황에서 현지어와 모국어를 함께 사용하는 이중 언어 학습자에게 유용하다. 모국어와 현지어 모두 자유로운 경우, 학생이 직접 두 언어로 초기 질문을 생성하고 아이디어를 마인드맵할 때 두 언어를 혼용해 매핑하는 활동이 가능하다. 다문화 가정은 무엇보다 모국어 공동체(가정)와의 소통이 중요하다. 교사가 먼저 문화적 겸손(사람에게 가장 중요한 문화적 정체성의 측면에서 다른 방향으로 대인 관계적 입장을 유지하는 능력)의 자세로 모국에 대한 자부심을 가질 수 있도록 대화한다.

2-1. 프레이어 모델

① **탐구질문: 봉사는 어떤 마음으로 해야 할까요?**

② **교육과정**

핵심 아이디어	5~6학년 일반화	핵심 개념 Lens	관련 개념	범주/내용 요소			성취기준
				지식·이해	과정·기능	가치·태도	
배려는 타인에 대한 관심과 공감을 기반으로 타인의 삶을 개선한다.	봉사는 도덕적 사회를 만들기 위한 책임이다.	책임	봉사	타인을 왜 도와야 하며, 어떻게 도울 수 있을까?	타인의 상황을 주의 깊게 관찰하고 다양한 도움 방안 탐색하기	타인을 위하는 자세	[6도02-01] 봉사의 의미와 중요성을 이해하고, 타인이 처한 상황과 환경에 대한 주의 깊은 관심을 바탕으로 봉사를 실천한다.

③ **탐구과정**

가. 개념과 관련된 경험 나누기

단원의 개념인 '봉사활동'에 대한 학생의 사전 개념을 확인한다. 봉사활동은 학교에서 체험 가능한 범위로 한정해 환경 정화 활동, 친구 돕기, 캠페인 활동으로 크게 3가지로 나뉘어져 있음을 설명한다.

자신의 경험을 토대로 봉사에 해당하는 예와 해당하지 않는 예를 탐색하도록 한다. 이때 각 모둠이 생각하는 봉사활동의 예를 붙임 쪽지에 적어 교실에 게시한다. '청소 봉사, 친구 돕기, 모금 활동, 재능 기부' 등의 거시적인 예로 적을 수도 있고, '친구의 공부를 도와준 일, 당번이 아닌데 교실 청소를 한 일, 복지원에 가서 어린 아기들을 돌본 일' 등의 구체적 예로 적을 수도 있다.

표현 방법보다는 봉사에 해당하는 예와 해당하지 않는 예를 구분하는 것이 중요하므로 모두 허용된다는 것을 알린다. 봉사의 예가 아닌 것으로는 '벌로 청소를 한 일, 환경미화원이 돈을 받고 청소를 한 일, 억지로 한 일, 집에서 가족 간의 약속으로 한 일' 등을 생각할 수 있다.

나. 속성 발견하기

모둠 토의를 통해 봉사에 해당하는 예와 해당하지 않는 예를 찾고 나면 학급 전체에 모둠 결과를 공유한다. 이 활동은 학생들이 더 많은 정보를 수집할 수 있도록 하기 때문에 다음 활동인 봉사의 속성 발견에 도움을 준다. 봉사에 해당하는 예와 해당하지 않는 예를 비교해 '대가를 받지 않는다, 다른 사람에게 도움이 된다, 자발적으로 해야 한다.' 등의 속성을 발견할 수 있다.

이처럼 개념에 해당하는 예와 해당하지 않는 예를 모둠 활동을 통해 속성을 발견한 후, 전체 발표를 하게 되면 학생들은 더 많은 정보를 공유할 수 있다. 이때 속성 발견 활동에 나온 다음과 같은 학생 질문을 논제로 삼아 토론 수업으로 연결한다.

학생 1 독립운동처럼 대가를 바라지 않고 타인을 위하는 일도 봉사라 할 수 있나요?

학생 2 단 한 사람을 후원하는 기부도 봉사라 할 수 있나요? 그저 개인적 친분 표시 아닐까요?

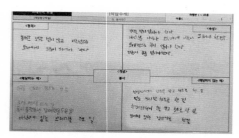

<그림 1> 프레이어 모델 활동지

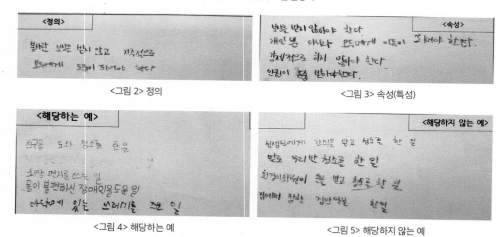

<그림 2> 정의

<그림 3> 속성(특성)

<그림 4> 해당하는 예

<그림 5> 해당하지 않는 예

다. 개념 정의하기

학생들은 봉사의 속성들을 묶거나 가장 적절하다고 생각하는 대표 속성을 활용해 봉사의 개념을 정의할 수 있다. 개념 정의 활동은 학급 학생의 역량에 따라 바로 개인 활동으로 하거나 모둠 활동지를 통해 연습의 과정을 거친 후 개인 공책에 개념을 정의할 수도 있다. 학생들은 "봉사란 대가를 받지 않고 다른 사람에게 도움이 되는 것이다. 봉사란 마음에서 우러난 자발적인 활동이다. 봉사란 돈을 받지 않고 많은 사람에게 도움을 주는 활동이다. 봉사란 돈을 받지 않고 다른 사람에게 도움이 되는 도덕적 행동이다."와 같이 봉사의 개념을 정의할 수 있다.

'봉사란 대가를 받지 않고 다른 사람에게 도움이 되는 것이다. 봉사란 마음에서 우러난 자발적인 활동이다. 봉사란 돈을 받지 않고 많은 사람에게 도움을 주는 활동이다. 봉사란 돈을 받지 않고 다른 사람에게 도움이 되는 도덕적 행동이다.'와 같이 봉사의 개념을 정의할 수 있다.

④ 탐구성찰

'프레이어 모델' 개념 형성 전략은 활동지의 4칸을 차례로 구성해 가며 학생들이 개념을 정의하는 방식이다. 학생들이 관련 개념에 대해 얼마나 많은 정보를 가지고 있느냐에 따라 다른 방식으로 사용할 수 있다. 개념에 대한 사전 지식이 있으나 개념을 정확하게 정의하기 어려운 경우 예시와 비예시를 비교해 봄으로써 개념을 정확하게 정의하도록 하고, 개념에 대한 지식이 전혀 없는 경우 속성을 열거한 후 속성을 바탕으로 예시와 비예시를 구분해 개념을 정확하게 정의하도록 할 수 있다.

이 전략은 개념 형성 단계뿐만 아니라 다양한 단계에서 사용하기에 유용하다. 관계 맺기 단계에서 학생들의 선 개념을 확인하거나, 조사하기 단계에서 학생들의 조사 내용을 정리할 때 활용도가 높다. 주제를 비워 두고 그래픽만 출력해 코팅한 후 교실에 보관하면서 수시로 사용할 것을 추천한다.

2-2. 개념 사분면

① 탐구질문: 박은 무엇일까요?

② 교육과정

핵심 아이디어	5~6학년 일반화	핵심 개념 Lens	관련 개념	범주/내용 요소			성취기준
				지식·이해	과정·기능	가치·태도	
음악은 고유한 방식과 원리에 따라 다양한 속성을 청각적 형태로 구현한 것이다.	박은 일정한 시간 간격으로 인식되는 것이다.	영향	음악 요소 (박)	음악 요소	감지하며 듣기 인식하고 구별하기	-	[6음02-01] 음악을 듣고 음악의 요소를 감지하며 구별한다.

③ 탐구과정

가. 사분면 조직자 소개하기

음악은 소리로 표현된다. 따라서 음악과 관련된 개념에 대해 이해하기 위해서는 단순하고 직관적으로 이해할 수 있는 예시를 탐구하는 것이 좋다. 개념 사분면 전략을 활용해 박과 박이 아닌 소리를 구분해 박을 이해할 수 있도록 돕는다. 학생들에게 3가지의 같은 종류의 소리를, 다른 1가지의 다른 종류의 소리를 들려주도록 한다. 3가지의 소리는 공통의 속성을 지니고 있으며, 다른 1가지는 다르다는 것을 강조하고 우리는 이제 3가지의 소리가 가지고 있는 공통의 속성을 찾고 탐구할 것임을 안내한다.

나. 개념 사분면 탐구하기

〈그림 1〉의 예시와 같이 3가지의 같은 종류의 소리와 1가지의 다른 종류의 소리를 들려준다. 3가지 소리는 모두 박이 느껴지는 소리로써, 리듬악기를 활용해 빠르기를 다르게 해서 들려준다. 나머지 하나는 다른 종류의 소리로 박이 느껴지지 않도록 무작위로 리듬악기를 연주한다.

소리로만 인식할 수 있도록 녹음된 소리를 들려주거나, 학생이 보지 못하는 곳에서 직접 리듬악기로 소리를 들려줄 수 있다. 학생들은 들리는 소리를 바탕으로 3가지 같은 소리와 다른 1가지 소리를 구별해 본다.

보통 빠르기의 박 소리	빠른 빠르기의 박 소리
느린 빠르기의 박 소리	박이 아닌 소리

〈그림 1〉 소리의 예시

다. 초점 맞추기

4가지 소리를 구분하는 데 어려움을 겪는 학생이 있다면 무엇에 집중해야 하는지 관찰의 범위를 좁혀 줄 수 있다. 3가지의 소리가 공통으로 소리 간에 일정한 간격이 있음에 초점을 맞추지 못하고, 각 소리에서 느껴지는 감정 또는 느낌에 집중한다면 들리는 소리를 동그라미나 V 등의 모양으로 표현해 보도록 할 수 있다. 또는 박을 연주하는 모습을 직접 보여줌으로써 박 사이의 일정한 간격에 집중할 수 있도록 한다. 또한 4가지 소리가 모두 가지는 공통점에 대해 먼저 이야기를 나누면 차이점을 인식하는 데 도움이 된다.

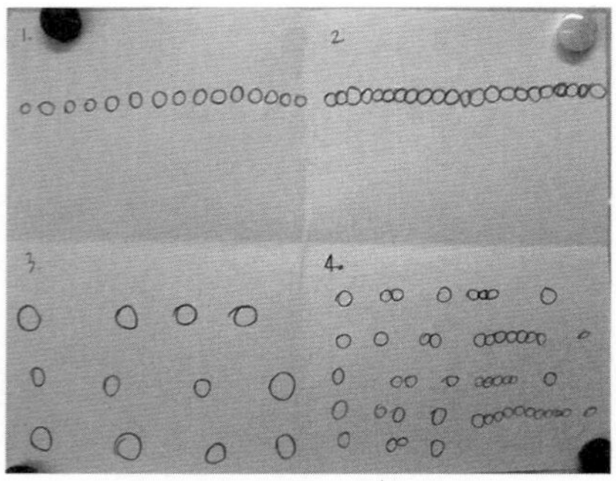

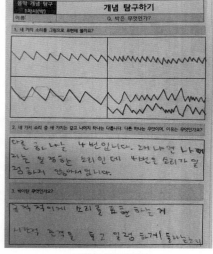

<그림 2> 박을 그림으로 표현하기

라. 결과 정리하기

각 소리에 대한 메모 또는 박을 모델링한 그림을 바탕으로 박의 속성을 정리하고 정의한다.

교사	4가지 소리 중에서 3가지는 같고 나머지 하나는 다릅니다. 다른 하나는 무엇이며, 이유는 무엇인가요?
학생	다른 하나는 4번이에요. 왜냐하면 3가지 소리는 일정한 소리인데 4번은 소리가 일정하지 않기 때문이에요.
교사	그렇다면 박은 무엇일까요?
학생	규칙적으로 소리를 표현하는 것이에요.

이후 다른 학생들과의 추가 논의를 바탕으로 최종적으로 '박은 시간적 간격을 두고 일정하게 인식되는 것'이라는 정의에 도달하게 된다.

<그림 3> 박 정의하기

마. 개념 심화하기

학생들이 박의 개념을 명확히 형성했다면 박과 관련한 창조 활동을 할 수 있다. 몸 또는 악기를 활용해 박을 표현해 보도록 한다. 학생들이 박을 표현하고 자신이 박을 표현했음을 설명할 때 박의 정의를 활용해 설명할 수 있는지 확인한다.

4 탐구성찰

'개념 사분면' 개념 형성 전략은 개념의 필수 속성을 탐구할 수 있도록 돕는 방식이다. 개념의 가장 중요한 속성을 찾아내어 인식할 수 있도록 하는 것이 중요하다. 탐구하고자 하는 개념이 가진 많은 속성 중 찾아내고 인식해야 하는 단 한 가지의 속성을 제외한 나머지 속성은 모두 같은 것으로 조직자를 선정하면 학생은 교사가 의도한 속성을 인식하고 개념을 탐구할 수 있다. 여기에서 찾아야 하는 속성은 개념을 정의하기에 필요한 핵심 속성으로 선정한다.

이 전략은 교사가 의도를 갖고 개념 사분면을 구성하기 때문에 학생이 비교적 쉽게 개념의 속성을 찾아낼 수 있다. 그러나 교사가 의도한 개념의 속성을 인식하기에 어려움이 있는 학생이 있다면 다양한 방법으로 초점을 맞출 수 있도록 도와야 한다. '신호등 반응' 사고 전략과 같은 사고 전략을 활용해 개인별 이해 정도를 파악하고 피드백을 제공할 수 있다.

2-3. 모두, 일부, 없음

① 탐구질문: 어떻게 분류할까요?

② 교육과정

핵심 아이디어	1~2학년 일반화	핵심 개념 Lens	관련 개념	범주/내용 요소			성취기준
				지식·이해	과정·기능	가치·태도	
우리는 서로 관계를 맺으며 생활한다.	우리는 다양한 생명들과 더불어 살아간다.	연결	생태	사람·자연· 동식물	탐구하기	-	[2슬01-04] 사람과 자연, 동식물이 어우러져 사는 생태를 탐구한다.

③ 탐구과정

가. 사실 탐색하기

사실적인 예시를 수집하기 위해 학교 주변에 볼 수 있는 생명을 돋보기와 루페로 관찰한다.

> 교사　여러분이 관찰한 생명은 어떤 것들이 있었나요?
>
> **학생**　개미, 나비, 거미, 개구리, 제비꽃, 개나리, 벚꽃 등이에요.
>
> 교사　어떤 도구로 관찰했나요?
>
> **학생**　개미, 나비, 거미, 쥐며느리, 무당벌레는 루페로 관찰했어요. 제비꽃, 벚꽃, 개나리, 민들레, 원추리, 봄까치꽃은 돋보기로 관찰했어요.
>
> 교사　왜 관찰 도구를 다르게 사용했을까요?

<그림 1> 생명 관찰

나. 특성 탐구하기

돋보기로 관찰한 생명과 루페로 관찰한 생명의 차이가 '움직임'의 여부라는 것을 이해한다. 생명의 '생김새' 특성이 드러나게 그림으로 표현한 후, 말로 설명한다.

> 교사　여러분이 관찰한 생명은 어떤 특징을 가지고 있나요?
>
> **학생 1**　개미는 다리가 6개이고 검정이에요.
>
> **학생 2**　쥐며느리는 다리가 아주 많아요.
>
> **학생 3**　개나리는 나무에서 피고 노란색이에요.
>
> **학생 4**　봄까치꽃은 땅에 붙어 자라고 남색이에요. 등

움직임, 생김새 외에 어떤 특성이 있는지 이야기를 나눈다.

<그림 2> 특성 표현

다. 분류기준 정하기

직접 관찰할 수 있는 생명은 한정되어 있으므로 생명을 관찰해 직접 그린 카드에 동식물 사진 카드를 추가로 제공한다. 카드를 자유롭게 분류한 후 분류기준(특성)을 설명한다.

<그림 3> 마음대로 나누기

교사   왜 그렇게 나누었나요?

학생 1 색깔이 비슷한 것끼리 나누었어요.

학생 2 서로 친한 친구끼리 나눴어요.

교사   색이나 친하기 등의 특성이 아닌 '사는 곳, 생김새, 움직임, 먹이' 등의 특성으로 분류해 봐요.

라. 유형 제시 및 관계 설명하기

'모두', '일부', '없음' 유형을 제시한다. 각자 그중 하나의 유형을 임의대로 고른다. 선택한 유형의 벤다이어그램 안에 카드를 배치한 후 그렇게 분류한 이유를 설명한다. 관찰 자료나 제공된 사진 자료 외 추가로 동식물을 그려 넣거나 이름을 표기하도록 허용한다.

유형 선택을 어려워하거나 카드 배치를 힘들어하는 경우, 유형 당 1가지 정도의 모델을 제공한다. 예를 들어, '모두'는 동물과 곤충, '일부'는 사는 곳, '없음'은 동물과 식물 등이다. 자신이 분류한 것을 '모두, 일부, 없음'이란 단어를 사용해 설명한다.

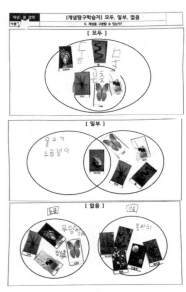

<그림 4> 개념 탐구 학습지

> **학생 1** 개미, 나비, 거미, 개구리, 다람쥐, 제비꽃, 민들레, 꽃잔디, 개나리, 벚꽃 등은 모두 살아있어요. [모두]
>
> **학생 2** 개미, 나비는 곤충이고 거미, 쥐며느리는 곤충이 아니에요. [없음]
>
> **학생 3** 개구리는 땅에도 살고 물에도 살아요. [일부]
>
> **학생 4** 제비꽃, 민들레, 꽃잔디는 풀이고 개나리, 벚꽃, 목련은 나무예요. [없음]

④ 탐구성찰

'모두, 일부, 없음' 개념 형성 전략은 둘 이상의 개념 간의 관계를 한눈에 나타내어 개념에 집중할 수 있게 돕는 방식이다. 이 전략은 사실적 예시의 특성을 구분해 개념별로 묶은 후, 그 개념 간 관계를 진술하는 형식으로 귀납적으로 개념을 습득하기에 유용하다.

이 전략은 탐구 주제 외 교사의 의도에 따라 모두, 일부, 없음의 3가지 유형 중 한 유형에만 집중할 수도 있고 3가지 유형 모두를 활용할 수도 있다. 복잡한 개념을 탐구하는 경우 벤다이어그램의 원을 추가해 3개 이상의 원으로 표현할 수도 있다.

2-4. 형용사

1 탐구질문: 우리 마을 중심지의 특징은 무엇일까요?

2 교육과정

핵심 아이디어	3~4학년 일반화	핵심 개념 Lens	관련 개념	범주/내용 요소			성취기준
				지식·이해	과정·기능	가치·태도	
장소는 다른 장소와 차별되는 자연적·인문적 성격을 지니며, 특정 장소에 따른 장소감은 개인이나 집단에 따라 다양하다.	생활 주변의 주요 장소는 상대적 위치가 드러난다.	상호 작용	장소와 지역	생활 주변의 주요 장소	생활 주변의 주요 장소 조사하기	장소에 대한 경험 공감 및 장소에 대한 감수성	[4사01-02] 주변의 여러 장소를 살펴보고, 우리가 사는 곳을 더 살기 좋은 곳으로 만드는 방안을 탐색한다.

3 탐구과정

가. 우리 고장의 중심지 방문하기

우리 고장 중심지의 특성을 파악하기 위해 ○○마트 근처로 걸어가 본다. 학생들은 마트 주변에서 할아버지, 할머니, 아저씨, 아주머니 등 여러 사람을 만나고 청도 시장, 농협, 농기구 가게, 김밥 파는 곳, 넓은 도로, 주차된 차 등 다양한 시설과 사물을 보게 된다.

<그림 1> 우리 고장 중심지 방문

> 교사　○○마트 근처는 어떤 특징이 있을까요?
>
> **학생 1**　사람이 많아요.
>
> **학생 2**　차가 많아요.
>
> **학생 3**　차가 많아요.

나. 형용사 목록 확인하고 수정하기

지역 중심지의 특징에 관해 다음 구문의 빈칸을 형용사로 나타낸다.

<그림 2> 형용사 목록 확인

우리 지역의 중심지는 ＿＿＿＿＿＿＿＿＿＿는(은) 곳 또는 장소

학생이 작성한 형용사 예시는 다음과 같다.

> 교통이 편리한, 가게가 많은, 학교가 많은, 역이 있는, 사람이 많은, 공공시설이 많은….

개인이 작성한 형용사를 모둠원과 함께 확인한다. 모둠원과 함께 협의해 어울리지 않는 형용사는 제외하거나 수정한다. 예를 들어 '놀이공원이 많은'이라는 형용사는 놀이공원이 지역의 중심지에 있는 경우가 거의 없으므로 교사는 질문을 통해 학생이 스스로 인지할 수 있도록 지원한다.

다. 상위 개념으로 나타내기

학생이 작성한 형용사 중에 '자동차가 많은, 역이 있는, 도로가 넓은, 버스가 많이 다니는'이라는 형용사를 하나의 단어로 어떻게 나타낼 수 있을지 이야기를 나눈다. '교통'이라는 상위 개념으로 연결되면서 교통이 자동차, 버스, 기차뿐만 아니라 주차장, 도로 등을 포함하는 폭넓은 개념임을 이해한다.

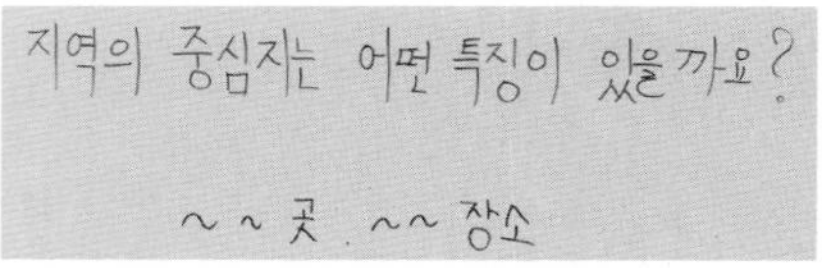

또한 카페, 마트, 음식점, 편의점 등은 '편의시설', 경찰서, 소방서, 보건소, 도서관, 군청 등은 '공공시설', 병원, 약국, 한의원 등은 '의료시설'이라는 상위의 개념 등을 이해한다.

<그림 3> 단원의 핵심 질문

라. 개념 정의하기

지역의 중심지 관련되어 있지 않은 형용사들과 중복된 형용사들은 제외하고 마지막으로 문장을 완성할 수 있도록 시간을 주고 형용사를 선형으로 배치하도록 한다.

교사는 한 모둠씩 순회를 하며 제외할 부분이 명확하게 구분되었는지 중복된 것은 없는지 통합할 수 있는 상위 개념은 무엇인지 질문한다.

문장 완성이 활동이 끝난 모둠은 다른 모둠의 형용사에는 어떤 것이 있는지 확인한다. 모둠 간의 공통된 형용사는 무엇인지 살펴보고 반 전체의 문장을 완성한다.

<그림 4> 모둠별 문장 완성

최종적으로 '지역의 중심지는 교통이 편리하고 사람들의 왕래가 잦고 공공시설, 편의시설, 의료시설이 많은 곳이다.'라는 정의로 합의한다.

④ 탐구성찰

'형용사' 개념 형성 전략은 학생들의 경험적 활동을 통해 주도적 개념을 형성하는 데 유용한 방식이다. 형용사라는 언어의 형태로 표현하기 위해서 주도적 개념과 관련된 자신의 경험을 떠올리게 되며 이 경험이 개념에 부합하는지에 대한 인지적 갈등을 통해 고차원적인 사고를 경험하게 된다.

이 전략은 개념을 설명하고 명확하게 하는 데 도움이 되는 추가 정보를 제공한다. 명확성과 정확성을 제공하는 것부터 감정을 불러일으키고 의사소통에 깊이를 더하는 것까지 형용사는 언어의 다양한 기능을 수행한다. 개념의 효과적인 표현력은 개념 정의의 정확도를 신장한다. 교사가 정답을 정해 놓는 것이 아니므로 직접 대화와 토론 등의 의사소통 과정을 거쳐 전체가 합의한 한 문장으로 정의를 내린다. 이러한 전체 합의 과정은 각자 다른 생각으로 발생할 수 있는 인지적 갈등이 대화를 통해 상호보완되면서 자연스럽게 해소하게 된다.

2-5. 분류-기술-명명하기

① 탐구질문: 작품 속 조형을 어떻게 분류할까요?

② 교육과정

핵심 아이디어	5~6학년 일반화	핵심 개념 Lens	관련 개념	범주/내용 요소			성취기준
				지식·이해	과정·기능	가치·태도	
작품 제작은 표현 재료와 방법, 조형 요소와 원리 등을 선택하고 활용해 창의적으로 문제를 해결하는 과정을 통해 예술적 성취를 경험하게 한다.	조형 요소와 원리는 여러 종류의 시각적인 요소들과 그 요소들의 관계로 형성되는 질서이다.	형태	조형 원리	조형 요소와 원리의 관계	다양한 방법으로 아이디어를 연결하기	자유롭게 시도하는 태도	[6미02-03] 조형 요소의 어울림을 통해 조형 원리를 이해하고 주제 표현에 연결할 수 있다.

③ 탐구과정

가. 수업 준비하기

본 단원에서는 3~4학년군에서 학습한 조형 요소에 대한 이해를 바탕으로 조형 원리를 이해하는 것이 목적이다. 따라서 조형 요소를 복습하고 조형 요소의 개념과 연결해 조형 원리를 이해할 수 있도록 탐구를 구성한다.

나. 조형 요소 자료 분류 및 명명하기

점, 선, 면, 형, 색, 질감 등 조형 요소의 특징이 드러나는 여러 개의 작품 카드를 제시하고 분류하도록 한다. 이때 조형 요소에 대해 설명해 주지 않고 작품 카드만 제시한다. 작품을 분류할 기준을 모둠 친구들과 의논해 정하고 분류기준에 대해 논리적으로 설명하도록 한다. 그리고 분류를 통해 형성된 그룹의 이름을 모둠별로 정하고 전체에 공유한다.

모둠별로 분류 및 명명 결과를 비교하고 소감을 나눈 후 교사는 조형 요소의 종류를 설명한다. 각 모둠 모두 색, 점, 선, 면 등의 요소는 쉽게 발견했지만, 질감이라는 요소는 처음 들어보았다는 반응을 보인다. 학생들은 조형 요소 분류와 기술, 명명하기를 다음과 같이 설명한다.

모둠 1   줄무늬, 도형이, 사진이, 그림이, 점박이로 이름을 붙이고 분류했습니다. 왜냐하면, '줄무늬'는 주로 줄로 작품을 표현했고, '도형이'는 삼각형이나 사각형 등의 도형으로 표현했습니다. '점이'는 점으로 표현했고 '그림'은 연필 그림으로, '사진'은 사진을 찍은 것처럼 표현했기 때문입니다.

모둠 2   색, 흑백으로 이름을 붙이고 분류했습니다. '색'은 색깔이 있고, '흑백'은 검정과 흰색으로만 표현했기 때문입니다.

<그림 1> 조형 요소 분류 예시

다. 조형 원리 자료 분류 및 명명하기

통일, 반복, 강조, 비례, 율동, 점증·점이 등 조형 원리의 특징이 드러나는 여러 개의 작품 카드를 제시하고 분류하도록 한다. 조형 요소 탐구와 동일하게 조형 원리에 대해 미리 이야기해 주지 않고 각 카드를 보고 분류기준을 모둠 친구들과 논의해 자신들만의 논리로 설명하도록 한다. 이 과정에서 지난번 조형 요소 분류를 체험해 보았기 때문에 분류의 기준이 좀 더 정교해짐을 느낄 수 있다. 분류를 통해 형성된 그룹의 이름을 지정하고 발표한다. 조형 원리의 종류를 설명하고 학생들의 분류 및 명명 결과와 비교하고 소감을 나눈다.

조형 원리 관련 용어들은 처음 들어본다는 학생이 많았지만, 실제 분류한 결과, 명칭만 조금씩 다를 뿐 의미가 비슷한 것들이 많음을 확인한다. 학생들은 조형 원리의 분류, 기술, 명명하기에 대해 다음과 같이 설명했다.

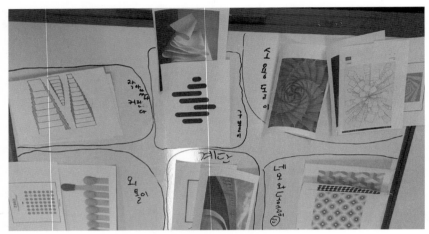

<그림 2> 조형 원리 분류 예시

모둠 1 구불이, 작았다 커진다, 외톨이, 소용돌이로 이름을 붙였습니다. 왜냐하면, 구불이는 구불구불한 선으로 표현했고, 작았다 커진다는 모양이 같은 모양이 점점 커지기 때문입니다. 또 외톨이는 혼자만 다른 모양이 있고 소용돌이는 뭔가 뱅글뱅글 돌아가는 느낌이 듭니다.

모둠 2 불규칙과 규칙으로 이름을 붙였습니다. 왜냐하면, 규칙적으로 모양이 줄어들거나 커지는 것이 있는 것이 있고, 어떤 것들은 규칙이 없이 혼자만 다른 것이 있기 때문입니다.

④ 탐구성찰

'분류-기술-명명하기' 개념 형성 전략은 주어진 자료의 특징을 파악하고, 기준을 정해 분류하고 특징이 드러나는 이름을 지어 봄으로써 개념에 집중시키는 방식이다. 개념을 형성하는 초기 과정과 사고를 정리하는 마지막 과정에서도 사용할 수 있다.

이 전략에서 중요한 것은 교사의 발문이다. 학생들이 분류할 때 대상의 특징을 다양한 시각에서 깊이 있게 관찰할 수 있도록 질문하는 것이다. 단순히 눈에 보이는 하나의 특징만을 가지로 분류하지 않도록 모든 특징을 생각해 보도록 하는 것이 필요하다. 새롭게 발견한 특징은 없는지, A와 B는 서로 다른 곳에 분류했지만 비슷한 특징은 없는지 등의 추가 발문을 통해 좀 더 세세하게 분류하고 탐구하도록 해야 학생의 이해가 깊어질 수 있다.

2-6. 개념 수수께끼

① 탐구질문: 수수께끼는 어떻게 만들까요?

② 교육과정

핵심 아이디어	1~2학년 일반화	핵심 개념 Lens	관련 개념	범주/내용 요소			성취기준
				지식·이해	과정·기능	가치·태도	
우리는 여러 공동체 속에서 생활한다.	마을 공동체에는 여러 직업을 가진 사람들이 도움을 주고받으며 생활한다.	연결	마을	마을의 모습과 생활	살펴보기	관심	[2슬02-01] 우리가 살고 있는 마을과 사람들이 생활하는 모습을 살펴본다.

③ 탐구과정

가. 개념 수수께끼 설명 및 시범 보이기

본 수업의 목적은 수수께끼 놀이를 통해 '마을'과 '직업' 개념을 형성하는 데 있다. 교사는 학생들에게 수수께끼 문제를 내며 시범을 보이고 수수께끼를 만드는 방법을 설명한다. 1행은 종류나 부분의 하나로 개념의 범위를 나타내고, 2행부터 4행은 개념의 대표적인 특징을 나열한다.

마지막 5행은 '이것은 무엇일까요? / 나는 누구일까요?' 질문으로 끝맺는다.

> 교사 (~의 하나입니다. / 종류입니다) 이것은 계절 중 하나입니다.
> (첫 번째 특징) 이것은 시원한 바람이 붑니다.
> (두 번째 특징) 이것은 날씨가 점점 선선해집니다.
> (세 번째 특징) 이것은 나뭇잎의 색도 노랗고, 빨갛게 변합니다.
> 이것은 무엇일까요?
>
> 학생들 정답은 가을이에요.
>
> 교사 (~의 하나입니다. / 종류입니다) 이것은 무언가를 배우는 장소 중 하나입니다.
> (첫 번째 특징) 이곳은 많은 학생이 모입니다.
> (두 번째 특징) 이곳은 다양한 과목을 배울 수 있습니다.
> (세 번째 특징) 이곳은 다양한 활동도 하고 놀이도 합니다.
> 나는 누구일까요?
>
> 학생들 정답은 학교예요.

나. 개념 수수께끼 만들기

학생들은 '마을'과 '직업' 개념을 다섯 고개 놀이 형태로 수수께끼를 만들어야 한다. '마을'과 '직업'의 수수께끼 문제를 만들기 위해 다음과 같이 질문하며 학생들의 개념 형성을 돕는다.

> 교사 '마을'이란 무엇이라고 생각하나요?
>
> 학생 우리가 사는 곳이요. 사람들이 모여 사는 작은 도시라고 생각해요.

<그림 1> 개념 수수께끼 작성

교사	마을은 어떤 사람들로 이루어져 있을까요? 어떤 직업과 역할들이 있는지 생각해 보세요.
학생	마을에는 이웃 사람도 살고 친구도 살아요. 마트 사장님, 공부방 선생님, 탕후루 파는 사람, 치킨 파는 사람이 있어요.
교사	마을에는 어떤 장소가 있나요? 가장 중요한 장소와 그 이유는 무엇이라고 생각하나요?
학생	아파트, 빌라, 식자재 마트, 학교가 있어요. 가장 중요한 장소는 소방서라고 생각해요. 왜냐하면 불이 나면 출동해서 불을 꺼 주고, 우리를 지켜주니까요.
교사	사람들은 왜 직업을 가질까요?
학생	일을 하고 돈을 벌어야 하니까요. 돈을 벌어야지 그 돈으로 우리가 먹고살아요.
교사	여러분은 어떤 직업에 대해 알고 있나요? 우리 마을에는 어떤 직업이 있나요?
학생	경찰관, 소방관, 환경미화원이 있어요. 유치원 선생님, 영양 선생님도 있어요.
교사	우리는 직업을 가진 사람들에게 어떤 도움을 받고 있나요?
학생	경찰관은 도둑을 잡고, 선생님은 공부를 가르쳐 주셔서 우리를 똑똑하게 만들어 줘요.

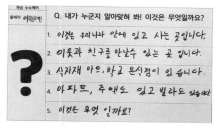

<그림 2> '마을' 개념 수수께끼

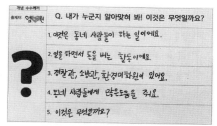

<그림 3> '직업' 개념 수수께끼

다. 개념 수수께끼 놀이하기

'내가 누군지 알아맞혀 봐! 이것은 무엇일까요?'

친구들과 함께 수수께끼 놀이를 시작한다. 1명씩 앞으로 나와 수수께끼 문제를 큰 소리로 읽어 주고, 나머지 학생들은 수수께끼의 답이 무엇인지 짐작한다. 답을 알아맞힌 학생이 그다음 문제를 내며 놀이를 이어간다.

활동을 마무리하며 개념 수수께끼 놀이를 통해 학생들은 무엇을 이해했는지 다음과 같이 질문한다.

<그림 4> 개념 수수께끼 놀이

교사	이번 시간에 우리가 이해한 개념은 나와 어떤 연관이 있나요?
학생 1	나는 우리 마을에서 여러 사람과 함께 살고 있어요.
학생 2	우리 마을에는 다양한 직업을 가진 사람들을 많이 볼 수 있어요.

④ 탐구성찰

'개념 수수께끼' 개념 형성 전략은 핵심 개념에 대한 필수 속성을 반영해 설명하고 그 답을 맞히는 개념 형성 방식이다. 인지 발달과 문제 해결 능력부터 흥미와 사회적 상호작용에 이르기까지 다양한 이점을 제공하는 전략이다.

이 전략은 학생들이 개념 수수께끼를 만드는 과정에서 개념적 사고를 구체적으로 형성할 수 있다. 그뿐만 아니라 친구들에게 수수께끼를 설명하고 답을 맞히며 재미와 즐거움을 느끼고 수업에 적극적인 참여를 유도한다. 놀이 활동 후에는 개념과 일반화에 관한 질문을 통해 자신의 이해를 다시 한번 점검한다.

2-7. 결합하기

1 탐구질문: 우리 지역의 문제란 무엇일까요?

2 교육과정

핵심 아이디어	3~4학년 일반화	핵심 개념 Lens	관련 개념	범주/내용 요소			성취기준
				지식·이해	과정·기능	가치·태도	
다양한 정치 주체가 정치과정에 참여하며, 민주주의는 여러 제도와 시민 참여를 통해 실현된다.	지역의 문제는 시민의 정치 참여를 통해 해결된다.	인과	정치 과정	주민 참여와 지역사회 문제 해결	사회 문제 해결 참여하기	민주적 기본 가치	[4사09-01] 생활주변에서 찾을 수 있는 여러 가지 문제를 파악하고, 그 문제를 합리적으로 해결하는 능력을 기른다.

3 탐구과정

가. 개별 어휘 작성하기

개념의 정의를 만들어 내기 전에 '고장의 문제'에 관해 사용할 수 있는 어휘를 함께 이야기를 나눈다. 지역의 문제와 관련된 구체적 사실에서 관련된 어휘들을 떠올린다. 예를 들어 병원시설이 부족하다면 어휘는 의료시설, 부족함 등이 될 것이다.

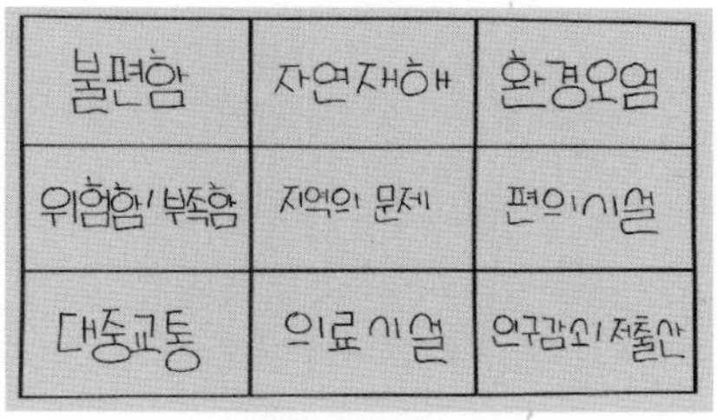

<그림 1> 개별 틱택토[2]

> 교사   여러분이 생각하는 고장의 문제에 관해 떠오르는 단어들을 이야기해 봅시다.
>
> **학생 1**   뭔가 부족하거나 불편함이에요. 우리 지역에는 의료시설이 부족해서 불편해요.
>
> **학생 2**   환경오염이에요. 강이 쓰레기로 오염되었어요.
>
> **학생 3**   나 혼자만의 문제가 아니라 우리 지역 사람들 전체의 문제에요.

나. 반 전체 어휘 작성하기

개별로 작성한 틱택토 학습지를 바탕으로 반 전체의 틱택토 어휘를 정리해 본다. 반 전체의 어휘를 정리하기 위해서는 개별 틱택토 판에서 확장된 판을 사용한다.

학생들은 지역의 문제로 저출산으로 인한 인구감소, 환경오염, 의료시설 부족, 편의시설 부족, 대중교통의 불편함, 노인인구 증가, 자연재해로 인한 위험, 공공시설 부족 등을 들었다.

<그림 2> 학급 틱택토

'지역의 문제는 누구와 관련이 되어 있는지?', '어떤 문제가 있는지?' 이 문제로 인해 겪는 고통은 무엇인지? 에 대해 구체적 사실과 관련해 개념과 관련된 어휘를 작성해 본다.

---

2   틱택토란 가로, 세로, 대각선으로 같은 게임 말 3개를 나란히 놓으면 점수를 얻게 되는 게임이다.

다. 모둠의 개념 정의하기

개념과 관련된 어휘를 바탕으로 '지역의 문제는 무엇일까?'에 대한 정의를 내린다. 3~5분 정도의 시간을 주고 개별의 개념 정의를 개발하도록 한다. 지역의 문제를 정확히 분석하는 것이 이번 탐구의 목표이므로 관련된 어휘를 나열해 정의를 구체적으로 작성토록 한다. 이때 안내한 사항은 다음과 같다.

<그림 3> 개념 정의

> 1. 개별 개념 정의가 끝나면 모둠이 함께 하나의 개념을 작성한다.
> 2. 두 정의 간에 유사성이 있는지 새로운 아이디어가 있는지 살펴보고 결합해 새로운 정의를 형성한다.

라. 반 전체의 개념 정의하기

교사 내 생각을 모둠의 생각을 하나의 문장으로 작성해 봅시다.

모둠 1 우리 지역의 문제는 인구가 감소하고 의료시설이 부족한 것입니다.

모둠 2 우리 지역의 문제는 태풍이나 비로 자주 자연재해를 입는 것입니다.

모둠 3 우리 지역의 문제는 쓰레기나 축사 등으로 인해 환경이 오염되는 것입니다.

교사 지금부터 각 모둠이 작성한 의견을 바탕으로 전체의 생각을 정리해 봅시다.

집중하기-결합하기	사회 3. 우리 지역의 문제와 주민 참여	
	Q. 우리 지역의 문제란 무엇일까요?	
질문 유형	**내용**	
나의 생각	지역의 문제는 인구감소가 위험하고, 대중교통이 불편하고, 편의시설이 부족할 것이다	
모둠의 생각	지역의 문제는 사람들이 자연재해로 위험하고, 환경오염 때문에 지구가 위험하고 인구감소 때문에 사라질수도 있어서 위험하다	
전체의 생각	지역의 문제는 저출산으로 인구가 감소하고 의료시설이 부족하고 자연재해로 위험하고 환경이 오염되는 것이다	

<그림 4> 개념 정리 학습지

모둠의 개념 정의가 끝나면 반 전체 학생이 모여 개념을 정의한다. 각 모둠에서 형성된 공통의 정의를 찾고 이를 결합해 반 전체가 지역의 문제와 관련된 하나의 개념을 생성하도록 한다. 우선순위를 고려해 지역의 문제는 저출산으로 인한 인구감소와 편의시설이 부족으로 사람들이 겪는 불편함, 자연재해와 환경오염으로 인한 위험성이 지역의 문제로 정의된다.

최종적으로 반 전체의 생각은 '지역의 문제는 지역의 여러 상황으로 인해 사람들이 불편을 겪게 되는 상황이다.'로 합의되었다.

4 탐구성찰

'결합하기' 개념 형성 전략은 개인이 만들어 낸 개념 정의를 토대로 학급 전체가 개념의 정의를 반복적으로 개발하는 방식이다. 이 전략에 성공하기 위해서는 그 전 단계인 관계 맺기에서 충분히 학생의 사전 지식을 활성화할 수 있도록 해야 한다.

이 전략은 다양한 마이크로 개념을 매크로 개념으로 결합할 때 유용하다. 학습 과정에 학생들을 적극적으로 참여시키는 데 초점을 맞춘 접근 방식이다. 학생들이 가진 마이크로 개념들의 정보를 결합하고 통합해 주제에 대한 더 깊은 이해를 얻도록 장려할 수 있다. 교사는 교과를 시작하는 단계에서 교과서의 텍스트를 찾고, 유목화하는 것으로 교과 단원의 전반적인 개념 찾기에 활용이 된다.

② **교육과정**

핵심 아이디어	5~6학년 일반화	핵심 개념 Lens	관련 개념	범주/내용 요소			성취기준
				지식·이해	과정·기능	가치·태도	
인류는 공동의 번영과 공존을 위해 지역적 수준까지 다양한 공간적 스케일에서 상호 협력 및 연대가 필요하다.	지구촌 공존을 위해 남북한 상호 협력과 연대가 필요하다.	체제	공존 세계	분단과 평화의 장소 평화 통일을 위한 노력	지구촌을 위협하는 문제 해결을 위한 노력 조사하기 사회문제 해결에 참여하기	인류 공동 문제에 대한 관심	[6사07-01] 분단으로 인해 나타난 문제점과 분단과 관련된 장소를 평화의 장소로 만들기 위한 노력 등을 알아보고, 평화 통일을 위해 우리가 할 수 있는 일을 탐색한다.

③ **탐구과정**

가. 척도 정의하기

공존이라는 개념을 칠판에 적고 어떤 의미인지 이야기를 나눈다.

교사 공존(共存), 2가지 이상의 사물이나 현상이 함께 존재합니다. 우리 주변에 공존하며 살아가는 것에 어떤 것들이 있을까요? (도농상생 직거래 장터 홍보물 사진을 제시) 사진 속 홍보물은 무엇을 뜻할까요?

학생 1 농산물을 30% 싸게 판매해서 농촌은 물건을 팔 수 있어서 좋고 사는 사람들은 물건을 싸게 살 수 있어서 좋은 것 같아요.

교사 우리반 친구들은 서로 공존하고 있나요?

학생 2 네, 서로 존중하면서 공존하고 있다고 생각해요.

교사 예를 들면 어떤 모습들이 있을까요?

학생 3 다른 친구들에게 학용품을 빌려주거나 하는 것 같아요.

나. 척도 제시 및 배치하기

공존이라는 개념과 관련된 형용사를 선정해 제시한다. '공존에 매우 가깝다.'와 '공존가 아주 멀다.'를 척도의 양 끝으로 제시한다. 학생들에게 명이 빠진 사진만을 제시하고 모둠별로 척도에 배치한다.

<그림 1> 사례 조사

교사 부부간에 가족 문제를 해결하려고 약간의 언쟁을 하는 장면입니다. 이 모습은 흔히 가정에서 볼 수 있는 모습이죠. 이 모습은 공존의 모습을 볼 수 있을까요?

학생 2 싸우고 있는 모습이니 공존과는 거리가 멀다고 생각해요.

교사 가족들이 어떤 문제를 해결하기 위한 다툼이니 공존으로도 볼 수 있지 않을까요? 여러분들이 그림이나 사진을 바라볼 때 부부간의 싸움이니까 공존이 아니라고 판단하기보다는 왜 저런 싸움을 하는 거냐고 생각해 보았으면 합니다.

척도에 배치하기 위해 모둠원들과 근거를 들어 충분히 토의한다. 토의 과정에 위치를 바꾸거나 빼며 최종적으로 배치한다. 배치하게 된 근거를 붙임 쪽지에 쓰고 향후 발표 시에 활용한다.

다. 정렬의 이유 정당화하기

모둠별로 함께 토론을 통해 각 차원에서의 가장 높고 낮음을 배치하고 정당화할 이유를 정리해서 적는다. 학생들이 정렬한 이유는 다음과 같다.

<그림 2> 정렬하기

학생 1 (문경시 사과축제 사진) 문경시 사과축제는 문경의 대표 축제 중 하나인 만큼 타지 사람들이 문경으로 많이 와요. 다른 지역과 문경의 공존이라 볼 수 있다고 생각해요.

학생 2 (남북한 공동대표팀 카누 용선 200M 동메달 획득 사진) 남북한은 갈라섰지만, 남북한 국민에게는 통일의 마음이 있었던 것 같습니다. 이런 만남은 공존이라고 할 수 있어요.

학생 3 (38선 사진) 남북한이 38선으로 나뉘어 있으니 공존이 아니라고 생각하는 친구도 있었고 휴전이기 때문에 많이 사람들이 더 이상 죽거나 다치지 않을 수 있어서 공존이라고 생각하는 친구도 있어서 저희는 가운데에 정렬했어요.

라. 학급 토론 및 아이디어 기록하기

각 모둠에서는 척도를 배치하면서 새롭게 알게 된 내용, 배치하기 어려웠던 사례와 그 이유를 발표한다. 모둠 발표 후 공존의 개념에 대해 전체 토론을 하고 듣는 사람은 토론 과정을 기록한다.

<그림 3> 학급 토론

교사 공존과 먼 사례에는 어떤 것들이 있었나요?

학생 1 6·25전쟁이 공존과 거리가 멀다고 생각하고, 어른, 아이 할 것 없이 너무 많은 사람이 죽고 다치기 때문이에요.

교사 공존과 가깝다에 배치된 사례에는 어떤 것들이 있나요?

학생 2 도시 속에 공원을 조성해 도시와 자연이 공존할 수 있다는 것을 볼 수 있었어요.

교사 좀 더 구체적인 예를 들면?

학생 3 남한과 북한이 전쟁 없이 서로 돕고 살아가는 것, 가족 간에 서로 의견을 맞춰 가면서 살아가는 것, 환경을 생각하면서 사람들이 새로운 기술을 만드는 것이라고 생각해요.

교사 그렇다면 여러분이 생각하는 공존이란 개념은 무엇일까요? 각자의 생각을 써 봅시다.

④ 탐구성찰

'스펙트럼 정렬' 개념 형성 전략은 개념을 이해하기 위해 개념과 관련된 다양한 사실이나 현상을 토론하고 그 결과를 스펙트럼 척도에 정렬하는 방식이다. 추상적이고 복잡한 개념을 사진이나 자료를 활용해 한눈에 시각적으로 정렬하고 자연스럽게 개념을 형성하기에 유용하다.

다양한 사례를 제시할 때 사진에 대한 설명을 언급하지 않고 먼저 제시된 사진이 무엇을 뜻하는지 학생 스스로 유추하고 정렬해 보는 것이 개념을 형성하는 데 더 효과적이다.

2-9. 다이아몬드 랭킹

① 탐구질문: 봉사는 왜 해야 할까요?

② 교육과정

핵심 아이디어	5~6학년 일반화	핵심 개념 Lens	관련 개념	범주/내용 요소			성취기준
				지식·이해	과정·기능	가치·태도	
배려는 타인에 대한 관심과 공감을 기반으로 타인의 삶을 개선한다.	봉사는 타인에 대한 도덕적 책임이다.	책임	봉사	타인을 왜 도와야 하며, 어떻게 도울 수 있을까?	타인의 상황을 주의 깊게 관찰하고 다양한 도움 방안 탐색하기	타인을 위하는 자세	[6도02-01] 봉사의 의미와 중요성을 이해하고, 타인이 처한 상황과 환경에 대한 주의 깊은 관심을 바탕으로 봉사를 실천한다.

③ 탐구과정

가. 관련 지식 얻기

관련 지식 얻기 단계에서는 개념과 관련된 사례를 접하고 관련 지식을 얻어야 하는 단계이다. 봉사에 대한 개념을 익히기에 앞서 학생들과 함께 '이태석 신부'에 대한 영상을 시청한다. 그리고 이태석 신부에 대해 다음의 질문을 제시한다.

> **교사** 이태석 신부는 왜 남수단으로 갔나요? 무슨 보상이 있었나요?
>
> **학생 1** 사람을 치료하러 갔어요. 아무 보상도 없었어요.
>
> **교사** 이태석 신부를 봤을 때 봉사란 무엇이라 생각하나요?
>
> **학생 2** 보상 없이 무엇을 하는 것이에요. 정확히 모르겠어요.
>
> **교사** AI 챗봇을 활용해 봅시다. 봉사가 무엇인지 초등학교 6학년이 알아들을 수 있도록 짧게 알려줘.
>
> **AI** 봉사란 자발적으로 다른 사람이나 사회에 도움이 되는 일을 하는 것을 말합니다. 예를 들어, 동네 공원을 청소하거나 동물보호센터에서 동물을 돌보는 일을 하는 것이 봉사의 한 예입니다. 봉사는 다른 사람이나 동물, 환경 등을 돕는 일을 통해 자신의 능력을 발휘하고 좋은 영향력을 미치는 것입니다. 이렇게 봉사하면 자신의 성장과 발전에도 도움이 되며, 사회적 책임감을 느끼는 데에도 도움이 됩니다.
>
> **학생들** 봉사는 보상 없이 다른 사람을 도와주는 겁니다.

나. 사례 살펴보기

사례를 검토하는 단계다. 이 단계에서 사례를 교사가 제시할 수 있지만, 사전 작업에서 학생이 조사한 내용을 사용할 수도 있다.

> **교사** 봉사로 할 수 있는 것은 어떤 것이 있을까요?
>
> **학생들** 교실 쓰레기 줍기, 세이브더칠드런에 기부하기, 아픈 친구 돕기, 헌혈하기, 머리카락 길러 기부하기, 길거리 쓰레기 줍기, 교실 책장 정리하기, 복도 청소하기, 화장실 청소하기가 있어요.

이때 순위를 매기는 다이아몬드 랭킹 특성상 학생들이 발표한 내용을 모두 수용한다. 학생들이 발표한 내용을 칠판에 기록해 모든 학생이 살펴볼 수 있도록 한다. 그리고 모둠별로 붙임 쪽지에 사례를 기록하고 모둠별로 검토한다.

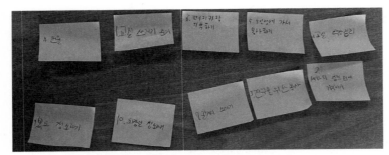

<그림 1> 선정된 봉사활동 사례

다. 공동으로 사례연구 순위 정하고 이유 나누기

사례의 순위를 매기고, 그 후 모둠별로 사례를 발표하고 그렇게 매긴 이유를 공유하는 단계다. 모둠별로 여러 사례에 대해 '봉사'의 개념이 잘 나타낸 사례인지 아닌지를 순서대로 배치할 수 있도록 한다. 배치할 때 첫째 줄 1개, 둘째 줄 2개, 셋째 줄 3개, 넷째 줄 2개, 다섯 번째 줄 1개 순으로 다이아몬드 모양을 유지하며 배치하도록 안내한다. 그리고 사례 순위를 정할 때 배치한 논리(가치)를 가지고 일관성 있게 해야 한다는 것을 설명한다. 배치하면서 모둠 내에서 의견이 다를 때 서로 설득 타협할 수 있도록 한다.

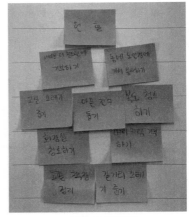

<그림 2> 순위 정하기

라. 순위를 정한 이유 나누기

다이아몬드를 구성하면서 상위와 하위에 배치된 예시와 배치된 이유를 나누는 단계이다. 이를 위해 모둠별로 다이아몬드 랭킹 순위를 발표하도록 한다. 그리고 그렇게 순위를 정한 이유를 모둠별로 발표하도록 한다. 모둠별 발표할 때는 '1명 남고 3명 가기'를 통해 모든 학생이 발표에 참여하도록 한다. 이때에도 각자의 의견을 교류하고 토론할 수 있도록 충분한 시간을 준다.

랭킹 순위를 매길 때 고려한 요소는 다음과 같고, 이 요소들은 봉사의 기준이 된다.

<그림 3> 1명 남고, 3명 가기

고려 요소 1	고려 요소 2	고려 요소 3
사회에 가치로운 일인가?	자발적인가?	보상이 있었는가?

④ 탐구성찰

'다이아몬드 랭킹' 개념 형성 전략은 각 예시가 개념을 어느 정도 반영하고 있는지 정렬해 보는 집중하기 방식이다. 개인이나 모둠이 상대적으로 중요성이나 가치를 기준으로 항목이나 중요도의 순위를 매기는 데 도움이 된다.

이 전략은 개념에 대해 토론과 대화를 할 수 있는 정답이 없는 개념을 배우는 교과인 도덕, 사회과 수업에 활용하기 좋다. 네 번째 단계인 '순위를 정한 이유 나누기' 단계에서 이유를 나눌 때 모둠 내에서 무임승차 하는 학생이 있을 수 있다. 이때 모든 학생이 수업에 참여하도록 '1명 남고 3명 가기', '2명 남고 2명 가기'와 같은 토의 전략을 활용할 수 있다.

① 탐구질문: 건강한 식습관은 무엇일까요?

② 교육과정

핵심 아이디어	5~6학년 일반화	핵심 개념 Lens	관련 개념	범주/내용 요소			성취기준
				지식·이해	과정·기능	가치·태도	
일상에서 직면하는 문제에 대처할 수 있는 역량은 개인 및 가족의 긍정적 발달과 행복한 일상의 삶을 주도적으로 이끌 수 있게 한다.	건강한 식습관은 균형 잡힌 식단으로 규칙적인 식사를 하는 것이다.	기능	식습관	균형 잡힌 식사	바람직한 식습관 형성하기	일상생활 속 올바른 생활습관과 예절을 실천하는 태도	[6실01-04] 균형 잡힌 식사의 중요성과 조건을 탐색하여 자신의 식습관을 검토해 보고 건강한 식습관 형성에 적용한다.

③ 탐구과정

가. 개념 그래프 두 축의 개념 선택해 제시하기

두 개념을 축으로 구성된 그래프를 제시해 개념과 관련된 사례를 그래프에
배치할 수 있게 준비한다. 교사는 수업에서 배우는 핵심 질문 및 일반화를 잘
고려해 개념을 정해야 한다. 또한, 개념과 각 사례의 연관성이 상호 비교가 될
수 있어야 한다.

본 탐구과정에 사용할 두 축의 개념은 균형과 규칙성이다. 균형과 규칙성은
이번 단원에서 탐구하는 건강한 식습관의 주요 개념이다.

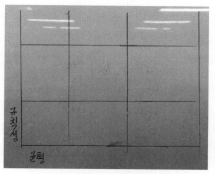

<그림 1> 개념 그래프

나. 2가지 개념과 관련된 사례연구 조사하기

사전학습으로 일주일 동안 아침, 점심, 저녁이 구분된 식단 일지를 작성한
다. 학생이 작성한 식단 일지를 다음과 같은 질문을 활용해 두 개념을 사례와
연결한다.

교사　식단일지의 식단은 영양소가 균형 있게 들어 있는가?

교사　식단일지의 식단은 규칙적인가? 어떤 점에서 규칙적인가?

다. 사례별 그래프 위치에 관해 토론하기

학생들은 개념과 관련된 사례들을 그래프에 배치한다. 그래프 배치를 하면
서 각 사례를 비교하고 대조한다. 사례들이 서로 충분히 토의 토론 활동으로
배치되고 다시 배치되기도 한다.

이 과정에서 학생들은 거의 모든 음식이 영양소를 균형 있게 포함하고 있을
것이라고 생각하는 경향이 있다. 이런 경우는 다음과 같은 질문을 한다.

교사　각 음식은 어떤 영양소를 포함하고 있나요?

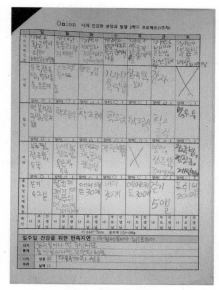

<그림 2> 일주일 치 식단일지

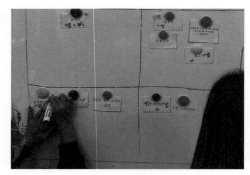

<그림 3> 사례 배치

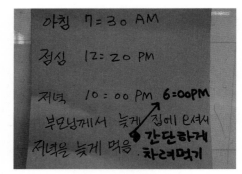

<그림 4> 규칙성 관련 사례

질문에 답변하기 위해 음식의 영양소를 기록하다 보면 자신의 관점이 바뀐다.

하루 식단의 식사 시각과 함께 연결된 사례에서 규칙성에 관해서 탐구한다. 사례의 식사 시각을 다시 규칙적으로 배치하고 필요한 노력이 무엇인지 파악해 규칙적인 식단을 구성해 볼 수 있다.

라. 개념을 더 명확화하기

개념 그래프 활동을 충분히 한 이후에 '건강한 식습관은 (   )을 하는 것이다.'라는 문장 구조를 활용해서 일반화한다. 이 활동을 통해 좀 더 건강한 식습관에 대한 개념을 명확히 정의한다. 두 개의 주요 개념(규칙성, 균형)을 활용해 '건강한 식습관은 균형 잡힌 식단으로 규칙적인 식사를 하는 것이다.'와 같이 정의할 수 있다.

마. 이후 적용 전이 활동과 연계해 구성해 보기

사례들을 보면서 '어떤 음식이 추가되면 영양소가 균형을 이룰 수 있을까?'와 같은 질문을 통해 학생들은 알고 있는 개념을 적용하는 탐구를 할 수 있다. 식단에 없는 영양소를 찾아서 그 영양소 식단을 더 넣도록 설계할 수 있다. 어떤 영양소가 부족한지 파악해서 그 영양소가 포함된 음식을 구성하는 것은 건강한 식습관을 형성할 때 필요한 성찰이다.

<그림 5> 균형 개념 수정

④ 탐구성찰

'개념 그래프' 개념 형성 전략은 2개의 개념 축으로 그래프를 만들고 2개의 개념과 연관된 사례를 배치하며 개념을 형성하는 방식이다. '네 모퉁이 토론'과 유사한 형식으로 학생들은 모둠별로 토론을 통해 개념과 관련된 사례를 배치한다.

이 전략은 학생의 경험으로 사례를 직접 만들 수도 있고, 경험해 보지 못한 요소들을 고려해서 미리 교사가 사례를 제시할 수 있다. 사례를 배치하기 위한 토의 토론을 하면서 학생은 개념에 대해 더 명확하게 접근한다. 교사는 대화형 인공지능(Ghat GPT)을 활용하면 더 제시하기에 적합하면서도 풍부한 사례들을 구성할 수 있다.

2-11. 차원의 척도

① 탐구질문: 식물은 어떤 구조로 연결되어 그 기능을 유지하고 있을까요?

② 교육과정

핵심 아이디어	5~6학년 일반화	핵심 개념 Lens	관련 개념	범주/내용 요소			성취기준
				지식·이해	과정·기능	가치·태도	
식물은 광합성으로 양분을 만들며, 생물은 호흡을 통해 생명 활동에 필요한 에너지를 얻는다.	식물은 뿌리, 줄기, 잎, 꽃이 서로 연결되어 기능을 수행하며 생명을 유지한다.	연결	식물	뿌리, 줄기, 잎, 꽃의 구조와 기능	생물 관찰 및 분류하기	자연과 과학에 대한 감수성	[6과11-02] 식물의 구조를 관찰하고, 기능을 알아보는 실험을 수행해 식물 각 기관의 구조와 기능을 설명할 수 있다.

③ 탐구과정

가. 척도와 개념 소개하기

교사　식물은 어떤 구조로 이루어져 있죠?

학생　꽃, 줄기, 잎, 뿌리로 나눌 수 있어요.

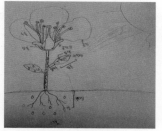

<그림 1> 식물의 구조 조망도

　식물의 구조에 대해 각자의 개념을 그림이나 글로 표현한다. 식물을 이루는 세포들이 어떻게 서로 작용해 생명을 유지하는지에 대해 고민하는 시간을 갖는다.

　식물의 전체적인 구조를 조망하고 구조들이 가지는 기능 간의 관련성을 찾는다.

　두 가지 차원을 우선 제공한다. 종족 번식의 차원과 생명 유지의 차원을 제공하고 정렬해야 할 식물의 구조에 대해 함께 이야기를 나눈다. 뿌리, 줄기, 잎, 꽃의 구조와 기능에 대해 다시 한번 정리하고 정렬의 예를 교사와 함께 시연한다.

교사　선생님이 제시한 생명 유지의 차원은 무엇을 뜻할까요?

학생　생명 유지를 하는 데 있어서 더 중요한 것, 덜 중요한 것이요.

교사　각 기관들은 서로 어떤 관련이 있을까요?

학생　한 가지가 없으면 문제가 생길 것 같아요.

　모둠별로 5분 정도의 시간을 가지고 주어진 개념과 차원에 대해 토의하도록 한다.

나. 정렬하고 기록하기

정렬은 각각 다른 차원을 사용해 여러 번 해보도록 한다.

교사가 제시한 생명 유지의 차원, 종족 번식의 차원을 사용해 각자 생각한 후 모둠과 의견을 나누고 결과를 기록한다. 비슷하지만 다른 차원을 사용해 재정렬해 봄으로써 학생들의 개념에 대한 이해를 높이면서 개념 간의 관계도 파악할 수 있다.

<그림 2> 차원의 척도(생명 유지의 차원)　　　　<그림 3> 차원의 척도(종족 번식의 차원)

다. 정렬 비교하기

모둠별로 완성한 차원의 척도를 발표하고 상호 간에 질문을 주고받는다. 궁금한 점을 묻고 답을 하는 과정에서 생명 유지, 종족 번식의 차원에서 기관의 기능을 좀 더 깊이 이해할 수 있다.

학생 1　종족 번식의 차원에서 뿌리를 가장 낮음으로 했는데 꽃이 자라고 씨가 만들어지기 위해서는 뿌리로 지탱해 주고 물도 흡수할 수 있어야 하지 않을까요?

학생 2　뿌리에서 흡수한 물이 줄기를 타고 꽃까지 도착하는 것도 맞지만 종족 번식의 차원에서는 우선 꽃의 암술과 수술에서 꽃가루받이가 일어나는 것이 우선이고 잎을 통해 광합성을 하는 것이 뿌리의 기능보다 더 중요하다고 생각했어요.

라. 추가 정렬 후 기록하기

모둠별로 정한 다른 차원을 사용해 여러 번 정렬한다. 생명 유지, 종족 번식 외에도 다양한 차원에서 식물의 기관들이 필요함을 이해할 수 있다. 가장 낮음에 해당하는 기관도 식물에 필요한 구조임을 이해하도록 한다. 모두 함께 토의하고 정렬의 이유를 적는 과정에서 생각을 정교화할 수 있다.

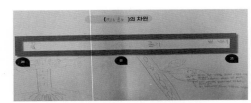 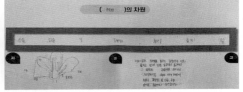

<그림 4> 영양소 흡수의 차원　　　　<그림 5> 광합성의 차원

④ 탐구성찰

'차원의 척도' 개념 형성 전략은 개념 형성과 학습에 있어서 시각적 이해와 개념 간의 관계를 파악하는 능력을 개발하는 데 도움을 주는 방식이다.

이 전략을 적용한 수업에서는 식물을 이루는 기관 사이의 연관성을 찾고 각기 다른 차원 안에서 어떻게 중요도가 달라질 수 있는지를 스스로 탐색하고 함께 토론할 수 있는 사고의 경험을 제공한다. 학생이 스스로 새로운 차원의 척도를 정해 여러 번 정렬해 본다면 기관 간의 연결성이라는 개념을 깊이 있게 이해하는 데 도움이 된다.

2-12. 비유

1 탐구질문: 박자는 무엇인가요?

2 교육과정

핵심 아이디어	5~6학년 일반화	핵심 개념 Lens	관련 개념	범주/내용 요소			성취기준
				지식·이해	과정·기능	가치·태도	
음악은 고유한 방식과 원리에 따라 다양한 속성을 청각적 형태로 구현한 것이다.	박은 일정한 시간적 간격을 두고 느껴지는 것이고, 박자는 박을 규칙을 가지고 구분한 것이다.	영향	음악 요소 (박자)	음악 요소	감지하며 듣기 인식하고 구별하기	-	[6음02-01] 음악을 듣고 음악의 요소를 감지하며 구별한다.

3 탐구과정

가. 개념 탐구하기

본 단원에서 학생은 박자의 개념을 탐구한다. 박자의 개념은 박 개념 안에서 형성되기 때문에 박자를 이해하려면 박과의 관계를 이해해야 한다. 박과 박자의 관계를 파악하기 위해 다양하게 연주하면서 특징을 발견할 수 있도록 돕는다. 교사는 메트로놈을 켜 두어 박을 인식할 수 있게 하고, 연주를 통해 그 박 안에서 셈과 여림으로 규칙이 느껴지도록 한다. 학생들이 그 관계에 집중하기 어려워한다면 시각적으로 박을 표현하고, 박 위에 셈과 여림의 규칙으로 박자를 표현하도록 한다. 이러한 과정 아래에서 학생들은 박자가 박 안에서 형성되는 것임을 이해하게 된다.

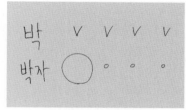

<그림 1> 박과 박자의 관계 탐구

나. 교사가 시범 보여주기

비유 전략으로 다음 2가지 문장 구조를 활용한다.

> 1. ○○는 □□이다. 왜냐하면 ~.
> 2. ○○와 □□의 관계는 ●●와 ■■의 관계와 같다. 왜냐하면 ~.

하나의 개념을 다른 대상에 비유하는 1번은 난이도가 낮다. 이번 탐구에서는 2번과 같이 박과 박자의 관계를 이런 비슷한 관계에 비유해야 하는데, 개념 간의 관계를 비유하기는 쉽지 않다. 따라서 교사가 이 문장 구조를 어떻게 사용하는 것인지 예를 보여줄 필요가 있다.

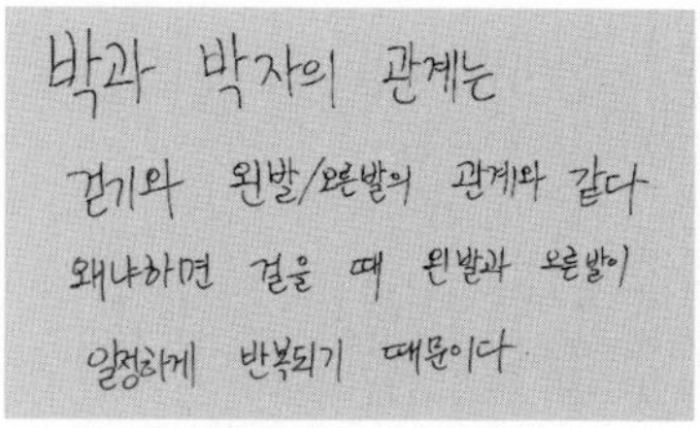

교사는 '박과 박자의 관계는 걷기와 왼발/오른발과 같다. 왜냐하면 걸을 때 왼발 오른발이 일정하게 반복되기 때문이다.'라는 예시를 제공한다. 교사가 제시한 예시를 보며 학생은 비유로써 이해를 드러내는 방법을 이해하게 된다.

박과 박자의 관계는
걷기와 왼발/오른발의 관계와 같다
왜냐하면 걸을 때 왼발과 오른발이
일정하게 반복되기 때문이다

<그림 2> 교사의 시범

다. 개념 간의 관계를 비유로 표현하기

탐구를 통해 이해한 내용과 교사의 예시를 바탕으로 박과 박자의 관계를 비유로 표현해 보도록 한다.

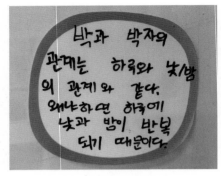

<그림 3> 박과 박자와의 관계 비유 1

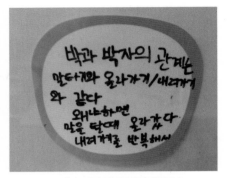

<그림 4> 박과 박자와의 관계 비유 2

교사   박과 박자의 관계를 비유로 표현해 볼까요?

학생 1 박과 박자의 관계는 하루와 낮/밤의 관계와 같아요. 왜냐하면 하루에 낮과 밤이 반복되기 때문이에요.

학생 2 박과 박자의 관계는 말타기와 올라가기/내려가기와 같아요. 왜냐하면 말을 탈 때 올라갔다 내려가기를 반복하기 때문이에요.

교사는 학생의 응답을 바탕으로 박과 박자의 관계에 대한 학생의 이해 정도를 확인한다.

④ 탐구성찰

'비유' 개념 형성 전략은 학습한 개념과 비유한 대상의 공통적인 속성을 찾아 표현함으로써 개념에 대한 학생의 이해를 드러내는 방식이다.

이 전략은 개념을 학습하는 초기에 학생의 이해를 파악하는 데 활용하거나, 학습의 끝에 학생의 이해를 확인하는 데 활용할 수 있다. 배경지식이 많지 않은 학생이 비유를 사용해 개념을 설명하는 것은 어렵다. 그런 경우 교사는 다양한 예시를 제시할 수 있다. 또한 탐구하는 개념과 비유한 대상의 관계가 깊지 않더라도 어떤 의도로 그러한 비유를 했는지 확인하는 것이 중요하다. 학습한 개념의 어떤 속성에 학생이 집중하는지 파악할 수 있기 때문이다.

03 조사 전략

3-1. 동심원적 집중사례연구

① 탐구질문: 소수의 나눗셈은 어떻게 계산하나요?

② 교육과정

핵심 아이디어	5~6학년 일반화	핵심 개념 Lens	관련 개념	범주/내용 요소			성취기준
				지식·이해	과정·기능	가치·태도	
수와 사칙계산은 수학 학습의 기본이 되며, 실생활 문제를 포함한 다양한 문제를 해결하는 데 유용하게 활용된다.	사칙계산에 활용되는 연산의 성질은 자연수의 체제뿐만 아니라 분수, 소수에서도 성립된다.	체제	소수	소수의 곱셈과 나눗셈	사칙계산의 의미와 계산 원리를 탐구하고 계산하기	사칙계산, 어림의 유용성 인식	[6수01-15] 소수의 나눗셈의 계산 원리를 탐구하고 그 계산을 할 수 있다.

③ 탐구과정

가. 개요 짜기

소수의 나눗셈 계산 원리는 자연수 범위 안에서 적용되었던 나눗셈 원리의 확장이다. 3~4학년 때 배웠던 십진법 기반 나눗셈의 원리가 소수에서도 적용되며 이를 확장할 수 있다는 것을 학생들이 탐구하면서 함께 알아가기 위해 단원을 구성했다. 소수 나눗셈의 계산 원리는 자연수의 계산 원리가 적용되기 때문에 개방적 탐구보다 구조화된 탐구가 적합하다. 따라서 구조화된 방법을 통해 함께 탐구하는 동심원적 집중사례연구가 적합하다.

나. 동심원적 집중사례연구 적용하기

간단한 나눗셈 문제를 계산 원리를 기록하며 풀도록 해서 사전 지식을 파악한다. 모든 학생은 나눗셈 문제를 풀 수 있다.

> 교사 나눗셈의 원리를 설명해 볼까요?
>
> 학생 이렇게 푸는데 어떻게 설명할지 모르겠어요. 풀 수는 있는데 말로 하기 어려워요.

<그림 1> 동심원적 집중사례연구 순서

과정을 쉽게 설명하지 못하는 학생이 많다. 그래서 소수의 필요성과 십진법 기반의 나눗셈 원리 적용이라는 이해에 학생들을 도달시키기 위해 기수법(가법적 기수법, 승법적 기수법, 위치적 기수법)을 탐구한다. 기수법을 차례대로 살펴보고, 그 의미와 사용되는 예를 살펴본다.

그리고 어떤 기수법이 가장 효과적인지 알아보기 위해 '빨리 쓰기'와 '쉽게 쓰기'라는 기준으로 '어떤 기수법이 효과적인가요?'라는 질문으로 함께 탐구한다. '빨리 정확하기 쓰기'를 대회 형식의 놀이로 진행해 각각의 기수법을 탐구한다. 놀이 결과 위치적 기수법이 가장 효과적이라는 것을 알게 된다.

그 후 소수가 무엇인지 이전에 배운 내용을 바탕으로 함께 정리한다. 정리하면서 정확히 알지 못하는 부분은 서로 알려줄 수 있도록 한다.

1.2L÷4를 제시해 이를 어떻게 계산하는지 모둠이 함께 탐구하는 과정에서 학생들이 생각한 방법은 다음과 같다.

> 1. L단위를 ml로 변환해 계산하는 방법
> 2. 그림으로 변환해 풀기(한 칸의 기준을 임의단위로 전환)
> 3. 분수로 변환해 풀기
> 4. 소수점 없다고 생각하고 계산한 뒤 마지막에 소수점 찍기

다양한 문제를 1에서 4번 순서로 방법을 적용해 보고 학기 초에 학습한 '분수로 변환해 풀기'를 이용해 검산한다. 1~4번의 방법을 반복 적용하며 규칙을 찾는다.

> 1. 자릿수마다 계산하고 자릿수에서 떨어지지 않으면 아래 자릿수에서 계산해요.(나눗셈의 원리)
> 2. 나누어지는 수가 작아지는 만큼 몫도 작아져요. 이것은 단위 변환하는 것과 같아요.(단위 변환)

이 방법은 이전 학년에 배웠던 자연수의 나눗셈과 소수의 나눗셈 방법이 같다는 것을 알게 한다.

④ 탐구성찰

'동심원적 집중사례연구' 조사 전략은 학급 전체가 구조화된 방법으로 탐구할 때 활용할 수 있는 사례연구 접근 방식이다.

이 접근 방식은 탐구 경험이 부족하거나, 한정적인 주제를 이용해 탐구할 때 사용하기 적합하다. 학생들이 제시하거나 알게 된 다양한 내용을 칠판에 게시하고 활용하면 더 적극적으로 탐구에 참여한다. 선행학습을 해온 학생의 경우 풀이 방법만 알고 원리를 알지 못하는 경우가 있기 때문에 발문을 통해 학생의 오류를 파악하고 지도해야 한다.

3-2. 모델링된 사례연구

① 탐구질문: 경제 주체들은 어떤 관계를 맺고 있을까요?

② 교육과정

핵심 아이디어	5~6학년 일반화	핵심 개념 Lens	관련 개념	범주/내용 요소			성취기준
				지식·이해	과정·기능	가치·태도	
가계와 기업은 합리적 선택을 통해 소비와 금융, 생산 등의 경제활동에 참여하면서 각자의 역할을 수행한다.	경제 주체 간(가계, 기업)의 협력을 통해 공정한 시장과 지속 가능한 발전이 가능하다.	관계	가계 기업	가계와 기업의 역할 근로자의 권리 기업의 자유와 사회적 책임	합리적으로 선택하기	경제활동의 자유를 존중하는 태도	[6사11-01] 시장경제에서 가계와 기업의 역할을 이해하고, 근로자의 권리와 기업의 자유 및 사회적 책임을 탐색한다.

③ 탐구과정

가. 개요 짜기

경제활동에서 공정한 시장이 유지되고 지속가능한 발전이 가능하게 하려면, 경제 주체들은 경제활동 내에서 관계를 맺고 서로 협력해야 한다.

본 단원에서는 경제 주체인 가계와 기업의 경제적 역할을 탐구한다. 그리고 근로자와 기업이 견제하고 협력하는 사례를 알아보기 위해 근로자의 권리, 기업의 자유와 사회적 책임도 알아보도록 구성했다. 사례연구를 하기 전에 경제라는 개념과 가계와 기업이라는 개념에 대해 집중하기 단계에서 알아보았다.

본 단원의 탐구 내용은 경제 주체에 대한 역할 탐구와 근로자와 기업의 견제와 협력이다. 그 내용은 다음과 같다.

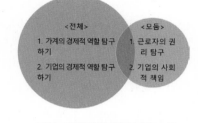

<그림 1> 모델링된 사례연구(전체->모둠)

첫째, 경제 주체의 역할 탐구는 수렴적으로 모아야 하는 내용이 많아 전체 학생이 구조화된 방법으로 탐구한다. 둘째, 기업의 견제와 협력 부분은 많은 사례를 다양하게 조사하고 나누어야 하므로 모둠별 안내된 탐구를 활용한다.

수렴적인 내용과 개방적인 내용이 함께 존재하는 단원에서는 조사하기 단계에서 2가지 방법으로 동시에 사용하는 모델링된 사례연구 전략이 적절하다. 그리고 이 전략은 전체탐구를 할 때 사용한 탐구 방법을 모둠(개별) 탐구를 할 때 적용할 수 있어서 탐구 방법을 익히기도 좋다.

나. 모델링된 사례연구 적용하기

<그림 2> 웹 게시판

[전체 탐구] 가계의 경제적 역할과 기업의 경제적 역할 탐구에서는 집중사례연구 방법을 이용한다. 가계의 경제적 역할을 알아보기 위해 가정에 돈이 들어오는 경우(소득), 돈이 나가는 경우(소비)를 스마트기기를 이용해 웹 게시판에 기록하도록 과제를 제시한다. 기록한 내용 중 부모님에게 용돈을 받거나 심부름 값을 받는 것을 집안에 돈이 들어오는 경우(소득)라고 적은 학생들도 있어 오류를 수정해 주었다.

<그림 3> 조사 내용 나누기

결과를 함께 살펴보며 학생들은 가계의 역할이 물건이나 서비스를 소비하고, 기업에 노동력을 제공해 소득을 얻는다는 것을 이해한다. 그 후 기업의 경제적 역할을 탐구한다. 기업의 경제적 역할 사례를 알아보기 위해 인터넷 검색이나, 자신의 경험을 통해 기업이 하는 일을 조사해 웹 게시판에 기록하도록 한다. 이를 함께 살펴보며 학생들은 기업의 역할도 알게 된다. 이외에 조사로 부족한 부분은 교사가 추가 자료를 제공해 학생들과 함께 알아간다.

[모둠 탐구] 근로자의 권리와 기업의 사회적 책임에 대한 탐구의 경우 탐구 방법을 익히고 더 많은 선택권을 부여하기 위해서 모둠별 탐구를 실시한다. 모둠 탐구 전, TV 프로그램 '꼬리에 꼬리를 무는 이야기 전태일' 편을 통해 기업과 근로자 사이에 견제와 협력이 부족할 경우 발생하는 사례를 학생들이 간접적으로 느낄 수 있도록 한다.

'관계'라는 렌즈를 통해 두 경제 주체(가계, 기업)를 탐구하도록 한다. 모둠별로 근로자의 권리와 기업의 사회적 책임 중 원하는 내용을 선택해 사례를 조사하고 탐구한다. 그 후 탐구한 내용을 모둠별로 돌아가면서 포스트 발표를 한다.

4 **탐구성찰**

'모델링된 사례연구' 조사 전략은 주도권을 학생에 부여하는 것으로 전체가 하나의 사례연구를 하고, 이어서 관련된 추가 사례연구를 개인이나 소규모로 진행하는 사례연구 접근 방식이다.

이 전략은 정보수집뿐만 아니라 탐구기능을 향상하기 좋은 전략이다. 탐구 능력이 부족한 저학년의 경우 전체탐구를 할 때 탐구 방법에 대해서 구체적이고 실질적으로 안내가 필요하다. 전체 연구에서 탐구 방법과 개념에 대해 충분히 지도하여야 한다. 모둠 탐구를 할 때도 잘 진행되는지 관심을 가지고 교사는 지켜보아야 한다. 교사가 주도하는 동심원적 집중사례연구보다 모둠 탐구 시 학생이 탐구하고 싶은 마음이 생길 수 있도록 동기유발이 중요하다.

3-3. 네트워크로 연결된 사례연구

1 탐구질문: 무역을 하는 까닭은 무엇일까요?

2 교육과정

핵심 아이디어	5~6학년 일반화	핵심 개념 Lens	관련 개념	범주/내용 요소			성취기준
				지식·이해	과정·기능	가치·태도	
우리나라 경제에서는 경제성장, 물가 변동, 실업 등의 현상이 나타나며, 세계화 과정에서 다른 나라와의 교역이 활발해지고 있다.	나라 간 무역을 통해 서로 필요한 것을 얻는 상호의존 관계를 맺는다.	관계	무역	무역의 의미 무역의 이유	무역의 이유를 탐구하기	공정한 분배에 대한 감수성	[6사11-03] 사례를 통해 무역의 의미를 이해하고, 국가 간 무역이 발생하는 이유를 탐구한다.

3 탐구과정

가. 개요 짜기

무역은 나라 사이에 필요한 것을 얻기 위해 해야 하는 활동이다. 이러한 일반화를 얻기 위해 조사하기 단계에서 여러 무역의 사례를 조사해야 한다. 여러 물건에서 다양한 사례를 조사하기 때문에 네트워크로 연결된 사례연구가 적합하다.

조사하기를 할 때 우선 학생 주변에서 쉽게 볼 수 있는 물건을 선택해 개별 또는 모둠으로 탐구할 수 있도록 한다. 이후 자신이 연구한 결과를 발표하고 공유한다. 그리고 이를 연결해 일반화할 수 있도록 한다.

무역사례 중 '아이폰'을 선택할 경우, 먼저 관계 맺기 단계에서 '아이폰이 어느 나라 것인가?'라는 질문으로 네 모퉁이 토론을 한다. 집중하기 단계에서는 희소성과 무역이라는 개념에 대해 정의한다. 그런 다음 네트워크로 연결된 사례연구로 조사한다.

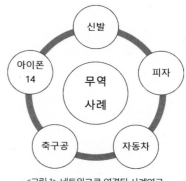

<그림 1> 네트워크로 연결된 사례연구

나. 네트워크로 연결된 사례연구 적용하기

조사하기 활동에서 가장 먼저 해야 할 것은 조사하고 싶은 물품을 선정하는 것이다. 본격적으로 조사하기 전 탐구 계획서를 작성하는 것이 중요하다. 학생들이 주도적으로 탐구를 하기 때문에 무엇보다 이 과정이 중요하다. 탐구 경험이 부족한 학생의 경우 교사는 꼼꼼하게 계획서를 살펴보고 충분히 대화하고 피드백해야 한다.

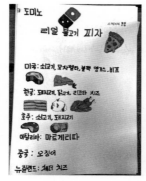
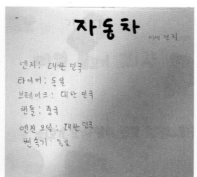

<그림 2> 인터넷 탐구 결과

〈그림 2〉에서 알 수 있듯이 학생들은 조사할 때 인터넷을 가장 쉽게 생각하지만, 실제 인터넷으로는 한정된 정보밖에 찾을 수 없다. 5개의 그룹 중 인터넷 검색을 통해 정보를 찾을 수 있는 것은 피자밖에 없다. 그래서 정확한 정보를 얻기 위해서는 면담, 출판 자료, 고객센터 문의 등 다양한 조사 방법도 고려해야 한다.

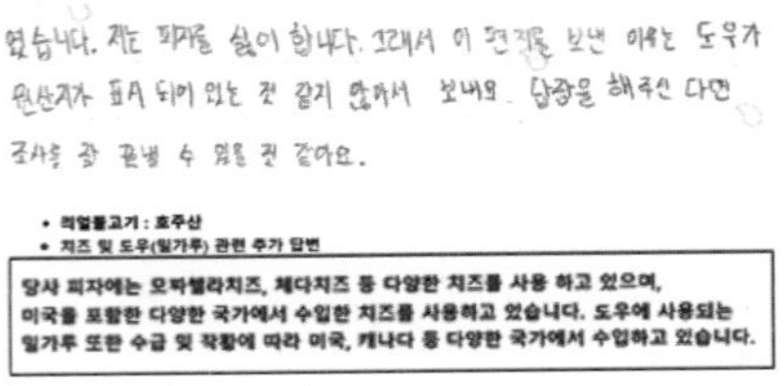
없습니다. 저는 피자를 싫어 합니다. 그래서 이 편지를 보낸 이유는 도우가 원산지가 표시 되어 있는 것 같지 않아서 보내요. 답장을 해주신 다면 조사를 잘 끝낼 수 있을 것 같아요.

- 리얼불고기 : 호주산
- 치즈 및 도우(밀가루) 관련 추가 답변

당사 피자에는 모짜렐라치즈, 체다치즈 등 다양한 치즈를 사용 하고 있으며, 미국을 포함한 다양한 국가에서 수입한 치즈를 사용하고 있습니다. 도우에 사용되는 밀가루 또한 수급 및 작황에 따라 미국, 캐나다 등 다양한 국가에서 수입하고 있습니다.

<그림 3> 조사 요청 및 답변

학생들이 선택하는 제품이 대부분 대기업에서 만들어지는 제품이기 때문에 제품을 만든 회사의 고객센터에 문의하면 대부분 답변을 받을 수 있다. 또, 편지로 문의하는 것은 좋은 방법이다. 편지를 쓰는 시간을 충분하게 확보하기 위해 6학년 국어 교과의 '목적에 맞는 글쓰기'와 연계할 수 있다. 학생의 편지와 업체에서 받은 답변은 〈그림 3〉과 같다.

학생들은 조사한 내용을 바탕으로 각 재료의 원산지에 대한 발표 자료를 만들고 공유한다. 조사한 재료 원산지를 칠판에 게시된 세계 지도에 표시하고, 조사한 내용을 모두 연결한다.

교사 우리가 즐겨 사용하는 제품 중 우리나라에서 모두 만든 제품이 있나요?

학생 1 **없어요. 칠판에서 볼 수 있듯이 여러 나라에서 재료들이 와서 합쳐져 만들어져요.**

교사 이렇게 나라들끼리 필요에 따라 물건을 주고받는 것을 무엇이라고 하나요?

학생 2 **무역이에요.**

이로써 하나의 제품을 만들기 위해 여러 나라의 노력이 필요하며 서로 간에 무역해야 한다는 이해에 도달한다.

4 탐구성찰

'네트워크로 연결된 사례연구' 조사 전략은 차별화되거나 개방적으로 사례를 탐구하는 조사하기 전략으로 조사 경험이 많은 학생이나 소규모 모둠으로 탐구할 때 주로 활용할 수 있는 사례연구 접근 방식이다.

이 전략은 학생에게 모두 맡기기보다 교사가 각 네트워크로 조사된 사례를 연결하고 일반화할 기회를 제공해야 한다.

3-4. 진정한 연결

① 탐구질문: 식물의 각 기관이 왜 존재하나요?

② 교육과정

핵심 아이디어	5~6학년 일반화	핵심 개념 Lens	관련 개념	범주/내용 요소			성취기준
				지식·이해	과정·기능	가치·태도	
식물은 광합성으로 양분을 만들며, 생물은 호흡을 통해 생명 활동에 필요한 에너지를 얻는다.	식물은 뿌리, 줄기, 잎, 꽃이 서로 연결되어 기능을 수행하며 생명을 유지한다.	연결	식물	뿌리, 줄기, 잎, 꽃의 구조와 기능	생물 관찰 및 분류하기	자연과 과학에 대한 감수성	[6과11-02] 식물의 구조를 관찰하고, 기능을 알아보는 실험을 수행해 식물 각 기관의 구조와 기능을 설명할 수 있다.

③ 탐구과정

가. 개요 짜기

식물은 각 기관이 기능을 수행해 생명을 유지한다. 생명 유지를 위해서 각 기관의 기능이 잘 수행되는 것이 중요하다. 식물의 경우 학생들이 관심을 가지고 책을 읽고 스스로 학습하는 경우가 많다. 그래서 사전 지식이 풍부한 주제의 경우, 진정한 연결 전략을 활용한 사례연구가 적합하다. 본 조사하기에서는 〈그림 1〉에서 볼 수 있듯이 기본적으로 동심원적 집중사례 연구 방법으로 구조화된 탐구로 진행하며 학생의 사전 지식을 연결한다.

<그림 1> 진정한 연결 순서

나. 진정한 연결 적용하기

우선 식물 세포 구조에 대해 학생들과 함께 탐구한다. 세포 구조를 현미경을 통해 살펴보고 식물 세포와 동물 세포의 차이를 알아본다.

식물을 각각의 기관으로 나누어 학생들에게 각 기관에 대해 알고 있는 지식이나 궁금한 점을 자유로운 분위기 속에서 적도록 한다. 뿌리, 줄기, 잎, 꽃을 포함한 4가지 기관과 그 외 식물에 대해 알고 싶은 것으로 총 5장의 큰 종이를 준비한다. 종이에 학생들이 적을 때 알고 있는 사실만 적으라고 하면 사전 지식이 부족한 학생이 소외될 수 있기 때문에 궁금하거나 알고 싶은 점도 적을 수 있도록 한다. 그리고 적을 때 쓴 사람이 누구인지 이름을 적고 기록하도록 한다. 교사는 학생들이 작성한 내용을 보고 계획된 탐구와 관련 있는 학생들의 사전 지식과 궁금증, 흥미를 파악한다.

뿌리, 줄기, 잎, 꽃, 씨까지 각각의 기관이 하는 일에 대해 모둠별로 가설을 세운다. 가설을 세우는 것을 어려워하면 하나의 기관을 예시로 함께 세워 본 뒤 다른 기관의 가설을 세우도록 한다. 가설을 세울 때 인터넷 검색과 출판 자료 등을 활용한다. 그리고 처음에 기록한 사전 지식 내용을 검토하고 다른 친구가 기록한 지식도 고려한다.

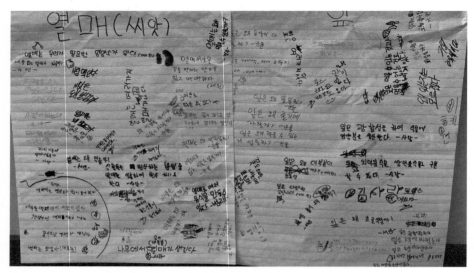

<그림 2> 사전 지식 내용

각 식물 기관이 하는 일을 실험과 문헌 자료를 통해 자료를 수집하고, 세운 가설을 검토해 나가며 단원을 마무리한다. 그리고 교사는 가설을 검정하거나 조사하기를 마무리할 때 "이번 수업에서 다루지 않은 것 중 우리가 함께 탐구한 내용을 더 강화하거나, 반박할 내용이 있나요?"라는 질문을 하여 학생들의 사전 지식과 탐구과정을 연결해야 한다.

> **교사** 백합 줄기 실험이 끝났습니다. 여러분이 알 수 있듯이 줄기의 기능은 '지지기능', '저장기능', '물과 양분이 이동 기능' 이렇게 3가지 기능이 있습니다. 혹시 이번 수업에서 다루지 않은 것 중 이 내용을 더 강화하거나, 반박할 내용이 있나요?
>
> **학생 1** 책에서 딸기를 심는 것을 봤는데 딸기를 심을 때 줄기를 땅에 묻었어요. 그럼 줄기에도 번식 기능이 있는 것이 아닌가요?
>
> **학생 2** 할머니 집에서 고구마를 심을 때 줄기를 심었어요. 줄기로 번식을 할 수 있는 것 같아요.
>
> **학생 3** TV에서 봤는데 바나나도 그렇게 심는대요. 선인장도 줄기를 심어서 번식해요.

학생들은 줄기의 생식에 관해 자연스럽게 호기심이 많이 생기고 줄기의 새로운 기능에 대해서 알게 된다. 이후에 계획한 개별탐구 시간에 이 내용에 관해 연구해 볼 수 있도록 안내한다.

④ 탐구성찰

'진정한 연결' 조사 전략은 학생들의 삶의 문제와 사전 지식을 토대로 연구로 진행하는 사례연구 접근 방식이다. 주제는 학생에게 친숙하고 많은 관심이 있는 내용과 관련된 연구로 선정한다.

단원 초기의 관계 맺기 단계에서 조사하기 단계와 관련된 학생들의 사전 지식과 관심사를 주의 깊게 관찰한다. 관계 맺기 단계에서 관찰하지 못했다면 조사하기 단계를 시작하기 전에 본 책에서 제시한 집중 전략인 '프레이어 모델', '모두 일부 없음' 등을 활용해 사전 지식을 파악할 수 있다. 이 전략을 사용하기 위해서는 학생의 충분한 지식도 중요하지만, 자신의 생각을 자유롭게 말할 수 있는 허용적인 분위기가 필요하다.

3-5. 출판 자료

① 탐구질문: 인물의 마음은 어떠할까요?

② 교육과정

핵심 아이디어	1~2학년 일반화	핵심 개념 Lens	관련 개념	범주/내용 요소			성취기준
				지식·이해	과정·기능	가치·태도	
독자는 다양한 상황 맥락과 사회·문화적 맥락 속에서 자신의 읽기 목적을 달성하기 위해 다양한 유형의 글을 읽는다.	독자는 글 속의 인물의 마음을 공감하며 읽는다.	관점	독자	생각이나 감정이 명시적으로 제시된 글	인물의 마음이나 생각 짐작하기	읽기에 대한 흥미	[2국02-04] 인물의 마음이나 생각을 짐작하고 이를 자신과 비교하며 글을 읽는다.

③ 탐구과정

가. 출판 자료 선택하기

본 단원에서는 글을 읽고, 인물의 마음을 짐작하는 데 그 목적이 있다. 이를 위해 교과서에 제시된 작품 외에 다양한 출판 자료에서 작품을 찾아 읽고 인물의 마음을 짐작해야 한다.

저학년의 경우 여러 출판 자료 중 그림책이 적당하다. 그림책은 인물의 표정과 행동, 사건의 배경이 글과 그림이 함께 제시되어 인물의 마음을 짐작하는 데 효과적이다.

<그림 1> 출판 자료 선택

시집의 경우 시 속 인물의 마음을 상상하며 시를 읽으면 시 속 인물의 마음과 자신의 마음이 비슷하다는 것을 느낄 수 있다. 동화책은 다양한 인물이 등장하며 이야기를 통해 인물들의 감정, 생각, 행동 패턴 등을 표현하고 있어 독자가 이를 파악하고 이해할 수 있게 해준다.

읽기 목적을 달성하기 위해 자기가 읽고 싶은 책을 직접 고른다. 도서관에서 그림책, 시집, 동화책 등 다양한 유형을 글을 읽고 인물의 마음을 짐작하기 위한 출판 자료를 스스로 선택한다. 물론 단순히 재미보다는 다양한 마음이 표현되는 책을 선택하도록 안내도 필요하다.

> 학생 1 『나도 편식할 거야』를 선택한 이유는 정이가 편식하기 싫은 마음과 편식하고 싶은 마음이 둘 다 있어서 재미있기 때문이에요.
>
> 학생 2 『콩, 너는 죽었다』 시집을 고른 이유는 이 시집에서 콩 잡으러 가는 아이의 마음이 잘 느껴졌기 때문이에요.

나. 문학 작품을 읽고 인물의 마음 짐작하기

자신이 선택한 책을 읽고 인물이 처한 상황, 인물의 마음이 드러나는 표현, 그림에 나타난 인물의 표정과 모습을 확인하며 인물의 마음을 짐작한다.

그림책의 경우 그림에 나타난 인물의 표정과 모습을 주의 깊게 살펴보며 인물의 마음을 짐작해 본다.

시집에서는 시에 나타난 표현과 장면을 떠올려 몸짓으로 표현하며 인물의 마음을 짐작한다.

동화책은 인물이 하는 말과 이야기의 진행을 통해 인물의 감정과 생각을 파악한다.

책을 읽고 인물의 마음을 짐작하는 활동에서 자기 생각을 정리할 수 있도록 교사는 다음과 같이 질문한다.

교사　선택한 책은 무엇인가요? 책에 나오는 인물은 누구누구인가요? 그중 가장 인상 깊었던 인물은 누구인가요? 가장 인상 깊었던 인물은 어떤 마음인가요? 왜 그렇게 생각하나요? 인물을 만나면 무슨 말을 전하고 싶나요?

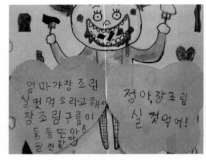

<그림 2> 동화책에서 짐작한 인물의 마음과 전하는 말

<그림 3> 시집에서 짐작한 인물의 마음과 전하는 말

다. 작품 속 인물의 마음 소개하기

작품 속 인물의 마음을 소개하는 방법은 다음과 같다. 먼저 책의 줄거리를 간단히 설명하고 이 책을 선택한 이유를 밝힌다. 그리고 가장 인상 깊었던 인물의 마음과 그렇게 생각한 까닭도 말한다. 마지막으로 인물에게 전하고 싶은 말을 하며 발표를 마친다.

학생 1　제가 소개할 책은 『나도 편식할 거야』예요. 책 표지를 보면 정이가 장조림을 들고 행복하게 웃고 있어요. 엄마가 오빠만 장조림을 주어서 화가 난 정이가 편식하겠다고 한 이야기이에요. 이 책에서 정이는 속상하고 화나다가 나중에 엄마가 정이에게 장조림을 주어서 다시 행복한 마음이 들 것 같아요. 정이에게 하고 싶은 말은 "정아, 장조림 실컷 먹어!"

학생 2　제가 소개할 시집은 『콩, 너는 죽었다』이에요. 콩, 너는 죽었다는 콩타작 하다가 콩이 굴러가면서 쥐구멍으로 쏙 들어가는 장면을 표현하고 있어요. 콩을 잡으려는 아이는 콩을 못 잡아서 조마조마한 마음일 것 같아요. 그래서 콩이 죽었다고 말했어요. 아이에게 하고 싶은 말은 "쥐구멍을 빨리 막았어야지!"

④ 탐구성찰

'출판 자료' 조사 전략은 글자로 인쇄된 자료를 바탕으로 조사하는 방식이다. 출판 자료에는 그림책, 동화책, 수필집, 전기문, 시집, 신문, 잡지, 일기, 전자신문, 전문 월간지 등이 있다.

이 전략을 활용할 때 출판 자료가 개념을 탐구하는 데 어떻게 활용하느냐에 초점을 두어야 한다. 가령 문학 작품을 선택할 경우, 문학 작품이 단원의 개념과 개념적 이해를 탐구하는 데 관련성이 있는지, 어떤 도움이 되는지 맥락적인 관점에서 접근해야 한다. 이때 학생이 주도성을 가지고 출판 자료를 선택하는 것 또한 개념적 이해를 형성하기 위한 핵심 전략이다. 학생과 담임교사가 개념과 관련된 출판 자료 선정에 어려움이 있을 경우 사서 교사에게 도움을 요청한다. 교육과정과 학년성, 개념 영역에 적합한 출판 자료는 효율적인 조사 전략에 도움이 된다.

3-6. 테크놀로지 활용

① 탐구질문: 물체의 빠르기는 어떻게 알 수 있나요?

② 교육과정

핵심 아이디어	5~6학년 일반화	핵심 개념 Lens	관련 개념	범주/내용 요소			성취기준
				지식·이해	과정·기능	가치·태도	
자연과 일상생활 속의 여러 가지 힘은 물체의 속력과 방향을 변화시키고, 물체의 움직임은 힘과 에너지를 통해 예측할 수 있으며, 이는 안전한 일상생활의 토대가 된다.	물체의 이동거리와 걸린 시간으로 물체의 빠르기를 알 수 있다.	인과	속력	위치의 변화 속력	관찰, 측정, 분류, 예상, 추리 등을 통해 자료를 수집하고 비교·분석하기	과학 문제 해결의 개방성	[6과10-02] 물체의 이동 거리와 걸린 시간을 측정해 속력을 구하고 빠르기를 비교할 수 있다.

③ 탐구과정

가. 테크놀로지 선정하기

테크놀로지를 활용한 조사하기 전략에는 여러 가지 SW 기기 및 에듀테크[3]가 필요하다. SW기기를 활용한 교육활동은 개별 지도나 프로그램 자료 제출 등 교사와 학생이 파일을 주고받는 일이 많다. 그에 따라 개별적으로 자료를 온라인에서 공유할 수 있는 패들렛 프로그램(www.padlet.com)을 활용할 수 있다.

나. 코딩에 필요한 블록 안내하기

코딩을 통해 해결책을 찾을 때, 어떤 코딩 블록이 필요한지 학생들과 함께 살펴본다. 이 과정은 프로그래밍하기 전 개념과 관련된 테크놀로지 조사 활동을 성공적으로 수행할 수 있는 비계 역할을 한다. 프로그래밍에 필요한 핵심 블록을 살펴보고 아래와 같은 질문으로 핵심 과제에 집중할 수 있다.

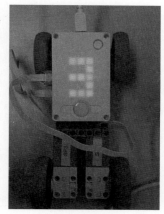

<그림 1> 로봇 자동차: 스파이크 프라임 레고

> Q. 타이머란 센서는 무엇을 뜻하는가?
> Q. 타이머 초기화는 왜 필요한가?
> Q. 왜 변수에 시간을 넣었는가?
> Q. 왜 변수에 거리가 들어가는가?

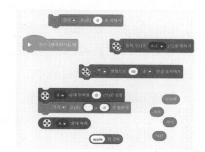

<그림 2> 핵심 블록 코딩

다. 조사하기

빠르기를 비교하기 위해서는 일정한 거리에 이동한 시간 데이터와 일정한 시간에 이동한 거리 데이터를 구해야 한다. 구한 데이터 값과 실제 이동하는 물체의 관찰 결과를 비교하면서 물체의 빠르기를 탐구한다.

---

3 본 수업에 활용되는 에듀테크는 다음과 같다. '스파이크 프라임(Spike prime)'은 레고 제품의 조립과 각종 센서 등을 안정적으로 프로그래밍할 수 있고, 크롬북은 구글을 활용해서 코딩 프로그램을 적극적으로 수업에 활용할 수 있다. 또한, 태블릿 PC는 사진 및 동영상 등을 손쉽게 촬영, 코딩 애플리케이션을 활용하기 좋다.

다음은 로봇 자동차가 100cm 이동하는 데 걸린 시간의 프로그래밍을 개발했고, 〈그림 3〉과 같다.

로봇 자동차가 100cm 거리만큼 이동한다. 물체가 이동하는 데 걸린 시간 데이터를 구한다. 출발할 때, 시각을 재기 시작하고, 이동을 멈추면서 걸린 시간을 타이머로 나타낸다. 로봇이 타이머란 센서를 통해 시간을 측정하고 그 타이머가 시간이란 변수로 저장이 되는 프로그래밍이 필요하다.

출발선에서 여러 개의 로봇 자동차가 동시 출발해 같은 도착 지점까지 도착한 순서와 프로그래밍으로 구한 로봇 자동차의 이동하는 데 걸린 시간 데이터를 연결해서 비교한다. 이 탐구과정으로 같은 거리를 이동하는 데 걸린 시간이 적게 걸리는 물체가 더 빠르다는 이해를 할 수 있다.

<그림 3> 걸린 시간 데이터 구하는 프로그래밍

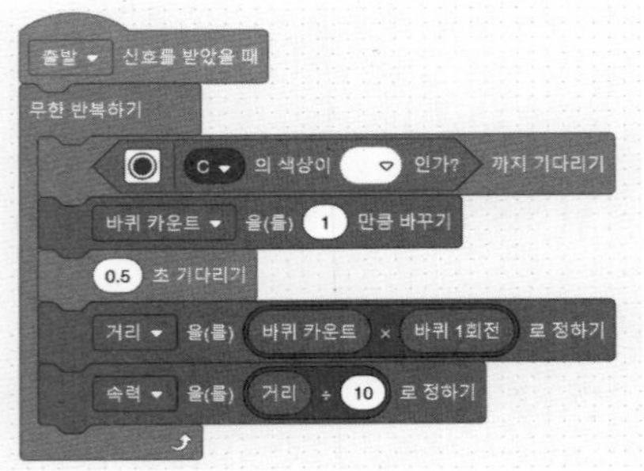

로봇 자동차가 10초 동안 이동한 거리를 구하기 위한 복잡한 문제 해결 절차는 〈그림 4〉와 같다.

이번 조사 전략 마지막 단계인 시간이 고정일 때, 거리 데이터를 어떻게 측정할 수 있는지에 대한 탐구가 필요하다. 로봇 자체에서 거리 데이터가 측정되지 않기 때문에 거리 데이터를 구하는 방법을 찾아낸다. 우리가 탐구해서 찾아낸 방법은 바퀴에 흰색 블록을 달아서 한 바퀴 돌 때마다 추가 장착한 컬러 센서로 카운트를 세어서 거리를 재는 방식(바퀴 카운트 × 바퀴 1회전 길이)이다. 거리라는 데이터 값을 구한다면 실제 동일한 시간 동안 더 멀리 간 로봇 자동차들을 관찰한 것과 비교 연결하며 학생들은 동일한 시간 동안 멀리 간 로봇 자동차가 더 빠르다는 이해를 할 수 있다.

<그림 4> 이동거리 데이터 프로그래밍

④ 탐구성찰

'테크놀로지 활용' 조사 전략은 개념과 주제에 따라 다양한 기술을 활용할 수 있는 조사 방식이다. 이 전략은 컴퓨터 응용 프로그램, 인터넷 검색 엔진, 코딩 및 프로그래밍, 웹 개발, 그래픽 디자인, 비디오 제작, 소셜 미디어, 모바일 앱, 네트워킹, 로봇 공학, 3D 프린터, 가상 현실(VR)과 증강 현실(AR), 인공지능(AI) 등으로 활용된다.

이 단원은 배우는 개념과 연관된 사례를 코딩으로 수집하고 탐구할 수 있는 조사하기 전략이다. 그중 코딩은 개념에 대한 확장적 이해뿐만 아니라 컴퓨팅 사고로 문제 해결 능력을 함양한다. 컴퓨팅 사고는 복잡한 문제를 분해해 절차적 사고로 해결하는 사고 과정 일체이다. 이러한 다양한 방식의 개념과 관련된 사례 조사로 학생들은 더욱 정확하고 높은 신뢰가 뒷받침된 일반화를 만들 수 있다.

3-7. 영상 자료(이미지, 동영상)

① 탐구질문: 영상을 통해 무엇을 알 수 있나요?

② 교육과정

핵심 아이디어	3~4학년 일반화	핵심 개념 Lens	관련 개념	범주/내용 요소			성취기준
				지식·이해	과정·기능	가치·태도	
문화유산은 과거와 현재를 이어 주는 자료이다.	문화유산은 우리 지역의 역사를 보여준다.	연결	문화유산	지역의 문화유산 알아보기	-	지역의 문화유산을 보존하는 태도	[4사06-01] 지역의 문화유산을 통해 문화유산의 의미와 유형을 알아보고, 문화유산의 가치를 탐색한다.

③ 탐구과정

가. 사례 살펴보기

청도읍성의 전체적인 모습을 보여줄 수 있는 관광지도 사진을 제공한다. 관광지도에 수록된 사진을 통해 학생들은 청도읍성을 방문했던 경험을 떠올려 본다.

3학년 사회 시간에 청도지역의 문화재에 대해 학습을 했기 때문에 학생들은 청도읍성에 관한 정보를 어느 정도 파악하고 있다. 교사는 학생들과 함께 그림지도를 살펴보며 청도읍성의 시설에 대해 살펴보고 어떤 일을 하는 곳인지 알아본다.

<그림 1> 청도읍성 그림지도[4]

나. 이야기 만들기

교사는 수업 시작 전 다음과 같은 질문을 한다.

> 교사 현재 청도읍성으로 그 시대의 모습을 알 수 있을까요? 청도읍성을 복원한다면 어떤 모습으로 복원하고 싶은가요?

현재의 청도의 읍성은 공공시설 위주로 복원이 되어 있는데 실제는 다양한 계층이 함께 모여 살았던 곳이기 때문에 지금과는 다른 모습이었음을 옛날 성 내부 모습의 사진을 통해 이해한다. 역사적 상상력을 자극하는 질문을 통해 그 시대의 삶을 생각해 보게 한다.

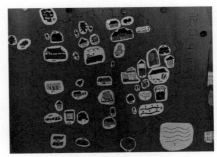

<그림 2> 청도읍성 복원 지도

> 교사 사람들이 성안에서 생활하기 위해 어떤 시설이나 장소가 필요했을까요?

학생 1 마실 물이 있어야 했으니까 우물이 있었을 것 같아요.

학생 2 사람들이 물건을 살 수 있는 시장과 살 집이 있어야 해요.

---

4 청도읍성 그림지도과 석빙고 사진은 청도군 문화 관광홈페이지(https://www.cheongdo.go.kr/open.content/tour/)에서 다운받은 사진을 활용했다.

다. 자료 제공하기

청도읍성에는 어떤 시설이 있는지 역사적 상상력으로 추측해 보고 난 후 구체적으로 읍성의 시설에 관해 확인해 볼 수 있는 사진이나 동영상을 제공한다. 교사는 자료의 역사적 정확성 여부를 사전에 점검한다.

청도읍성 시설에 관해 정확한 영상이 없다면 그 상황을 유추해 볼 수 있는 대체 자료를 제공해 줄 수도 있다.

영상 시청은 과제로 부여할 수 있으며 교사의 설명이 필요한 영상은 수업 시간에 함께 시청하도록 한다.

<그림 3> 석빙고 사진 자료

라. 영상 자료 제작하기

영상 자료는 석빙고 모형 만들기, 동헌 역할극 하기, 척화비 비문 만들기 등의 학습 활동을 위한 안내 자료 및 보조 자료로 활용된다. 예를 들면, 유튜브의 석빙고 영상을 살펴본 다음 찰흙으로 모형 만들기를 통해 실제 석빙고의 구조나 만들어진 방법을 이해한다. TV 프로그램 '렛츠고 시간 탐험대의 성균관 편'을 보고 향교의 역할극을 해봄으로써 다양한 계층의 삶을 체험하고 그들이 느꼈던 생각이나 감정들을 이해한다.

<그림 4> 동헌 영상 자료[5]

교사의 자세한 설명이 필요할 때도 있지만 5분 정도의 짧은 영상만으로도 충분한 활동 안내가 되기도 한다. 특히 역할극을 어려워하거나 부담스러워하는 친구들에게 재밌는 영상 자료는 역할극 활동을 쉽게 받아들이는 데 효과적이다.

<그림 5> 석빙고 모형

④ 탐구성찰

'영상 자료' 조사 전략은 학생들의 참여를 유도하고, 이해력을 향상시키며 학습자의 다양한 학습 스타일과 요구 사항을 수용할 수 있는 조사 방식이다. 영상 자료에는 교육용 비디오, 다큐멘터리, 비디오 강의, 유튜브, 애니메이션, TV 채널, 온라인 강좌, 학생 제작 비디오, 교육용 앱과 게임, 화상회의, 콘텐츠 등 다양하게 영상으로 접근할 수 있다.

영상 자료를 활용할 때는 짧은 시간에 많은 정보를 줄 수 있으며 구체적인 시각적인 정보로 학생들이 직관적으로 쉽게 이해할 수 있는 장점이 있다. 고학년은 학습 주제와 관련 영상을 직접 검색하고 정보를 얻을 수 있지만, 저학년인 경우는 교사가 직접 준비한 자료를 통해 정확한 정보를 얻는 것이 학습 활동에 도움이 된다.

<그림 6> 동헌 역할극 활동

---

5 '동헌 영상 자료'는 유튜브 디클클래시 채널의 '렛츠코 시간 탐험대 성균관 편'을 활용했다.

3-8. 체험 방법

1 탐구질문: 청도읍성에서 우리는 무엇을 할 수 있을까요?

2 교육과정

핵심 아이디어	3~4학년 일반화	핵심 개념 Lens	관련 개념	범주/내용 요소			성취기준
				지식·이해	과정·기능	가치·태도	
지역의 박물관, 기념관, 유적지는 지역의 정체성을 보여준다.	지역의 문화유산은 고유성과 다양성을 드러낸다.	정체성	문화유산	지역의 문화유산 알아보기	지역의 박물관, 기념관, 유적지 답사하기	지역의 역사에 대한 관심과 흥미	[4사06-02] 지역의 박물관, 기념관, 유적지 등을 체험하고 지역의 역사를 이해한다.

3 탐구과정

가. 체험학습 계획 세우기

청도읍성이라는 문화유산을 통해 우리 지역의 역사를 배우고 자부심을 느끼기 위해 체험학습을 계획한다.

교사는 우리 지역의 역사나 문화재에 관한 지식뿐만 아니라 문화유산과 역사와 어떤 관련성이 있는지, 문화유산과 자신이 어떤 연결성을 가지는지 고려해 체험학습 장소를 탐색한다.

체험학습 전 사전 계획 단계에서는 현장 체험학습을 통해 지역의 다양한 문화재들을 어떻게 조사할 것인지에 대해 장소, 시간, 조사 내용 등 구체적 계획을 수립한다.

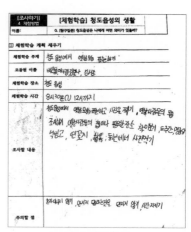

<그림 1> 체험학습 계획서

나. 계획서를 바탕으로 체험하기

현장 체험학습 계획을 바탕으로 체험을 한다. 체험의 내용은 청도읍성의 시설(석빙고, 동헌, 도주관, 향교 등)을 주제로 조사하기, 교실에서 만든 모형을 실제와 비교하기, 다양한 장소에서 역할극 해보기 등으로 학생들이 사전에 계획했던 내용대로 체험을 할 수 있도록 한다. 보고서 작성을 위해 메모, 사진이나 동영상 촬영 등을 안내한다.

모둠을 구성해 주도적으로 체험학습을 진행하게 하되, 교사는 학생이 과제를 제대로 수행하고 있는지 수시로 결과를 확인하며 피드백한다.

<그림 2> 동헌 체험하기

다. 체험학습 보고서 작성하기

체험학습 후 체험과정을 정리하고 알게 된 사실, 체험을 바탕으로 할 수 있는 것을 기록하게 하며 경험과 개념이 서로 연결될 수 있는 기회를 제공한다.

교사　여러분 이번 청도 체험학습에서 무엇을 알게 되었나요?

학생 1　청도읍성에는 동헌, 향교, 도주관, 고마청 등 다양한 시설이 잘 복원되어 있다는 것을 알게 되었어요.

<그림 3> 체험학습 보고서

학생 2   청도읍성에서 살았던 사람들의 생활 모습을 연기해 보니까 그때 사람들의 생활을 알 수 있을 것 같아요.

학생 3   향교가 영상으로 보았던 성균관보다는 조금 작았는데 공부하는 곳이나 기숙사 같은 곳이 똑같이 있었어요.

④ 탐구성찰

'체험학습' 조사 전략은 교실에서 익힌 주요 개념을 실제 장소에서 조사·관찰·경험해 보는 학습에 유용한 조사 방식이다. 학생들은 지역의 협동 교육 프로그램, 현장 체험학습, 봉사활동, 유학 프로그램, 직업 체험, 견학, 시뮬레이션, 과외 활동, 행사와 공연, 대회, 임상 경험과 실습, 야외 교육 등으로 활용된다.

학생들에게 교실에서 배운 내용을 실제 상황에 적용해 더 깊은 이해와 기능 향상 및 개인 성장을 촉진할 기회를 제공한다. 체험학습은 다양하고 적응력이 뛰어나며 실제적인 개념 탐구 분야에 유익하다. 교실이 아닌 다른 학습 장소에서의 경험은 이론과 실습을 통합한 결과로 인식될 수 있다. 교사는 체험학습과 관련해 사전에 안전 교육, 체험 활동지, 사전 견학 등과 관련된 부분에 준비와 여러 가지 고려사항을 생각해야 한다. 체험학습의 구체적인 고려사항은 체험학습 유형에 따라 달라질 수 있다.

3-9. 인적 자원 Ⅰ

① 탐구질문: 학교에는 어떤 규칙이 있을까요?

② 교육과정

핵심 아이디어	1~2학년 일반화	핵심 개념 Lens	관련 개념	범주/내용 요소			성취기준
				지식·이해	과정·기능	가치·태도	
우리는 서로 관계를 맺으며 생활한다.	규칙은 건강하고 안전한 공동체를 위한 약속이다.	책임	규칙	학교 생활 습관과 학습 습관	습관 형성하기	안전하고 건강한 생활	[2바01-01] 학교생활 습관과 학습 습관을 형성해 안전하고 건강하게 생활한다.
				학교 안팎의 모습과 생활	탐색하기	안전한 학교생활	[2슬01-01] 학교 안팎의 모습과 생활을 탐색하며 안전한 학교생활을 한다.

③ 탐구과정

가. 조사 항목 정하기

3월 입학 초기 적응 활동에서 훑어보기식으로 학교 안팎을 탐색했다면, 이 번 탐구 단원에서는 학교 곳곳을 보다 능동적으로 조사한다.

먼저 조사할 항목을 정하기로 한다. '학교에 가면~' 이어 말하기 놀이를 하 며 학교 안팎에서 볼 수 있는 것을 열거한다. 열거된 장소나 시설은 크게 운동 장과 교실로 분류한다. 운동장은 운동과 놀이국, 지킴이실, 화단으로 분류하 고, 각 교실은 학생이 공부하는 교실과 전담실, 그 외 교실로 분류한다.

<그림 1> 나열 및 분류

나. 조사 방법 정하기

학교 안팎에 있는 주요 인적 자원인 교직원과의 면담을 통해 학교에서 지켜 야 할 규칙을 수집한다.

인터뷰는 2인 1조로 한다. 인터뷰할 대상과 교실은 희망자를 우선 배정한 다. 칠판에 적힌 교실 이름 옆에 자신의 이름표를 붙여 희망을 표시한다. 희망 자가 3명을 초과한 경우는 제비뽑기나 가위바위보로 정한다.

아직 글쓰기가 미숙한 시기이므로 인터뷰 내용은 해당 교실의 교직원이 학 습지에 대신 적어 주기로 한다. 학생들은 해당 교실에서 지켜야 할 규칙 3가지 를 귀담아듣고 기억해야 한다. 2명씩 각 교실을 방문해 해당 교실에 대한 설명 과 함께 지켜야 할 규칙을 인터뷰하고 돌아와서 학급 친구들에게 알려주기로 약속한다.

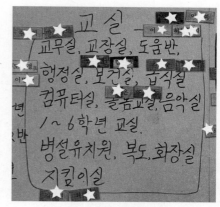
<그림 2> 인터뷰 배정

다. 인터뷰하기

배정된 교실에 방문해 인터뷰한다. 수집한 규칙 3가지를 기억해 말할 수 있 는지 인터뷰 대상자에게 구술 확인을 받고서야 교실로 돌아올 수 있다.

<그림 3> 인터뷰 실시

인터뷰 시작 전에 인터뷰 예절과 질문할 문장을 교실에서 충분히 연습한다. 교사는 교직원들에게 사전에 양해를 구하고 기록할 학습지 양식(목적, 방법, 면담 예시자료 등)을 메신저로 미리 제공해 인터뷰를 준비할 시간을 확보한다.

해당 교직원에게 메신저로 보낸 내용은 다음과 같다.

> - 학생들의 이름을 물어보고 오래 기억해 주세요.
>
> - 규칙은 짧은 문장으로 3가지 직접 적어 주세요.
>
> - 학생들에게 3가지 규칙을 반복해 말해 주세요.
>
> - 규칙은 '~않기'보다 '~ 하기' 식의 능동태로 표현해 주세요.
>
> - 들은 내용을 학생이 잘 기억하는지 확인해 주세요.
>
> - 인터뷰 예절을 잘 지키거나 잘 듣는 경우 칭찬을 해주세요.

라. 발표하기

교실로 돌아와 인터뷰에 대한 소감을 나누며 인터뷰 상황을 성찰한다.

교사는 인터뷰로 수집한 내용(학교 규칙)을 발표할 문장의 형식이나 모델을 제공한다. 발표에 대한 자신감을 키우고 발표할 내용을 깊이 있게 숙지할 수 있도록 반복해 말함으로써 인터뷰한 내용을 기억하게 한다. 충분히 연습한 후, 기록지에 적힌 규칙 3가지를 먼저 짝에게 발표한 후 모둠에서 발표하고 최종적으로 전체에게 발표한다.

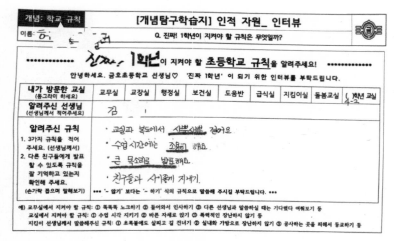

<그림 4> 인터뷰 기록지

④ 탐구성찰

'인적 자원' 조사 전략은 전문가(선경험자)와 실제적인 면담을 할 수 있는 전략으로 '초등학교'라는 새로운 공동체에 적응해야 하는 신입생이자 아직 글이 미숙한 1학년에게 용이하다.

1학년의 경우, 기억해야 할 정보량이 과하지 않도록 인적 자원자들에게 상세히 안내하며 학생이 정보를 잘 기억하고 있는지 점검까지 부탁한다. 탐구 주제에 따라 활용할 수 있는 인적 자원으로는 학부모, 지역의 직업인들이 있다. 인터뷰에 필요한 예절과 필수 질문 문장은 사전에 충분히 연습해 자신감을 가지도록 돕는다. 이 전략은 정보의 획득뿐만 아니라 공동체 안에서 새로운 관계망을 형성할 수 있게 하고 공동체의 한 구성원으로서 소속감, 자부심, 책임감을 느낄 수 있게 한다.

3-9. 인적 자원 II

① 탐구질문: 지역성은 어떻게 발생하나요?

② 교육과정

핵심 아이디어	5~6학년 일반화	핵심 개념 Lens	관련 개념	범주/내용 요소			성취기준
				지식·이해	과정·기능	가치·태도	
우리나라와 세계 각지에 다양한 지형 경관이 나타나고, 해당 지역의 인문환경과 인간 생활에 중요한 영향을 미친다.	자연환경과 인문환경은 상호작용하며 지역성을 만든다.	연결	지역성	우리나라의 지형	자료를 바탕으로 다양한 자연환경과 생활모습 조사하기	-	[6사01-01] 우리나라 산지, 하천, 해안 지형의 위치를 확인하고 지형의 분포 특징을 탐구한다.
국어는 체계와 구조를 갖춘 의미 생성 자원이자, 사회적으로 구성된 관습적 규약이며, 공동체의 사고와 가치를 표상하는 문화적 산물이다.	고유어와 관용 표현은 공동체의 상호작용으로 드러난다.	관점	언어 단위	어휘 체계와 고유어 관용 표현	글과 담화에 적절한 표현 사용하기	집단·사회의 언어와 나의 언어의 관계 인식	[6국04-03] 고유어와 관용 표현의 쓰임과 가치를 이해하고 상황에 맞게 표현한다.

③ 탐구과정

가-1. 전화 인터뷰하기

전화 인터뷰는 공간적 제약을 극복할 수 있는 동시에 다양하고 깊이 있는 응답을 기대할 수 있는 장점이 있다. 사투리(인문환경)와 수계(자연환경)와의 연결과 상호작용이 지역성을 이룸을 탐구로 확인하기 위해 전화 인터뷰를 한다. 단어의 다양한 활용과 발음과 높낮이 등의 음성 정보를 전화 인터뷰로 수집하고 산출한 결과를 조직·정리해 일반화를 도출한다.

<그림 1> 전화 인터뷰

가-2. 대면 인터뷰하기

부모님에게 역대 대통령과 관련된 설문을 하고 응답을 기록한다. 인간의 가치관과 동기를 심층적으로 조사하기 위해서는 인터뷰가 적합하다. 정치를 이해하는 관점은 매우 다양하며 자칫하면 편향되거나 왜곡될 수 있다. 정치라는 다소 다루기 곤란한 주제를 학생의 눈높이에 맞는 건전한 형태로 전달하려는 의지가 분명한 부모님에게 부탁함으로써, 부모님이 응답자의 역할과 안내자의 역할을 동시에 수행할 수 있도록 문항을 설계한다.

<그림 2> 대면 인터뷰

나. 설문조사하기

전교 학생을 대상으로 국어 생활 실태를 조사하기 위한 설문조사를 수행한다. 수치화된 데이터를 해석하고 통계 탐구를 수행해 목표한 결론에 도달하는 방식으로 진행된다. 세부 단계는 다음과 같다. ① 조사의 목적을 설정하고, ② 설문 대상을 고려해 자료를 수집하기 위한 설문 문항을 작성한다. ③ 학급 회의를 통해 설문 문항을 수정하고, ④ 설문한다.

<그림 3> 설문지 제작

통계는 목적 지향적인 활동이며 가설을 입증하기 위한 수치화된 데이터를 활용하는 방법이다. 따라서 사회과학적 탐구 역량과 수학의 지식정보처리 역량을 함께 기대할 수 있다.

다. 전문가 인터뷰하기

기업의 합리적 선택에 대한 깊은 이해를 위해 실제 기업 운영 전문가의 컨설팅을 요청한다. 지식 개념 자료에서 충분히 설명되지 못했거나, 설명되었더라도 학습자의 역량으로 인해 온전히 이해되지 못한 부분을 전문가의 현실적인 조언으로 보충할 수 있다.

전문가 면담 전, 학생들은 가정된 상황 속에서 기업의 합리적 선택을 수행하고 수행의 결과를 전문가로서 컨설팅을 받는 과정으로 진행했다.

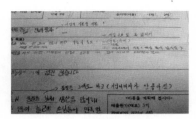
<그림 4> 전문가 첨삭 주석

④ 탐구성찰

'인적 자원' 조사 전략은 전문가를 대상으로 정보를 수집하는 조사 방식이다. 사람을 대상으로 해서 대상의 특징에 따라 다양한 결과를 얻을 수 있다. 반면, 사람은 저마다의 관점으로 세상을 해석하므로 목표를 분명하게 정하지 않으면 원하는 방향의 응답을 끌어내지 못할 수도 있다. 따라서 인적 자원의 장점을 최대한 끌어내기 위해서는 목적과 방향 및 대상 설정에 집중해야 한다.

인적 자원 활용 조사 탐구과정에서는 정의적 요소, 비언어적 요소 등 표면으로 드러나지 않는 요인이 탐구의 과정에 큰 역할을 수행하는 경우가 있다. 따라서 인적 조사 활동에 임할 때는 대상자를 위한 배려 및 예절에 대한 인성 교육이 반드시 수반되어야 한다.

04 조직 및 정리 전략

4-1. 교차비교 차트

C 1학년 수학

① 탐구질문: ▉, ▊, ● 모양은 어떻게 다를까요?

② 교육과정

핵심 아이디어	1~2학년 일반화	핵심 개념 Lens	관련 개념	범주/내용 요소			성취기준
				지식·이해	과정·기능	가치·태도	
평면도형과 입체도형은 여러 가지 모양을 범주화한 것이며, 각각의 평면도형과 입체도형은 고유한 성질을 갖는다.	입체도형은 여러 가지 모양으로 분류되며 각각 고유한 성질을 갖는다	형태		입체도형의 모양	여러 가지 사물과 도형을 기준에 따라 분류하기	입체도형에 대한 흥미와 관심	[2수03-01] 교실 및 생활 주변에서 여러 가지 물건을 관찰해 직육면체, 원기둥, 구의 모양을 찾고, 이를 이용해 여러 가지 모양을 만들 수 있다.

③ 탐구과정

가. 사례 수집하기

'개념과 개념의 비교', '개념과 사실적 예의 비교'의 질은 정보량에 기반한다. 그렇기에 정보량이 한정되면 정교한 일반화에 이르기 어렵다. 입체모형의 경우 조작이 쉽고 구별이 확연하지만, 사례의 다양성(정보량)이 부족하다. 그러므로 주변에서 볼 수 있는 다양하고 실제적인 자료로 감각적인 경험을 제공해 학생의 삶과 연결할 수 있게 한다.

주변에서 쉽게 볼 수 있는 ▉, ▊, ● 모양을 찾아 분류함으로써 입체도형에 대한 직관성과 민감성을 키운다. 사실적인 예는 교사가 제공하지 않고 학생들이 직접 찾는 것을 권장하며 찾은 모양을 분류하도록 해 오개념을 파악한다.

이때 나온 학생의 질문은 다음과 같다.

<그림 1> 모양 탐색

> 학생　　종이 1장도 ▉ 모양이에요?
>
> 학생　　뚜껑이 없는 것도 ▉, ▊ 모양이에요?

나. 특성 탐구하기

분류된 입체도형을 눈으로 보며 특성을 드러낼 수 있는 이름 짓기를 한다. 학급 전체의 의견을 수렴해 다수결로 정하는 방식이다. 최종 결정된 도형의 이름은 ▉: 네모기둥 ▊: 동글기둥 ●: 동글이다. 그런 후, 각 도형의 특성을 파악하기 위한 탐구 활동을 한다. 쌓아보기, 굴려보기, 만져보기, 여러 모양으로 만들어 보기, 가지고 놀이하기 등의 감각적인 활동을 통해 입체도형 특성을 비교 관찰하며 차이점에 대해 서로 이야기를 나눈다.

교사	자동차 바퀴가  모양이면 어떻게 될까요?
학생	자동차가 굴러가지 못해요.
교사	자동차 바퀴가  모양이면 어떻게 될까요?
학생	자동차가 한쪽으로 움직이지 않고 이리저리 굴러요.

쌓을 수 있는지, 굴러가는지 등의 비교는 활동으로 확연히 구분한다. 모서리와 면에 대한 비교는 사물을 만지는 것만으로 부족하므로 기름흙으로 모서리와 평면과 곡면이 드러나게 제작해 보게 한다.

<그림 2> 쌓아 보기   <그림 3> 굴려 보기   <그림 4> 기름흙 제작

다. 교차비교 차트 작성하기

■, ■, ● 입체도형의 개념의 특징을 한눈에 비교할 수 있도록 표로 작성하기로 한다.

실제 사물은 입체와 평면 간 경계의 모호성, 완전한 밑면 대칭이 아닌 경우가 많기에 개념의 오류가 생기기 쉽다.

교차비교 차트를 작성할 때는 입체모형에 가장 근접한 대표 사물을 하나씩 선정해 각 입체도형의 특성을 비교, 분석할 수 있도록 한다. 한글이 미숙한 1학년은 먼저 사례의 특징을 선택하기, 그리기, OX 등으로 비교한다. 기록한

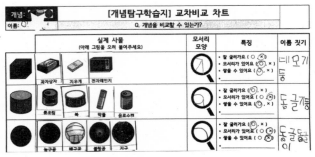

<그림 5> 교차비교 차트

것을 비교하는 문장의 형태로 소리 내어 말하기(짝 발표·모둠 발표·전체 발표) 전략을 통해 개별적 이해를 확인한다. 학생이 발표한 내용은 다음과 같다.

학생	■, ■은 쌓을 수 있고 ●는 쌓을 수 없어요. ■은 굴러가지 않고, ■, ●는 잘 굴러가요. ■은 한 방향으로만 굴러가고 ●는 여러 방향으로 굴러가요.

④ 탐구성찰

'교차비교 차트' 조직 및 정리 전략은 학생이 탐구한 사례를 개념과 연결하도록 돕는 전략이다. 열거된 사례를 표로 정리해 한눈에 파악할 수 있게 하여 주요 개념에 집중하도록 이끈다.

1학년 수준에서 '개념과 개념의 비교', '개념과 사실적 예의 비교'의 질은 정보량에 기반한다. 그렇기에 정보량이 한정되면 정교한 일반화에 이르기 어렵다. 입체모형의 경우 조작이 쉽고 구별이 확연하지만 사례의 다양성(정보량)이 부족하다. 그러므로 주변에서 볼 수 있는 다양하고 실제적인 자료로 감각적인 경험을 제공해 학생의 삶과 연결할 수 있게 한다. 하지만 실제 사물은 입체와 평면 간 경계의 모호성, 완전한 밑면 대칭이 아닌 경우가 많기에 개념의 오류가 생기기 쉽다. 교차비교 차트를 작성할 때는 입체모형에 가장 근접한 대표 사물을 하나씩 선정하여 각 입체도형의 특성을 비교, 분석할 수 있도록 한다.

한글이 미숙한 1학년은 먼저 사례의 특징을 선택하기, 그리기, OX 등으로 비교한다. 기록한 것을 비교하는 문장의 형태로 소리 내어 말하기(짝 발표·모둠 발표·전체 발표) 전략을 통해 개별적 이해를 확인한다.

4-2. 교환 카드

① 탐구질문: 안전한 식생활을 위해 무엇을 고려해야 할까요?

② 교육과정

핵심 아이디어	5~6학년 일반화	핵심 개념 Lens	관련 개념	범주/내용 요소			성취기준
				지식·이해	과정·기능	가치·태도	
생활의 기본 조건으로서 의식주 생활의 수행 능력을 갖추는 일은 창의적이고 가치 있는 삶을 설계하고 영위할 수 있는 기초가 된다.	식생활의 주도성은 안전하고 가치로운 삶으로 이어간다.	기능	음식	음식의 마련과 섭취	음식을 마련하는 과정 체험하기	함께하는 식사의 즐거움	[6실02-05] 음식의 조리과정을 체험해 자기 간식이나 식사를 스스로 마련하는 식생활을 실천한다.

③ 탐구과정

가. 사전 조사하기

교환 카드를 만들기 위해서는 사전 조사 활동이 필요하다. 실천한 단원에는 모둠별로 조리하고 싶은 음식을 정해 음식의 조리에 필요한 식재료와 조리도구에 대해 모둠원들이 역할을 나누어 조사하는 사전 조사 활동이 있다.

학생들의 조사 활동 전 교사는 혼동하기 쉬운 음식, 식품, 식재료 등에 대한 사전적 정의를 비교해 설명한다. 그리고 식재료의 구입 및 보관 방법 또한 음식을 마련하는 과정임을 설명해 학생들의 조사 활동이 조리과정에만 한정되지 않도록 안내한다.

나. 교환 카드 만들기

사전 조사 활동을 통해 다양한 식재료와 조리도구에 관한 사례가 수집되면 학생들은 교환 카드를 만든다. 교환 카드는 1장에 하나의 사례만 기록한다. 16절 도화지를 사용해 앞면에는 식재료 또는 조리도구를 시각적으로 표현하고, 뒷면에는 조사한 식품 또는 조리도구의 특성과 안전한 조리에 관한 연구 결과를 기록한다. 이때 교사는 다음과 같은 질문을 통해 학생들이 개념과 렌즈를 연결해 조사 내용을 정리할 수 있도록 돕는다.

> 교사　여러분이 선택한 식재료 또는 조리도구를 안전하게 섭취하거나 사용하기 위해 우리는 어떤 점을 알아야 할까요?
>
> 　　　여러분이 선택한 식재료 또는 조리도구는 안전과 관련해 어떤 특성을 가지고 있나요?

<그림 1> 조사 대상을 그린 앞면　　　　　　<그림 2> 조사 내용을 기록한 뒷면

다. 카드 연결하기

학생들은 교환 카드의 내용을 공유함으로써 나와 친구의 조사 결과를 연결할 수 있다. 연결 활동은 모둠 또는 학급 전체 활동으로 진행한다. 단, 구성과 상관없이 학생들의 책상을 원형 또는 ㄷ자 형태로 배치해 시각적으로 서로가 어떻게 연결되는지 찾아보도록 한다. 학생들은 다음과 같은 문구를 사용해 카드를 연결할 수 있다.

<그림 3> 음식 만들기 교환 카드 연결

> **학생 1**   저의 사례연구에서 보면 나무로 만든 도마는 건조를 제대로 해주지 않으면 세균 번식의 위험성이 높습니다.
>
> **학생 2**   저의 사례연구에서 보면 나무로 만든 김밥말이의 경우 습기가 남아 있으면 곰팡이가 생길 위험성이 높으므로 건조를 특히 주의해야 한다는 내용이 있습니다. 저의 사례와 나무 도마를 조사한 친구의 사례를 연결해 '나무로 만든 조리기구는 사용 후 잘 건조해야 한다.'라는 일반화를 만들 수 있습니다.

학생들은 이러한 연결 활동을 통해 나무 재질의 조리도구를 이용한 안전한 식생활은 건조가 필요한 것을 알 수 있다.

④ 탐구성찰

'교환 카드' 조직 및 정리 전략은 학생들이 조사한 내용을 앞면에는 대표 이미지로, 뒷면에는 설명으로 연구 결과를 조직하는 방식이다.

이 전략은 앞·뒷면을 사용해 글과 이미지로 동시에 나타내는 일종의 비주얼씽킹이다. 따라서 개념을 구조적으로 설명하기에 유용하다. 더불어 제작 카드를 학급 친구들과 공유함으로써 자신이 조사한 내용 이상의 정보를 얻을 수 있음은 물론 사례들 속에서 공통의 속성을 찾아 새로운 일반화를 만들 수도 있어 유용하다.

① 탐구질문: 정치과정의 참여가 필요한 까닭은 무엇일까요?

② 교육과정

핵심 아이디어	5~6학년 일반화	핵심 개념 Lens	관련 개념	범주/내용 요소			성취기준
				지식·이해	과정·기능	가치·태도	
다양한 정치 주체가 정치과정에 참여하며, 민주주의는 여러 제도와 시민 참여를 통해 실현된다.	정치와 민주주의는 시민 참여로 실현된다.	관계	선거 권력 분립	선거의 의미와 역할	민주주의에서 선거의 의미와 역할을 파악하기	선거 과정의 참여	[6사08-01] 민주주의에서 선거의 의미와 역할을 파악하고, 시민의 주권 행사를 위해 선거에 참여하는 태도를 기른다.
				국회 행정부 법원 권력 분립	권력 분립의 이유를 탐구하기	국가기관에 대한 비판적인 태도	[6사08-02] 민주 국가에서 국회, 행정부, 법원이 하는 일에 대해 이해하고, 각 국가기관의 권력을 분립하는 이유를 탐색한다.

③ 탐구과정

가. 사례연구하기

3·15 부정선거, 4·19 혁명, 5·16 군사정변, 유신헌법, 6월 민주항쟁의 사례 중 1~2가지를 선택한 후 조사한 내용을 함께 읽고 분석한다. 분석 후 각 사례의 시사점과 민주주의에 미친 영향을 함께 토의한 후 전체 토의 시간을 갖고 각 사례의 공통점을 찾는다. 사례 분석을 통해 학생들이 참여와 민주주의 간의 관계를 생각해 볼 수 있도록 한다.

<그림 1> 사례 조사

역사적 사건	시사점	민주주의에 미친 영향
3·15 부정선거	이승만의 독재 만행이 나쁜 것 같다.	3·15 부정선거로 국민의 투표권이 침해되었다.
	이승만은 독재를 위해 여러 가지 더러운 방법으로 선거에서 이겨 나갔다.	3·15 부정선거에 의해 국민이 투표 자유권을 잃었었다. 이 일로 인해 국민이 민주주의에 큰 관심을 보였다.
	부정선거를 하지 않기, 평등, 직접, 비밀, 보통선거를 하기	3·15 부정선거로 인해 국민이 민주주의에 큰 관심을 보였다.
6월 민주 항쟁	국민이 힘을 합쳐 꾸준히 시위하니 결국에는 이루어진다는 그것이 매우 뜻깊었다. 또 나였으면 이한열처럼 죽거나 안 이루어질 것 같아서 시위하지 않았을 것 같은데 시위를 꾸준히 했던 국민을 본받고 싶다.	6월 민주항쟁 덕분에 대통령을 국민이 직접 뽑게 되었다. 민주주의 국가지만 자유를 갖지 못했다. 하지만 6월 민주항쟁 덕분에 자유와 평등을 되찾았다. 차별받지 않고 모두가 평등한 나라가 되었다. 차별받지 않고 누구나 평등하게 투표할 수 있게 되었다.

나. 어휘 소개하기

분석한 사례를 바탕으로 찾은 참여라는 개념을 중심으로 밀기, 당기기, 잡기를 하기 전에 교사가 직접 주요 어휘를 소개한다. 민주정치 참여라는 개념에 대한 어휘는 다음과 같다.

밀기	민주주의에 참여하지 않으면 어디로 밀려가는가? (민주주의에 참여하지 않을 시에 나타날 수 있는 부정적인 결과)
당기기	민주주의에서 참여가 필요한 까닭은 무엇인가? (민주주의에 참여할 시에 나타날 수 있는 긍정적인 결과)
잡기	민주주의에의 참여를 방해하는 것은 무엇인가? (민주주의에의 참여를 방해하는 긍정적이거나 부정적인 사실)

다. 일반화하기

다양한 사례연구로부터 배운 것들을 참여라는 개념과 관련지어 다양한 동기를 고려해 정리한다. 질문의 결과를 바탕으로 정치과정에서의 참여가 어떤 의미이며 앞으로의 민주주의 사회를 만들어 가기 위해 개인, 사회에게 요구되는 것에는 어떤 것들이 있는지를 문장 구조 만들기를 활용해 일반화한다.

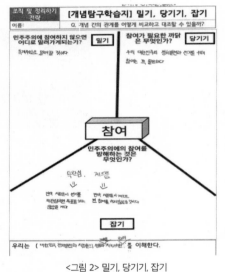

밀기: 민주주의에 참여하지 않으면 어디로 밀려가게 되는가?
- 민주주의에 참여하지 않으면 한 사람이 독재를 하게 된다.

당기기: 참여가 필요한 까닭은 무엇인가?
- 참여를 안 하면 민주주의가 없어질 수 있다.
- 우리 대한민국의 정치 발전과 선거를 위해 참여는 꼭 필요하다.

잡기: 민주주의에의 참여를 방해하는 것은 무엇인가?
- 한 사람이 독재하는 것이나 민주주의에 참여하지 않는 사람들이다.
- 무관심과 게으름이다.

일반화:
우리는 (민주주의 참여가 민주주의를 지켜가는 것이라는 것)을 이해한다.

<그림 2> 밀기, 당기기, 잡기

④ 탐구성찰

'밀기-당기기-잡기' 조직 및 정리 전략은 개념과 관련한 부정적인 결과, 긍정적인 결과, 긍정적이거나 부정적인 사실에 대한 서로의 관점을 확인하는 방식이다.

민주주의와 관련한 역사적 사건 간의 공통점을 사례연구를 통해 파악하고 정치과정에의 참여와 민주주의와의 관련성과 중요도를 토의하는 과정에서 정치과정에의 참여가 민주주의에 미치는 영향을 추론할 수 있다.

1 **탐구질문: 식물의 각 부분은 어떤 기능을 할까요?**

2 **교육과정**

핵심 아이디어	5~6학년 일반화	핵심 개념 Lens	관련 개념	범주/내용 요소			성취기준
				지식·이해	과정·기능	가치·태도	
생물은 세포로 이루어져 있고, 여러 구성 단계가 유기적으로 연관되어 있으며 조화로운 작용을 통해 건강한 몸을 유지한다.	식물은 뿌리, 줄기, 잎, 꽃이 서로 연결되어 기능을 수행하며 생명을 유지한다.	연결	식물	뿌리, 줄기, 잎, 꽃의 구조와 기능	생물 관찰 및 분류하기	자연과 과학에 대한 감수성	[6과11-02] 식물의 구조를 관찰하고, 기능을 알아보는 실험을 수행해 식물 각 기관의 구조와 기능을 설명할 수 있다.

3 **탐구과정**

가. 식물의 구조와 기능 학습하기

조직 및 정리하기 전 조사하기 단계에서 학생들은 식물의 여러 구조(뿌리, 줄기, 잎, 꽃, 열매)가 어떤 기능을 하고 있는지 관찰 및 실험 활동을 통해 학습한다. 그리고 지금까지 수집한 데이터를 바탕으로 조직 및 정리하기 단계에서는 학생들이 자신들이 배운 것들 속에 존재하는 규칙이나 연결성을 살펴보면서 개념을 형성할 기회를 제공한다. 이를 돕기 위해 각 부분의 역할과 더 넓은 범위의 시스템에 있어서 각 구조의 중요성을 탐구할 수 있는 '누락된 조각' 학습지를 제공한다.

나. 학습지 정리하기

학습지에는 크게 4가지 질문이 있다.

　　1) 식물은 어떤 구조로 이루어져 있나요?

　　2) 만약 1번의 구조가 없다면 어떤 일이 생길까요?

　　3) 식물의 구조 중 가장 중요한 부분은 무엇이라고 생각하나요? 그 이유는 무엇인가요?

　　4) 식물의 각 부분은 어떻게 연결되어 있나요?

학습지에 지금까지 학습한 내용을 토대로 각자의 생각을 정리한다.

다. 질문을 주제로 토론하기

두 번째 질문인 식물의 각 부분이 없다면 어떤 일이 벌어질지 함께 이야기를 나눈다.

교사　뿌리가 없으면 식물에 무슨 일이 생길까?

학생 1　물과 양분을 못 빨아들여서 식물이 시들 것 같아요.

학생 2　식물을 지지하지 못해서 식물이 넘어질 것 같아요.

학생 3　고구마 같은 특정 식물은 양분을 저장하지 못해서 양분이 다 빠져나올 것 같아요.

교사　줄기가 없으면 식물에 무슨 일이 생길까?

학생 4　뿌리에서 받은 물을 물관으로 물을 못 나눠 줘서 식물이 죽을 것 같아요.

학생 5　양분을 꽃이나 잎, 열매로 전달하지 못해서 식물이 죽을 것 같아요.

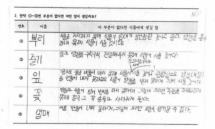

<그림 1> '만약 ○○이 없다면 어떤 일이 생길까요?' 학생 답변

각 구조가 빠졌을 때 어떤 일이 벌어질지 이야기를 충분히 나눈 후 다음 질문인 '식물의 구조 중 가장 중요한 부분은 무엇이라고 생각하나요?'에 대해 토론한다.

학생 1 뿌리가 가장 중요하다. 그 이유는 뿌리가 없으면 식물이 지탱을 못 하고 물을 빨아들일 수 없어서 식물이 말라죽기 때문이에요.

학생 2 꽃이랑 열매가 중요하다. 왜냐하면 꽃이랑 열매가 번식을 할 수 있게 해주고, 열매가 없으면 생태계가 무너질 수 있기 때문이에요.

학생 3 모두 중요하다. 왜냐하면 저마다 각자의 일이 있고 그 일 중 하나라도 없으면 모든 것의 균형이 무너지고 각자의 일이 분야가 달라서 서로 유리한 점이 달라서 다 중요하다고 생각해요.

라. 연결성 찾기

마지막 질문인 '식물의 각 부분은 어떻게 연결되어 있나요?'에 대해 함께 이야기를 나누며 학급 전체가 도달한 이해는 다음과 같다.

> 뿌리가 식물을 지지하고, 물과 양분을 흡수하거나 저장한다. 뿌리에서 흡수한 물과 양분은 줄기(물관과 체관)로 올라가고 물의 일부가 잎으로 가는데 물의 일부가 증산 작용을 통해서 식물 밖으로 빠져 나간다. 잎은 광합성(물+이산화탄소+빛)을 통해서 양분(녹말)을 만들고 만든 양분은 식물 곳곳에 주거나 저장을 한다. 그 양분을 이용해서 식물이 건강해지고 식물이 잘 자라서 꽃이 피어나고 꽃에서 수술과 암술이 수분하면서 열매가 생긴다. 열매는 씨를 보호해 준다. 열매 안에 있는 씨가 곤충, 동물, 바람, 물, 불을 통해서 번식한다.

④ 탐구성찰

'누락된 조각' 조직 및 정리 전략은 전체에 대한 각 부분의 중요성과 역할을 살펴보고 이를 통해 각 구성 요소들이 어떻게 연결되어 있는지를 파악하는 방식이다.

이 전략을 성공적으로 수행하기 위해서는 학생들이 각 부분의 중요성에 대한 깊이 있는 지식을 가져야 한다. 최종적인 개념 이해는 포괄적인 개념 간의 관계에서 드러난다. 작은 개념이 없다면 큰 개념도 없다. 전체는 부분의 합이다. 부분이 없다면, 전체가 드러나지 않는 것처럼 어떤 부분이 빠졌는지를 확인하기 위해 활용될 수 있다. 개념 학습 이후에 간단한 지필 평가나 친구들과의 상호평가를 통해 학생들의 이해 정도를 점검하는 것이 좋다.

4-5. 네트워크

① 탐구질문: 지구의 움직임은 우리가 바라보는 천체의 변화와 어떻게 연결되나요?

② 교육과정

핵심 아이디어	5~6학년 일반화	핵심 개념 Lens	관련 개념	범주/내용 요소			성취기준
				지식·이해	과정·기능	가치·태도	
태양계는 행성 및 소천체 등으로 구성되며, 생성 과정에 따라 태양계 천체의 표면은 다양하게 나타난다.	지구의 운동으로 다양한 천체가 연결되어 움직인다.	연결	행성	태양과 별의 위치 변화	자연과 일상 생활에서 지구와 우주 관련 문제 인식하기	우주 과학에 대해 관심과 지적호기심	[6과12-01] 하루 동안 태양과 별을 관찰해 위치 변화의 규칙성을 찾을 수 있다.
				지구의 자전과 공전	결론을 도출하고, 지구와 우주 관련 상황에 적용·설명하기	-	[6과12-02] 지구의 자전을 알고, 낮과 밤이 생기는 이유를 설명할 수 있다.
				계절별 별자리 변화	관찰을 통해 자료를 수집하고 비교·분석하기	-	[6과12-03] 지구의 공전을 알고, 계절에 따라 달라지는 별자리를 관찰할 수 있다.

③ 탐구과정

가. 생각 열기

중심 개념을 사례연구하기에 가장 적합하도록 네트워크의 중앙에 배치한다. 지구의 운동(지구의 자전, 지구의 공전)이라는 중심 개념을 제시하고 관련 지식이나 사고 과정을 네트워크로 연결해 현상에 대한 각자의 탐구과정을 정리한다.

> 교사　지구의 자전으로 생기는 현상에는 어떤 것이 있을까요?
>
> **학생 1**　낮과 밤이 생겨요.
>
> 교사　매일 해가 뜨는 시각이 지역마다 다른 까닭은 무엇일까요? 오늘 독도에서 5시 48분에 해가 뜨지만, 문경에서는 6시, 서울에서는 6시 10분에 해가 뜨는 까닭은 무엇일까요?
>
> **학생2**　지구가 돌면서 먼저 태양을 만나는 곳이 독도고 제일 늦게 만나는 곳이 서울이라서요.
>
> 교사　그럼 지구의 공전으로 생기는 현상에는 무엇이 있을까요?
>
> **학생3**　계절별 별자리가 달라져요.
>
> 교사　지구의 자전과는 어떤 차이가 있죠?
>
> **학생3**　매일 별자리가 동에서 떠서 서에서 지는 건 자전과 관련이 있고 1년 동안 별자리의 위치가 조금씩 바뀌는 건 공전과 관련이 있어요.

지구의 자전, 공전 각 현상으로 인한 인과관계뿐 아니라 지구의 자전이 지구의 공전과도 어떻게 연결 지을 수 있을지를 충분히 고민한 후 각자의 모델을 구상하도록 한다.

나. 모델 만들기

지구의 자전으로 인해 관찰할 수 있는 현상이나 사실적인 예들을 표현하도록 한다.

1) 지구의 자전이라는 개념과 관련된 현상을 중심으로 자신만의 모델을 만든다.(개별 예상)

2) 친구들과 토의를 통해 모둠의 대표 모델을 선정한다.(모둠 토의)

3) 보충하거나 수정할 부분을 협의해 모델을 보충한다.

4) 돌아가며 완성한 모델에 대해 설명한다.

다. 모델 비교 및 대조하기

모둠별 모델이 완성되면 한 모둠씩 나와 조사, 완성한 사례를 설명하고 질의 응답하는 시간을 갖는다.

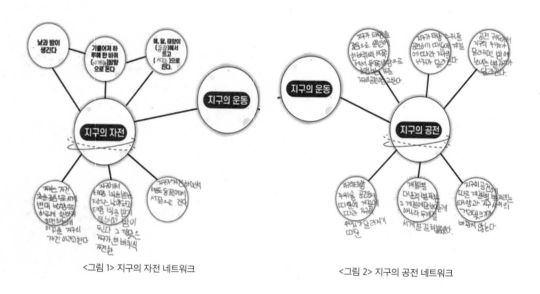

<그림 1> 지구의 자전 네트워크　　　　　　　<그림 2> 지구의 공전 네트워크

교사　여러분의 모델과 유사하거나 다른 점은 무엇인가요?

학생 1　우리 모둠은 별자리가 움직이는 것은 공전에만 포함했는데 다른 모둠의 발표를 듣고 보니 지구의 공전뿐 아니라 지구가 자전하기 때문에 매일 관찰할 수 있는 별자리가 달라진다는 것도 알게 되었어요.

교사　지구의 운동이 우리 주변의 행성이나 위성과도 관련이 있을까요?

학생 2　지구에서 바라보는 달의 모양이 달라지는 것도 생각해 볼 수 있어요.

교사　별자리와 다른 점이 있을까요?

학생　별자리와의 차이점은 별자리들은 스스로 움직이는 것이 아니라 지구가 움직여서 그렇게 보이지만 달은 달 스스로 지구 주변을 돌기 때문에 좀 더 복잡한 것 같아요.

④ 탐구성찰

'네트워크' 조직 및 정리 전략은 다양한 개념이나 정보 간의 관계를 시각적으로 표현하고 이해하기 위해 사용되는 방식이다. 개념은 형성과 맥락적인 관점에서 다양한 구조로 표현된다. 일반적인 구조(네트워크)는 계층, 범주, 연대기, 분류, 공간, 원인과 결과, 공식적, 도식적, 매트릭스 형식으로 나타난다.

이 전략은 학습자들이 주제나 개념을 연결하고 그 관계를 파악하는 데 도움을 주며, 학습을 보다 의미 있게 만들어 준다. 개념과 지식을 이해하고 표현하는 방식은 개념 형성과 교과 과정에서 인식하는 방식에 따라 다양하게 표현된다. 교사는 다양한 방식으로 개념을 표현하는 예시를 인지하고, 소개한다면 학습자에게 유용하게 활용된다.

4-6. 흐름 다이어그램

① 탐구질문: 옷의 기능을 갖춘 적절한 옷차림은 무엇일까요?

② 교육과정

핵심 아이디어	5~6학년 일반화	핵심 개념 Lens	관련 개념	범주/내용 요소			성취기준
				지식·이해	과정·기능	가치·태도	
가정일과 생활 습관은 변화하는 일상에서 개인 및 가족의 요구와 문제를 해결해 나갈 수 있게 하면서 생활 방식과 진로를 스스로 개척하고 성장하는 데 바탕이 된다.	옷의 기능을 충족하는 옷차림은 긍정적인 발달과 행복한 삶을 이끌 수 있다.	기능	옷	옷의 기능과 옷차림	건강하고 적절한 옷차림 파악하기	일상생활 속 올바른 생활습관과 예절을 실천하는 태도	[6실01-05] 옷의 기능을 이해해 평소 자신의 옷차림을 살펴보고 건강하고 적절한 옷 입기를 실천한다.

③ 탐구과정

가. 사전 수업의 흐름 잡기

'옷은 왜 입을까요?'라는 질문으로 옷의 기능에 관한 탐구를 시작한다. 이때 개념 종합 및 정리 방법으로 '아이디어 생산-분류-연결-정교화' 사고 전략을 활용해 마인드맵 형식으로 표현한다.

옷의 기능을 크게 보호와 표현 기능으로 나누고 2가지 범주에서 구체적 정보를 조사한다. 조사한 정보와 아이디어를 분류해 정렬하고 정교화한다.

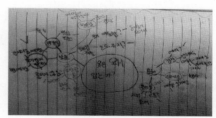

<그림 1> 옷의 기능 마인드 맵 표현하기

나. 도표 유형의 선택하기

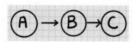

①선형 과정 도표

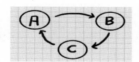

②순환식 도표

③인과관계 도표

<그림 2> 도표의 유형

옷의 기능을 갖춘 적절한 옷차림을 조사하고 이해한 내용을 정리·종합한다. 정리·종합하기에 가장 적절한 다이어그램의 유형에 대해 이야기를 나눈다. 3가지 도표 유형 중 옷의 기능을 갖춘 적절한 옷차림을 선택하고 준비하는 과정에 어떤 조사한 내용을 조직, 정리하는 것으로 파악하여 필요한 유형을 선택하고 그 유형을 선택한 이유를 설명한다.

다. 흐름 도표로 조직 및 정리하기

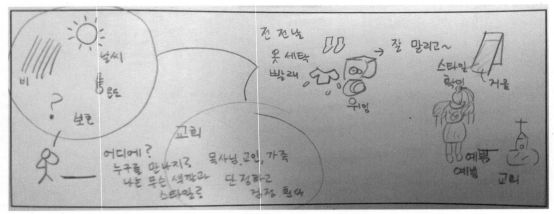

<그림 3> 인터뷰 기록지

위 흐름 다이어그램은 옷의 보호 기능과 표현 기능을 충족하는 옷차림 과정이 순서대로 표현되어 있다. 날씨에 적절하게 몸을 보호하고 상황과 목적에 맞게 표현할 수 있는 옷차림의 긍정적인 결과를 이미지와 텍스트의 조합으로 흐름에 맞게 만들었다.

학생들이 흐름 다이어그램으로 배운 내용을 정리할 때, 그림과 색깔에 너무 치우치거나 자칫 내용 없이 시각적 그림의 선형 과정으로 정리하는 경우가 있다. 따라서 텍스트, 이미지, 구조를 활용해 조직, 정리하는 데 잘 활용할 수 있도록 이미지 특징의 구체적인 부분을 학습자와 약속하고 전략을 실천하는 것이 도움된다.

④ 탐구성찰

'흐름 다이어그램' 조직 및 정리 전략은 변화나, 성장, 발전, 인과와 같이 흐름이 드러나는 개념을 과정적으로 조직 정리하는 방식이다. 개념과 관련해 과정을 세우고 그 과정을 시각적 아이콘과 텍스트로 정리해 개념의 정보를 쉽게 기억하고 깊이 이해할 수 있게 한다. 도표의 표상은 이미지의 힘을 활용해 정리하는 전략이므로 적절하게 표현할 수 있는 이미지를 중심으로 필요에 따라 텍스트를 추가해 작성한다.

이 전략은 선형, 순환, 인과관계 도표의 3가지 유형으로 나뉜다. 선형 과정 다이어그램은 순서의 방향이 일방적인 이야기나 생산 과정 등의 탐구에 활용한다. 순환 과정 다이어그램은 물의 순환, 곤충의 생애 등의 탐구에 활용한다. 인과관계 다이어그램은 복잡한 시스템(생태계, 도시 시스템 등) 관련 탐구에 활용한다.

4-7. 시각적 메모 작성

① **탐구질문:** 분모와 분자에 0이 아닌 같은 수를 곱하거나 나누면 분수의 크기는 어떻게 될까요?

② **교육과정**

핵심 아이디어	5~6학년 일반화	핵심 개념 Lens	관련 개념	범주/내용 요소			성취기준
				지식·이해	과정·기능	가치·태도	
사칙계산은 자연수에 대해 정의되며 정수, 유리수, 실수의 사칙계산으로 확장되고 이때 연산의 성질이 일관되게 성립한다.	2개의 수나 양을 비교할 때 분수가 사용된다.	관계	분수	분모가 다른 분수의 덧셈과 뺄셈	자연수, 분수, 소수 등 수 관련 개념과 원리를 탐구하기	자연수, 분수, 소수의 필요성 인식	[6수01-06] 크기가 같은 분수를 만드는 방법을 이해하고, 분수를 약분, 통분할 수 있다.

③ **탐구과정**

가. 사례 조사하기

수업 준비도 확인을 위해 아래와 같은 질문으로 선개념에 대한 오류 여부를 확인한다.

> 교사 　$\frac{1}{2}$과 $\frac{2}{4}$크기를 비교해 봅시다.
>
> 　　　$\frac{1}{2}$과 크기가 같은 분수를 만들어 봅시다.
>
> 　　　$\frac{16}{24}$과 크기가 같은 분수를 만들어 봅시다.

나. 시각적 메모 작성하기(1차)

> 교사 　$\frac{1}{2}$과 $\frac{2}{4}$는 크기가 같은 분수인가요? 그림으로 그려서 증명해 봅시다.

학생들은 〈그림 1〉과 같이 사각형을 이등분해 그중 1개와 같은 크기의 분수 그림을 구한다. 동일한 크기의 사각형을 4등분해 그중 2개의 크기와 같다는 것을 그림으로 증명한다.

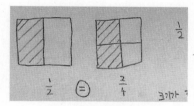

〈그림 1〉 크기가 같은 분수

다. 시각적 메모로 작성하기(2차)

> 교사 　$\frac{1}{2}$과 같은 크기의 분수를 만들 수 있는가요? 그림으로 정리해 봅시다.

학생들은 사각형을 2등분해 그중 1개를 색칠하고 $\frac{1}{2}$로, 같은 크기의 사각형을 4등분해 그중 2개를 색칠하고 $\frac{2}{4}$로 , 6등분해 그중 3개를 색칠하고 $\frac{3}{6}$으로 나타내는 형식으로 $\frac{4}{8}$, $\frac{5}{10}$, $\frac{6}{12}$을 그림으로 표현한다.

이 과정을 통해 크기가 같은 분수를 만들기 위해서는 1이 아닌 자연수를 곱한다는 것을 이해한다.

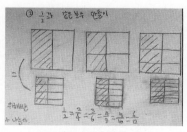

〈그림 2〉 크기가 같은 분수

라. 시각적 메모 작성하기(3차)

교사 $\frac{6}{12}$과 크기가 같은 분수는 무엇이 있나요? 그림으로 정리해 봅시다.

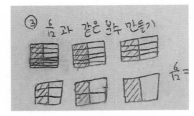

<그림 3> 크기가 같은 분수

학생들은 사각형을 6등분하고 그중의 3개를 색칠하고 $\frac{3}{6}$으로 나타내는 형식으로 $\frac{2}{4}$, $\frac{1}{2}$을 그림으로 표현한다. 이 과정을 통해 크기가 같은 분수를 만들기 위해서는 1이 아닌 자연수를 나눈다는 것을 이해한다.

또한, 그림으로 같은 크기의 사각형을 10등분하고 그중의 5개를 색칠하고, 8등분하고 그중에 4개를 색칠하며 크기가 같은 분수를 찾아낸다. 이를 통해 $\frac{1}{2}$과 같은 크기의 분수를 만드는 것이 분모 분자에 0이 아닌 자연수를 곱하거나 나누는 것으로 가능하다는 것을 증명한다.

마. 시각적 메모 약속 정하기

개념에 대해서 조직 및 정리하는 활동은 그림과 색깔에 너무 치우치거나 자칫 내용 없이 시각적 그림으로 정리하는 경우가 되지 않도록 지도해야 한다. 텍스트, 이미지, 구조를 활용해 조직, 정리하기 어려워할 때는 이미지 특징의 구체적인 부분을 학습자와 약속하고 전략을 실천하는 것도 도움이 된다.

④ 탐구성찰

'시각적 메모 작성' 조직 및 정리 전략은 개념과 관련된 이미지를 시각화해 요약하는 조직 방식이다. 개념을 요약해 이미지와 함께 텍스트로 조직, 정리하는 방식으로 그 표상은 다양하다.

이 전략은 시각적 그림으로 일반화된 사례를 증명하고 정리하는 과정을 통해서 개념에 대한 이해를 더욱 심화시키고 오랫동안 기억할 수 있게 돕는다. 일반적으로 학생들은 개념을 정리할 때, 마인드맵 형식으로 표현한다. 시각적 표상은 복잡한 내용이나 개념을 간결한 이미지로 표현해 개념을 정리하고, 기억에 도움을 준다. 학습자의 유형에 따라 시각적 표상을 선정하는 것이 효과적이다.

4-8. 주석 달기

① **탐구질문:** 민주화의 근거로서 헌법은 어떤 역할을 할 수 있을까요?

② **교육과정**

핵심 아이디어	5~6학년 일반화	핵심 개념 Lens	관련 개념	범주/내용 요소			성취기준
				지식·이해	과정·기능	가치·태도	
역사 정보나 자료의 분석 해석 판단을 통해 역사 지식을 형성한다.	민주화와 산업화는 좋은 세상을 만들기 위한 사람들의 관점으로부터 시작한다.	관점	민주화 산업화	민주화와 산업화로 달라진 생활 문화	역사 증거를 토대로 분석, 해석 및 판단하기	역사에 대한 관심과 흥미	[6사07-02] 민주화와 산업화로 인해 달라진 생활 문화를 사례를 통해 이해한다.

③ **탐구과정**

본 성취기준은 민주화와 산업화를 다룬다. 두 주제 모두 다양한 관점이 혼재하며 학생들이 이해하기에는 다소 복잡한 개념이다. 그러므로 교사는 민주화를 다루는 교과서의 텍스트를 수동적으로 수용하기보다 헌법을 활용한 주도적인 읽기 활동을 계획해 읽기 활동에 더욱 집중하고 참여를 심화할 수 있는 활동을 설계한다.

'헌법'은 민주주의에 가장 기본이 되고 5, 6학년의 법, 정치, 국가기관 등의 주제를 통합적으로 관통할 수 있는 자료이므로 관점의 판단에 훌륭한 근거가 될 수 있기에 관련 텍스트로 선정한다.

가. 사전 읽기

사전 읽기에서는 주도적인 개념(민주화)을 다룬 텍스트(교과서)를 읽는다. 텍스트를 선정하는 기준으로는 첫째, 주도적인 개념을 충실히 담고 있는가? 둘째, 학생들이 함께 읽고 나누기 적절한가?를 고려한다. 교과서는 민주화를 충실히 담고 있음과 동시에 쉽게 접근할 수 있고 정련된 내용을 담고 있으므로 텍스트로 선정한다.

조직하기 단계에서는 학습된 내용의 조직과 정리가 일어나기 때문에 충분한 사례와 개념의 이해가 필수적이다. 텍스트에 대한 이해가 선행되지 않으면 민주화와 헌법의 개념 간의 관련성을 입증하기 어려우므로 주석 달기 활동을 단원 전체 중 후반부에 배치한다.

나. 관련 텍스트 탐색하기

주석 달기는 주도적인 개념(민주화)에 또 다른 개념(헌법)을 적용해 이해를 심화하는 활동이다. 두 개념을 서로 연결하기 위해서는 각 개념의 충분한 이해가 필요하다. 교육과정에 필요한 만큼 간추린 헌법을 함께 읽으며 국민주권, 기본권, 국가기관의 기능과 권력이 헌법에 어떻게 기술되어 있는지를 탐색한다. 법전은 학생들이 무겁고 어렵다고 생각하기 때문에 분량의 축소, 시각적 메모, 충분한 사례, 설명, 피드백을 제공해 쉽게 접근할 수 있도록 도와야 한다.

<그림 1> 간추린 헌법

다. 주석 달기

교사　교과서에 제시된 사례에 밑줄을 치고 관련 헌법 조문과 나의 평가를 기록해 봅시다.

<그림 2> 주석 달기 활동

교과서를 읽으며 민주화와 관련된 사례라고 판단되면 밑줄을 그어 표시한다. 밑줄 친 부분과 관련 있는 헌법 조문을 찾아 텍스트 아래에 주석으로 기록한다. 추가로 주석 아래에 해당 사건에 대한 나의 평가를 헌법을 근거로 서술한다.

민주화의 개념을 헌법이라는 렌즈로 살펴보며 민주화의 헌법 수호적 의미, 독재가 삼권분립에 미치는 영향, 민주화 과정에서 침해된 기본권 등을 주석 달기를 통해 깊이 있게 이해한다.

학생이 활동한 주석 달기의 일례는 다음과 같다.

교과서 (텍스트)	그러나 이승만 정부는 이를 무시하고 부정한 방법으로 선거를 치러 이겼다. (3·15 부정선거)
주석: 나의 평가	24조 참정권(선거권): 선거의 의미가 없어짐

라. 공유와 일반화하기

주석 달기를 마친 후 알게 된 점에 대해 생각을 나누고 일반화를 도출한다. 주석을 서로 비교하면서 같은 사례에 대한 다른 해석을 공유하고 나의 이해를 확장한다. 이때 개념질문 전략과 성찰하기의 일반화 전략을 활용할 수 있다.

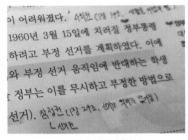

<그림 3> 주석 예시

교사　텍스트를 함께 분석하니 어떤 점을 알게 되었나요?

학생　헌법을 참고해서 교과서를 읽으니까 더 자세히 이해할 수 있었어요.

교사　텍스트를 읽으며 알게 된 이해를 한 문장으로 말해 봅시다. 헌법을 관점으로 민주화를 일반화해 봅시다.

학생　민주화는 헌법을 무시하거나 함부로 하려는 독재에 저항하는 노력입니다.

④ 탐구성찰

'주석 달기' 조직 및 정리 전략은 주요 텍스트에 관련 텍스트를 적용한 주석을 기록하며 적극적으로 읽기 활동에 집중하고 배운 내용을 정리하는 방식이다.

이 전략은 개념에 대한 학습이 어느 정도 진행한 후에 실시되어야 의미 있는 수행이 가능하므로 학생의 사전 이해를 확인하는 것이 매우 중요하다. 사전 이해가 잘 되어 있어야 학생이 주도성을 가지고 깊이 있는 이해가 가능하며 다양한 관점에서 공유된 텍스트를 탐색할 수 있기에 높은 확장성을 갖는다. 글 내용의 중요한 개념을 찾고, 그 개념과 관련된 개념적인 주석을 달게 한다. 텍스트에 주석을 달면서 학습자에게는 새로운 개념에 대한 일반화가 자연스럽게 드러난다. 이는 중심 개념과 관련 근거를 연계해 이해하게 되어 지식 기반 연역적 탐구 역량과 지식 정보 처리 역량의 성장을 촉진한다.

4-9. 사회극 놀이

① 탐구질문: 우리 동네에서 (   )이 사라진다면 어떤 일이 일어날까요?

② 교육과정

핵심 아이디어	1~2학년 일반화	핵심 개념 Lens	관련 개념	범주/내용 요소			성취기준
				지식·이해	과정·기능	가치·태도	
우리는 여러 공동체 속에서 생활한다.	마을 공동체에는 여러 직업을 가진 사람들이 도움을 주고받으며 생활한다.	연결	마을	마을의 모습과 생활	살펴보기	관심	[2슬02-01] 우리가 살고 있는 마을과 사람들이 생활하는 모습을 살펴본다.

③ 탐구과정

가. 사회극 놀이 계획하기

학생들은 동네 사람들이 하는 일과 관련된 사회극 놀이에 참여한다. 앞서 관계 맺기 전략과 개념 형성 전략을 통해 학생들은 우리 마을에는 다양한 직업을 가진 사람들이 서로 도움을 주고받으며 살고 있음을 이해하게 되었다. 초기에 정립된 이해를 더욱 명확히 하기 위해 다음과 같은 상황을 설정해 사회극 놀이에 참여하게 된다.

'우리 마을(   )이 사라졌다!'

1. 우리 동네 환경미화원이 사라졌다고?
2. 우리 동네 소방관이 사라졌다고?
3. 우리 동네 판매원이 사라졌다고?
4. 우리 동네 의사가 사라졌다고?
5. 우리 동네 집배원이 사라졌다고?
6. 우리 동네 유치원 선생님이 사라졌다고?

<그림 1> 사회극 놀이 상황 제시

일의 성격에 따라 환경, 안전, 의식주, 건강, 사회, 교육 분야로 구분해 각 분야를 대표하는 직업인이 사라졌을 때 동네에서 일어나는 일을 우리 동네 뉴스 (속보) 형식으로 소개해야 한다.

이러한 사회극의 목적은 마을이라는 공동체 속에서 여러 직업을 가진 사람들이 어울려 함께 생활함을 표현하는 데 있다.

나. 극 대본 완성하고 극 연습하기

같은 직업을 선택한 학생들로 모둠을 구성한다. 모둠별로 모여 자신의 모둠이 맡은 직업이 하는 일을 구체적으로 이야기를 나눈다.

모둠1   쓰레기가 넘쳐나서 동네가 쓰레기장이 될 것 같아.

모둠2   근처 건물에 불이 났는데 불을 못 꺼서 사람들이 다 죽을 거야.

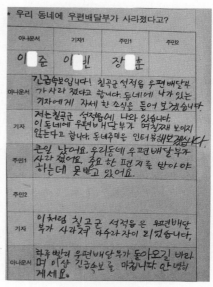

<그림 2> 극 대본

모둠3	먹을 것을 사러 대구나 구미까지 가야 하겠지.
모둠4	열이 나서 병원에 가도 치료를 못 받고 수술을 하게 될 수도 있는데 수술도 못 받아.
모둠5	편지를 못 받고 택배도 못 받아서 정말 답답할 것 같아.
모둠6	동생이 유치원에 가야 하는데 못 가서 집에만 있을 거야.

'만약 ~이 사라졌다면 우리 동네와 동네 사람들에게 어떤 일이 발생할지' 상상하며 아나운서, 기자, 주민 등 해당 역할의 대본을 작성한다. 완성된 대본을 교사에게 검토받은 후 자신이 맡은 역할의 대사를 외운다.

리허설은 다른 모둠과 서로 교차해 실시한 후, 교사 앞에서 최종 리허설을 하며 극 발표를 준비한다.

다. 사회극 발표하기

모둠별로 준비한 사회극을 발표한다. 사회극에 직접 참여하고 다른 그룹의 극을 관람하며 동네 사람들이 하는 일에 대한 정보와 일의 소중함, 동네 사람들에게 감사함을 느끼게 된다.

<그림 3 > 사회극 놀이 활동

교사	우리 동네 사람들의 직업은 우리에게 어떤 도움을 주나요?
학생1	환경미화원이 우리 동네를 깨끗하게 청소해주시고 우리 동네 사람들이 깨끗한 생활을 할 수 있도록 도움을 주시는 것을 알았어요. 그리고 쓰레기도 안 버려야겠다고 생각했어요.
학생2	의사가 없다면 약을 처방받지 못하고 아픈 것도 참아야 하는데 의사 선생님에게 고마운 마음이 들었어요.
학생3	우리가 편안하고 건강하게 살 수 있는 것은 동네 사람들이 열심히 일하고 있기 때문이에요.

④ 탐구성찰

'사회극 놀이' 조직 및 정리 전략은 핵심 개념을 연극 놀이 상황에서 표현하는 방식이다. 교사는 개념적이고 호기심을 촉발하는 질문으로 학생의 호기심과 상상력을 유발하도록 질문을 개발해야 한다.

이 전략은 자칫 관객을 웃기려거나 남다른 아이디어 창출에만 집중될 수 있으므로 대본을 작성하고 사회극으로 표현하는 전 과정에서 핵심 개념을 놓치지 않도록 교사의 지속적인 피드백이 필요하다. 또한, 개념적 연극이 개념적 사고로 나타나기 위해 연극을 시작하며 교사와 학생은 개념을 어떻게 표현할 것인가를 토의하는 과정도 필요하다.

1 탐구질문: 사실과 의견을 나타내는 것은 나에게 어떤 의미가 있을까요?

2 교육과정

핵심 아이디어	3~4학년 일반화	핵심 개념 Lens	관련 개념	범주/내용 요소			성취기준
				지식·이해	과정·기능	가치·태도	
독자와 필자는 다양한 상황 맥락과 사회·문화적 맥락 속에서 자신의 의사소통 목적을 달성하기 위해 다양한 유형의 글을 읽고, 쓴다.	필자와 독자는 글을 통해 의사소통한다.	의사소통	사실 의견	주장, 이유, 근거가 명시적인 글	사실과 의견 구별하기	읽기 효능감	[4국02-04] 글에 나타난 사실과 의견을 구분하고 필자와 자신의 의견을 비교한다.
				-	목적, 주제 고려하기	쓰기 효능감	[4국03-04] 목적과 주제를 고려해 독자에게 마음을 전하는 글을 쓴다.

3 탐구과정

가. 학급 책 제작하기

학급에서 일어났던 사실(보고 듣고 한 일)을 바탕으로 내 생각을 담아 학급 책을 제작한다. 학교에서 일어났던 일 중에서 '기억에 남거나 재밌는 일'이라는 소재는 학생의 흥미를 유발하고 학습 내용을 삶과 연결한다. 글과 더불어 그림도 추가해 사실과 의견을 구체화하도록 안내한다.

이 책은 학생이 사실과 의견에 대해 제대로 알고 있는지에 대한 평가의 증거자료로 활용된다. 활동의 목적은 학생이 일상생활에서 사실과 의견을 구분해서 사용하는 것이 의사소통을 하는 데 도움이 된다는 것을 이해하는 것이다.

<그림 1> 학급 책

나. 다양한 형식으로 나타내기

사실과 의견을 구별해 친구에게 편지글을 작성한다. 사과, 감사, 소식 전하기 등 자유롭게 작성한다. 편지 받는 사람과 쓰는 사람 사이에 일어난 사실 경험에 대해 먼저 서술하고 그 사실에 대한 내 생각이나 의견을 서술한다.

편지글을 작성한 후 편지를 받을 대상에게 직접 읽어 준다.

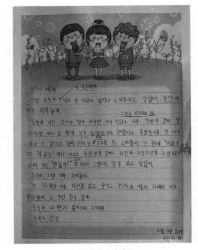

<그림 2> 편지글

교사 친구의 편지를 받아 보니 어땠나요?

학생1 친구가 고마운 일을 자세히 적어 주니 내가 잊어버렸던 일을 다시 생각해 보게 되었어요.

학생2 친구가 섭섭했던 일을 구체적으로 적으니 미안한 마음이 들었어요.

다. 표상의 의미 생각하기

편지쓰기를 통해 구체적 사실을 바탕으로 한 내 생각이나 의견을 전달하면서 언어의 도구적 가치를 알 수 있게 된다. 여기에 더해 사실과 의견 표현을 통해 상대방과 소통하고 더 나은 친구 관계로 발전할 수 있는 계기가 된다.

④ 탐구성찰

'언어적 표상' 조직 및 정리 전략은 개념에 대한 설명을 글과 말을 통해 개념에 대한 이해를 언어로 나타내는 방식이다. 백워드 설계의 6가지 이해 중 설명하기와 관련된 전략이다. 언어적 표상은 개인이 개념적 이해를 언어로 부호화하고 처리해 나타나는 상징적인 표상이다. 표상의 형태는 '출판 자료'와 같은 형식을 가진다.

이 전략은 교사가 학습 활동이 제대로 이루어졌는지 평가하는 데 유용한 전략이다. 언어적으로 표현하는 과정에는 사고가 명확하고 일관성 있는 언어를 드러내는 것이다. 말이나 글쓰기 과정에서 머릿속에 형성된 개념들이 자신의 개념으로 구조화되면서 더 명확해진다. 언어적 표상은 단순히 말뿐만 아니라 다양한 방식의 말과 글로 드러내는 것이 중요하다.

4-11. 모델링

① 탐구질문: 박은 무엇인가?

② 교육과정

핵심 아이디어	5~6년 일반화	핵심 개념 Lens	관련 개념	범주/내용 요소			성취기준
				지식·이해	과정·기능	가치·태도	
음악은 고유한 방식과 원리에 따라 다양한 속성을 청각적 형태로 구현한 것이다.	박은 일정한 시간적 간격을 두고 느껴지는 것이다.	영향	음악 요소 (박)	음악 요소	감지하며 듣기 인식하고 구별하기	-	[6음02-01] 음악을 듣고 음악의 요소를 감지하며 구별한다.

③ 탐구과정

가. 모델링하기

음악은 소리를 통해 표현되는 음악이므로, 이와 관련되는 감각은 말로 설명하기가 어렵다. 모델링을 통해 머릿속에 떠오르는 생각들을 시각화함으로써 개념을 표현하고 의사소통하는 데 도움을 제공한다.

나. 개념 표현하기

박은 일정한 시간적 간격을 두고 느껴지는 것이다. 박의 개념을 이해하기 위해 학생들에게 4가지 소리를 들려준다. 하나의 소리는 소리 간의 간격이 불규칙한 소리를 들려주고, 나머지 3가지 소리는 빠르기는 다르지만, 소리 간의 간격이 일정한 소리를 들려준다. 이때 3가지의 소리와 다른 1가지의 소리를 구분하는 기준인 '일정함'을 찾아낼 수 있는지 확인하기 위해 소리를 그림으로 표현하도록 한다.

다. 그림으로 표현하고 이야기 나누기

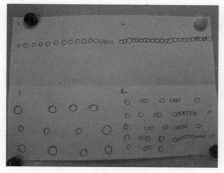
<그림 1> 박을 동그라미로 표현한 사례

<그림 2> 박을 ∧로 표현한 사례

교사   왜 이렇게 그렸는지 설명해 볼까요?

학생1   저는 '탁'하고 들리는 소리를 O로 표현했어요. 그리고 첫 번째 소리보다 두 번째 소리가 빨라서 이렇게 붙여서 그렸어요.

학생2   저는 '탁'하고 들리는 소리를 ∧로 표현했어요. 그리고 세 번째 소리는 소리랑 소리 간격이 멀어서 ∧ 사이에 줄을 그어 표현했어요.

교사   두 그림 사이에 공통점이 있나요?

학생3   1, 2, 3번 그림은 소리 간의 간격이 규칙적으로 보이는데, 4번은 이상해요.

학생4   4번은 붙어 있다가 떨어져 있다가 제멋대로예요.

    학생들은 그림을 통해 3가지의 소리는 간격은 다르지만, 일정한 형태를 띠고 있다는 것을 발견하고, 나머지 하나의 그림은 그 간격이 일정하지 않음을 발견한다. 단순히 소리만 들었을 때는 차이점을 발견하지 못한 학생은 다른 학생의 그림을 보며 그 차이를 인식할 수 있다. 사실이나 생각을 시각화하는 활동(모델링)은 시각화된 자료를 매개로 정교한 의사소통을 가능하게 하고 규칙을 쉽게 발견할 수 있게 한다.

④ 탐구성찰

    '모델링' 조직 및 정리 전략은 아이디어 또는 생각을 시각화하는 과정이다. 시각화를 통해 드러난 개념의 속성은 개념을 이해하고 정의하는 데 도움을 제공한다.

    전략을 활용할 때 유의점으로 첫째, 구체적 표현에 너무 정성을 들이기보다 아이디어를 얼마나 간단하고 직관적으로 드러낼 수 있는가에 초점을 맞추도록 할 필요가 있다. 모델링 전략에서 중요한 것은 시각화를 통해 개념의 속성을 드러내는 것이기 때문이다. 교사는 학생들이 개념의 속성에 집중하도록 계속 유도해야 한다.

<그림 3> 모델링 오류 사례

    둘째, 아이디어나 생각을 시각화할 때 교사가 그 방법 또는 방향을 명확하게 안내할 필요가 있다. 위 수업에서 박의 소리를 들려준 후 '들리는 소리를 그림으로 표현해 봅시다.'라는 요구를 했는데 그림 3과 같이 그림을 그리는 학생이 있었다.

교사   왜 이렇게 그렸는지 설명해 볼까요?

학생3   저는 소리를 들었을 때 떠오르는 느낌을 표현했어요. 첫 번째 소리는 편안하게 산책하는 느낌이 들었고, 두 번째 소리는 빨라서 경찰이 도둑을 쫓아가는 느낌, 세 번째 소리는 느려서 다친 사람이 목발을 짚고 천천히 걸어가는 느낌이 들었어요. 마지막 소리는 거북이처럼 느리게도 가고 뛰어도 가는 모습을 표현했어요.

    이 그림은 빠르기와 악곡의 관계를 일반화할 때 도움이 되는 모델링으로써 박을 정의하기에는 적절하지 않다. 교사가 '들리는 박을 기호로 표현해 봅시다.'라고 명확하게 개념을 언급했다면 모든 학생이 박의 느낌이 아닌 박 자체를 표현했을 것이다.

5-1. 개념적 질문

Ⓒ 4학년 과학

1 탐구질문: 혼합물은 어떻게 분리할 수 있을까요?

2 교육과정

핵심 아이디어	3~4학년 일반화	핵심 개념 Lens	관련 개념	범주/내용 요소			성취기준
				지식·이해	과정·기능	가치·태도	
물질은 서로 구분할 수 있는 고유한 특성을 가지며, 물질의 특성은 일상생활의 다양한 혼합물 분리에 이용된다.	혼합물은 2가지 이상의 순수한 물질이 섞여 있는 물질이다.	형태	혼합물	혼합물의 분리	관찰, 측정, 분류, 예상, 추리 등을 통해 자료를 수집하고 비교·분석하기	과학 창의성	[6과05-01] 알갱이의 크기가 다른 고체 혼합물과 골고루 섞이지 않는 액체 혼합물을 분리할 수 있다.
				혼합물의 분리	탐구 결과를 해석해 결론을 도출하기	과학 문제 해결에 대한 개방성	[6과05-02] 물에 용해되는 성질을 이용해 고체 혼합물을 분리하고, 물을 증발시켜 물에 용해된 고체를 분리할 수 있다.

3 탐구과정

가. 첫 번째 사실적 질문하기

직접 텃밭의 흙을 체에 넣고 흔들어 체의 위와 아래의 물질을 비교한다. 물질이 크기에 따라 분리된 결과를 확인한다.

<그림 1> 체를 이용한 흙 분리

교사　여러 가지 물질이 섞여 있는 텃밭의 경우 어떻게 분리할 수 있을까요?

학생　자갈이나 흙, 나뭇잎 같은 걸로 분리할 수 있어요.

교사　어떤 방법으로 분리할 수 있나요?

학생　물질의 크기에 따라 분리할 수 있어요.

교사　어떤 도구가 필요할까요?

학생　체가 필요해요.

나. 두 번째 사실적 질문하기

놀이터 흙에서 철가루를 분리할 방법에 대해 이야기를 나눈다.

<그림 2> 자석을 이용한 철가루 분리

교사　실제로 모래 속에는 다양한 물질이 섞여 있습니다. 그중 철가루도 포함되어 있다고 합니다. 그렇다면 눈에 보이지 않는 철가루를 어떻게 분리할까요?

학생　자석에 철가루가 붙으니까 자석을 사용하면 돼요.

교사　어떤 성질을 이용한 걸까요?

학생　철이 자석에 붙는 성질이요.

다. 세 번째 사실적 질문하기

모래 한 컵과 설탕 한 컵을 섞어 분리할 방법에 관해 이야기를 나눈다.

<그림 3> 물을 이용한 설탕 분리

교사	설탕과 모래를 분리하려면 어떻게 하면 좋을까요?
학생	일단 설탕은 물에 녹으니까 물에 녹이고 설탕물만 따로 빼내요.
교사	어떤 성질을 이용한 걸까요?
학생	설탕이 물에 녹는 성질이요.

라. 네 번째 사실적 질문하기

소금물을 분리할 방법에 관해 이야기를 나눈다.

<그림 4> 증발을 통한 소금 분리

교사	여러분 소금은 어디에서 만들어지나요?
학생	바닷물을 증발시켜서 만들어요.
교사	소금을 빨리 얻으려면 어떻게 하면 좋을까요?
학생	물을 끓이면 돼요.
교사	끓이고 남은 것이 소금인지 확인하려면 어떻게 하면 될까요?
학생	맛을 보면 돼요.

마. 개념적 질문하기

위 4가지 사실적 질문을 통해 알게 된 사실을 바탕으로 혼합물의 분리에 대한 일반화를 개발한다.

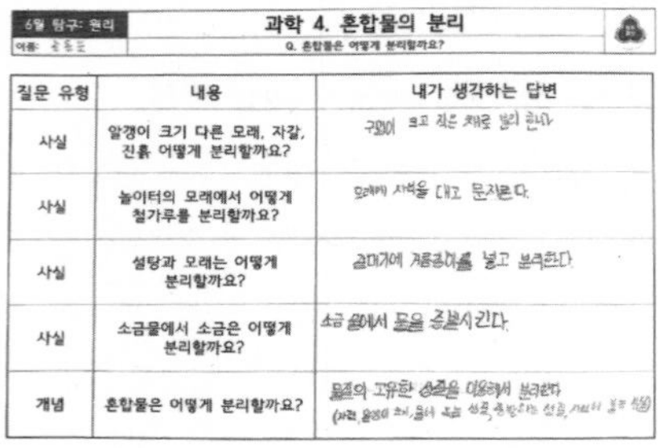

교사	여러 가지 물질이 섞인 혼합물을 어떻게 분리했나요?
학생	바닷물을 증발시켜서 만들어요.
교사	그렇다면 혼합물의 분리는 무엇을 이용한 것인가요?
학생	물질의 성질을 이용해요.
교사	'물질의 성질'과 '혼합물의 분리'의 관계를 한 문장으로 서술해 봅시다.
학생	물질의 성질을 이용해 혼합물을 분리할 수 있어요.

<그림 5> 학습지

④ 탐구성찰

'개념적 질문' 일반화 전략은 사실적 질문에서 시작해 개념적 질문으로 이어지는 귀납적 탐구 형태의 방식이다. 질문은 일반화로 접근하는 가교 역할을 한다. 귀납적 방식으로 사실 탐구를 통해서 최종적인 개념질문의 일반화가 도출된다.

학생이 최종적으로 개념적 질문에 답할 수 있도록 교사는 명확한 개념질문을 던져야 하며 그 개념질문에 답할 수 있는 탐구 활동이 잘 이루어질 수 있게 활동을 조직해야 한다. 개념질문은 사실 질문과 구분된다. 교사는 사실과 개념질문을 정확하게 구분하고, 구성하는 전문성이 필요하다. 개념 기반 탐구학습의 최종적인 일반화는 개념질문에 대한 답으로 도출된다.

1 탐구질문: 시민은 왜 정치과정에 참여해야 할까요?

2 교육과정

핵심 아이디어	5~6학년 일반화	핵심 개념 Lens	관련 개념	범주/내용 요소			성취기준
				지식·이해	과정·기능	가치·태도	
다양한 정치 주체가 정치과정에 참여하며, 민주주의는 여러 제도와 시민 참여를 통해 실현된다.	정치와 민주주의는 시민 참여로 실현된다.	선거 권력 분립	혼합물	선거의 의미와 역할	민주주의에서 선거의 의미와 역할을 파악하기	선거 과정의 참여	[6사08-01] 민주주의에서 선거의 의미와 역할을 파악하고, 시민의 주권 행사를 위해 선거에 참여하는 태도를 기른다.
				국회 행정부 법원 권력 분립	권력 분립의 이유를 탐구하기	국가기관에 대한 비판적인 태도	[6사08-02] 민주 국가에서 국회, 행정부, 법원이 하는 일에 대해 이해하고, 각 국가기관의 권력을 분립하는 이유를 탐색한다.

3 탐구과정

가. 사례연구 선택하기

각자 조사할 사례를 1가지씩 정해 책이나 지식 백과를 활용해 조사한다. 희망하는 학생은 추가로 더 조사한다. 사례연구는 인사청문회, 평등선거, 공청회로 다음과 같다.

첫째, 인사청문회에서는 대한민국 대통령이 행정부의 고위공직자를 임명할 때 국회의 검증 절차를 거치게 함으로써 행정부를 견제하는 제도적 장치이다. 만약 인사청문회를 하지 않으면 민주주의가 깨질 것이다.

둘째, 평등선거는 선거의 4원칙의 하나로 유권자 개개인의 투표권이 재산, 신분, 성별, 교육 정도, 종교, 문화 등의 영향을 받지 않고 모두 같은 것을 말한

<그림 1> 사례연구

다. 평등하지 않으면 독재가 이루어질 것이다. 정치과정의 사례 목록을 다음과 같이 제시한다.

셋째, 공청회에서는 국가나 지방단체 단체의 의사결정과정에 국민을 참여시킴으로써 민주주의의 요청에 부응하는 제도이다. '왜 공청회가 필요한가?'라는 질문에 시민들은 사회 공동 문제를 평화적이고 민주적인 방법으로 해결하는 데 필요하다.

> 1991년 지방 의회 구성, 1995년 지방 의회 선거, 2002년 국가인권위원회 설치, 캠페인, 지방자치제, 5·18 민주화운동, 6월 민주 항쟁, 6·29 민주화 선언, 4·19 혁명, 대통령직선제, 주민참여예산제, 서명 운동, 공청회, SNS에 의견 올리기, 주민자치회, 학급 회의, 1인 시위, 교사-학부모-학생 대표의 대토론회, 시민단체 활동, 국민주권의 원리, 보통선거, 평등선거, 직접선거, 비밀선거, 정당 활동, 공청회, 투표, 국정 감사, 인사청문회, 권력 분립의 원리, 대의제, 국회, 입헌주의의 원리, 법, 국민자치의 원리, 예산안 심의, 확정, 유신 헌법, 5·16 군사정변, 3·15 부정선거

나. 파트너 찾고, 질문하고, 연결하기

'교실을 자유롭게 돌아다니며 파트너를 찾아 왜 정치과정이 필요할까?'라는 질문에 대해 파트너와 자유롭게 토론할 수 있도록 한다. 학생들은 파트너와 연결될 수 있는 연결점을 찾는다. 서로의 연결점을 찾았다면 이를 카드 뒷면에 문장으로 기록한다. 연결점이 없다면 다른 파트너를 만나러 이동한다.

<그림 2> 파트너 찾기

<그림 3> 연결하기

> 학생 1 대의제가 있어서 국회가 있고 국회의원들이 하는 일이 대의제의 역할이야. 투표를 통해 우리 대표를 뽑는 것이고 모든 사람이 뽑히기만 하면 국회의원이 될 수 있다는 것은 평등을 뜻하는 거야.
>
> 학생 2 지방자치제는 빼야 할 것 같아.
>
> 학생 3 국민주권이 대표 개념이라면 대의제는 포함될 수 있을까?
>
> 학생 4 SNS 의견 올리기도 투표와 관련 있는 게 아닐까? 대의제는 국민주권에 포함되는 거잖아.

동일한 토론 질문을 반복해 이번에는 학생들이 새로운 파트너와 만나 질문을 주제로 토론한다.

5명 이상의 파트너가 모였을 때는 교사가 함께 토론에 참여해 2~3명 단위로 새로이 연결할 수 있도록 피드백한다. 토론 과정에서 현 파트너보다 다른 파트너와의 연결점이 발견되면 원래의 연결을 끊고 새로운 연결을 만든다. 연결점을 토대로 마이크로 개념을 선정한다.

다. 마이크로 개념 목록 작성 및 일반화하기

모둠별 결과를 작성한 목록을 바탕으로 일반화한 결과를 발표한다. 결과를 바탕으로 반 전체의 일반화를 도출한다. 도출한 결과는 다음과 같다.

마이크로 개념	사례	일반화
평등	「인사청문회」,「평등선거」,「직접 선서」,「보통선거」	자신이 투표할 수 있는 권리를 가지고 있고 사람들 사이에 생기는 문제점들을 해결하기 위해 (모두 평등한 권리를 가졌기에) 민주주의를 위해 평등은 꼭 필요하다.
정치 참여	「캠페인」,「공청회」,「정당 활동」	민주주의는 우리가 국가의 주인이라는 뜻이고 정치라는 것은 우리가 낸 돈으로 하는 것인데 우리가 나라의 의사결정에 참여하지 않는다면 스스로 민주주의를 포기하는 것이기 때문에 정치 참여는 필요하다.
민주정치의 기본원리	「입헌주의의 원리」,「권력 분립의 원리」,「국민자치의 원리」	입헌주의의 원리, 권력 분립의 원리, 국민자치의 원리를 모아 민주정치의 원리라는 개념을 끌어냈다. 이들의 공통점은 민주정치의 기본원리라는 것이다. 민주정치의 기본원리가 필요한 까닭은 국민의 자유와 권리를 지키고 민주주의의 정신을 실현하기 위해서이다.

4 탐구성찰

'스피드 연결' 일반화 전략은 개념과 관련된 개별 사례를 연구하고 사례 간의 연결점을 찾는 과정에서 공통점과 차이점을 함께 도출하는 방식이다. 이를 바탕으로 사례 간의 관련성을 고민하고 사례를 포괄하는 마이크로 개념과 매크로 개념 사이의 위계 파악을 통해 사고의 확장을 경험할 수 있다.

처음부터 너무 큰 그룹이 형성되면 상호 의사소통에 어려움을 겪을 수 있으므로 되도록 3~4명의 소그룹으로 먼저 토의하도록 한다. 함께 사례들을 묶고 위계에 대해 고민해 본 후 사례와 마이크로 개념 간의 관계를 토의하는 과정은 개념을 일반화하는 데 효과적이다.

1 탐구질문: 4·19 혁명, 부마 항쟁, 5·18 민주화운동, 6월 민주항쟁을 통해 알 수 있는 것은 무엇인가요?

2 교육과정

핵심 아이디어	5~6학년 일반화	핵심 개념 Lens	관련 개념	범주/내용 요소			성취기준
				지식·이해	과정·기능	가치·태도	
각 시대의 모습에는 당시 사람들의 생활상과 사고방식이 반영된다.	역사적 사건은 사람의 생활 모습을 변화시킨다.	관계	민주화 산업화	민주화와 산업화로 달라진 생활 문화	역사 증거를 토대로 분석, 해석 및 판단하기	역사에 대한 관심과 흥미	[6사07-02] 민주화와 산업화로 인해 달라진 생활 문화를 사례를 들어 이해한다.

3 탐구과정

가. 4가지 사례 조사하기

'4·19 혁명, 부마 항쟁, 5·18 민주화운동, 6월 민주항쟁'의 4가지 사건을 제시한다. 모둠의 1명당 연구사례를 하나씩 맡아 우리나라 민주화 과정에서 일어난 4가지 사건의 원인과 결과를 중심으로 조사한다.

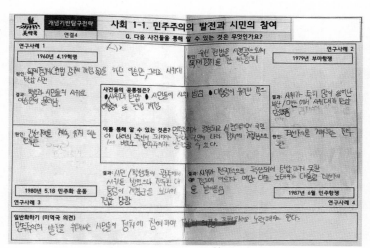

<그림 1> 조사 학습지

보통 학생들은 원인과 결과를 길게 세부적으로 나열한다. 교사가 샘플 사례 제시를 통해 누가 무엇을 했고, 그 결과 누가 무엇을 했는지 인물이 한 일에 주목해서 찾도록 하면 학생들이 이후 활동인 공통점 찾기에 좀 더 쉽게 다가갈 수 있다.

나. 공통점 찾기

학생들이 개별 연구사례를 조사한 후 모둠 토의가 이루어지는데, 모둠 토의의 목적은 각 사례 간의 공통점을 찾는 것이다. 4가지 사례를 공유한 후 연구의 가운데 부분에 사건들의 원인과 결과에서 공통으로 발견할 수 있는 사실을 쓰고 이를 통해 알 수 있는 점이 무엇인지 모둠 친구들과 함께 이야기를 나누고 정리한다.

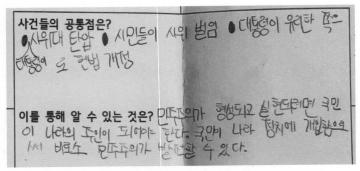

<그림 2> 학생들이 찾은 연결점

교사　사건들의 공통점은 무엇인가요?

모둠 1　대통령은 헌법을 바꾸어 독재를 시도하고 시민은 시위를 벌였다.

모둠 2　대통령이 유리한 쪽으로 헌법을 개정하고 시민들은 시위를 벌였으며, 대통령은 시위대를 탄압했다.

모둠 3　대통령들이 부정선거, 군사 정변, 헌법 바꾸기를 하며 독재 정치를 하려고 했다. 민주화를 요구하며 학생과 시민들이 시위를 벌였다.

모둠 4　대통령들은 모두 독재를 위해 부정선거를 저지르고 잔인한 방법을 썼다. 시민과 학생들이 모두 시위를 벌였다.

교사　이를 통해 알 수 있는 것은 무엇인가요?

모둠 1　시민들은 민주주의의 발전을 원해서 시위를 벌인다.

모둠 2　국민이 나라의 주인이 되면 민주주의가 형성되고 실현된다. 국민이 나라 정치에 개입함으로써 민주주의가 발전한다.

모둠 3　민주주의 나라가 발전을 하려면 시민들의 참여가 필요하다.

다. 모둠 의견 나누고 생각 정리하기(일반화하기)

모둠에서 찾은 공통점과 이를 통해 알 수 있는 점을 나누고 교사는 이를 기록한다. 그렇다면 이 4가지 사건들에서 우리는 어떤 점을 배울 수 있는지 기록된 내용을 바탕으로 의견을 나누고 이를 정리한다.

학생 1　시민들의 정치 참여로 민주주의가 발전했다.

학생 2　자신의 의견을 말하면 민주주의가 발전한다.

학생 3　민주주의의 발전을 위해서는 노력이 필요하다.

이런 과정을 통해 정리된 의견은 다음과 같다.

> 시민들이 정치에 참여해서 자신의 의견을 표현하려고 노력하면 민주주의가 발전한다.

④ 탐구성찰

'연결 4' 일반화 전략은 4가지 사례를 조사하며 공통점과 규칙을 찾아 정리해 일반화 문장을 진술하는 방식이다.

사례연구를 통해 원인과 결과를 간결하게 정리하는 과정은 쉬운 것이 아니다. 학급의 학습 수준에 따라 교과서를 읽고 내용을 파악하기도 어려워할 수도 있다. 그런 경우 미리 교사와 함께 사례 공부를 하고 정리하는 과정에서 이 전략을 이용할 수도 있다. 또, 학생들이 정리해야 할 내용에 대해 문장 구조('＿＿＿가 ＿＿＿을 위해서 ＿＿＿를 했다.' 또는 '＿＿＿을 위해서는 ＿＿＿가 ＿＿＿을 해야 한다.' 등)를 제시해 준다면 좀 더 쉽게 학생들이 접근할 수 있다.

5-4. 개념은행

① 탐구질문: 인사는 왜, 어떻게 할까요?

② 교육과정

핵심 아이디어	1~2학년 일반화	핵심 개념 Lens	관련 개념	범주/내용 요소			성취기준
				지식·이해	과정·기능	가치·태도	
듣기·말하기는 언어, 준언어, 비언어, 매체 등을 활용해 서로의 생각과 감정을 주고받는 행위이다.	인사는 존중을 바탕으로 소통을 시작하게 하는 도구다.	책임	인사	대화	바르고 고운 말로 표현하기	듣기·말하기에 대한 흥미	[2국01-02] 바르고 고운 말로 서로의 감정을 나누며 듣고 말한다.

③ 탐구과정

가. 개념 수집하기

개념은행에 포함될 단어는 단원 배움의 시작 단계부터 교재 읽기와 개념 형성 질문을 통해 배운 개념어를 하나씩 수집해 교실 한편에 게시해 둔다.

1학년은 일상 어휘량이 빈약하므로 교재에 없거나 일상적인 어휘가 아닌 경우, 교사가 어휘를 제시하고 의미를 유추할 수 있도록 질문이나 예시를 제공한다.

이번 탐구 단원에서 수집된 개념어는 다음과 같다.

<그림 1> 개념 수집

> [학생 제시] 마음, 고개, 바른말, 고운 말, 예의, 기분, 고마움, 목소리, 반가움, 공손, 미소, 바르게, 칭찬
>
> [교사가 추가 제시] 습관, 상황, 공동체, 알맞게, 표정

나. 개념 배열하기

개념은행에 수집된 개념어의 의미를 학생이 이해하고 있는지 확인한다. 예시와 비예시로 구분하기, 개념 설명하기, OX로 표시하기 등으로 개별적 이해를 확인한다. 개념 형성이 부족한 개념은 개념 형성 전략 및 질문을 통해 보충한다.

모둠 및 전체로 개념을 분류해 개념 간 연결과 맥락에 대해 이해한다. 이때 색과 위치로 매크로(大), 메소(中), 마이크로(小) 개념이 드러나도록 배열한다.

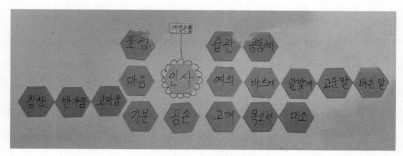

<그림 2> 개념 분류

다. 일반화 작성하기

개념어 2~5개 정도를 선택해 모둠 토론으로 일반화를 만든다. 모둠 간 개념어는 중복 선택할 수 있으며 필요한 형용사, 조사, 동사, 명사 등을 추가할 수 있다.

이 전략은 개념어 2~3개로 일반화 문장 1개를 만드는 것이 원칙이지만, 1학년의 경우 짧은 문장을 말하는 것이 익숙한 수준이므로 개념어 1~3개 정도로 한 문장을 구성하며 2문장까지 만들 수 있도록 한다.

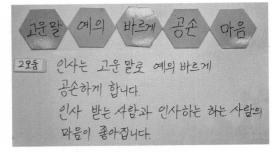

<그림 3> 모둠별 일반화

1학년은 처음 일반화 문장 만들기를 경험하는 시기이므로 교사가 먼저 일반화 문장의 좋은 예를 몇 가지 제공한다. 아직 한글 쓰기가 어려운 시기이므로 학생이 구술한 것을 교사가 대신 칠판에 기술한다. 이번 탐구 단원에서 모둠별로 구성한 일반화는 다음과 같다.

> 바른말, 고운 말로 반갑게 인사하면 기분이 좋아진다. / 인사는 고운 말로 예의 바르게 공손하게 한다.
>
> 인사받는 사람과 인사하는 사람의 마음이 좋아진다. / 인사는 고마움, 반가움, 칭찬, 미안한 마음을 담는다.
>
> 인사는 예의 바르게 공손한 목소리와 미소로 한다. / 인사는 서로 기분 좋게 한다.

라. 정당화 및 비교하기

자기 모둠이 만든 일반화가 좋은 일반화 문장인지 판별할 수 있도록 다음과 같은 질문을 던진다.

<그림 4> 일반화 선정

> 교사   인사를 왜 하는지, 어떻게 하는지 나타나 있나요?
>
> 문장 당 개념어를 2~3가지 사용했나요?
>
> 우리가 배운 단원 전체를 대표하는 문장인가요?

질문에 답하며 모둠의 일반화를 정당화한다. 모둠별 발표를 비교하며 가장 좋은 일반화 문장을 선정하기로 한다. 자신의 이름표를 해당 모둠의 일반화 문장 옆에 붙이거나 손을 들어 의사를 표현한다. 선정된 일반화 문장은 단원 배움이 끝날 때까지 교실 한편에 게시해 둔다.

④ 탐구성찰

'개념은행' 일반화 전략은 단원의 개념 목록을 제공해 일반화에 쉽게 도달하도록 돕는 사고 스캐폴딩하는 방식이다.

이 전략을 활용할 때 차시 수업마다 배운 개념을 눈에 띄는 곳에 게시해 두어 단원의 개념을 잘 기억하게 도울 수 있다. 교사가 추가로 개념어를 제시하면 단어의 의미를 제대로 이해하고 있는지 개인별로 확인 질문해야 한다. 문장 구성이 힘든 학생의 경우, 명사뿐만 아니라 형용사, 부사, 동사 등의 단어를 추가해 개념은행에 있는 어휘만으로도 일반화 문장을 쉽게 작성할 수 있도록 도울 수 있다. 또, 포괄적이지 못한 일반화를 구성하더라도 친구의 일반화 문장과 비교하고 수정하며 정당화하는 과정을 충분히 연습하게 해서 점차 포괄적인 일반화에 이르도록 점진적으로 지도해야 한다.

5-5. 문장 구조(프레임)

① **탐구질문: 빠르기와 악곡은 어떤 관계일까요?**

② **교육과정**

핵심 아이디어	5~6학년 일반화	핵심 개념 Lens	관련 개념	범주/내용 요소			성취기준
				지식·이해	과정·기능	가치·태도	
음악은 고유한 방식과 원리에 따라 다양한 속성을 청각적 형태로 구현한 것이다.	박은 일정한 시간 간격으로 인식되는 것이다.	영향	음악 요소(박)	음악 요소	감지하며 듣기 인식하고 구별하기	-	[6음02-01] 음악을 듣고 음악의 요소를 감지하며 구별한다.

③ **탐구과정**

가. 문장 구조 일반화하기

일반화하기 위해 앞 수업에서 탐구한 과정은 다음과 같다.

개념	박, 빠르기
집중하기	박이란 무엇인가? 어떤 음악이 빠른 음악인가?
조사하기	악곡과 빠르기의 관계 조사하기
정리하기	조사한 내용 정리하기

빠르거나 느린 여러 곡을 듣고 박 연주를 하면서 빠르기와 악곡의 관계에 관해 탐구하도록 한다. 탐구를 마친 후 이 단원에서 알게 된 점을 일반화하기 위해 다음과 같은 문장 구조를 제시한다.

> 빠르기가 빠른 곡은 _____ 느낌이 들며,
>
> 빠르기가 느린 곡은 _____ 느낌이 든다.

이 구조 아래에서 학생들은 조사한 내용을 바탕으로 빈칸을 채움으로써 일반화한다.

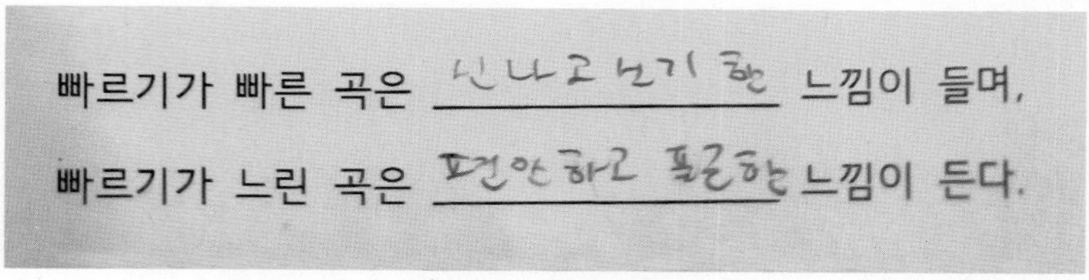

빠르기가 빠른 곡은 __신나고 느끼한__ 느낌이 들며,
빠르기가 느린 곡은 __편안하고 푸근한__ 느낌이 든다.

<그림 1> 빠르기와 악곡의 관계 일반화

나. 중요 단어(개념)로 일반화하기

문장 구조를 제공하면 학생이 쉽게 일반화할 수 있다는 장점이 있으나, 이미 구조화된 문장을 제공하기 때문에 학생이 스스로 일반화를 할 수 있는지 확인하기는 어렵다. 초기 단계에서는 구조화된 문장을 제공하다가 일반화를 하는 경험이 많아질수록 점진적으로 비구조화된 형태의 문장 구조를 제공하도록 한다.

'작곡가'의 입장이 되었다고 가정하고 빠르기와 악곡의 관계를 일반화할 수 있도록 중요한 단어(개념)를 제시한다.

교사	'빠르기', '악곡', '작곡가' 개념을 활용해 탐구한 내용을 일반화해 봅시다.
학생	작곡가의 생각과 느낌에 따라 악곡의 빠르기가 다양해요.
교사	빠르기와 악곡의 관계에 조금 더 집중해서 일반화를 작성해 보세요.
학생	작곡가가 악곡을 만들 때 차분한 노래의 빠르기는 느리게 만들었고, 밝은 노래는 빠르기를 빠르게 만들어요.
교사	조금 더 간단명료하게 작성해 봅시다.
학생	작곡가는 곡을 만들 때 빠르기를 이용해 자신의 의도를 표현해요.

이렇게 중요 개념어를 통해 일반화를 할 때 일반화를 다양하게 작성하는 것을 확인할 수 있다. 교사는 학생이 탐구의 초점을 이해하고 있는지를 판단할 수 있으며 추가 피드백을 통해 일반화를 더 잘 작성할 수 있도록 도울 수 있다. 이러한 중요 개념어를 제공하는 형태는 개념은행 전략의 일부분이라고 볼 수 있으며, 개념은행을 통해 선택한 개념 간의 관계를 진술하기 어려워하는 학생에게는 닫힌 형태의 문장 구조를 제시할 수 있다.

④ 탐구성찰

'문장 구조(프레임)' 일반화 전략은 교사가 일반화 문장의 구조를 제공해 학생들이 탐구한 내용을 일반화하는 방식이다.

교사가 문장 구조를 제공하므로 저학년 학생도 일반화를 쉽게 진술할 수 있게 한다. 학생들의 수준에 따라 문장 구조의 구조화된 정도를 조절할 수 있다. 또한 문장 구조를 닫힌 구조에서 점진적으로 열린 구조를 제공함으로써 일반화 기능을 향상하도록 도울 수 있다.

5-6. 개념 역할

① **탐구질문: 민주주의의 다양한 개념들은 서로 어떻게 연결될까요?**

② **교육과정**

핵심 아이디어	5~6학년 일반화	핵심 개념 Lens	관련 개념	범주/내용 요소			성취기준
				지식·이해	과정·기능	가치·태도	
역사 정보나 자료의 분석 해석 판단을 통해 역사 지식을 형성한다.	민주화와 산업화는 좋은 세상을 만들기 위한 사람들의 관점으로부터 시작한다.	관점	민주화 산업화	민주화와 산업화로 달라진 생활 문화	역사 증거를 토대로 분석, 해석 및 판단하기	역사에 대한 관심과 흥미	[6사07-02] 민주화와 산업화로 인해 달라진 생활 문화를 사례를 들어 이해한다.

③ **탐구과정**

가. 개념은행 확인하기

일반화에 필요한 개념을 확인한다. 앞서 단원의 사례와 개념을 충분히 학습했으므로 학생이 직접 개념 리스트를 작성할 수 있다. 개념은행은 앞선 단계를 수행하며 하나씩 쌓아 가는 것이 가장 이상적이지만 그렇지 못한 경우에는 학습의 흔적을 쫓아 개념은행을 채운다. 학생들이 작성한 개념 리스트는 다음과 같다.

<그림 1> 개념 은행

> 존엄성, 정치, 국회, 자유, 민주화 운동, 혁명, 군사 정변, 평등, 법원, 권리, 삼권분립, 정부

나. 그룹 만들기 및 개념 역할 나누기

그룹을 만들고 개념은행에서 각자 다른 개념 하나를 선택해 담당하게 한다. 그룹의 인원은 토론의 깊이, 확장성 등을 고려해 목적과 상황에 맞게 설정할 수 있다.

자신이 담당한 개념은 무엇을 의미하는지 다양한 학습지, 교과서, 정보 검색, 대화형 AI 등을 통해 재확인하거나 검토한다. 핵심 개념, 관련 개념 간의 연계도 함께 고려하며 개념 간의 연결이 원활히 이루어지도록 준비한다.

<그림 2> 역할 할당

다. 개념 연결하기

자신이 담당하는 개념을 들고 있는 상태로 자신의 왼쪽에 앉은 친구의 개념과 나의 개념을 연결한다. 개념을 연결할 때 공통점, 차이점, 인과, 시간의 순서에 따른 열거, 속성 추출 등 다양한 방법을 활용할 수 있음을 안내한다. 방법보다는 개념에 대한 분명한 이해를 드러내는 데 집중할 것을 안내한다.

개념 연결은 총 3가지의 형태로 진행되며, 첫 번째는 시계방향 순서의 릴레이 연결, 두 번째는 거미줄 토론(하크니스 테이블) 형태의 자유토론, 세 번째는 매크로(중심) 개념과의 연결의 형태로 구성한다.

<그림 3> 개념 연결 발표

유형 1) 시계방향으로 연결하기 (자유 → 권리 → 5·18 민주화 운동 → 직선제 → 국회)

학생 1   자유(나)는 민주주의에서 국민이 가져야 할 대표적인 권리(왼쪽)입니다.

학생 2   5·18 민주화 운동(왼쪽)에서 광주 시민들은 국민의 권리(나)를 많이 침해당했습니다.

학생 3   5·18 민주화 운동(나)에서 광주 시민들은 유신을 끝내고 직선제(왼쪽)를 주장했습니다.

학생 4   국회(왼쪽)에서 일하는 국회의원은 직선제(나)로 뽑습니다.

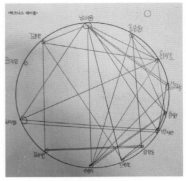

<그림 4> 거미줄 자유 연결

유형 2) 거미줄 형태로 자유 연결하기

학생 1   직선제(나)를 하면 국민의 참여할 권리(친구)가 보장됩니다.

학생 2   국회(친구)의원은 국민의 권리(나)를 위해 법을 만듭니다.

유형 3) 주요 개념과 연결하기

학생 1   직선제(나)는 간선제보다 더 민주주의(주요 개념)입니다.

학생 2   민주주의에서는 국민의 권리(나)를 중요하게 생각합니다.

라. 일반화 형성하기

자신의 그룹에서 일반화 문장을 도출하고, 그룹별로 도출된 일반화를 모아 다시 더 큰 수준의 일반화 문장을 작성한다.

다루는 개념이 많거나 일반화 작성에 어려움을 겪는 학생이 많은 경우, 〈그림 5〉와 같이 개념은행에서 다룬 개념들을 계층화(핵심-중간-하위)해 핵심 개념과 중간 개념을 사용한 일반화를 만들 수 있도록 도움을 준다.

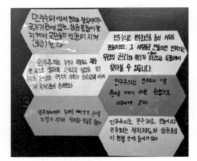

<그림 5> 일반화 작성

④ 탐구성찰

'개념 역할' 일반화 전략은 학습자가 자신이 맡은 개념의 입장으로 다른 사례와 개념 간의 연관성을 서술하는 방식이다.

이 전략은 그룹의 구성과 연결의 방법에 따라 매우 다양하게 활용할 수 있다. 그룹의 규모가 크면 다양한 개념을 다룰 수 있고, 규모가 작으면 개념 간의 관련성을 깊이 있게 탐구할 수 있다. 개념 연결 형태도 다양한 방식으로 진행할 수 있다. 한 방향, 쌍방향, 자유토론, 핵심 개념 간 연결 등 목적에 따라 변형할 수 있다. 일반화를 효과적으로 진술하기 위해 단원 학습 중 다루어진 개념에 대한 폭넓은 이해가 요구된다. 단원의 개념 탐구과정의 막바지에, 앞선 조사 및 조직하기 활동에서 다른 학생 또는 모둠의 탐구 활동 결과를 공유하고 서로의 이해를 나눌 필요가 있다.

5-7. 개념 매핑

① 탐구질문: 적절한 옷차림은 무엇일까요?

② 교육과정

핵심 아이디어	5~6학년 일반화	핵심 개념 Lens	관련 개념	범주/내용 요소			성취기준
				지식·이해	과정·기능	가치·태도	
가정일과 생활 습관은 변화하는 일상에서 개인 및 가족의 요구와 문제를 해결해 나갈 수 있게 하면서 생활 방식과 진로를 스스로 개척하고 성장하기 위한 바탕이 된다.	옷의 기능을 충족하는 옷차림은 긍정적인 발달과 행복한 삶을 이끌 수 있다.	기능	옷	옷의 기능과 옷차림	건강하고 적절한 옷차림 파악하기	일상생활 속 올바른 생활습관과 예절을 실천하는 태도	[6실01-05] 옷의 기능을 이해해 평소 자신의 옷차림을 살펴보고 건강하고 적절한 옷 입기를 실천한다.

③ 탐구과정

가. 개념 결정하기

적절한 옷차림과 관련된 집중하기, 조사하기 전략에서 다루었던 핵심 개념 7가지를 먼저 제시한다. 교사가 제시한 개념은 '보호, 기능 신장, 때와 장소, 수단, 표현, 예절, 위생'이다. 필요하다면 다른 개념을 추가할 수 있음을 안내한다. 여러 마이크로 개념을 학생들과 함께 추가로 정리해 본다.

교사와 학생이 함께 토의하면서 '안전, 보호색, 추위, 온도, 날씨, 계절, 지위, 장식, 예절, 노력, 결혼식, 장례, 면접, 소개팅, 기술, 속도' 등의 마이크로 개념이 추가되었다.

나. 결정한 개념 확인하기

매핑할 개념 중에서 학생들이 어려워할 수 있는 개념에 관해 설명하고 질문하면서 개인별 이해 정도를 확인한다. 이해가 부족하다면 개념 위치 및 관계 설정을 위해 각 개념에 대해 명확하게 이해할 수 있도록 지도한다.

다. 개념 순위 정하기

그룹에서 가장 광범위하고 매크로 개념 단어부터 구체적인 개념 단어까지 함께 구성한다. 예를 들어 '표현'이란 포괄적인 개념에 속한 구체적 개념은 지위를 표현하는 옷차림인 '왕관'을 들 수 있다. 매크로 개념과 마이크로 개념들을 그룹으로 묶고 연결해 구조화한다. 학생이 매크로 개념과 동떨어진 마이크로 개념을 제시하는 경우 매크로 개념에 포함되는지 설명해 보게 한다

학생들도 모둠 안에서 '이 마이크로 개념은 매크로 개념 안에 포함되는가?' 라고 질문하며 적절한 범주를 정하고 개념의 위치를 지정하는 것에 대해 충분히 토의한다.

개념들의 위치가 정해지면 개념 간 연결을 선으로 표현하고 그 관계를 설명한다. 선을 연결할 때 연결 단어를 제시하되 연결 단어에 국한되지 않고 선과 메모를 삽입해 관계를 설정할 수 있도록 안내한다. 화살표의 방향도 매크로 개념에서 마이크로 개념으로 내려가는 것뿐만 아니라 마이크로 개념에서 매

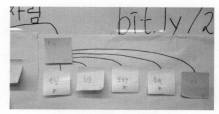

<그림 1> 메타, 마이크로 개념

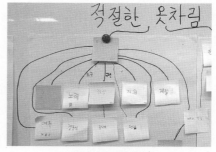

<그림 2> 개념 매핑

크로 개념의 방향으로으로 연결할 수도 있음을 안내한다.

연결 단어의 예는 다음과 같다.

만들다.	포함한다.	~로 구성된다.	창조한다.	~로 이끈다.
요구한다.	결정한다.	구성한다.	만들어진다.	~을 초래한다.
수립한다.	연결한다.	형성한다.	필요하다.	생산한다.
원인이 된다.	~일 수 있다.	~할 수 있다.	~와 같은	예를 들면

라. 일반화하기

개념 매핑을 토대로 매크로 개념과 다른 개념 간의 관계에 대한 중요 아이디어를 표현해 본다.

학생들은 개발한 일반화는 다음과 같다.

<그림 3> 개념 일반화

> 교사 여러분이 작성한 일반화는 무엇입니까? 그 일반화에 매핑된 큰 개념과 작은 개념은 무엇입니까?
>
> 모둠1 적절한 옷차림은 계절을 고려한다.
>
> 모둠2 결혼식, 장례, 면접 같은 자리에 적절한 옷으로 예절을 표현한다.

④ 탐구성찰

'개념 매핑' 일반화 전략은 선이나 화살표로 범주화된 개념들의 관계를 시각적으로 구성하는 전략이다. 또한 구성된 개념 지도에서 중요한 개념을 선택해 일반화 문장을 만드는 방식이다.

프로젝트 사전 사후 개념 매핑 활동을 비교하면서 학생들은 이해한 개념을 성찰 기회로 활용할 수 있다. 개념 관계가 선과 함께 지도로 드러나기 때문에 학생들의 일반화 지도에 대한 피드백이 효과적으로 이루어진다. 개념 매핑과 문장 구조의 일반화 전략을 함께 사용한다면 개념의 조직 및 정리가 미숙한 학생들에게 도움이 된다.

5-8. 연관성은 무엇인가?

① 탐구질문: 도시 문제는 왜 생길까요?

② 교육과정

핵심 아이디어	3~4학년 일반화	핵심 개념 Lens	관련 개념	범주/내용 요소			성취기준
				지식·이해	과정·기능	가치·태도	
도시와 촌락은 입지, 기능, 공간 구조와 경관 등의 측면에서 다양한 유형이 존재하며, 여러 요인에 의해 변화한다.	도시는 인구의 밀집으로 형성되며 인문 환경과 그에 따른 문제가 발생한다.	관계	도시	도시 특징 도시 문제	도시의 특징과 관련지어 도시문제를 파악하고 해결 방안 탐구하기	도시문제 해결을 위한 실천 노력	[4사10-02] 사례에서 도시의 인구, 교통, 산업 등의 특징을 탐구하고, 도시에서의 삶의 모습을 이해한다.

③ 탐구과정

가. 사례 조사하기

도시에서의 삶의 모습에 대한 일반화를 형성하기에 앞서 도시의 특징에 대한 학생들의 사례연구가 필요한 단계이다. 도시의 특징이 담긴 이미지 자료를 수집한다. 도시의 특징이 잘 나타나 있는 사진, 그림자료, 도표, 그래프 등의 통계 자료 등을 수집한다. 수집된 이미지 자료를 통해 알 수 있는 도시의 특징에 관해 이야기를 나눈다.

교사 여러분이 수집한 이미지 자료에서 관찰할 수 있는 도시 특징에는 무엇이 있나요?

학생 1 길에 사람들이 많이 걸어 다녀요. 바빠 보여요.

학생 2 도로가 복잡하고 자동차들이 길게 줄을 서 있어요.

학생 3 대단지 아파트와 고층 빌딩들이 많이 보여요.

나. 여러 색으로 범주화하기

여러 이미지 자료의 분류기준을 이야기한다. 크게 사람이 많은 이미지, 이동 수단이 많이 보이는 이미지, 고층 건물이 많이 보이는 이미지로 범주화된다. 각각의 범주를 같은 색으로 묶어 분류한다. 사람이 많이 보이는 사진은 빨간색으로, 자동차와 도로가 많이 보이는 사진은 노란색으로, 아파트와 건물들이 많이 보이는 사진은 파란색으로 분류한다. 빨강, 노랑, 파랑으로 분류된 이미지들을 보며 그 특징을 구체적으로 진술한다.

다. 개별 일반화 진술하기

범주화된 사례에서 공통으로 발견할 수 있는 사실에 대해 문장으로 진술한다. 사실 문장은 눈에 보이는 1차원적 사실과 그로 인해 유추되는 사실을 진술한 문장이다. 보통 3~4개의 문장으로, 학생들이 진술한 사실 문장은 다음과 같다.

[빨강]	[노랑]	[파랑]
• 많은 사람이 모여 살고 있다. • 회사에 다니거나 장사를 하는 사람들이 많다. • 어린이부터 어른까지 다양한 나이의 사람들이 많다.	• 차, 기차, 지하철, 버스가 많다. • 도로가 많이 만들어져 있지만, 차들이 많다. • 다른 곳으로 차를 타고 이동하기가 쉽다.	• 도시에는 높은 건물과 고층 아파트가 많다. • 건물이 많아서 공터가 적다. • 마트, 학원, 음식점, 은행들이 많다.

라. 일반화 간 연결성 찾기

열거한 사실 문장에서 도시의 특성을 일반화하는 데 주요한 개념 단어들을 붉은색으로 표시한다.

학생들이 표시한 단어는 다음과 같다.

<그림 1> 탐구학습전략 학습지

- 빨강: 모여 살고, 회사, 다양한 나이
- 노랑: 교통수단(차, 지하철 등), 도로 이동이 쉽다.
- 파랑: 고층 건물, 공터 부족
  　　　건물(은행, 학원 등)

표시한 단어들을 한 문장으로 일반화하기 위해 이야기를 나눈다.

교사	'모여 살고, 회사, 다양한 나이, 교통수단, 많은 건물' 중에서 다른 단어들의 원인이 되는 단어는 무엇인가요?
학생	'모여 살고' 같아요.
교사	왜 그렇게 생각하나요?
학생	도시에 사람들이 많이 모여 살고 있어서 교통수단과 건물도 많아졌기 때문이에요.
교사	많은 사람이 모여 사는 것과 도시의 여러 특성을 연결해 일반화 문장으로 만들어 봅시다.
학생	도시는 인구가 많이 모여 살아서 교통수단과 건물이 많다.

④ 탐구성찰

'연관성은 무엇인가?' 일반화 전략은 수집한 자료를 여러 색으로 범주화하는 과정을 통해 규칙을 찾고, 규칙들의 연결성에 초점을 두어 일반화를 형성하는 방식이다. 수집한 사실적 사례를 바탕으로 범주화가 이루어지므로 사례 조사 활동이 다양하고 깊게 이루어져야 한다. 따라서 학생의 조사 활동을 교사가 자세히 관찰해 피드백할 필요가 있다.

사례 간 규칙을 탐색할 때 여러 문장으로 발견한 사실을 자유롭게 나열한 후 중요 단어를 표시하고 그 단어를 중심으로 일반화 문장을 만든다. 교사는 학생이 사실적 진술에서 추론적 진술로 사고가 확장될 수 있도록 적절한 질문을 제시하는 것이 중요하다.

5-9. 패턴 찾기

① 탐구질문: 미술 작품을 감상할 때 어떤 점을 고려해야 할까요?

② 교육과정

핵심 아이디어	5~6학년 일반화	핵심 개념 Lens	관련 개념	범주/내용 요소			성취기준
				지식·이해	과정·기능	가치·태도	
감상은 다양한 삶과 문화가 반영된 미술과의 만남으로 자신과 공동체의 문화를 이해하게 한다.	미술 작품은 시대 상황과 연관된다.	연관	감상	미술 작품의 배경	작품과 배경을 연결하기	서로 다른 관점의 존중	[6미03-01] 미술 작품을 작품이 만들어진 시대적, 지역적 배경 등과 연결해 이해할 수 있다.

③ 탐구과정

가. 작품 감상하기

<그림 1> 패턴 발견을 위한 대화

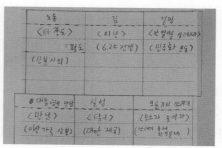

<그림 2> 관찰한 내용 메모

이 전략을 사용할 때 가장 중요한 것은 학생들이 일반화를 진술할 때 근거가 되는 패턴을 찾는 것이다. 실천 단원에서는 학생들에게 시대 상황이 다른 여러 장의 미술 작품 사진[6]을 제공한 후 공통으로 발견할 수 있는 특성을 찾도록 한다. 그 과정에서 교사는 학생들에게 '작품들 속에서 여러분은 어떤 사실을 발견할 수 있나요?' '대부분 작품에서 우리는 무엇을 발견할 수 있나요?' '작품들은 어떤 연관성을 가지고 있나요?' '대부분 작품에서 우리는 무엇을 발견할 수 있지요?' '작품들은 어떤 연관성을 가지고 있나요?'와 같은 질문을 사용해 작품을 감상하도록 한다. 교사의 질문에 학생들은 다음과 같이 응답할 수 있다.

> 학생 1 　작품마다 어떤 역사적 사건을 표현하고 있는 것 같아요. 민주화 운동, 일제강점기, 남북 분단 등이요.
>
> 학생 2 　조선시대, 대한제국, 대한민국 60년대, 최근처럼 시대를 반영한 작품들인 것 같아요.

교사는 학생들의 개인 관찰이 끝나면 모둠원들과 함께 이야기를 나누며 각자 관찰한 내용을 공유해 메모하도록 안내한다.

6　실천 단원에서 학생들에게 미술 작품을 제공하기 위해 참고한 책은 『한국미술, 19세기부터 현재까지, 샬롯 홀릭, 재승출판, 2021』이다.

나. 패턴 발견하기

작품을 감상한 학생들은 발견한 패턴과 그 근거가 되는 작품을 발표하도록 한다. 실천 단원에서 학생들은 다음과 같은 패턴을 발견해 공유한다.

> **학생 1** '피난', '만남', '한열이를 살려내라.' 등의 작품에서는 특별한 사건이 있다.

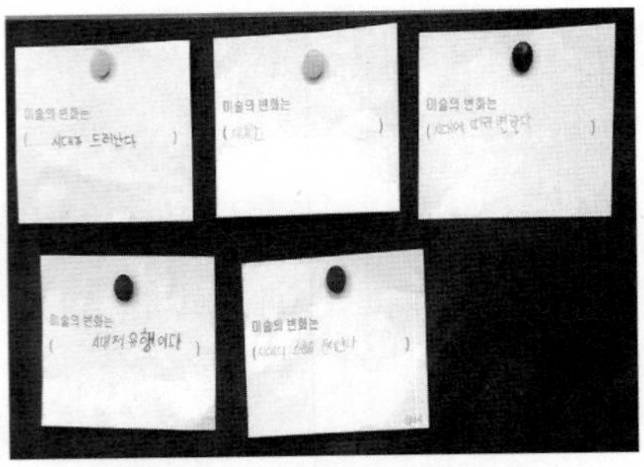

<그림 3> 문장 구조로 완성한 진술문

다. 일반화 문장 만들기

패턴 공유가 끝난 학생들은 친구들이 발견한 패턴과 자신이 생각한 내용을 참고해 일반화 문장을 만든다. 이때 교사는 다음과 같은 질문을 한다.

> **교사** 왜 미술은 변화하나요?
>
> 미술 작품을 제작할 때 작가들은 어떤 점을 고려할까요?
>
> 예술은 무엇과 연관될까요?

학생들이 미술 작품을 통해 발견한 패턴인 시대, 시대 상황, 역사적 사건 등을 미술과 연결 짓도록 돕는다. 교사의 질문을 통해 학생들의 사고 활동이 이루어지면 문장 완성하기 형태의 활동지를 제공해 학생들이 일반화 문장을 완성하도록 안내한다.

④ 탐구성찰

'패턴 찾기' 일반화 전략은 주어진 사진이나 모형 등을 보고 공통적인 패턴을 찾아 일반화를 조직하는 방식이다.

이 전략은 학생들이 소재를 충분히 관찰하고, 그것에 대한 이해도를 높일 수 있도록 하는 데 유용하다. 또, 단순한 사진이나 모형 등을 관찰해 한 차시 내에서 패턴을 찾아 일반화를 조직할 수 있다. 따라서 저학년이나 일반화 생성이 익숙하지 않은 초보 단계에서 사용하기에 유용하다.

☐1 **탐구질문: 조형 요소는 주제 표현과 어떤 관계가 있을까요?**

☐2 **교육과정**

핵심 아이디어	3~4학년 일반화	핵심 개념 Lens	관련 개념	범주/내용 요소			성취기준
				지식·이해	과정·기능	가치·태도	
작품 제작은 표현 재료와 방법, 조형 요소와 원리 등을 선택하고 활용해 창의적으로 문제를 해결하는 과정을 통해 예술적 성취를 경험하게 한다.	조형 요소의 특징 이해와 활용은 주제 표현 능력을 향상시킨다.	관계	조형 요소	조형 요소의 특징	의도를 가지고 작품을 제작하기	표현에 대한 흥미	[4미02-03] 조형 요소의 특징을 자유롭게 탐색하며 주제 표현에 알맞게 활용할 수 있다.

☐3 **탐구과정**

가. 유사한 사실끼리 그룹화하기

지난 시간에 조사하기 전략을 활용해 알게 된 조형 요소의 의미를 생각하며 점, 선, 면 등의 조형 요소를 한눈에 관찰하기 쉬운 작품을 탐색했다. 이번에는 더 다양한 작품을 제시한다. 작품들에서 관찰할 수 있는 조형 요소를 분석해 중점적으로 드러나 있는 조형 요소가 있는 작품끼리 그룹화한다. 이때 작품에서 관찰할 수 있는 조형 요소가 여러 개인 경우 모둠 협의를 통해 작품마다 가장 중점적인 조형 요소 1개씩만 정한다.

교사　1번 작품에서 여러분들이 관찰할 수 있는 조형 요소에는 어떤 것들이 있나요?

학생　점, 선, 면이 있어요.

교사　그 중의 가장 두드러진 조형 요소 하나를 고른다면 어느 것인가요? 중점적으로 드러나는 조형 요소가 있는 작품끼리 그룹을 만들어 봅시다.

나. 마이크로 일반화 찾기

조형 요소별로 분류된 작품에서 찾을 수 있는 일반화에 대해 이야기를 나눈다. 조형 요소별로 모둠을 나누어 각 조형 요소와 주제 표현과의 연결성을 마이크로 일반화 문장으로 작성한다. 예를 들어 '조형 요소 중 점으로 다양한 크기와 색을 활용해 그림을 그릴 수 있다.'라는 마이크로 일반화를 개발할 수 있다. 모둠별로 작성한 마이크로 일반화 문장은 다음과 같다.

교사　점이 그림을 그리는 데 어떻게 활용되었나요?

학생 1　모양을 약간 변형하거나 크기나 색을 다양하게 표현해 그림을 그렸어요.

교사　점, 선, 면을 활용하면 작품의 표현에 어떤 효과가 있나요?

학생 1　점을 활용하면 흩어지는 느낌이 있어요.

학생 2　선을 활용하면 자유롭고 유연한 느낌이 있어요.

학생 3　면을 활용하면 안정감이 느껴져요.

다. 질문을 통해 일반화 확장하기

3가지의 마이크로 일반화를 아우를 수 있는 확장된 일반화 문장을 작성한다.

<그림 1> 마이크로 일반화 활동지

교사	점으로 그린 그림을 선이나 면으로 바꾸어 표현해 볼 수 있을까요?
학생	비슷하게 그릴 수 있을 것 같아요.
교사	조형 요소를 바꾸어 표현하면 어떤 점이 달라질까요?
학생	원래 그림이랑 다른 느낌으로 그려질 것 같아요.
교사	조형 요소의 활용하는 것은 작품에서 어떤 가치가 있나요?
학생	작가가 표현하고 싶은 주제를 더 잘 표현하게 해줘요.
교사	조형 요소와 주제 표현을 연결해 일반화를 만들어 봅시다.
학생	조형 요소의 특징 이해하고 활용하면 주제 표현 능력이 좋아져요.

④ 탐구성찰

'마이크로 일반화' 일반화 전략은 좁은 범위의 제한된 일반화(마이크로 일반화)들을 연결하고 종합하는 방식이다.

확장된 일반화를 찾기 위해서는 비슷한 층위의 마이크로 일반화가 3가지 이상이 개발되어야 하며, 충분한 마이크로 일반화가 개발되기 위해서는 다양한 사실 자료의 제공이 중요하다. 사실 자료는 교사가 사전에 수집해 제공할 수도 있고 학생이 직접 조사 활동을 통해 수집할 수 있다. 수집된 자료를 범주화할 때 최대한 범주의 경계에 있는 자료를 제시해 혼선을 일으키지 않도록 한다.

06 전이 전략

6-1. 일반화 테스트 강조

ⓒ 6학년 음악

① 탐구질문: 시대적 배경 속에서 음악가는 무엇을 이야기하고 싶었을까요?

② 교육과정

핵심 아이디어	5~6학년 일반화	핵심 개념 Lens	관련 개념	범주/내용 요소			성취기준
				지식·이해	과정·기능	가치·태도	
인간은 생활 속에서 다양한 음악 경험을 통해 미적 가치와 의미를 발견하고 공감한다.	음악은 시대적 배경에 대한 음악가의 생각을 반영한다.	관점	배경	느낌, 배경, 활용	설명하기	음악에 대한 공감	[6음02-03] 다양한 종류의 음악을 듣고 음악의 배경과 활용을 설명한다.

③ 탐구과정

가. 새로운 사례연구하기

일반화 단계의 전략(개념 맵핑, 개념적 질문)으로 학생들은 민주주의라는 매크로 개념에서 다음과 같은 일반화를 개발했다. 전이 활동은 단원의 일반화를 바탕으로 수행된다. 그 일반화는 다음과 같다.

> 민주주의는 기본정신을 위해 민주화로 지켜내고
> 헌법으로 쓰인 정치제도이다.

<그림 1> 음악 사례연구

새로운 상황에 대한 탐구가 자신의 이해와 일반화를 수정하거나 강화할 수 있는 주제를 선정해 새로운 탐구 활동을 수행한다.

헌법, 민주화 등 사회과에서 다루는 개념과 사례를 바탕으로 개발된 일반화는 사회 현상에 국한된 경우가 많다. 단원 초기 학습한 민주주의는 어디에든 존재한다는 개념 형성과 일치하지 않는다. 이를 극복하기 위해 '음악에서 찾을 수 있는 민주주의의 흔적'을 탐구하며 개념의 영역을 확장한다. 조사하기의 네트워크로 연결된 사례연구의 '진정한 연결'은 다음과 같다.

주제: 노래의 가사에서 음악가가 표현한 시대적 요구 탐구하기				
사계 노래를 찾는 사람들	바위처럼 꽃다지	임을 위한 행진곡 김성현	아침이슬 양희은	We are the future H.O.T
노동자의 고통	시련을 이겨내기	5·18 민주화운동 희생자 추모	(민중의 해석) 민주화 희생	청소년의 자유

나. 기존 일반화와 새로운 사례 비교하기

새로운 사례를 교차비교 차트(조직하기 전략)로 정리하고 연구 결과를 일반화해 음악을 매개로 음악가가 시대적 배경을 바라는 관점이나 요구하는 점 등을 파악한다.

<그림 2> 학습 정리

> **학생 1**   각 시대별로 민주주의에 요구를 노래로 표현했다.
>
> **학생 2**   노래를 해석하면 그 시대의 상황과 요구가 나온다.
>
> **학생 3**   노래로 자유를 나타낸다.
>
> **학생 4**   노래가 담고 있는 시대적 의미는 민주주의 사회이다.
>
> **학생 5**   노래 가사를 보면 시대에 따라 당시 사람들이 어떤 요구를 했는지 알 수 있다.
>
> **학생 6**   노래의 시대가 민주주의를 나타낸다.
>
> **교사**   우리가 찾은 학급 일반화는 '노래 가사를 해석하면 당시 사람들이 처한 상황과 요구를 알 수 있다.'입니다.

음악을 소재로 한 사례 탐구로부터 얻은 일반화를 바탕으로, 앞선 학습으로 탐색한 일반화에 도전 또는 강화하기 위한 토론을 진행한다. 그 결과 학생들은 앞선 일반화가 사회제도의 영역에 한정되어 있다는 문제점을 도출한다. 이를 극복하기 위해 짝, 또는 모둠의 그룹에서 일반화를 수정하는 활동을 수행한다.

다. 새로운 사례연구 제시하기

본 활동 후에 유사한 구조의 탐구를 다른 과목(미술, 국어 등)과 연계해 활용할 수 있다는 의견이 있었고, 사회에서 음악으로의 전이는 다른 과목으로의 확장에 근거가 된다. 다음은 학생들이 제시한 새로운 연구사례이다.

미술	전시회 '청년의 초상', 책 '오월의 미학'에서 찾은 우리나라 현대사 탐구하기
실과	가족 일을 분배하는 가족회의를 열고 민주주의의 기본정신 탐색하기

4 탐구성찰

'일반화 테스트 강조' 전이 전략은 학생들이 개발한 일반화를 검토하기 위해 새로운 상황이나 맥락을 탐구하는 방식이다.

이 전략은 새로운 사례를 통해 기존의 일반화에 도전하고 더 강력한 일반화를 개발하는 것을 목적으로 한다. 단, 앞서 일반화에 틀린 부분이 있다고 해서 앞선 활동이 가지는 가치가 퇴색되지 않는다는 점을 강조할 필요가 있다. 일반화를 개발하고 도전하며 정당화하는 일련의 과정이 탐구 역량을 증진하며 그 과정을 통해 성장하고 있음을 학생에게 알리고 격려한다. 새로운 사례연구는 간학문의 형태로 진행된다. 하나의 개념을 다양한 과목에 적용하고 비교하는 과정에서 학문에 대한 시야가 넓어지고 창의 융합 역량이 자라난다.

6-2. 위태로운 일반화 테스트

① 탐구질문: 지역사회의 문제 해결을 위해 주민참여가 왜 필요할까요?

② 교육과정

핵심 아이디어	3~4학년 일반화	핵심 개념 Lens	관련 개념	범주/내용 요소			성취기준
				지식·이해	과정·기능	가치·태도	
다양한 정치 주체가 정치과정에 참여하며, 민주주의는 여러 제도와 시민 참여를 통해 실현된다.	주민참여를 통해 지역사회의 문제점을 해결할 수 있다.	책임	정치 과정	주민 자치 사례 주민 참여와 지역사회 문제 해결	사회문제 해결에 참여하기	민주적 기본 가치	[4국08-02] 지역에서 이루어지는 민주주의 사례를 통해 주민 자치와 주민 참여의 중요성을 파악하고, 지역사회의 문제 해결에 참여하는 태도를 기른다.

③ 탐구과정

가. 약한 일반화 생성하기

지난 수업에서 개발한 일반화 '주민참여를 통해 지역사회의 문제점을 해결할 수 있다.'라는 문장을 중심으로 전이성이 약한 일반화를 몇 가지 더 생성한다. 약한 일반화는 의도적으로 매우 단순하거나 단정적이며 또는 정확성이 떨어지도록 진술할 필요가 있다. 한정사를 사용해 전이 가능성이 약한 진술문을 개발할 수도 있고, 초기에 생성했던 일반화 문장을 사용해도 좋다.

약한 일반화와 전이성이 높은 일반화를 함께 제시하도록 한다. 약한 일반화의 예시는 다음과 같다.

일반화1	지역 사회의 문제점은 항상 주민참여로만 해결된다.
일반화2	지역 사회의 문제점은 자주 주민참여로 해결된다.
일반화3	주민참여는 아주 가끔 지역 사회의 문제점을 해결한다.
일반화4	주민참여는 지역 사회의 문제점을 해결하는 여러 가지 방법 중 한 가지이다.

나. 한정사 탐색하기

약한 일반화와 전이성이 높은 일반화 문장을 함께 탐색하며 한정사를 찾는다. 이후, 한정사의 다양한 종류에 대해 알아보고, 한정사가 가지는 의미와 한정사의 역할에 대해 탐색한다. 일부 학생은 토의를 거치지 않고도 한정사 사용의 어색함에 대해 인지할 수도 있다.

> 교사　문장에서 보이는 '항상', '자주', '아주 가끔'의 뜻은 무엇인가요?
>
> 학생　'항상'은 매번이라는 뜻, '아주 가끔'은 그럴 때도 있고 안 그럴 때도 있다는 뜻이에요.
>
> 교사　이런 단어는 일상에서 어떻게 구분되어 사용되나요?
>
> 학생　그 일이 얼마나 자주 일어나는지에 따라 구분해 사용해요.

다. 토의하기

약한 일반화 문장에서 전이 가능성을 힘들게 만드는 한정사의 사용에 초점을 맞추어 토의 시간을 가진다. 또는 전이 가능성을 높이는 진술 방식에는 어떤 것들이 있을지 생각해 본다. 이때 토론에 어려움을 가진다면 교사는 다음과 같은 발문 예시로 학생의 사고를 촉진할 수 있다.

발문1	지역사회의 문제점은 주민참여로만 해결될까요?
발문2	주민참여를 하면 지역 문제는 반드시 해결될까요?
발문3	지역사회의 문제점을 주민참여가 아닌 다른 방법으로 해결한 사례는 없을까요?
발문4	주민참여를 통해 해결하지 못한 지역 문제는 어떤 것이 있을까요?

토론을 통해 약한 일반화 문장이나 초기의 일반화 문장이 전이성이 높은 일반화 문장이 되기에 부족함을 느끼도록 한다. 한정사를 사용하면 일반화 문장이 전이하기 어려운 문장이 됨을 이해하도록 한다.

라. 진술문 변경하기

초기의 일반화 문장 또는 생성해 낸 약한 일반화 문장보다 전이성이 높은 일반적인 문장이 되게 하려면 진술문을 어떻게 바꿀 수 있을지 토의 후 결론을 내어 진술문을 변경한다.

각자 하나씩 변경된 진술문을 제시하고, 그 진술문이 왜 타당한지에 대한 자신의 의견을 말한다. 짝, 모둠, 반 전체로 발전시켜 나가며 하나의 변경된 진술문을 확정한다.

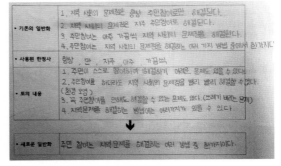

<그림 1> 진술문 변경

교사 일반화 문장에 '항상'과 '자주'를 사용하면 어떤 문제가
발생할 수 있나요?

학생 주민참여를 통해 지역 문제가 반드시 해결되지 않을 수도 있으므로 틀린 문장이 돼요.

교사 그렇다면 일반화 문장을 다시 작성해 봅시다.

학생 주민참여는 지역 문제를 해결하는 여러 방법 중 1가지예요.

④ 탐구성찰

'위태로운 일반화 테스트' 전이 전략은 기존에 개발한 일반화 문장을 보다 타당성 있고 전이성 높은 문장으로 재진술할 수 있도록 돕는 방식이다.

교사는 약한 일반화 문장을 개발해 제시하고 그 문장에 대해 동의하면 왜 동의하는지, 동의하지 않는다면 왜 동의하지 않는지 사례를 들어 반론할 수 있도록 한다. 자신의 입장에 대해 근거를 제시해야 진술문 변경의 필요성을 깨달을 수 있기 때문이다. 교사가 의도적으로 만든 약한 일반화 문장을 제시해도 좋지만, 모둠별로 개발한 문장을 정당화하는 활동을 통해 초기 문장을 수정, 보완하는 것도 좋다.

6-3. 증명해 봐!

1 탐구질문: 한 자리 수의 곱셈을 어떻게 계산할 수 있을까요?

2 교육과정

핵심 아이디어	1~2학년 일반화	핵심 개념 Lens	관련 개념	범주/내용 요소			성취기준
				지식·이해	과정·기능	가치·태도	
수와 사칙계산은 수학 학습의 기본이 되며, 실생활 문제를 포함한 다양한 문제를 해결하는 데 유용하게 활용된다.	곱셈은 일의 자리부터 자릿수를 잘 맞추어 쓰고, 올림에 주의해 계산한다.	연결	곱셈	한 자리 수의 곱셈	사칙계산의 의미와 계산 원리를 탐구하고 계산하기	사칙계산, 어림의 유용성 인식	[2수01-11] 곱셈구구를 이해하고, 한 자리 수의 곱셈을 할 수 있다.

3 탐구과정

가. 증명이 무엇인지 안내하기

교사 (칠판에 제시) '7×6=43'

학생 선생님, 틀렸어요. 7×6은 42입니다.

교사 그래요? 틀렸다는 것을 '증명'할 수 있나요?

학생 '증명'이요?

교사 증명한다는 것은 무언가가 참인지, 거짓인지를 밝히는 것입니다. 이때 자신의 말이 옳다는 것을 보여주기 위해 증거를 제시해야 하겠지요. '7×6=43'이 틀린 증거를 제시하고 이유를 설명할 수 있을까요?

학생 물론이죠.

곱셈구구 지도에서는 단순한 곱셈구구의 암기 외에 여러 전략(동수누가, 두 배 전략, 이등분 전략, 한 번 더 더하기 전략, 한 번 빼기 전략, 교환법칙 등)을 활용해 곱셈구구의 구성 원리를 파악하는 데 중점을 둔다. 그리고 학생들의 수학적 이해와 사고를 심화하고 발전시키기 위해 '증명'의 기회를 부여해야 한다. 앞서 언급한 것처럼 증명한다는 것은 무언가가 참인지, 거짓인지 증거를 들어 밝히는 것이다.

나. 문제 확인하기

문제상자 속 증명할 문제를 하나씩 뽑는다. 문제 예시는 아래와 같다.

2×7=16	8×7=55	9×8=73	6×9=55	8×3=23

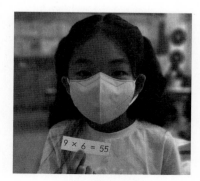

<그림 1> 증명 문제 확인

그동안 익힌 지식과 기능을 떠올려 곱셈구구를 위한 전략을 3가지 이상 제시해야 한다. 문제에 대해 어떻게 증명할 수 있을지 학생들에게 생각할 시간을 준다.

자신이 뽑은 곱셈구구 문제를 학습지에 붙이고 곱셈 전략을 증거로 제시해 그것이 참이거나 거짓인 이유를 들어 설명한다. 그리고 자신의 전략을 친구에게 소개하며 서로의 아이디어를 공유한다. 이때 친구의 아이디어를 참고해 자신의 전략을 수정하거나 보완할 수 있다.

다. 증명하기

동수 누가 전략을 증거로 활용하면 같은 수의 반복된 덧셈식으로 나타내고 되고, 구체물을 활용하거나 그림을 그려 묶음으로 표현해도 됨을 안내한다. 3의 단과 6의 단(4의 단과 8의 단)은 두 배 전략, 이등분 전략 등을 제시할 수 있다. 교환법칙, 분배법칙을 비롯해 다양한 곱셈 전략으로 구성하도록 독려한다

> 학생 1 8단이 헷갈렸는데 '8×4=32'를 증명할 수 있어요. 4단은 완벽하게 외우거든요.
>
> 학생 2 12개의 전략을 증거로 제시해 증명했어요. 더 쓸 자리가 없어서 12개만 했어요.

<그림 2> 아이디어 공유

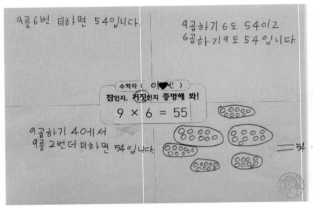

<그림 3> 전략을 활용한 증명 1

<그림 4> 전략을 활용한 증명 2

④ 탐구성찰

'증명해 봐!' 전이 전략은 개념 이해를 발전시키기 위해 제시된 사례를 핵심 개념으로 진실 또는 거짓 진술을 증명할 것을 요청하는 방식이다. 증명을 위한 증거는 하나만 있는 것이 아니라 다양한 형태로 표현할 수 있도록 자유로운 분위기를 조성한다. 또 자기 생각을 수학적 용어를 사용해 친구들 앞에서 직접 발표하는 기회를 제공해 다양한 해결 방법과 전략을 공유한다. 이 과정에서 새로운 수학적 지식을 생성할 수 있고 의사소통 능력도 길러진다.

이 전략은 정확성과 일관성을 요구하며, 가설을 검증하고 판단할 수 있는 수학이나 과학 교과에서 전이를 확인하는 강력한 도구로 활용할 수 있다.

6-4. 어떻게 연결되는가?

① **탐구질문**: 제시된 사례는 '공정'과 어떻게 연결될 수 있을까요?

② **교육과정**

핵심 아이디어	5~6학년 일반화	핵심 개념 Lens	관련 개념	범주/내용 요소			성취기준
				지식·이해	과정·기능	가치·태도	
사회 정의는 시민의 인간다운 삶을 보장하는 도덕 공동체의 토대가 된다.	인권 존중은 정의로운 사회를 만들기 위한 기본적 태도다.	책임	정의	정의로운 공동체를 위해 어떻게 행동해야 하는가?	정의로운 공동체를 위한 규칙 고안하기	정의로운 공동체 형성 의지 함양	[6도03-02] 정의에 관한 관심을 토대로 공동체 규칙의 중요성을 살펴보고 직접 공정한 규칙을 고안하며 기초적인 시민의식을 기른다.

③ **탐구과정**

가. 공정과 연결될 수 있는 새로운 사례 소개하기

학생들이 지난 사회 수업에서 작성한 일반화 문장을 다시 살펴본다. '공정이란 사람들이 처한 상황을 고려해 경제적으로 배려하는 것이다.' 이 일반화를 도덕적 상황과 연결해 탐구할 수 있도록 새로운 사례를 제시한다.

새로운 사례는 2020년 12월 14일 자 어린이 동아의 신문 기사로 아르헨티나에서 코로나에 대응할 자금을 마련하기 위해 재산이 약 26억 이상인 부자들에게 일회성 세금(부자세)을 걷는 내용을 담은 법안을 통과시켰다는 내용이다.

나. 연결하기

공정에 대한 의미를 새로운 사례와 연결해 비교할 수 있도록 신문 기사가 제시된 학습지를 제공한다. 학습지를 충분히 살펴본 후 제시된 사례가 '공정'과 어떻게 연결될 수 있을지 각자의 생각을 붙임 쪽지에 적어 정리한다.

<그림 1> 학생들이 생각한 공정과 새로운 사례의
연결 관계

다. 생각 공유하기

학생들이 좀 더 생각을 활발하게 공유할 수 있도록 '거미줄 토론' 방법을 사용해 사고를 공유하도록 한다. 학생들의 입장을 붙임 쪽지에 정리한 결과, 주어진 사례가 '공정하다, 공정하지 않다, 중립이다'라는 3가지 입장으로 나뉜다.

1차 토론에서는 입장별로 절반의 인원이 거미줄 토론에 참여하고 나머지 학생들은 토론을 관찰하고 토론 상황과 중요한 의견이나 근거를 기록하도록 하고, 2차 토론에서는 역할을 바꾸어 참여하도록 한다.

부자세에 찬성하는 입장의 학생은 코로나로 인해 가난한 사람들이 처한 상황이 어렵고, 부자들은 부자세를 낸다고 해도 일회성이라 힘들지 않을 것이라는 의견이다. 또, 번 돈에 따라 세금을 내는 것이 공정하다는 의견도 있다.

부자세에 반대하는 입장의 학생은 부자들의 의견을 묻지도 않고 강제적으로 걷

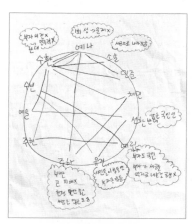

<그림 2> 거미줄 토론 기록지

는 것은 부자들의 인권을 침해하는 것이라는 의견이다.

　토의 결과 우리 반이 생각한 경제생활에서 공정의 의미는 '사람들이 처한 상황을 고려해 경제적으로 배려하는 것'이기에 부자든 가난한 사람이든 그 사람의 상황을 생각해서 경제적으로 배려하는 것이 필요하다고 결론을 내린다. 이 과정에서 학생들이 자신들이 배운 사회의 경제생활에서의 '공정'과 도덕의 '공정'을 연결 지어 자신만의 근거를 마련한 점이 학생들의 이해를 심화시키는 데 도움이 된다.

④ 탐구성찰

　'어떻게 연결되는가?' 전이 전략은 일반화와 관련된 새로운 사례(신문 기사, 동영상, 주변의 사건)를 학생들에게 제공해 학생들이 일반화를 적용하고 전이하는 기회를 제공하는 방식이다.

　새로운 사례에 이해를 적용하기 전에 이전에 배운 내용과 일반화를 돌아볼 기회를 준다면 인지적 부하를 감소시킬 수 있다. 그래서 학습 전 지금까지의 배움공책 등이나 자료들을 살펴보며 배운 내용을 돌아보는 것이 도움이 될 수 있다. 또, 새로운 사례를 소개할 때 뉴스 기사, 동영상, 개인적인 이야기, 또는 시사 문제 등의 사례를 제시할 수도 있다.

6-5. 시사 문제

① 탐구질문: 주민참여는 왜 필요할까요?

② 교육과정

핵심 아이디어	3~4학년 일반화	핵심 개념 Lens	관련 개념	범주/내용 요소			성취기준
				지식·이해	과정·기능	가치·태도	
다양한 정치 주체가 정치과정에 참여하며, 민주주의는 여러 제도와 시민 참여를 통해 실현된다.	주민참여를 통해 지역사회의 문제점을 해결할 수 있다.	책임	정치 과정	주민 자치 사례 주민 참여와 지역사회 문제 해결	사회문제 해결에 참여하기	민주적 기본 가치	[4국08-02] 지역에서 이루어지는 민주주의 사례를 통해 주민 자치와 주민 참여의 중요성을 파악하고, 지역사회의 문제 해결에 참여하는 태도를 기른다.

③ 탐구과정

가. 시사 문제 찾아보기

지난 수업에서 '주민참여를 통해 지역사회의 문제점을 해결할 수 있다.'라는 일반화에 도달했다.

현재 우리 지역의 문제 중의 하나를 정해 해결 방안을 탐구한다. 우리 지역의 문제로 환경오염이 의견 대다수를 차지했다. 그중 산업 쓰레기로 인한 대기, 토양, 수질 오염을 탐구하기로 한다.

> 교사　주민참여를 통해 지역사회의 문제점을 해결할 수 있다는 것을 이해했습니다. 그렇다면 우리 지역에는 어떤 문제들이 있을까요?
>
> **학생**　공기가 나쁘고 물이 더러워요.
>
> 교사　우리 지역에 공기와 물이 오염되었다는 것을 어떻게 알게 되었나요?
>
> **학생**　어릴 때부터 주변 어른들이 걱정하시는 말씀을 많이 들었어요.
>
> 교사　왜 그런 것 같나요?
>
> **학생**　우리 지역에는 공장이 많아서 공장에서 버리는 폐수와 쓰레기 때문인 것 같아요.
>
> 교사　이 문제를 자세히 알기 위해 우리는 어떻게 조사 활동을 하면 좋을까요?

지역의 문제를 탐색하기 위해 지역 소식지, 뉴스 기사, 영상 자료, 블로그, 공공기관 홈페이지 등의 자료를 조사하기로 한다. 모둠별로 자료 유형을 다르게 분배해 자료를 수집한다.

나. 시사 문제 재작성하기

학생들이 수집한 대부분 자료의 어휘가 낯설고 사전 지식을 요구하는 경우가 많으므로 교사는 학생의 어휘 수준과 경험을 고려해 학생 수준에 맞게 재가공하여 시사 문제를 제공할 필요가 있다.

수집된 자료 중에 실천 가능한 문제 하나를 협의해 선정한다.

> 교사　수집한 자료 중에 여러분이 참여 가능한 환경 문제가 있나요?
>
> **학생**　가정 주택보다 공장의 문제로 토양이 오염된 경우가 많아 문제 해결을 어떻게 할 수 있을지 모르겠어요.
>
> 교사　오염 원인을 차단할 수 없다면, 우리가 할 수 있는 방법은 없는 걸까요?
>
> **학생**　오염된 토양을 복원하는 데 참여할 방법을 찾아보면 어떨까요?

다. 시사 문제 탐색 및 토의하기

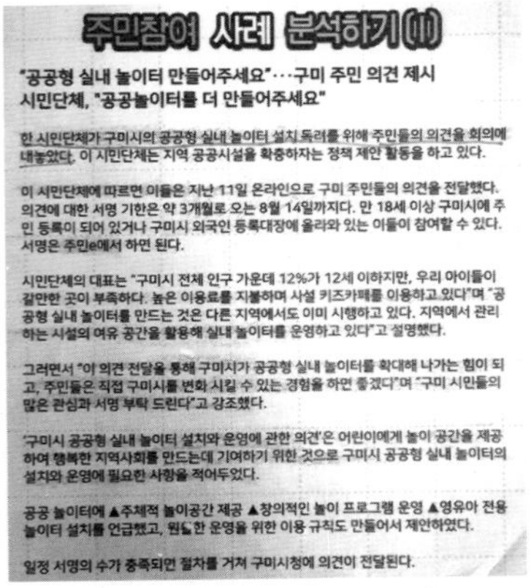

주민참여 사례 분석하기(II)

"공공형 실내 놀이터 만들어주세요"…구미 주민 의견 제시
시민단체, "공공놀이터를 더 만들어주세요"

한 시민단체가 구미시의 공공형 실내 놀이터 설치 독려를 위해 주민들의 의견을 회의에 내놓았다. 이 시민단체는 지역 공공시설을 확충하자는 정책 제안 활동을 하고 있다.

이 시민단체에 따르면 이들은 지난 11일 온라인으로 구미 주민들의 의견을 전달했다. 의견에 대한 서명 기한은 약 3개월로 오는 8월 14일까지다. 만 18세 이상 구미시에 주민 등록이 되어 있거나 구미시 외국인 등록대장에 올라와 있는 이들이 참여할 수 있다. 서명은 주민e에서 하면 된다.

시민단체의 대표는 "구미시 전체 인구 가운데 12%가 12세 이하지만, 우리 아이들이 갈만한 곳이 부족하다. 높은 이용료를 지불하며 사설 키즈카페를 이용하고 있다"며 "공공형 실내 놀이터를 만드는 것은 다른 지역에서도 이미 시행하고 있다. 지역에서 관리하는 시설의 여유 공간을 활용해 실내 놀이터를 운영하고 있다"고 설명했다.

그러면서 "이 의견 전달을 통해 구미시가 공공형 실내 놀이터를 확대해 나가는 힘이 되고, 주민들은 직접 구미시를 변화 시킬 수 있는 경험을 하면 좋겠다"며 "구미 시민들의 많은 관심과 서명 부탁 드린다"고 강조했다.

'구미시 공공형 실내 놀이터 설치와 운영에 관한 의견'은 어린이에게 놀이 공간을 제공하여 행복한 지역사회를 만드는데 기여하기 위한 것으로 구미시 공공형 실내 놀이터의 설치와 운영에 필요한 사항을 적어두었다.

공공 놀이터에 ▲주체적 놀이공간 제공 ▲창의적인 놀이 프로그램 운영 ▲영유아 전용 놀이터 설치를 언급했고, 원활한 운영을 위한 이용 규칙도 만들어서 제안하였다.

일정 서명의 수가 충족되면 절차를 거쳐 구미시청에 의견이 전달된다.

<그림 1> 재가공된 시사 문제 제시

지역 문제를 해결하기 위해 지역주민 참여 사례를 조사한다. 사례를 통해 지역 문제가 주민참여에 의해 해결될 수 있음을 이해하고 사례를 분석해 실천 가능한 방안들을 열거한다. 조사 결과 외 새로운 방안을 자유롭게 제시하도록 한다.

조사한 사례와 새로운 아이디어로 생성된 방안들을 실천 가능성, 시간 소요, 경제적 부담 등의 정도에 따라 분류한다.

분류된 방안 중에 모둠에서 실천할 방안 2~3가지를 최종 합의한다. 모둠별 또는 학급 전체가 실천 계획서를 작성한다.

실천 계획서에는 다음을 명시하도록 한다.

1) 지역의 문제점과 자료 출처
2) 관련된 참여 사례 (타 지역, 외국 등)
3) 실천 장소, 시간, 기간 등

라. 전이활동하기

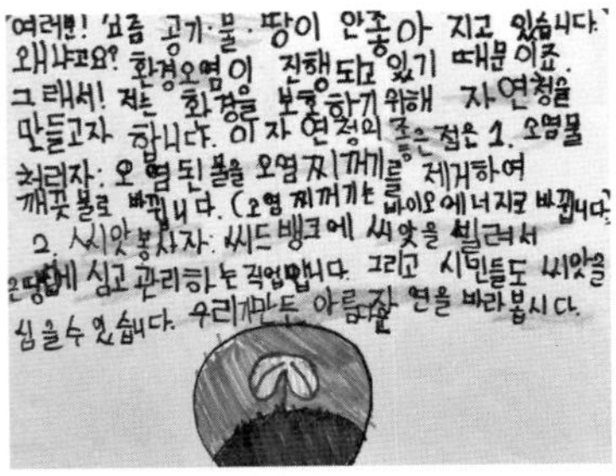

<그림 2> 활동 방안 제시

협의를 통해 실천할 3가지 활동(캠페인, 물 정화하기, 식물 키우기)을 결정하고 실천한다. 실천하면서 변동 사항이 생긴다면 계획을 따르지 않고 상황에 맞게 실천할 수 있음을 알린다. 실천 과정과 결과를 보고서로 작성해 발표하고 실천에 대한 성찰을 나눈다.

4 탐구성찰

'시사 문제' 전이 전략은 실제적인 삶의 문제와 관계 맺음을 통해 이론적 이해와 시사 문제의 연관성을 입증하는 기회를 제공하는 방식이다. 이해와 관련이 깊은 시사 문제가 전이의 동기와 목적이 되며 그로 인해 과제 해결에 정교성을 높인다.

이 전략은 학생들이 신문이나 TV 뉴스를 통해 시사 문제의 해결로 전이가 발생하도록 한다. 시사 문제는 학생들로 하여금 오늘날 빠르게 변화하고 상호 연결된 세계에서 정보를 얻고, 참여하고, 문제를 해결할 수 있는 사회 구성원의 1명으로 성장할 수 있도록 한다. 글로벌 문제, 기후 변화 문제, 지역 사회 문제, 미디어 문제, 사회 및 청소년 문제와 같은 교과 개념과 관련 있는 주제를 선정해 전이활동을 유도한다.

시사 문제를 탐색할 때는 도달한 일반화와 시사 문제가 연결될 수 있도록 교사의 지원이 요구된다. 학생의 수준에 맞게 탐구 요소를 부각해 재가공한 시사 문제를 제시하고 탐구한다. 실천하는 전 과정에서 교사도 적극적으로 동참해야 한다.

① 탐구질문: 가족은 어떻게 지내야 할까요?

② 교육과정

핵심 아이디어	1~2학년 일반화	핵심 개념 Lens	관련 개념	범주/내용 요소			성취기준
				지식·이해	과정·기능	가치·태도	
우리는 서로 관계를 맺으며 생활한다.	가족은 서로 돕고 배려하는 사이다.	책임	가족	자기 이해	관계 맺기	배려	[2바01-03] 가족이나 주변 사람을 배려하며 관계를 맺는다.

③ 탐구과정

가. 다양한 사례 제시하기

① 『엄마까투리』
(권정생/ 낮은산)

② 『혼나지 않게 해주세요』
(구스노리/ 베틀북)

③ 『우리 가족입니다』
(이혜란/ 보림)

④ 『돼지책』
(엔서니/ 웅진주니어)

⑤ 『알사탕』
(백희나/책읽는 곰)

<그림 1> 새로운 사례 제시

지난 차시에서 '가족은 서로 돕고 힘들 때 위로하는 사이다.'라는 일반화로 합의했다. 1학년 교과서에 제시된 가족은 일반적인 가정의 형태다. 5권의 동화책을 통해 교과서 밖의 다양한 가족 상황을 제시한다. 추가로 가정 폭력(아동 학대) 뉴스 영상을 보여주며 가족 사랑을 전제로 한 일반화에 반하는 예외 사례도 제공한다.

나. 질문 제시하기

동화책을 읽어 준 후, 다음과 같이 질문한다.

동화책	질문
① 『엄마 까투리』	형제끼리만 사는 가족이라면?
② 『혼나지 않게 해주세요』	혼내고 화내는 가족이라면?
③ 『우리 가족입니다』	부모님이 아픈 가족이라면?
④ 『돼지책』	평등하지 않은 가족이라면?
⑤ 『알사탕』	아빠만 있는 가족이라면?

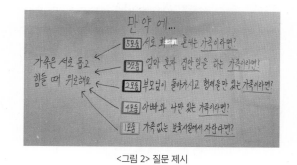

<그림 2> 질문 제시

모둠별로 동화책을 선택한 후, 해당하는 가족의 형태에서 일어날 수 있을 상황에 관해 이야기를 나눈다. '만약에 ~라면'에 대한 답을 탐색하고 공유한다.

다. 역할극으로 표현하기

모둠 토론을 통한 역할극으로 생각을 공유한다. 다소 무거운 질문이므로 재미보다는 진지한 태도로 구두 대본을 설계할 수 있도록 한다. 교사는 학생들의 생각을 정당화할 수 있도록 다음과 같이 질문한다.

<그림 3> 역할극

> 교사   왜 그렇게 생각했나요?
>
> 조금 더 자세히 설명해 줄 수 있나요?
>
> 가족은 어떤 사이라고 생각하나요?

질문을 통해 '가족은 서로 돕고 힘들 때 위로하는 사이이다.'라는 기존의 일반화를 정당화하거나 수정한다.

라. 확장하기

일반화가 학생 삶으로 확장되길 원한다면 추가로 다음의 활동을 시도해 볼 수 있다.

한 달 동안 모둠원끼리 가족이 되어 '엄마', '아빠' 등의 가족 호칭으로 부르고 역할을 정해 활동한다. 크고 작은 갈등이 생길 때마다 가족회의를 해서 의견을 나누고 역할을 재조정하는 과정을 경험할 수 있다.

<그림 4> 가족 만들기

그리고 1년간 병설 유치원 동생이나 6학년과 1촌 맺기로 형제가 되는 활동도 권장한다. 유치원과 공동수업을 하거나 6학년과는 동화책 읽어 주기 수업, 졸업 편지 써 주기, 점심 식사 후 함께 놀이 시간 갖기 등의 활동을 할 수 있다. 6학년 형이 생긴 것에 든든함을 느끼고 유치원 동생을 챙기면서 돌보는 자세를 배운다. 형제가 없는 1인 자녀 가정이 늘어나고 있는 요즘에 적합한 활동이다.

④ 탐구성찰

'만약에 ~라면의 가정적 질문' 전이 전략은 일반화를 실제 또는 가정적 상황으로 연결해 호기심을 유발하는 데 유용한 방식이다.

이 전략은 호기심을 유발하기 위한 질문을 제시하는 것이 핵심이다. 이전의 일반화와 연결될 수 있는 새로운 사례에 대한 지식을 충분히 숙지하고 있는지 확인하고 질문을 제시한다. 프레젠테이션이나 차트, 동영상, 글쓰기, 대본 등의 다양한 활동으로 가정적 질문에 대한 답을 표현할 수 있으며 아이디어를 생성할 수 있는 충분한 시간을 제공해야 한다. 역할극으로 시연하는 경우 알맹이 없는 대사에 행동만 크게 표현하는 경우가 많다. 인물의 생각이 잘 드러나게 작성된 대사의 예시를 제공해 진지한 태도로 역할극에 참여할 수 있도록 하며 창의적으로 각색할 수 있도록 허용한다.

6-7. 검증 가능한 가설

① 탐구질문: 지구의 움직임은 우리가 바라보는 천체의 변화와 어떻게 연결되나요?

② 교육과정

핵심 아이디어	5~6학년 일반화	핵심 개념 Lens	관련 개념	범주/내용 요소			성취기준
				지식·이해	과정·기능	가치·태도	
태양계는 행성 및 소천체 등으로 구성되며, 생성 과정에 따라 태양계 천체의 표면은 다양하게 나타난다.	지구의 운동으로 다양한 천체가 연결되어 움직인다.	연결	행성	지구의 자전과 공전	결론을 도출하고, 지구와 우주 관련 상황에 적용·설명하기	우주과학에 대해 관심과 지적 호기심	[6과12-02] 지구의 자전을 알고, 낮과 밤이 생기는 이유를 설명할 수 있다.

③ 탐구과정

가. 질문 제기

교사는 다음과 같은 연구 질문을 제시한다. 학생은 스스로 자신의 이해를 증명하기 위해 가설을 만들고 정당화하는 경험을 한다.

교사   우리나라에서 해가 가장 먼저 뜨는 지역은 어디일까요?

학생 1 해가 가장 먼저 뜨는 곳은 독도입니다.

학생 개별로 예상되는 결과를 바탕으로 가설을 구성한다. 예측만 하는 수준에 머물지 않고 그렇게 생각하게 된 까닭을 함께 서술해 본다.

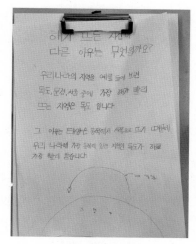
<그림 1> 개별 가설 설정

나. 정당화하기

학생들에게 가설의 정당화를 요구하는 질문을 한다. 이때 앞서 학습한 일반화나 사례를 활용할 수 있게 권유한다. 탐구의 이해와 과정을 재확인해 정당화를 돕는다. 일반화는 다음과 같다.

> 지구에서 바라보는 다양한 천체들의 움직임은 지구의 운동 때문에 일어난다.

교사   왜 그런 가설을 세웠나요? 앞서 배운 일반화를 적용해서 이유를 말해 봅시다.

학생 1 지구가 서에서 동으로 자전하는 운동을 하니까 하늘에 해가 동쪽에서 뜨고 서쪽으로 집니다. 동쪽에 있을수록 해가 더 빨리 뜹니다. 대한민국에서 가장 동쪽에 있는 지역(최동단)은 독도입니다. 따라서 독도에서 가장 빨리 해가 뜹니다.

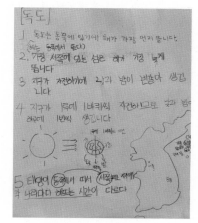
<그림 2> 가설 정당화

다. 검증하기

모둠의 결론을 실험을 통해 검증한다. 과학적 방법으로 해결하되 어려운 점이 생기면 교사의 도움을 받는다. 지구가 태양 주변을 자전하는 상황을 통해 어느 지역이 먼저 해를 만날지를 직접 시연을 통해 검증한다.

학생 1　나는 독도, 너는 포항, 너는 서울 어때?

학생 2　지구본을 돌리면 그럼 누가 먼저 태양을 만날까?

학생 3　지구가 서에서 동으로 돌면 동쪽에 있는 독도가 당연히 태양을 먼저 만나겠지.

학생 2　서울이 제일 늦게 만날 테고.

<그림 3> 가설 검증하기

라. 새로운 가설 만들기

교사　해 뜨는 시간과 지역의 위치 간의 연결(핵심 개념)을 다루는 또 다른 가설을 세워볼까요?

학생 1　사회 시간에 배운 경도를 사용할 수 있어요.

학생 2　경도가 높으면 더 동쪽에 있어요.

학생 3　그렇다면 경도와 해 뜨는 시간을 연결하면 될 것 같습니다. '경도가 높으면 해가 일찍 뜬다.'

학생 4　서경에서는 경도가 커지면 더 서쪽입니다.

학생 3　그렇다면 '동경의 경도가 높으면 해가 일찍 뜬다.'

<그림 4> 전체 발표하기

전체 발표 후 경도에 따른 일출 시간의 변경에 대해 추가로 조사하고 가설이 올바른지 확인한다.

④ 탐구성찰

'검증 가능한 가설' 전이 전략은 가설을 만들고 일반화를 사용해 정당화하면서 이해를 확인하는 방식이다. 테스트하고 검증하는 과정은 학생들의 문제 해결 능력을 향상시킨다. 학생들은 가설 검증을 위한 데이터 수집, 분석, 해석, 검증 결과 도출 등 다양한 과학적 인지 과정을 통해 문제를 해결하는 데 도움을 받을 수 있다.

이 전략을 통해 학생들은 추상적인 개념을 구체적인 예제와 연결해 이해할 수 있다. 개념 형성과 추론의 과정은 연역적 방식과 귀납적 방식을 취하고 있다. 연역적 방식은 수학, 과학 수업에서 자주 사용한다. 추상적인 개념을 다른 상황에서 적용할 때 도움이 되며 가설을 검증하고 다양한 방법으로 탐구를 하면서 학습 내용을 더 깊게 이해하게 된다. 깊은 이해는 새로운 상황에서 학습 내용을 활용하고 적용한 데 도움이 되며, 사고의 전이를 강화한다.

6-8. 수행평가

① 탐구질문: 사람들의 삶의 방식은 왜 다를까요?

② 교육과정

핵심 아이디어	5~6학년 일반화	핵심 개념 Lens	관련 개념	범주/내용 요소			성취기준
				지식·이해	과정·기능	가치·태도	
우리나라와 세계 각지에 다양한 지형 경관이 나타나고, 해당 지역의 인문환경과 인간 생활에 중요한 영향을 미친다.	사람들의 삶의 방식은 자연적 요인에 따라 다양하게 나타난다.	인과	자연 환경	세계의 지형	자료를 바탕으로 다양한 자연환경과 생활 모습 조사하기	자연환경에 대한 감수성	[6사10-01] 세계의 여러 지역의 지형 경관을 살펴보고, 이를 통해 다양한 삶의 모습을 이해한다.
				다양한 자연환경과 인간 생활	지도, 기후 그래프, 사진 등을 활용해 세계의 다양한 기후 비교하기	기후 변화 대응에 대한 관심	[6사10-02] 세계의 다양한 기후를 알아보고 기후 환경과 인간 생활 간의 관계를 탐구한다.

③ 탐구과정

가. 이해 목록 확인하기

학생들은 수행과제를 통해 입증해야 하는 이해를 나열해 봄으로써 수행과제를 계획할 때 도움이 될 수 있다. 실천 단원에서 사전 학습을 통해 진술한 이해로는 '기후에 따라서 세계 여러 나라의 문화는 다양해진다. 지형은 사람들의 생활양식을 변화시킨다. 자연환경은 인간의 삶을 다양화한다.' 등이 있다.

나. 과제 설계하기

> #### 가. 수행과제/GRASPS
>
> | Goal | 목표 | 세계 여러 나라의 다양한 자연환경과 문화를 소개할 수 있다. | |
> |---|---|---|---|
> | Role | 역할 | 세계 여러 나라의 외교부 직원 | |
> | Audience | 대상/청중 | 세계 박람회 참석자(우리 반 학생, 학부모) | |
> | Situation | 문제 상황 | 세계 박람회의 부스를 운영해야 하는 상황 | |
> | Product | 결과물 | 박람회 발표 | |
> | Standards | 기준 | 지식 | 세계의 기후, 세계의 지형 |
> | | | 기능 | 지형의 사례 조사하기, 기후 비교하기 |
>
> #### 나. 이야기 만들기/STORY
>
> 여러분은 세계 여러 나라의 외교부 직원으로서 곧 열리는 <세계 박람회>에 각국의 대표로 참가해야 합니다. 박람회에서 여러분의 역할은 자신들의 나라에 관해 소개하는 부스를 운영하는 것입니다. 박람회에 참석할 청중은 우리 반 학생들과 학부모입니다. 박람회를 운영할 때 다음의 기준을 지켜주십시오.
>
> **첫째,** 소개하는 나라의 지형과 기후의 특징을 이해하기 쉽게 설명한다.
>
> **둘째,** 나라의 자연환경과 사람들의 생활을 관련지어 설정한 본인의 일반화를 증명할 수 있는 증거를 제시한다.

수행과제의 질을 높이기 위해서는 학생들에게 과제를 정확히 안내해야 한다. 학생들은 자신에게 주어진 문제 상황을 인지하고 자신의 역할에 적합한 산출물을 계획한다. 교사는 학생들에게 위와 같은 수행과제를 설계해 제시할 수 있다.

다. 성과 발표회하기

학생들은 수행과제 안내에 따라 교사와 함께 채점기준표를 만든 후 과제를 수행한다. 실천 단원은 박람회 부스 운영이라는 성과 발표회를 통해 본인들의 이해를 증명한다. 채점기준표는 탐구질문 해결 과정을 지식, 기능, 태도의 3가지 측면으로 3단계 평가를 하도록 기준을 정한다. 이때 교사와 학생은 다음과 같은 대화를 통해 채점기준표를 만들 수 있다.

교사   지식에 대한 이해를 확인하기 위해 우리는 어떤 기준을 정하면 좋을까요?

학생 1   이번 단원에서는 지형과 기후를 알아야 하니깐 박람회에서 소개하는 나라의 지형과 기후를 얼마나 이해하고 있는지 3단계로 나누어 평가하면 좋을 것 같습니다.

학생 2   지형과 기후가 사람들의 생활에 어떤 영향을 미쳤는지 원인과 결과로 설명할 수 있으면 가장 우수한 단계가 아닐까요?

학생 3   박람회 때 발표하는 나라의 지형과 기후에 대한 기본적인 특징을 알고 있다면 보통의 단계에 해당한다고 생각합니다.

학생 4   자신이 발표하는 나라의 지형과 기후에 관한 설명이 부족하다면 미흡의 단계에 해당한다고 생각합니다.

<그림 1> 수행과제 발표   <그림 2> 세계 박람회 부스

④ 탐구성찰

'수행평가' 전이 전략은 학생들이 산출물(에세이, 디자인, 창작물 등) 또는 성과(발표회, 캠페인 활동 등)를 만들어 자신들의 이해를 입증하는 방식이다.

개념 기반 탐구학습에서의 수행평가는 단원의 총괄평가에 해당한다. 학생들은 이미 관계 맺기-개념 형성하기-조사하기-일반화하기를 거쳤다. 따라서 실천 단원을 충분히 탐구한 상황이기 때문에 학생들과 함께 수행평가의 채점기준표를 만드는 것은 어렵지 않다. 이것이 기존 교실에서 이루어지던 수행평가와 개념 기반 탐구학습에서 제안하는 수행평가의 차이점이 될 수 있다. 단원의 목표와 내용을 교사만 알고 있는 것이 아니라 이미 학생들이 충분히 탐구한 후 이루어지기에 학생들이 직접 루브릭을 설정할 수 있다는 점에서 매우 유용하다.

6-9. 창조해 봐!

① 탐구질문: 고쳐쓰기는 왜 중요할까요?

② 교육과정

핵심 아이디어	3~4학년 일반화	핵심 개념 Lens	관련 개념	범주/내용 요소			성취기준
				지식·이해	과정·기능	가치·태도	
필자는 쓰기 과정에서 부딪히는 문제를 해결하기 위해 적절한 쓰기 전략을 사용해 글을 쓴다.	고쳐쓰기는 쓰기 능력을 향상하기 위한 전략이다.	관점	점검 조정	이유를 들어 의견을 제시하는 글	쓰기 과정과 전략에 대한 점검·조정하기	쓰기 효능감	[4국03-05] 자신의 쓰기 과정을 점검하며 쓰기에 자신감을 갖는다.

③ 탐구과정

가. 일반화 다시 보기

이전 시간에 모둠별로 개발한 일반화 문장에 대해 토론하는 시간을 가진다. 모둠별로 어떤 일반화 문장들이 있는지 살펴보고 반 전체가 합의할 수 있는 정교화된 일반화 문장을 개발한다. 모둠별 일반화는 다음과 같다.

일반화 1	글쓰기를 할 때는 고쳐쓰기를 해야 한다.
일반화 2	고쳐쓰기를 하면 더 좋은 글이 된다.
일반화 3	글을 쓸 때 고쳐쓰기는 꼭 필요하다.
일반화 4	고쳐쓰기를 하면 글을 더 잘 쓸 수 있게 된다.

모둠별 일반화를 통해 정교화된 일반화는 다음과 같이 도출한다.

> 고쳐쓰기는 쓰기 능력을 향상하는 데 도움을 준다.

나. 일반화를 적용할 행동 계획하기

'고쳐쓰기는 쓰기 능력을 향상하는 데 도움을 준다.'라는 일반화를 적용할 수 있는 전이 활동에 대해 협의한다. 1인 1책 만들기로 협의했다. 학교 도서관에 읽을 책이 부족한 상황이라 자신들이 만든 책으로 도서관을 채우기로 했다. 한 편의 완성된 책을 만들기 위한 계획을 구상한다. 만들고자 하는 책의 주제, 내용을 생각하고 이야기의 개요를 담은 스토리보드를 작성한다. 이때 교사는 스토리보드가 맥락적으로 짜여 있는지 점검하는 데 초점을 두고 지속적인 개별 피드백을 한다. 필요하다면 실제 작가를 초청해 책 만들기의 과정에 대해 피드백을 받거나 궁금한 점을 물어보는 시간을 가질 수 있다.

다. 일반화를 적용한 행동 실행하기

스토리보드를 보며 책 만들기를 시작한다. 글쓰기 활동 중 수시로 자신의 쓰기 활동에 대해 점검하고 조정하며 고쳐쓰기를 하도록 한다. 1인 1책 만들기가 학생이 만든 일반화를 삶 속에서 적용하고 실천하고 있는 것임을 유념하도록 한다.

책의 내용이 더 잘 드러나도록 글씨의 크기 조절, 그림 등을 활용할 수 있음을 지도한다.

<그림 1> 1인 1책 만들기 결과

> 교사　잘 짜인 글이란 어떤 글이라고 생각하나요?
>
> 학생　누구나 제 글을 읽었을 때 이 글이 무엇에 관한 글(주제)인지 알 수 있어야 해요.
>
> 교사　잘 짜인 글을 쓰기 위해 여러분은 어떤 방법을 사용했나요?
>
> 학생　이 글을 왜 쓰는지(목적), 그리고 이 글이 무엇에 관한 글(주제)인지 많이 생각했어요. 그리고 더 자연스러운 글이 될 수 있도록 고쳐쓰기를 많이 했어요.

라. 전이활동 평가하기

<그림 2> 동료평가

글쓰기가 완성됐다면 책 디자인 사이트를 활용해 1인 1책을 만든다. 이후 작가 사인회 또는 책 출판회를 통해 자신의 수행 결과물을 공유한다.

책 출판회에는 학부모, 본교 교사, 전교생을 초대한다. 책을 만든 목적, 책의 주제 그리고 책 만들기를 통해 자신이 새롭게 알게 된 것과 할 수 있게 된 것에 대해 참석자에게 설명하고 평가를 받는다. 또한 다른 친구의 책을 살펴보고 책이 잘 만들어졌는지 살펴보며 동료평가를 한다.

최종적으로 '고쳐쓰기는 쓰기 능력을 향상하는 데 도움을 준다.'라는 일반화에 대한 자신의 경험을 정당화하거나 성찰한다.

④ 탐구성찰

'창조해 봐' 전이 전략은 개발한 기존의 일반화를 발전시키고 심화시켜 창의적인 아이디어로 실현하는 방식이다. 학생의 실제 삶과 연결된 문제 상황이나 학생의 흥미와 연결된 소재로 시작할 때 창의적인 아이디어가 생산된다.

이 전략은 최종적인 수행과제 이후에 자기 주도의 탐구학습으로 이어진다. 탐구과제는 교과를 중심으로 설계되고, 학급 안에서 친구들과 함께 진행된다. 하지만 진정한 목적의 개념 이해의 목적은 학습자의 자발성을 가진 탐구이어야 한다. 학생들은 스스로 삶 속에서의 문제를 발견하고, 학습 과정에서 배운 탐구 역량을 바탕으로 새로운 문제를 창안적으로 해결하고 적용해야 한다.

6-10. 학생 주도 행동

① 탐구질문: 경제활동은 왜 필요할까요?

② 교육과정

핵심 아이디어	3~4학년 일반화	핵심 개념 Lens	관련 개념	범주/내용 요소			성취기준
				지식·이해	과정·기능	가치·태도	
가계와 기업은 합리적 선택을 통해 소비자와 금융, 생산 등의 경제활동에 참여하면서 각자의 역할을 수행한다.	경제활동은 희소성과 합리적 선택으로 발생한다.	책임	경제 활동	자원의 희소성 경제활동 합리적 선택	합리적으로 선택하기	합리적 소비의 실천	[4사07-01] 자원의 희소성으로 인해 경제활동에서 선택의 문제가 발생함을 이해하고, 경제활동에서 합리적 선택의 방법을 탐색한다.

③ 탐구과정

가. 관심거리 탐색하기

지난 시간, 생산과 소비 그리고 자원의 희소성에 대한 개념 이해를 바탕으로 모둠별로 경제활동에 대해 개발한 일반화를 확인한다. 기존에 개발한 일반화는 다음과 같다.

일반화 1	경제활동은 필요한 것을 얻고 만드는 것이다.
일반화 2	경제활동에는 소비 활동과 생산 활동이 있다.
일반화 3	경제활동은 살아가는 데 꼭 필요하다(필수적이다).
일반화 4	사람들은 살아가는 데 필요한 것을 만들고 얻기 위해 경제활동을 한다.

이번 시간에는 일반화와 학생의 관심거리를 연결해 실제적인 삶으로 일반화를 전이하는 활동을 하기로 한다. 이를 위해 경제 학습과 관련해 학생이 주도적으로 해보고 싶은 프로젝트가 무엇인지 토의한다. 학교에서 친구와 직접 생산 활동에 참여해 보고, 소비를 위한 화폐를 제작해 경제 놀이를 하자는 의견이 다수 제시되었다. 평소 자신의 용돈 범위 내에서 재화나 서비스를 구입하는 소비하는 활동을 주로 했을 뿐, 생산 활동에 직접 참여해 본 경험은 거의 없었기 때문이다.

교사　여러분은 일상생활에서 어떤 경제활동을 해보았나요?

학생　용돈으로 제가 사고 싶은 물건과 먹고 싶은 간식을 사고, 옷이나 신발을 사 봤어요.

교사　생산 활동을 해본 경험이 있나요?

학생　심부름을 해서 용돈을 받은 적은 있어요.

교사　여러분이 경험해 보고 싶은 경제활동은 무엇인가요?

학생　돈을 벌어 보고 싶어요. 가게를 운영해 보고 싶어요. 기업가나 회사원, 은행원, 공무원 등의 직장인이 되어 실제로 물건을 제작하고 사거나 팔아 보는 경제 놀이를 하고 싶어요.

나. 학생 주도 활동 계획하기

경제 놀이를 위해 필요한 과정과 준비물, 알아야 할 것과 할 수 있어야 하는 것들에 대해 이야기를 나눈다. 화폐는 모의 화폐를 사용하기로 협의한다. 물건의 재료는 교사가 구입해 제공한다. 단, 필수 항목을 반드시 포함한 창업 계획서를 작성해 제출한 경우, 창업 지원을 받을 수 있도록 한다. 창업 계획서에 포함될 필수 항목으로는 ①판매할 물건(서비스)의 종류 ②재료 구입처 ③홍보 전략 ④직원 채용 공고 ⑤물건(서비스)가격 및 회계 장부 기록 계획 ⑥판매 전략 등이 있다.

<그림 1> 경제놀이

다. 학생 주도 활동 실행하기

창업 계획서가 통과되었다면 구체적인 판매 장소를 탐색하고 공간을 재구성한다. 기업(가게)명을 정하고 홍보물을 제작해 홍보한다. 창업 아이디어의 생성부터 준비까지 일련의 과정에서 학생이 주도할 수 있도록 결정권을 준다. 경제 놀이를 할 공간을 찾는 일부터 체험 부스를 어떻게 설치할 등을 도전적으로 시험해 보도록 한다. 실행하면서 실패를 경험하고 협의를 통해 계획을 재수정하는 과정을 반복할 수 있다. 자신이 생산한 물건이나 서비스를 팔기도 하고 모의 화폐를 이용해 소비 활동에도 참여한다.

라. 학생 주도 활동 평가하기

경제 놀이에 참여한 소감을 발표하고 자신의 생산 활동과 소비 활동에 대해 자기평가를 실시한다. 이때 자기평가를 위한 체크리스트를 활용할 수도 있고 성찰일기로 작성할 수도 있다. 학생 주도 활동에서의 평가에서는 단순히 활동에 대한 정량적 평가를 넘어서 학생이 개발한 일반화를 어떻게 실제 삶에 적용했는지에 초점을 두도록 한다. 또한 학생 주도 활동의 결과로 삶에 어떤 변화가 생겼는지 그리고 어떤 효과를 경험하게 되었는지 이야기를 나눈다.

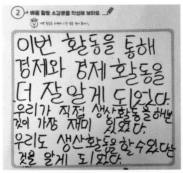

<그림 2> 학생 주도 활동 평가하기

④ 탐구성찰

'학생 주도 행동' 전이 전략은 일상생활에서 겪을 수 있는 문제점이나 문제의식을 바탕으로 학생이 주도적으로 행동하며 자신들이 개발한 일반화를 삶으로 전이하는 방식이다.

학생이 자발적으로 과제를 수행하기 위해서는 문제 상황을 탐색하는 일, 그 상황에 문제 의식을 가지는 일이 중요하다. 이를 위해 첫째, 학생의 삶과 밀접한 관심거리를 소재로 출발한다. 둘째, 문제 해결의 과정에서 경험하는 오류나 저항으로 인한 실패에 대해 관대하고 허용적인 분위기를 조성한다. 셋째, 학생 주도 활동이 논점에 벗어나지 않도록 개발한 일반화와의 연결을 지속적으로 사고할 수 있도록 과정 평가와 연결한다.

이 전략의 의미는 OECD 2030 프로젝트의 학습 나침반에서 강조하는 학습자 주도성과 일맥상통한다.

07 성찰 전략

7-1. 성찰하기에 대한 일반화

C 6학년 사회

1 탐구질문: 탐구 전략의 수행은 개념을 학습하는 데 어떤 도움을 주었나요?

2 교육과정

핵심 아이디어	5~6학년 일반화	핵심 개념 Lens	관련 개념	범주/내용 요소			성취기준
				지식·이해	과정·기능	가치·태도	
가계와 기업은 합리적 선택을 통해 소비와 금융, 생산 등의 경제활동에 참여하면서 각자의 역할을 수행한다.	경제 주체 간(가계, 기업)의 협력을 통해 공정한 시장과 지속 가능한 발전이 가능하다.	관계	가계 기업	가계와 기업의 역할 근로자의 권리 기업의 자유와 사회적 책임	합리적으로 선택하기	경제활동의 자유를 존중하는 태도	[6사11-01] 시장경제에서 가계와 기업의 역할을 이해하고, 근로자의 권리와 기업의 자유 및 사회적 책임을 탐색한다.

3 탐구과정

가. 질문 프로토콜 응답하기

질문 프로토콜은 단원과 교과를 초월해 통일되게 사용하는 표준 질문 규약이다. 이는 지식과 이해보다는 기능과 전략 측면의 성찰을 목적으로 한다. 성찰하기의 일반화 전략을 수행하기 위해 과제(단원)가 끝난 후 질문 프로토콜을 만들어 제공한다.

일반적으로 성찰하기 단계에서는 사례나 개념을 이해하는지에 대해 질문을 제시하고 성취를 확인하는 경우가 많다. 그러나 본 전략에서는 전략 수행에 대한 메타인지의 관점에서 개념 학습에 대한 도움, 과정, 영향 등의 질문을 제시하고 학습의 과정에 관해 이야기한다.

제시된 그림처럼 단원이 끝난 후 전략에 공통된 질문 프로토콜을 제시해 탐구 전략을 성찰한다. 프로토콜은 분명하고 단순한 응답을 요구하는 사실적 질문에서 시작해서 직관적이며 복합적인 개념적 질문으로 이어져 이해와 과정을 명확히 돌아볼 수 있도록 구성한다.

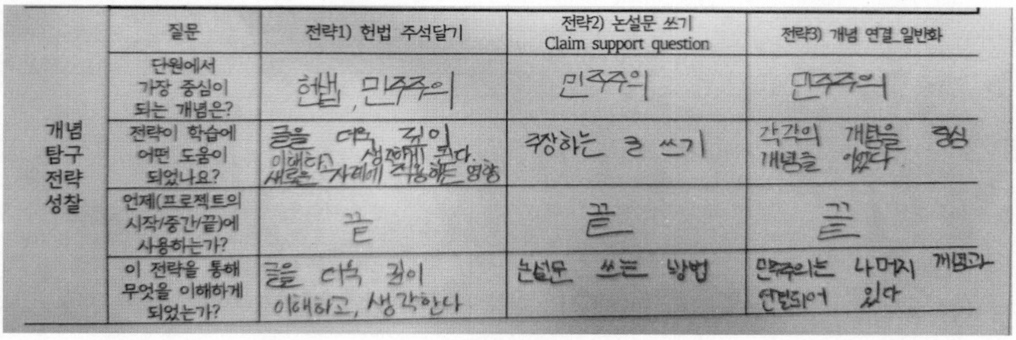

	질문	전략1) 헌법 주석달기	전략2) 논설문 쓰기 Claim support question	전략3) 개념 연결_일반화
개념 탐구 전략 성찰	단원에서 가장 중심이 되는 개념은?	헌법, 민주주의	민주주의	민주주의
	전략이 학습에 어떤 도움이 되었나요?	글을 더욱 깊이 이해하고 생각하게 된다. 새로운 사례에 적용하는 영향	주장하는 글 쓰기	각각의 개념을 중심 개념들 이었다
	언제(프로젝트의 시작/중간/끝)에 사용하는가?	끝	끝	끝
	이 전략을 통해 무엇을 이해하게 되었는가?	글을 더욱 깊이 이해하고, 생각한다	논설문 쓰는 방법	민주주의는 나머지 개념과 연결되어 있다

<그림 1> 질문 프로토콜

질문 프로토콜 예시는 다음과 같다.

질문 1	단원에서 가장 중심이 되는 개념은?
질문 2	전략이 학습에 어떤 도움이 되었나요?
질문 3	언제(단원의 시작/중간/끝)에 사용하나요?
질문 4	이 전략을 통해 무엇을 이해하게 되었나요?

나. 성찰의 대상 전략 수행하기

경제는 요소 간의 상호의존 정도가 매우 크고 시스템에 의해 각 개념이 연계해 작동한다. 따라서 각 요소의 부재가 전체에 미치는 영향이 매우 크다. 또한 누락된 조각은 각 부분의 상실 또는 누락이 전체의 시스템을 무너뜨린다는 가정을 다루는 전략이기에 핵심 개념(Key concepts) 중 연결(connection)을 개념렌즈로 하는 탐구에 적합하다. 따라서 경제를 누락된 조각 전략으로 탐구한다면 수행의 적확성과 효용성을 극대화할 수 있다.

위와 같은 이유로 경제 단원의 조직·정리하기 전략을 누락된 조각으로 계획하고 수행한다. 과정과 전략의 적용과 학습 과정의 연결이 뚜렷한 활동이 성찰적 사고를 일으키기에 적합하고 전략에 대한 충분한 이해도 가능하게 한다.

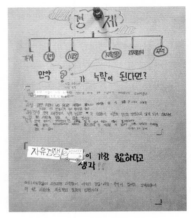

<그림 2> 누락된 조각

다. 일반화하기

경제를 누락된 조각으로 탐구한 결과 알게 된 내용을 우선 일반화하고 탐구의 과정을 성찰하는 질문을 제시한다.

사실 및 경험적 질문에서 점차 추론, 평가 질문으로 확장하면서 사고를 개념화 및 정련한다. 각 질문에 응답하기 전 모둠 또는 짝끼리 토론할 충분한 시간을 주어 자기 생각을 정리하고 설명할 수 있도록 한다.

기능과 과정이 이해에 미치는 영향을 일반화함으로써 생각을 하나의 문장으로 구성한다. 학생들이 어려워할 수 있으므로 '전략'을 통해 '이해'에 도달한다는 기본적인 구조를 안내해 혼선을 최소화하기 위한 피드백을 제공한다.

학생들에게 전략의 메타인지에 대한 고민 자체가 매우 생소하고 난이도 높은 활동이기에 어려워하는 학생이 많다. 지식이나 기능적 역량뿐만 아니라 태도적 역량에서 부족한 부분에 대한 교사의 끈기 있는 관찰과 피드백을 뒷받침해 주어야 한다.

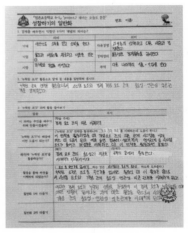

<그림 3> 성찰하기 일반화 조각

<그림 4> 일반화

④ 탐구성찰

'성찰하기에 대한 일반화' 성찰 전략은 학습이 종료된 후 개념 습득을 위하는 과정을 돌아보고 학습 전략이 개념 형성 및 일반화에 어떤 도움을 주었는지 돌아보는 방식이다.

초등학생 수준에서 본 전략을 온전히 구현하기는 매우 어렵다. 하지만 제대로 구현한다면 전략적 측면의 메타인지를 키우고 자기 주도적 탐구 역량을 키우는 데 매우 큰 효과를 얻을 수 있다. 특정 주제의 탐구를 위해 발생하는 인지 사고의 흐름을 정확히 파악하고 적합한 탐구 전략을 계획하고 수행할 수 있기에 학생의 탐구를 기능적 측면에서 바라볼 수 있게 한다.

7-2. 대화 유도

① **탐구질문: 지구의 움직임은 우리가 바라보는 천체의 변화와 어떻게 연결되나요?**

② **교육과정**

핵심 아이디어	5~6학년 일반화	핵심 개념 Lens	관련 개념	범주/내용 요소			성취기준
				지식·이해	과정·기능	가치·태도	
태양계는 행성 및 소천체 등으로 구성되며, 생성 과정에 따라 태양계 천체의 표면은 다양하게 나타난다.	지구의 운동으로 다양한 천체가 연결되어 움직인다.	연결	행성	태양과 별의 위치 변화	자연과 일상생활에서 지구와 우주 관련 문제 인식하기	우주 과학에 대해 관심과 지적호기심	[6과12-01] 하루 동안 태양과 별을 관찰해 위치 변화의 규칙성을 찾을 수 있다.
				지구의 자전과 공전	결론을 도출하고, 지구와 우주 관련 상황에 적용·설명하기	-	[6과12-02] 지구의 자전을 알고, 낮과 밤이 생기는 이유를 설명할 수 있다.
				계절별 별자리 변화	관찰을 통해 자료를 수집하고 비교·분석하기	-	[6과12-03] 지구의 공전을 알고, 계절에 따라 달라지는 별자리를 관찰할 수 있다.

③ **탐구과정**

가. 질문 안내하기

지구에서 바라보는 천체라는 개념을 연결이라는 개념렌즈로 어떻게 설명할 수 있을지 각자의 생각을 개별 작성한다.

<그림 1> 질문 안내

> **교사**   지구의 움직임은 우리가 바라보는 천체의 변화와 어떻게 연결되나요?
>
> **학생 1**   지구에서 바라볼 때 태양이 지면 달과 천체가 뜨는 걸로 봤을 때 지구와 천체는 궤도를 통해 연결되어 있다.
>
> **학생 2**   태양을 중심으로 돌고 태양과 모든 천체들 연결되어 있는 것 같다.
>
> **학생 3**   지구가 서쪽에서 동쪽으로 자전하기 때문에 우리가 바라보는 하늘 위의 태양과 달을 포함한 천체들이 동쪽에서 서쪽으로 이동하는 것으로 보인다.
>
> **학생 4**   지구를 기준으로 지구가 자전해 태양, 달, 천체가 지구를 중심축으로 도는 것처럼 보인다.
>
> **학생 5**   지구는 태양 주위를 돌고 달은 지구 주위를 돌기 때문에 태양, 지구, 달이 연결된다.

나. 짝 토론(모둠 토론)하기

지구와 달의 운동과 관련해 생각나는 것을 스스로 찾아 설명해 봄으로써 자신의 생각을 모니터링 할 뿐 아니라 모둠 또는 짝과의 대화(상호 설명)를 통해 오개념을 찾고 지구의 운동이 우리가 바라보는 천체 운동과 어떤 관련이 있는 지를 다시 한번 깊이 있게 사고하고 점검할 수 있다.

<그림 2> 모둠 토론

> **교사**   지구의 운동을 생각하면 무엇이 생각날까요?
>
> **학생1(짝토론)**   난 별자리가 생각 나. 별자리는 매일 다른 곳에서 볼 수 있고

계절마다 볼 수 있는 별자리도 달라져. 지구의 자전이랑 공전 때문에 생기는 현상이야.

교사   여러분이 배운 가장 중요한 것은 무엇인가요?

학생 2   지구의 공전이요. 지구가 태양을 중심으로 일 년에 한번씩 공전하기 때문에 계절별 별자리가 달라지기 때문이란 것을 처음 알게
       됐어요.

학생 3   지구의 자전과 공전이라고 생각해요. 지구가 공전해서 계절이 만들어지고 지구가 자전해서 낮과 밤이 생겨 생물이 살아갈 수 있는
       환경이 되니까요.

질문을 통해 학생들이 반성적이고, 성찰적인 자세를 가질 수 있다. 신중히 연습에 참여하면 시간이 지남에 따라 성찰적인
언어를 내면화하는 데 도움이 된다.

다. 전체 발표와 성찰 나누기

모둠별 활동이 끝나면 전체 학생들 앞에서 성찰 결과를 나눈다. 모둠 간의
성찰 결과가 어떻게 다른지, 함께 공감하는 시간을 갖는다.

교사   이번 단원을 통해 더 배우고 싶고 궁금한 것이 있다면 무엇인가요?

학생 1   다른 행성들도 공전과 자전을 할까?

학생 2   지구가 공전과 자전을 함으로써 생기는 더 다양한 사례들에는 무엇이 있을까?

학생 3   다른 태양계에 지구와 같은 행성이 있을까? 만약 있다면 그 행성에 사람이
       살까?

<그림 3> 전체 발표

교사   우리는 이번 단원을 왜 배웠나요?

학생 4   지구에서 바라보는 태양, 별과 같은 행성들이 왜 움직이는지를 배웠어요.

④ 탐구성찰

'대화유도' 성찰 전략은 질문에 대한 생각을 서로 간의 생각을 나누는 과정 즉, 왜 그렇게 생각하는지, 무엇이 가장 중요한
지를 성찰적인 언어로 내면화하는 방식이다.

혼자서 질문을 해결하는 것은 학생들에게 어려운 장애물로 인식된다. 그 어려운 장애물을 짝, 모둠과 함께 대화를 통해
해결해 나가며 학생들은 즐거움을 느낀다. 연결이라는 개념렌즈로 지구의 운동이 지구에서 바라보는 천체들의 움직임과 어
떤 관련이 있는지를 함께 이야기하고 설명하는 경험은 배운 개념을 떠올리고 내면화하는 데 도움을 준다.

이 전략은 친구들과 함께 충분히 이야기를 나눌 수 있는 시간을 주는 것이 중요하다. 시간에 쫓겨 빨리 답을 구하는 것보
다는 충실히 고민해 보는 것이 개념의 이해를 확인하고 자신을 성찰하는 데 도움이 된다.

① **탐구질문: 배움을 확인하는 질문은 탐구 수행에 어떤 도움을 줄까요?**

② **교육과정**

핵심 아이디어	5~6학년 일반화	핵심 개념 Lens	관련 개념	범주/내용 요소			성취기준
				지식·이해	과정·기능	가치·태도	
가계와 기업은 합리적 선택을 통해 소비와 금융, 생산 등의 경제활동에 참여하면서 각자의 역할을 수행한다.	경제 주체 간(가계, 기업)의 협력을 통해 공정한 시장과 지속 가능한 발전이 가능하다.	관계	가계 기업	가계와 기업의 역할 근로자의 권리 기업의 자유와 사회적 책임	합리적으로 선택하기	경제활동의 자유를 존중하는 태도	[6사11-01] 시장경제에서 가계와 기업의 역할을 이해하고, 근로자의 권리와 기업의 자유 및 사회적 책임을 탐색한다.

③ **탐구과정**

가. 질문은행 포스터 제작하기

교실에서 쉽게 눈에 띄는 장소에 성찰을 돕는 질문을 구성해 게시하면 탐구 활동 중 수시로 성찰적 사고가 발생하고, 장시간 지속되면 학습자의 생활에 녹아든다. 이를 목적으로 몇 가지의 질문을 구성해 교실 전면에 배치한다. 개념의 이해를 확인하기 위해 제작한 질문은 아래와 같다.

- 나의 이해는 완전한 배움에 얼마나 가까운가요?
- 완전하게 이해하지 못한 사례나 개념은 없나요?
- 어떤 새로운 개념과 지금의 배움을 연결할 수 있을까요?
- 더 탐구하고 싶은 내용은 없나요?
- 더 질문하고 싶은 대상은 없나요?

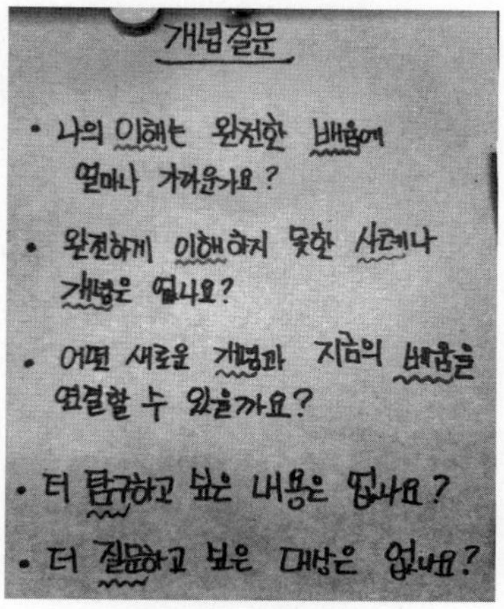

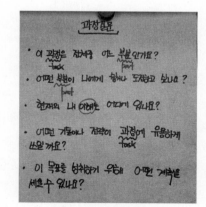

<그림 1> 개념질문

개념질문뿐만 아니라 학습의 과정을 돌아보며 성찰하기 위한 과정질문 문항을 작성해 기능과 전략의 성찰이 일어나게 한다. 과정질문은 다음과 같다.

- 이 과정은 전체 중 어느 부분인가요?
- 어떤 부분이 나에게 쉽거나 혹은 도전하고 싶나요?
- 현재의 내 이해는 어디에 있나요?
- 어떤 기술이나 전략이 과정에 유용하게 쓰일까요?
- 이 목표를 성취하기 위해 어떤 계획을 세울 수 있나요?

<그림 2> 과정질문

시각적 노출을 지속하더라도 익숙함이 이어지면 결국 무관심으로 이어질 수 있기에 적절한 시간에 상기시켜 준다면 효과를 더욱 극대화하기 위해 노력한다.

나. (확장 방안) 단원 성찰 문항 활용하기

단원이 끝나면 개념과 과정을 돌아보는 성찰록을 작성한다. 게시된 질문은행을 문항으로 활용하고 질문에 응답하게 하면 전략의 활용 방안을 확장할 수 있다.

그러나 개념이나 일반화에 대한 정확한 이해가 없으면 성찰 문항을 전혀 작성하지 못하는 경우도 발생하므로 학생들이 일반화하는 과정을 재확인하도록 피드백해야 한다.

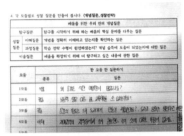

<그림 3> 학생 성찰록

나-2. (확장 방안) 학습자 질문 제작하기

질문은행을 교사가 제시함을 넘어 학생이 질문을 구성할 수 있도록 전략을 확장한다. 탐구질문, 성찰 질문(이해질문, 과정질문), 키움질문 등으로 질문의 성격을 정하고 학습 중간에 형성평가의 의미를 가진 문항을 직접 작성한다. 학생들은 질문을 스스로 만들어 친구들과 함께 공유하고 배움을 돌아본다.

질문은행은 모든 개념을 관통하는 일반화된 질문이므로 해당 단원의 개념과 관련성이 부족하다. 학습자 질문은 개념과 관련 있는 질문으로 구성하도록 해 그 한계를 극복한다.

<그림 4> 학습자 질문 제작

> 교사   질문의 종류는 다음과 같이 있습니다. 첫째, 탐구질문은 탐구를 시작하기 위해 배움의 핵심을 다루는 질문이고, 둘째, 이해질문은 개념을 정확히 이해하고 있는지를 확인하는 질문입니다. 셋째, 과정질문은 학습 전략 수행이 개념 습득에 도움이 되었는지에 관한 질문이고, 넷째, 키움질문은 배움을 확장하기 위해 더 탐구하고 싶은 내용에 관한 질문이 있습니다.
>
> 여러분이 질문을 만들어 봅시다.
>
> 학생 1   (키움질문) 왜 문경은 석탄 매장량이 많았을까요?
>
> 학생 2   (키움질문) 노동력 외에 다른 것을 교류할 수는 없을까요?
>
> 학생 3   (이해질문) 자매 지역의 지역성에서 호주 퀸즐랜드 주의 소에 대한 특징이 없어요.

④ 탐구성찰

'질문은행' 성찰 전략은 학습을 성찰하기 위한 질문을 교실 잘 보이는 곳에 게시하고 상시 노출해 활동 방향의 적절함을 스스로 확인하는 방식이다.

학생들이 질문 노출을 지속하면 학생들의 인지 구조에 파지되고, 지속적인 성찰의 훈련은 탐구 역량을 신장시키는 데 큰 영향을 준다. 개방형 탐구는 지속적 또는 간헐적 성찰이 없으면 개념에 동떨어지거나 흥미 위주의 활동이 될 여지가 있기에 질문은행은 학습자 사고의 방향이 일반화나 목적에 가까워질 수 있도록 지속해서 지원하는 탐구 전략이다.

질문은행을 게시한 채로 방치하면 기대 효과에 미치지 못할 수 있으므로 다양한 방안(인터뷰, 성찰 일지, 소리 내어 읽기)을 활용해 지속적으로 상기시켜 줄 필요가 있다.

7-4. 학습일지 및 성찰 블로그

① 탐구질문: 주민참여는 왜 필요할까요?

② 교육과정

핵심 아이디어	3~4학년 일반화	핵심 개념 Lens	관련 개념	범주/내용 요소			성취기준
				지식·이해	과정·기능	가치·태도	
다양한 정치 주체가 정치과정에 참여하며, 민주주의는 여러 제도와 시민 참여를 통해 실현된다.	주민참여를 통해 지역사회의 문제점을 해결할 수 있다.	책임	정치 과정	주민 자치 사례 주민 참여와 지역사회 문제 해결	사회문제 해결에 참여하기	민주적 기본 가치	[4국08-02] 지역에서 이루어지는 민주주의 사례를 통해 주민 자치와 주민 참여의 중요성을 파악하고, 지역사회의 문제 해결에 참여하는 태도를 기른다.

③ 탐구과정

가. 학습일지 목표 세우기

학습일지 작성은 현재 학습하고 있는 진행 상황에 대해 주도적으로 인식하게 하고, 진행 상황에 대한 증거를 수집하도록 돕는다. 이번 탐구 주제는 공공기관과 주민참여이다. 주제와 관련된 학습과 관련된 학생의 사전 지식, 예상되는 학습 내용, 새롭게 알게 된 내용, 궁금한 점 등을 포트폴리오에 포함한다.

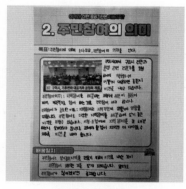

<그림 1> 포트폴리오

나. 학습일지 작성하기

본 탐구 주제인 '공공기관의 의미'에 대한 자신의 처음 생각을 먼저 적어 보고, 이후 공공기관을 탐색하며 알게 된 공공기관의 의미와 비교해 본다. 학습일지를 작성할 때는 초기의 학생 사고를 드러낼 수 있도록 지도하는 것이 중요하다. 학습 전후에 어떻게 변화했는지 탐색할 수 있도록 한다. 이는 학습의 전 과정을 성찰하게 해 메타인지를 키우는 데 도움을 준다.

학습일지는 배움 노트, 성찰 일지, 온라인 블로그 형태로 작성할 수 있다. 학습 단계별로 매일 일지를 작성할 수 있는 활동지나 특별 제작된 공책으로 제공할 수도 있다.

<그림 2> 학습일지 1

<그림 3> 활동 단계별 공책형 학습일지 예시

다. 학습일지 활용하기

학습일지는 학생 개인의 성찰 도구로도 활용되지만, 개별의 포트폴리오를 통해 학생이 학습 목표에 도달했는지 여부를 확인할 수 있는 교사평가 자료로도 활용할 수 있다. 학습 과정에서 느낀 점과 궁금했던 점을 적으며 학습을 활용할 수 있다.

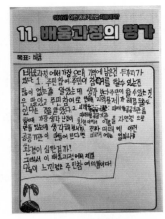

<그림 4> 학습일지 2

교사 　학습일지는 평소에 쓰던 성찰일기와 어떤 차이점이 있나요?

학생 1 맨 마지막에 한 번 쓰는 것이 아니라 활동마다 썼어요.

교사 　학습일지를 쓰면 어떤 점이 좋나요?

학생 2 제가 어떤 공부를 했는지 다시 찾아보기 좋아요.

④ 탐구성찰

'학습일지 및 성찰 블로그' 전이 전략은 일련의 학습 과정에 대한 반성과 학습 결과를 누가 기록해 반성하는 태도로 학습에 임할 수 있도록 돕는 방식이다.

학습일지나 블로그에 글을 작성할 때 해당 차시의 내용에만 매몰되어 작성하기보다 전 차시와 현 차시, 다음 차시에 관한 내용을 상기시키며 학습의 맥락을 파악할 수 있게 한다. 어떤 학습 단계에서 무엇을 학습하고 있는지 인지할 기회를 주고 작성하면 의미 있는 학습일지를 작성할 수 있다. 학습일지를 쓸 때는 활동에 대한 피상적인 느낌과 생각을 적는 수준에 머무르지 않도록 학습과 관련된 개념어와 일반화 문장을 사용해 기록하도록 한다.

7-5. 과제 분석

① 탐구질문: 세계 여러 나라 사람들의 삶이 모습이 다른 이유는 무엇일까요?

② 교육과정

핵심 아이디어	5~6학년 일반화	핵심 개념 Lens	관련 개념	범주/내용 요소			성취기준
				지식·이해	과정·기능	가치·태도	
우리나라와 세계 각지에 다양한 지형 경관이 나타나고, 해당 지역의 인문환경과 인간 생활에 중요한 영향을 미친다.	사람들의 삶의 방식은 자연적 요인에 따라 다양하게 나타난다.	인과	자연환경	세계의 지형	자료를 바탕으로 다양한 자연환경과 생활모습 조사하기	-	[6사10-01] 세계의 여러 지역의 지형 경관을 살펴보고, 이를 통해 다양한 삶의 모습을 이해한다.
				세계의 기후	지도, 기후 그래프, 사진 등을 활용해 세계의 다양한 기후 비교하기	-	[6사1-02] 세계의 다양한 기후를 알아보고 기후 환경과 인간 생활 간의 관계를 탐구한다.

③ 탐구과정

가. 과제 제시하기

학생들에게 다음과 같은 과제를 제시한다. 결과물에 대한 구체적 기준을 제시하지 않고 목표, 역할, 상황 및 결과물을 알려준다.

Goal	목표	너의 과제는 (다른 나라의 생활 모습을 해석)하는 것이다.
Role	역할	너의 일은 (지리학자)다.
Audience	청중	너의 청중은 (우리 학교 학생과 선생님)이다.
Situation	상황	너 자신은 (점점 다문화 사회가 되어 가는 우리나라에서 세계 여러 나라에 대한 이해가 부족한 우리 학교 학생들에게 다른 나라의 문화와 생활 모습을 이해시켜 주어야 하는 상황)에 놓여 있다.
Product	결과물	너는 다른 나라의 생활 모습을 해석하는 (프레젠테이션 자료)를 만들 것이다.

나. 과제 분석하기

과제를 수행하기 전, 피시본 다이어그램과 같은 방법을 사용해 과제를 분석한다. 과제 수행에 필요한 기능 또는 지식, 과제에서 쉬울 것이라 예상되는 부분과 어려울 것으로 생각하는 부분을 다이어그램에서 가시로 추가한다.

학생들이 어려워할 경우, 과제 안내문을 꼼꼼히 읽어 보고 목표가 무엇인지, 이 중에서 알고 있는 것과 모르는 것을 구분하고 어떤 점이 궁금한지 질문과 토론을 유도한다.

교사   이 프로젝트에서 알아야 하는 것은 무엇일까요?

학생 1 무슨 나라가 있는지 알아야 해요.

학생 2 세계 여러 나라 사람들의 삶의 모습과 문화가 나타난 이유를 알아야 해요.

교사   이 프로젝트에서 할 수 있어야 하는 것은 무엇일까요?

학생 3 다른 나라의 생활 모습이나 환경을 조사할 수 있어야 해요.

학생 4 다양한 문화가 나타난 이유를 추론할 수 있어야 해요.

학생 5 나와 다른 문화도 이해하고 존중할 수 있어야 해요.

교사 목표를 달성하기 위해 여러분이 이야기한 것들을 어떤 순서로 학습해 나가면 좋을까요?

학생 6 먼저 무슨 나라가 있는지 알아봐야 해요.

학생 7 다른 나라의 생활 모습을 조사해야 해요. 그 다음에는 그런 다양한 생활 모습이 왜 나타났는지 가설을 세워 봐야 해요.

학생 8 과학 시간에 했던 것처럼 가설을 세운 다음에는 그 내용이 맞는지 검증하는 활동도 해야 해요. (이하생략)

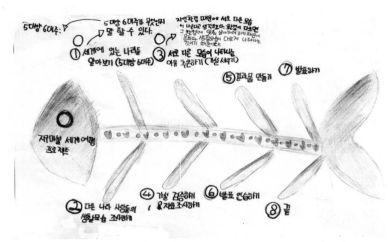

<그림 1> 피쉬본 다이어그램으로 분석한 과제 예시

다. 학습일지 활용하기

분석한 내용을 바탕으로 이후 학습에서 과제에서 요구하는 지식과 기능을 잘 수행하고 있는지 계속 성찰하고, 부족한 부분은 수정해 나간다.

④ 탐구성찰

'과제 분석' 성찰 전략은 학생들이 과제를 수행하기 전에 자신이 무엇을 알아야 하고, 할 수 있어야 하는지 성찰하는 방식이다. 백워드 설계 2단계의 GRASPS의 요소로 분석이 드러날 수 있다.

이 전략은 학습자 개인 또는 모둠에서 수행과제를 분석한다. 개념 탐구 수업의 최종 목적은 수행과제(총괄평가)를 효과적으로 달성하고 교사가 아닌 학습자가 수행과제를 면밀히 분석해야 한다. 과제 분석은 지식과 기능을 분해하고, 최종 결과물의 기준을 확인한다.

이 과정에서 피쉬본 다이어그램(Fishbone Diagram)을 유용한 도구로 사용할 수 있다. 피쉬본은 물고기 뼈와 유사한 형태를 가지고 있다. 다이어그램의 중심에는 해결해야 할 문제나 원하는 결과를 적는다. 그리고 그 중심에서 분기가 나뉘어 물고기 뼈처럼 생긴 형태를 만든다. 각 분기에는 문제의 원인이나 영향을 나타내는 요소들을 적어 준다. 이렇게 하면 문제를 해결하기 위해 고려해야 할 다양한 요소들을 시각적으로 파악해 복잡한 문제를 보다 명확하고 구체적으로 이해할 수 있다.

7-6. 기준 공동 구성하기

① 탐구질문: 자주적 삶이란 무엇이며, 어떻게 실천을 확인할 수 있을까요?

② 교육과정

핵심 아이디어	5~6학년 일반화	핵심 개념 Lens	관련 개념	범주/내용 요소			성취기준
				지식·이해	과정·기능	가치·태도	
자아에 대한 탐구와 성찰은 자신을 존중하는 마음을 기르는 도덕 공부의 기초이다.	내 삶의 주인으로 살기 위해 반성하는 습관이 필요하다.	성찰	자아 성찰	자주적으로 살아야 하는 이유는 무엇일까?	자주의 의미를 살펴보고 자신의 생활 반영하기	주체적인 삶의 태도	[6도01-01] 자주적인 삶에 대한 이해를 바탕으로 자신의 생활계획을 세우고 실천해 주체적인 삶의 태도를 기른다.
				자신의 생활을 반성하는 일은 왜 중요할까?	자신의 생활 점검해 성찰하기	반성하는 태도	[6도01-02] 생활 습관에 대한 성찰을 통해 자기 생활을 점검하고 올바른 계획을 세워 이를 실천한다.

③ 탐구과정

가. 학습 목표 확인 및 평가 과제 결정하기

단원에서 도달해야 하는 성취기준을 바탕으로 학습 목표와 평가 과제를 확인한다. 학생들의 올바른 습관과 '자주'에 대한 개념 형성과 실천을 위한 '6학년 로드맵 프로젝트'를 안내한다.

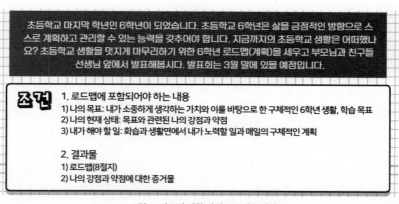

<그림 1> 자주적 생활 관련 프로젝트 안내

나. 브레인스토밍하기

학습 목표와 평가 과제를 확인하며 성공적인 평가를 위해 어떤 조건을 만족해야 할지 지식, 기능, 태도적인 면에서의 기준에 대해 이야기를 나눈다. 기준 설정을 힘들어하는 학생에게는 교사가 준비한 기준을 제시해 주고 자신의 말로 바꾸도록 한다.

학생 1　나의 강점과 약점을 어떻게 알 수 있을까?

학생 2　강점과 약점에 대한 질문을 어떻게 준비할 수 있을까?

학생 3　나의, 목표, 나의 현재 상태, 내가 해야 할 일은 무슨 관계가 있어야 할까?

다. 정리하기

프로젝트 목표 달성을 위한 성공 기준을 공유하고 학급 친구들과 이야기를 나누며 합의한 내용을 기록한다. 학생들은 평가 기준을 공유하며 자신의 말로 변환시킨다. 이 작업을 통해 프로젝트 및 수업에서 도달해야 할 목표가 분명해진다.

> *6학년 로드맵 프로젝트 평가기준(아이들과 함께 다시 살펴 본 버전)
> 1. 나의 현재 상태를 알아보는 활동을 바탕으로 자신이 잘하는 것과 약한 점을 파악해서 증거를 들어서 설명할 수 있어야 한다.
> 2. 자주적인 삶의 의미와 중요성을 구체적인 예를 들어서 설명할 수 있다.
> 3. 스스로 설정한 삶의 목표(가치)를 바탕으로 내가 바라는 1년 후 나의 모습을 구체적으로 상상할 수 있다.
> 4. 스스로 목표와 관련된 하루 계획을 세워 실천하고 그 결과를 습관 노트를 활용하여 점검할 수 있다.
> 5. 로드맵의 조건
> 1) 가치-목표-실천계획이 관계가 있어야 한다.
> 2) 너무 높은 수준의 계획은 안된다.(실천 가능)
> 3) 로드맵에는 가치, 목표, 나의 현재 상태, 구체적인 실천 계획이 포함되어 있어야 한다.

<그림 2> 학생의 언어로 구성한 평가 기준

라. 루브릭을 만들고 성찰하기

프로젝트 진행 과정 및 프로젝트 사후 성찰 과정에서 학생들과 함께 만든 평가 기준에 대해 지속적인 성찰이 가능하게 한다. 〈그림 3〉은 '자주적 삶의 의미와 중요성을 구체적인 예를 들어 설명할 수 있다.'라는 평가 기준에 대해 우수, 도달, 미도달의 세부 기준을 정하고 수행평가 후 자기평가, 동료평가를 통해 목표에 도달했는지 성찰해 보도록 한 평가지이다. 〈그림 4〉는 프로젝트 총괄평가 결과표이다. 기준을 공동으로 작업하는 활동을 통해 자기평가 결과가 좀 더 객관적이고 교사의 평가와 일치되는 경우가 많은 것을 관찰할 수 있다.

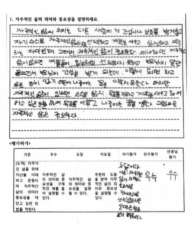

<그림 3> 형성평가

<그림 4> 총괄평가 결과표

④ 탐구성찰

'기준 공동 구성하기' 성찰 전략은 학습 목표와 평가에 대해 학생들과 함께 기준을 살펴보고, 구성해 학생들이 명확하게 목표를 인식하도록 돕는 학습 방식이다.

학생의 관점으로 평가 기준을 함께 구성하면 교사의 관점에서 작성된 평가 기준보다 더 목표에 대한 이해가 쉽도록 도울 수 있고 목표도 분명해진다. 이렇게 분명해진 목표를 교실에 게시해두고 꾸준히 살펴보면서 수업을 한다면 수업 전, 중, 후 자신이 해야 할 일과 이해해야 할 내용이 무엇인지 분명하게 인식하는 데 도움이 된다. 이로 인해 자신에 대한 객관화가 가능해지며, 기준에 따라 스스로 움직일 수 있어 학생의 자기 주도성이 길러진다.

① 탐구질문: 나를 변화시킬 수 있는 전략은 무엇일까요?

② 교육과정

핵심 아이디어	1~2학년 일반화	핵심 개념 Lens	관련 개념	범주/내용 요소			성취기준
				지식·이해	과정·기능	가치·태도	
화자, 청자, 필자는 상황 맥락 및 사회·문화적 맥락 속에서 자신의 의사소통 목적을 달성하기 위해 다양한 유형의 말하고, 쓴다.	말과 글은 생각을 표현하는 도구다.	인과	경험	상황 맥락	경험과 배경지식 활용하기	듣기·말하기에 대한 흥미	[2국01-04] 자신의 경험이나 생각을 바른 자세로 발표한다.
				겪은 일을 표현하는 글	자유롭게 표현하기	쓰기에 대한 흥미	[2국03-04] 겪은 일을 표현하는 글을 자유롭게 쓰고, 쓴 글을 함께 읽고 생각이나 느낌을 나눈다.

③ 탐구과정

가. 문제 찾기

지난 1주일 동안 가족회의를 통해 가족끼리 서로 부탁하고 싶은 일과 지킬 일을 정하고 실천한 결과를 공유한다. '가족 사랑 실천 체크리스트'를 보며 잘 지켜지지 않았던 일이나 힘들었던 일에 대해 말하고 왜 그랬는지 이야기를 나눈다.

나쁜 습관을 좋은 습관으로 바꿀 전략에 관해 이야기를 나눈다.

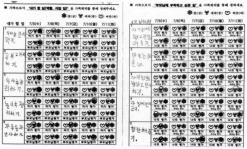

<그림 1> 가족 사랑 실천 체크리스트

나. 전략 정하기

자신을 변화시키고 싶은 부분을 일기로 쓰기 전에 '변화'에 대한 개념을 파악한다. '좋은 변화란 더 나아지기 위해 노력하는 것'이라는 일반화로 합의되었다. 좋은 변화를 위해 이유를 찾아(원인 분석 전략) 바꾸려고 노력(계획 전략)하기로 약속한다.

<그림 2> 프레이어 모델 정의

<그림 3> 문제 찾기

다. 소리 내어 말하기

변화 전후의 자신의 모습을 간단한 그림으로 표현해 그림을 보며 말하도록 한다. 교사가 예시로 말하기(대본)를 제시하고 멈추는 지점을 안내한다. 대본은 존댓말이나 발표식이 아닌 1인칭의 혼잣말 형식으로 말한다.

말의 순서와 멈추는 지점은 다음과 같다.

① 변화하고 싶은 점 (문제 파악)

② 변화하고 싶은 까닭 (원인 분석)

③ 좋은 변화 (목표 설정)

④ 노력할 점 (문제 해결을 위한 방법) 순이다.

1학년을 위한 교사 대본 예시는 다음과 같다.

<그림 4> 변화 전과 후의 그림

---

① 집과 학교에서 잘 운다. 친구에게 오해를 받을 때나 오빠와 싸울 때마다 운다.

② 내가 자꾸 우니까 친구들과 오빠가 나랑 놀지 않으려 한다. 그래서 심심하다.

③ 우는 것을 줄여야겠다. 어떻게 줄이지?

④ 매일 거울을 보며 웃는 연습을 해야겠다. 그리고 울지 않고 친구에게 사과해 달라고 먼저 말하고 사과를 받아주도록 노력해야겠다.

라. 정리하기

교사가 제시한 사고 대본을 보며 현재 나의 문제점(변화 전의 모습)에 대해 말하는 것을 시작으로 정해진 말의 순서와 멈추는 지점에 맞게 말하는 연습을 한다. 방백 형식(사고 구술)으로 충분히 연습한 후 어깨 짝, 마주 짝을 바라보며 말하고 모둠 발표, 전체 발표하기 순으로 반복해 연습한다.

말의 순서를 생각하며 현재의 나와 변화 후의 나의 모습을 차이가 나게 그림으로 표현하고 일기를 쓴다. 글은 사고 구술한 내용 중 주요 내용만 간추려 쓴다.

서로의 일기를 충분히 공유한 후, 잘 쓴 글을 모델링하며 자신의 글을 수정한다. 수정할 때도 수정할 문장을 소리 내어 말한 후 문장의 오류를 충분히 점검한 후 글로 표현한다.

<그림 5> 일기 쓰기

④ 탐구성찰

'소리 내어 생각하기' 성찰 전략은 탐구하는 기능을 성찰하는 전략으로 단원 탐구 후, 부족한 배움의 원인을 분석하고 해결하기 위한 탐구 기능과 전략을 소리 내어 말하거나 배운 전략을 바탕으로 새로운 탐구를 위한 방식이다.

이 전략은 교사가 예시 대본을 제공해 객관적인 성찰과 개선을 위한 전략적 탐구가 단계적으로 이루어지도록 돕는다. 수업에서 멈추는 지점을 계획해 문장 순서를 배열하고 탐구과정을 소리 내어 구술하는 것은 사고기능 향상뿐만 아니라 글을 맥락 있게 표현하는 데 매우 유용하다.

7-8. 성찰하며 수업 마무리하기

① 탐구질문: 음악 개념과 관련해 무엇을 알게 되었나요?

② 교육과정

핵심 아이디어	5~6학년 일반화	핵심 개념 Lens	관련 개념	범주/내용 요소			성취기준
				지식·이해	과정·기능	가치·태도	
음악은 고유한 방식과 원리에 따라 다양한 속성을 청각적 형태로 구현한 것이다.	리듬은 리듬 요소의 조합으로 표현되며 표현 의도에 따라 구성된다.	영향	음악 요소 (리듬)	음악 요소	감지하며 듣기 인식하고 구별하기	-	[6음02-01] 음악을 듣고 음악의 요소를 감지하며 구별한다.

③ 탐구과정

가. 대화 유도 및 질문에 대답하기

학생들이 개념을 탐구했다고 하더라도 그것을 모두 이해하고 있다고 보기 어렵다. 개념을 탐구하며 찾아낸 일반화를 암기하고 있는지, 이해하고 있는지, 또는 암기도 이해도 하지 못한 상황인지 교사와 학생 모두 파악해야 한다. 교사는 학생의 이해 상태에 따라 이어지는 수업을 설계해야 하며, 학생은 메타인지 기능을 활용해 자신의 이해를 성찰하고 점검해야 한다.

교사가 학생의 이해를 확인하고, 학생은 자신의 이해도를 점검하기 위해 하나의 개념을 정의하거나 일반화한 후 개념 또는 일반화와 관련된 개념질문을 학생에게 제시한다. 수업 내용을 다시 되돌아보며 이 단원에서 이해한 개념 또는 일반화를 타인의 도움 없이 스스로 말할 수 있는지 확인한다.

나. 성찰하며 수업 마무리 시간 만들기

학생의 이해를 점검하는 시간을 갖는 것은 어렵다. 개념을 탐구하기에도 부족한 수업 시간을 쪼개어 질문하고, 생각하고 기록으로 남겨야 하기 때문이다. 꼭 필요한 과정임에도 불구하고 부족한 수업 시간으로 인해 교사가 탐구 내용을 정리하고 수업을 마무리하는 경우가 있다. 이런 경우 다음 수업이 시작했을 때 지난 수업의 내용을 상기하느라 더 오랜 시간을 투자해야 하기도 한다. 따라서 탐구가 끝난 후 짧게라도 성찰하며 수업을 마무리하는 시간을 만들 필요가 있다. 성찰하며 수업을 마무리하는 방법은 다양하다.

먼저, 구두질문을 던지는 방법이다. 시간이 아주 부족하더라도 교사가 탐구와 관련된 개념질문을 학생에게 던짐으로써 자신의 이해를 점검하도록 한다. 이 방법은 적은 시간으로도 학생들이 스스로 점검할 수 있도록 돕는다.

두 번째 방법은 이해한 내용을 작성하도록 하는 방법이다. 학급의 상황에 따라 다양하게 작성할 수 있다.

① 학습지 또는 배움공책에 작성하기: 수업을 마무리하며 배움공책에 자신이 이해한 내용을 작성하도록 한다. 매일 같은 방법으로 작성하기 때문에 오랜 시간이 걸리지 않고 자신의 이해를 점검할 수 있으며, 교사도 쉽게 확인할 수 있다.

② 모두가 공유할 수 있는 장소에 작성하기: 육각 보드판에 써서 칠판에 게시하거나, 붙임 쪽지에 써서 도화지에 붙여 각자의 이해를 공유할 수 있다. 이 방법은 다른 학생의 이해와 자신의 이해를 비교할 수 있어서 자신의 이해를 객관적으로 바라볼 수 있다는 장점이 있다.

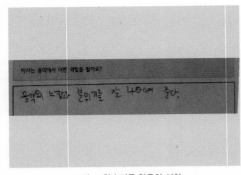

<그림 1> 학습지를 활용한 성찰

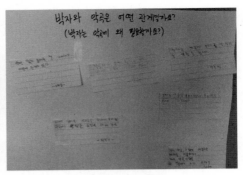

<그림 2> 성찰 공유

다. 피드백하기

학생의 성찰 결과는 피드백을 할 기회로 활용된다. 학생은 공유된 성찰을 확인하며 다른 학생의 글을 통해 스스로 피드백을 할 수 있으며, 교사는 학생의 이해 정도를 확인하고 학생에게 필요한 피드백을 할 수 있다. 또한 교사는 성찰 결과를 바탕으로 이후에 이어지는 수업을 개선할 수 있다. 만약 한두 학생이 아닌 여러 학생에게서 오류가 발견된다면 교사는 이전의 수업을 되돌아보고, 더 이해하기 쉽도록 수업을 준비할 수 있다.

④ 탐구성찰

'성찰하며 마무리하기' 성찰 전략은 탐구를 정리하는 방식이다. 탐구를 통해 확장된 생각들을 성찰하며 마무리함으로써 학생들의 이해를 돕는다.

이 전략은 학생의 이해도 점검 이외에도 긴 흐름의 수업을 할 때 필요하다. 여러 개념과 일반화를 탐구하는 긴 흐름의 수업을 할 때 학생은 앞에서 학습한 개념들을 기억하는 데 어려움을 겪는다. 이런 경우, 성찰 결과를 교실에 게시해 두고 수업의 시작 전과 후에 확인할 수 있도록 하여 주요한 개념을 계속 기억할 수 있도록 돕는다.

7-9. 사전-사후 성찰하기

1 **탐구질문: 단원의 시작과 끝, 얼마나 성장했는지 어떻게 확인할 수 있나요?**

2 **교육과정**

핵심 아이디어	5~6년 일반화	핵심 개념 Lens	관련 개념	범주/내용 요소			성취기준
				지식·이해	과정·기능	가치·태도	
다양한 정치 주체가 정치과정에 참여하며, 민주주의는 여러 제도와 시민 참여를 통해 실현된다.	민주주의는 시민이 선거를 통해 자신의 관점을 드러낸다.	관점	선거	선거의 의미와 역할	-	선거 과정의 참여	[6사08-01] 민주주의에서 선거의 의미와 역할을 파악하고, 시민의 주권 행사를 위해 선거에 참여하는 태도를 기른다.

3 **탐구과정**

가. 거미줄 토론_단원 초기 사전 성찰하기

관계 맺기 단계에서 학생들이 주제 및 단원 개념에 대한 사전 지식 정도를 파악하고 개념에 관한 관심을 키우기 위해 '거미줄 토론'을 실시한다. 시작 지점에서 학생들은 자신의 사전 지식을 점검하고 어떤 배움과 키움이 필요한지 성찰한다. 또한 사례와 개념 간의 연결이 개념 형성에 어떤 도움이 되는지를 토의한다.

<그림 1> 단원 초기 토론

이해하는 것	민주주의는 불확실한 제도이며 협의가 필요하다.
모르는 것	민주주의에 대한 대부분의 개념과 지식

나. 개념 역할_단원 후기 사후 성찰하기

단원의 후반 일반화하기 단계에서 관계 맺기 단계의 '거미줄 토론'과 유사한 '개념 역할' 전략을 수행한다. 학생이 사례나 개념 중 하나의 역할을 맡아 개념끼리 또는 핵심 개념 간의 연계를 설명하는 활동이다. 원형 구조에서 자유롭게 대화 및 토의한다는 점에서 두 전략의 공통점이 있다.

'사전·사후 성찰하기'는 두 전략이 서로 일치하거나 유사성을 띠어야 유의미한 대조가 가능하기에 거미줄 토론과 개념 역할을 사전·사후 성찰의 대상 전략으로 선정한다.

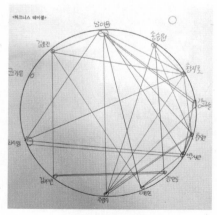

<그림 2> 거미줄 자유 연결

성찰하기 단계는 단원 후반에 수행하지만, 단원 계획을 구성할 때 미리 대상 전략을 고려할 필요가 있다. 본 성찰 활동은 장기간 계획된 탐구 과정(Inquiry Circles)을 배경으로 수행한다.

다. 성찰 내용 비교 및 대조하기

사전·사후 활동이 끝나면 두 전략에 대한 성찰을 비교 대조한다. 이때 '성찰하기의 일반화' 전략을 활용하면 좀 더 효과적으로 두 전략을 대조할 수 있어 활용한다.

성찰 활동 후에 공통점과 차이점을 찾으며 두 활동 사이의 변화를 확인한다. 변화를 확인했다면 그 변화가 일어난 요인 토론을 통해 탐색한다.

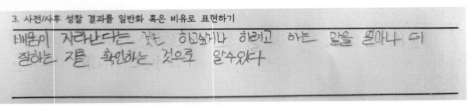

교사   두 전략을 돌아보면 나에게 어떤 변화가 있었나요?

학생 1   아는 것이 많아지니까 이야기를 잘할 수 있어요.

학생 2   친구가 하는 말이 무엇인지 몰랐는데 알아들을 수 있어요.

교사   두 전략 사이의 차이점과 내 성장을 연결해서 이야기할 수 있을까요?

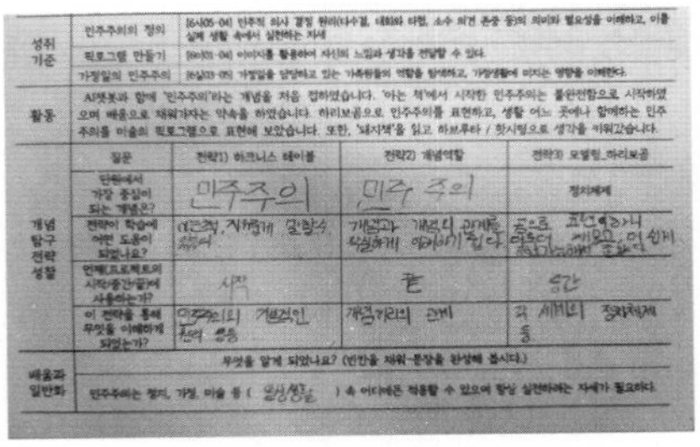

학생 1   거미줄 토론을 할 때는 아는 게 없어서 'Ask-up'에서 하는 이야기들을 전부 비슷하게 했는데, 지금은 배운 게 많으니까 다들 자기가 아는 이야기를 하고 있어요.

교사   서로 아는 게 많아지니까 더 많은 이야기를 나누었나요?

학생   네, 더 많은 개념과 연결하고 더 많은 이야기를 했어요.

<그림 3> 성찰하기의 일반화

라. 사전·사후 성장의 결과 일반화하기

교사   예전과 지금의 활동에서 변화를 찾는 것으로 우리가 어떻게 배움을 키워가는지 알 수 있을까요? 나의 배움이 어떤 모습으로 일어났는지 일반화나 비유로 표현해 봅시다.

지금까지의 성찰을 정리하기 위해 이해의 발전, 배움과 성장을 단원 학습 전과 후의 변화에 대한 성찰로 확인할 수 있다는 경험을 일반화로 작성한다. 명확하고 강력한 개념의 일반화와는 달리 배움에 대한 정의적 성찰이 주를 이루는 활동이므로 적절한 비유를 활용할 수 있다고 안내한다.

3. 사전/사후 성찰 결과를 일반화 혹은 비유로 표현하기

배움이 자라난다는 것은 하고싶거나 하려고 하는 말을 얼마나 더 잘하는 지를 확인하는 것으로 알수있다

<그림 4> 과정에 대한 성찰(성찰하기의 일반화)

④ 탐구성찰

'사전·사후 성찰하기' 성찰 전략은 유사한 형태의 두 전략의 수행을 돌아보면서 과정이 학습에 어떻게 영향을 주는지를 돌아보는 방식이다. 과정에 대한 성찰을 통한 메타인지의 성장이 목적이다.

사전과 사후를 돌아보고 성장을 확인하는 과정에서 칭찬과 강화를 적극적으로 제공할 수 있는 근거와 분위기가 조성된다. 학생들은 스스로 자신의 성장을 확인하면서 배움의 유의미함을 느낀다. 이해와 과정뿐만 아니라 정의적 성장도 함께 고려할 수 있다. 자기 효용성은 학습자 주도성을 키우는 데 매우 중요한 요인이다. 과거보다 성장한 자신을 발견하며 성장의 기쁨과 과정의 값짐을 느끼는 순간을 통해 개념 기반 탐구의 효용을 교사와 학생이 나눌 수 있는 귀한 시간이 될 수 있다.

7-10. 체크리스트와 루브릭

① **탐구질문: 측정과 운동은 체력을 어떻게 변화시킬까요?**

② **교육과정**

핵심 아이디어	5~6학년 일반화	핵심 개념 Lens	관련 개념	범주/내용 요소			성취기준
				지식·이해	과정·기능	가치·태도	
체력은 건강의 기초가 되며, 건강은 신체적 특성에 맞는 운동과 생활 습관을 계획하고 관리함으로써 증진된다.	자신의 체력 수준을 측정한 후 적절한 운동을 하면 체력이 증진된다.	변화	체력	건강 체력과 운동 체력 체력 종류별 운동 방법	건강 체력과 운동 체력의 의미와 요소 파악하기	-	[6체01-01] 건강 체력과 운동 체력의 의미와 요소를 파악하고 다양한 운동 방법을 탐색한다.
				건강 체력과 운동 체력 운동과 성장 발달	체력을 측정하고 다양한 운동 시도하기	체력 운동 참여의 근면성	[6체01-02] 건강 체력과 운동 체력을 측정하고 자신의 체력 수준에 맞는 운동을 시도한다.

③ **탐구과정**

가. 백워드로 설계하기

체크리스트와 루브릭의 기준은 단원의 일반화이다. 따라서 체크리스트와 루브릭을 개발할 때 제일 먼저 해야 하는 것은 전(前) 단계에서 학생들이 만든 일반화 목록을 확인하는 것이다. 본 단원에서 학생들이 생성한 일반화는 다음과 같다.

> 학생 1   체력을 측정하고 자신에게 맞는 운동을 하면 체력이 좋아진다.
> 학생 2   체력 종류별로 적절한 운동을 꾸준히 하면 체력이 좋아진다.

일반화를 확인한 후에는 백워드 방식으로 설계를 한다.

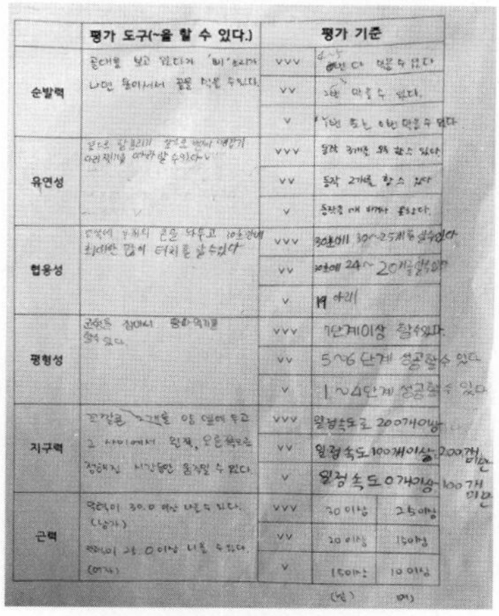

<그림 1> 학생들이 개발한 루브릭

나. 루브릭 개발하기

학생들은 자신들이 생성한 일반화에서 개념을 재탐색한 후 그것을 가장 중요한 기준으로 삼아 루브릭을 개발한다.

교사는 평가도구의 서술어와 체크리스트의 단계를 안내한다. 본 단원에서 학생들이 개발한 루브릭은 '체력의 6가지 종류'를 변화의 렌즈로 성찰할 수 있는 전이 활동의 루브릭이다.

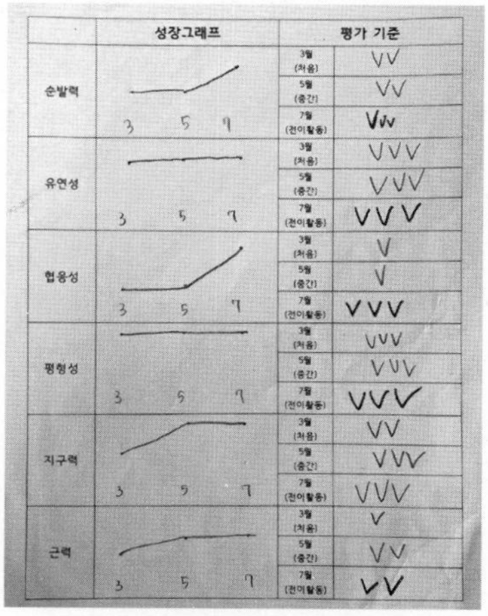

다. 루브릭에 따른 체크리스트 성찰하기

개발된 루브릭에 따라 자신의 활동을 체크리스트로 성찰한다.

본 단원에서는 다음과 같은 과정으로 기준을 확인하고 체크리스트를 작성하도록 한다.

<그림 2> 전이 운동의 체크리스트와 단원 전체의 성장 그래프

- 전이 운동 1: 골대를 보고 있다가 '삐' 소리가 나면 돌아서서 공을 막을 수 있다.(순발력)
  → 체크리스트 기준: 3번 막으면 VVV, 2번 막으면 VV, 1번 이하로 막으면 V

- 전이 운동 2: 꼬깔콘 2개를 양옆에 두고 그 사이에서 왼쪽, 오른쪽으로 정해진 시간 안에 움직일 수 있다.(지구력)
  → 체크리스트 기준: 6분 이상 움직일 수 있으면 VVV, 6분 미만 4분 이상 움직일 수 있으면 VV, 4분 미만 움직일 수 있다면 V

장기과제로 2번의 사전(3월, 5월) 운동 평가를 했던 활동지에 전이 운동의 체크리스트를 더한다. 더불어 체력의 변화를 확인하기 위해 3번의 평가를 성장 그래프로 표현해 확인한다.

④ 탐구성찰

'체크리스트와 루브릭' 성찰 전략은 학생들이 스스로 배움의 정도를 평가하는 방식이다. 학습 초반에 교사와 학생들이 수립한 평가수준과 기준을 바탕으로 지속적인 과정 평가를 이어갈 수 있다.

이 전략의 장점은 단계에 상관없이 활용도가 높다는 것이다. 특히 실천 단원처럼 처음, 중간, 끝으로 과정을 누적 평가하게 되면 학생 개인의 전체적인 성장을 한눈에 확인할 수 있어 유용하다. 분명한 평가 기준을 가진다는 것은 분명한 목표점에 도달하기 위한 과정이다. 지속적이고, 일관된 자기평가 전략 도구는 단순한 평가 점수가 아닌 계속적인 반성으로 효율적인 개념 형성과 일반화에 도움을 제공한다.

1 탐구질문: 우리는 어떻게 다른 사람과 공존할 수 있을까요?

2 교육과정

핵심 아이디어	5~6학년 일반화	핵심 개념 Lens	관련 개념	범주/내용 요소			성취기준
				지식·이해	과정·기능	가치·태도	
차이의 존중은 갈등을 평화적으로 해결하고 타인과 더불어 사는 삶으로 이끈다.	다른 사람을 이해하고 그 차이를 받아들인다면 편견을 극복하고 다양성을 존중할 수 있다.	연관	편견 다양성	서로의 다름을 존중해야 하는 이유는 무엇일까?	편견 사례를 찾고 수정 방안 제안하기	다양성을 존중하는 태도	[6도02-02] 편견이 발생하는 이유를 탐색하여 해결 방안을 살펴보고, 다양성 존중을 바탕으로 다른 사람과 올바른 관계를 맺기 위한 실천 방안을 탐구한다.

3 탐구과정

가. 이해 문장 함께 만들기

학생들은 서로의 의견을 존중하며 편견을 극복하고 다양성을 존중하는 방법에 대해 논의한다. 일반화 문장 만들기 전략의 빈칸 채우기 전략을 활용한다. 서로 자유롭게 토의, 토론하며 각자 자신의 색깔 펜으로 일반화 문장을 작성한다.

교사   편견을 극복하고 다양성을 존중하기 위해서는 (   )다.

학생   편견을 극복하고 다양성을 존중하기 위해서는 (다른 사람을 이해하고 차이를 받아들이는 것)이 필요하다.

나. 수행과제 만들기

교사는 학생의 평가 과제를 통해서 일반화가 어떻게 적용되었는지 확인할 수 있다. 여러 편견으로 생긴 갈등 상황에서 일반화를 적용해서 해결책을 제시하는 것이 주요 과제다. 평가 과제를 계획할 때 교사와 학생이 함께 참여하면 과제에 대한 이해와 집중도, 참여의 적극성을 높인다.

목적	편견을 극복하고 다양성을 존중하기 위한 해결책을 제시하는 것		역할	작가		청중	온라인 프로그램 참여자
상황	여러 종류의 편견과 관련된 갈등 상황		결과물		편견과 다양성에 대한 기록장		

항목/수준	기준보다 우수	기준을 충족	기준에 근접
[이해영역] 편견 극복 다양성 존중 사례 해결 방안 찾을 수 있나요?	편견 극복과 다양성 존중이 필요한 사례(나의 사례 등) 및 잘 반영된 사례에서 해결 방안을 찾고 구체적으로 설명할 수 있다.	편견 극복과 다양성 존중이 필요한 사례(나의 사례 등) 및 반영된 사례에서 해결 방안을 찾고 설명할 수 있다.	편견 극복과 다양성 존중이 필요한 사례(나의 사례 등) 및 잘 반영된 사례에서 해결 방안을 찾을 수 있다.
[수행영역] 인물을 이해하고 그 인물들이 어떤 차이를 받아들여야 하는지 제시할 수 있나요?	사례의 인물(나와 주변 인물)들을 여러 측면에서 이해하고 어떤 차이를 받아들이는 것이 필요한지 제시해 줄 수 있다.	사례의 인물(나와 주변 인물)들을 이해하고 어떤 차이를 받아들이는 것이 필요한지 제시해 줄 수 있다.	사례의 인물(나와 주변 인물)들을 이해하고 어떤 차이가 있는지 알 수 있다.

다. 과제 분석 및 성찰하기

> 지난 겨울에 지하철 안에서 있었던 일입니다. 지하철을 타고 이동을 하고 있는데, 처음 보는 할아버지가 오셔서 만 원을 우리 가족에게 주셨어요. 장애인이라는 이유만으로 불쌍하다고... 돈을 다시 돌려드렸는데 끝까지 따라와서 저희에게 돈을 줬어요. 그때 너무 불쾌해서 만 원을 바닥에 집어 던졌습니다. 너무 큰 수치심을 느꼈어요. 왜 장애인이라고 돈을 주는지 이해를 할 수 없었어요.
>
> **2021년 어느 장애인 부모의 육아 일기**

과정 성찰 번호 3 이름

● 성찰을 뒷받침하는 소재 증거를 찾아 봅시다.

"편견을 극복하고 다양성을 존중하기 위해서는 다른 사람을 이해하고 차이를 받아들이는 것이 필요하다."

편견 사례 종류	과제 속 증거 위와 같은 이해를 내 과제에 얼마나 잘 적용했는가?
장애인	할아버지는 장애인이라고 해도 불쌍하다고 돈을 준 것은 그 장애인한테 동정심을 불쾌하게 생각할 수 있기 때문에
장애인	장애인들 버스를 탈 때 사람들이 장애인도 버스를 타도 된다를 이해해준다.

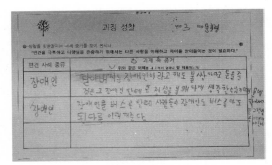

<그림 1> 과제에 이해가 반영된 부분 성찰

'편견을 극복하고 다양성을 존중하기 위해서는 다른 사람을 이해하고 차이를 받아들이는 것이 필요하다.'는 이해를 내 과제에 얼마나 잘 적용했는지 성찰해야 한다.

성찰 학습지를 통해 학생은 장애인을 동정하는 사람과 그 동정심을 불쾌하게 생각하는 장애인의 입장을 나누어서 탐구한다. 각자의 관점에서 서로 이해해야 하는 점, 서로 받아들일 수 있는 부분은 무엇인지 찾아보고 성찰 학습지에 기록한다.

추가 활동으로 모니터링 성찰도 할 수 있다. 모니터링 성찰은 계획, 모니터링, 평가 3단계 과정으로 구성되며 계획 단계에서 내가 더 살펴보고 싶은 살계의 종류나 과제들은 무엇인지, 모니터링 단계에서는 자신의 기록장에서 나의 이해의 적용이 더 필요한 부분이 무엇인지, 평가 단계에서는 과제가 잘 수행되었는지와 평가 기준으로 평가를 하고 새로운 목표를 설정해 본다.

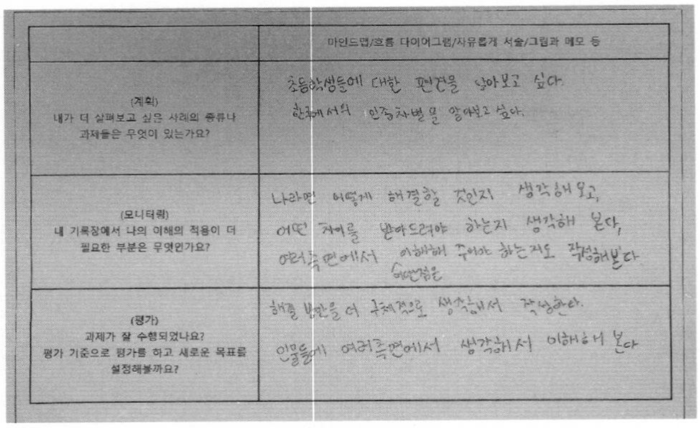

	마인드맵/흐름 다이어그램/자유롭게 서술/그림과 메모 등
(계획) 내가 더 살펴보고 싶은 사례의 종류나 과제들은 무엇이 있는가요?	초등학생들에 대한 편견을 알아보고 싶다. 한국에서의 인종차별을 알아보고 싶다.
(모니터링) 내 기록장에서 나의 이해의 적용이 더 필요한 부분은 무엇인가요?	나라면 어떻게 해결할 것인지 생각해 보고, 어떤 차이를 받아드려야 하는지 생각해 본다, 여러측면에서 이해해 주어야 하는지도 작성해본다
(평가) 과제가 잘 수행되었나요? 평가 기준으로 평가를 하고 새로운 목표를 설정해볼까요?	해결 방안을 더 구체적으로 생각해서 작성한다. 인물들에 여러측면에서 생각해서 이해해 본다

<그림 2> 모니터링 성찰

4 탐구성찰

'과정 성찰' 성찰 전략은 학생들의 메타인지를 잘 활용하는 방식이다. 학습의 주체성과 탐구학습의 주인은 자기 자신이 될수록 학생의 '과제에 대한 성찰'로서 깊이 생각할 기회를 제공한다. 백워드 설계 2단계의 루브릭(평가 기준)이 과정 성찰의 기준이 된다.

이 전략은 학습 이해, 메타인지, 개인적 성장을 촉진한다. 학습자가 개념과의 의미 있는 연결을 만들고, 지식을 적용하고 활용하는 역량을 개발하는 데 도움이 된다. 처음 한두 번의 성찰 경험은 학생들이 성찰적인 사고를 드러내기에 충분하지 않다. 이 전략은 여러 단계에서 반복적으로 수행하면서 어느 순간 학생들이 자연스럽게 성찰하는 학습 태도를 가질 수 있다. 학생이 평가 과제의 기준을 정할 때 교사와 함께 주도적으로 참여할 필요성이 있다. 효과적인 과정 성찰을 위해서 과정 점검을 위한 체크리스트를 작성하고, 자신만의 평가 플래너를 관리하는 것이다.

제 **5** 장

사고 전략
수업 실천 이야기

《 독자를 위한 문해력 》

제5장 사고 전략 수업 실천 이야기는 론 리치하트, 마크 처치, 캐린 모리슨(Ron Ritchhart, Mark Church, Karin Morrison, 2011)의『생각이 보이는 교실(Making Thinking Visible)』과 앨리스 비거스(Alice Vigors, 2022)의『생각하는 교실(The Thinking Classroom)』을 기반으로 6개의 영역의 세부 사고 기법을 적용한 초등학교 교사들의 실천 이야기이다.

개념 소개 및 탐색 방법 7가지, 개념 종합 및 정리 방법 7가지, 개념 심화 방법 9가지, 피드백 지원 방법 3가지, 자기 성찰 방법 5가지, 학생 교류 방법 5가지의 기법을 실천했다.

2022 개정교육과정과의 연계성을 위해 2022 개정 교육과정의 내용 체계표와 성취기준을 제시했다. 그리고 사고 질문을 통해 사고의 과정과 실천 내용을 드러내고 사고성찰을 제공했다.

01 개념 소개 및 탐색 전략

1-1. 생각-수수께끼-탐색

C 6학년 사회

① 사고 질문: 우리나라 경제성장 과정에서 발생한 문제는 무엇일까요?

② 교육과정

핵심 아이디어	5~6학년 일반화	핵심 개념 Lens	관련 개념	범주/내용 요소			성취기준
				지식·이해	과정·기능	가치·태도	
우리나라 경제에서는 경제성장, 물가 변동, 실업 등의 현상이 나타나며, 세계화 과정에서 다른 나라와의 교역이 활발해지고 있다.	경제성장에 따른 문제는 경제 주체 간의 협력을 통해 해결할 수 있다.	관계	경제성장	경제성장과 관련된 문제 해결	경제성장의 문제를 합리적으로 해결하기	공정한 분배에 대한 감수성	[6사11-02] 경제성장이 우리 생활에 미치는 영향을 파악하고, 빠른 경제성장으로 발생한 문제의 해결 방안을 탐색한다.

③ 사고 과정과 실천

[1단계] 생각하기	[2단계] 수수께끼 만들기	[3단계] 탐구하기
T (필기 이미지)	P (필기 이미지)	E (필기 이미지)
T: 현재 우리나라 경제성장의 문제점은 무엇이라고 생각하나요? 모둠별로 토의해 봅시다. S1: 노동환경 문제가 있습니다. S2: 빈부격차, 환경오염 문제 등이 있습니다. T: 왜 그런 문제들이 발생했을까요? S3: 빠른 경제성장으로 불균형이 생긴 것 같습니다.	T: 경제성장과 사회문제는 어떤 퍼즐로 연결된 걸까요? 이 퍼즐을 풀기 위해 우리가 탐구할 질문은 무엇일까요? S1: 빈부격차가 왜 생겼는가? S2: 경제성장을 어떻게 했을 때 이러한 문제가 생기는가? S3: 왜 정부는 문제가 있는 사실을 알면서 나서지 않는가? S4: 정부는 어떻게 이 문제를 해결할 수 있을까?	T: 여러분의 질문을 어떻게 탐색할지 모둠별로 토의해 탐색 방안을 제안해 봅시다. S1: 첫째, 모둠별로 주제를 나눕니다. 둘째, 구체적인 사례를 조사합니다. 사례는 먼저 교과서 탐색, 인터넷(신문 기사, 관련 문헌 등) 탐색 순으로 합니다. 셋째, 조사한 내용을 바탕으로 사례의 원인을 파악합니다. 넷째, 토의를 통해 해결 방안을 제시합니다.

④ 사고성찰

'생각-수수께끼-탐색' 사고 전략은 새로운 주제나 개념을 도입할 때 활용할 수 있는 전략이다. 사전지식을 활성화해 아이디어와 호기심을 가지고 앞으로 배울 것에 대해 도발적인 질문을 생성하고 방안을 탐색한다. 교사는 호기심을 일으킬 수 있는 사진, 동영상, 신문 기사 헤드라인 등의 자료를 제공해 학생의 사전지식과 경험을 자극할 수 있어야 한다.

실천 수업은 경제성장으로 발생한 문제의 해결 방안을 찾아보는 단원의 도입 부분이다. 사회문제와 관련된 질문을 퍼즐 조각으로 생성해 경제성장에 대한 그림을 그려가는 탐색의 시작 단계다.

1-2. 관찰-생각-궁금(See-Think-Wonder)

1 사고 질문: 미술 작품을 보고 어떤 생각이 드나요?

2 교육과정

핵심 아이디어	5~6학년 일반화	핵심 개념 Lens	관련 개념	범주/내용 요소			성취기준
				지식·이해	과정·기능	가치·태도	
감상은 다양한 삶과 문화가 반영된 미술과의 만남으로 자신과 공동체의 문화를 이해하게 한다.	미술 작품은 시대 상황과 연관된다.	연관	감상	미술 작품의 배경	작품과 배경을 연결하기	서로 다른 관점의 존중	[6미03-01] 미술 작품을 작품이 만들어진 시대적, 지역적 배경 등과 연결해 이해할 수 있다.

3 사고 과정과 실천

[1단계] 관찰하기	[2단계] 생각하기	[3단계] 질문하기

[출처] 이중섭, 「길 떠나는 가족」(1954)

T : 그림에서 무엇이 보이나요? S1: 소 달구지를 타고 어디로 가고 있어요. S2: 달구지에 짐은 없고 사람만 있어요. S3: 앞에서 끄는 사람은 남자이고, 달구지에 타고 있는 사람은 여자와 아이들이에요.	T : 그림은 무엇을 나타낸 것 같나요? S1: 가족이 어디를 가기 위해서 달구지를 탄 것 같아요. S2: 비둘기 날리고, 꽃을 뿌리는 것으로 봐서 신나 보여요. T : 이 그림은 1954년 완성됐습니다. 그때 우리나라에 무슨 일이 있었는지 생각하며 그림을 보세요. 어떻게 보이나요? SS: 한국전쟁이 있었어요. 한국전쟁을 생각하고 그림을 보니 다르게 보여요. 수레에 아무것도 없는 이유를 알겠어요.	T : 그림에서 궁금하거나 더 알고 싶은 것이 있나요 S1: 피난을 떠나면서 가족이 즐거워하는 이유는 무엇일까? S2: 왜 아이들만 옷을 벗고 있을까? S3: 하늘은 왜 붉게 표현했을까? T : 이 질문들에 대해 답변할 수 있나요? S3: 전쟁 중이기 때문에 상황은 힘들어도 즐겁게 살자는 마음으로 그렇게 표현한 것 같아요.

4 사고성찰

'관찰-생각-궁금' 사고 전략은 대상을 주의 깊게 관찰하고, 생각할 수 있게 한다. 이 전략은 목표에 맞는 적합한 관찰 거리(탐구 사진)를 제시하는 것이 무엇보다 중요하므로 수업 전 교사의 충분한 고민과 자료 탐색이 요구된다. 사전에 학생에게 관찰 단계는 '~가 보인다', 생각 단계는 '~라고 생각한다', 궁금 단계는 '~가 궁금하다' 라는 사고 동사를 알려주어 사고를 쉽게 표현하도록 돕는다.

실천 수업에서는 감상 기법으로 이 전략을 활용해 해석하기와 의문점 갖기를 하면서 시대적, 역사적 배경과 미술 작품을 연관 지을 수 있도록 구성했다.

1-3. 분필토론

① 사고 질문: 어떻게 추론할까요?

② 교육과정

핵심 아이디어	5~6학년 일반화	핵심 개념 Lens	관련 개념	범주/내용 요소			성취기준
				지식·이해	과정·기능	가치·태도	
독자는 읽기 과정을 점검·조정하며 읽기 과정에서 부딪히는 문제를 해결하기 위해 적절한 읽기 전략을 사용해 글을 읽는다.	읽기 전략은 읽기 과정의 문제점을 해결한다.	상호 작용	내용 확인과 추론	생각이나 감정이 함축적으로 제시된 글	생략된 내용과 함축된 의미	읽기의 적극적 참여	[6국02-02] 글에서 생략된 내용이나 함축된 표현을 문맥을 고려해 추론한다.

③ 사고 과정과 실천

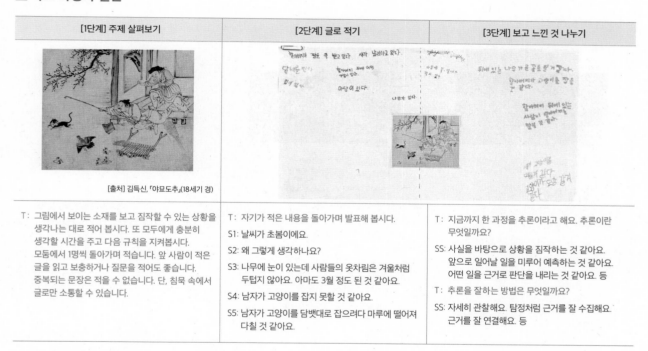

[1단계] 주제 살펴보기	[2단계] 글로 적기	[3단계] 보고 느낀 것 나누기

[출처] 김득신, 「야묘도추」(18세기 경)

T: 그림에서 보이는 소재를 보고 짐작할 수 있는 상황을 생각나는 대로 적어 봅시다. 또 모두에게 충분히 생각할 시간을 주고 다음 규칙을 지켜봅시다. 모둠에서 1명씩 돌아가며 적습니다. 앞 사람이 적은 글을 읽고 보충하거나 질문을 적어도 좋습니다. 중복되는 문장은 적을 수 없습니다. 단, 침묵 속에서 글로만 소통할 수 있습니다.	T: 자기가 적은 내용을 돌아가며 발표해 봅시다. S1: 날씨가 초봄이에요. S2: 왜 그렇게 생각하나요? S3: 나무에 눈이 있는데 사람들의 옷차림은 겨울처럼 두텁지 않아요. 아마도 3월 정도 된 것 같아요. S4: 남자가 고양이를 잡지 못할 것 같아요. S5: 남자가 고양이를 담뱃대로 잡으려다 마루에 떨어져 다칠 것 같아요.	T: 지금까지 한 과정을 추론이라고 해요. 추론이란 무엇일까요? SS: 사실을 바탕으로 상황을 짐작하는 것 같아요. 앞으로 일어날 일을 미루어 예측하는 것 같아요. 어떤 일을 근거로 판단을 내리는 것 같아요. 등 T: 추론을 잘하는 방법은 무엇일까요? SS: 자세히 관찰해요. 탐정처럼 근거를 잘 수집해요. 근거를 잘 연결해요. 등

④ 사고성찰

'분필토론' 사고 전략은 주제 살펴보기, 글로 적기, 보고 느낀 것 나누기의 3단계로 진행된다. 단순한 말을 통해 자기 생각을 전달하는 것이 아닌 글로 소통하기 때문에 더 높은 집중력이 요구된다. 이 사고 전략은 관찰 활동이나 생각의 교류가 요구되는 인문학, 역사, 딜레마 주제에 대한 토의와 토론 활동에 적당하다. 특히, 구두 발표에 소극적인 학생이 의견을 표출할 때 쉽다.

실천 수업은 국어과 수업이지만 글 대신 그림을 사용해 눈으로 관찰 가능한 사실을 근거로 현재와 미래의 상황을 추론해 보는 활동이다.

1 사고 질문: 새로운 것들이 보일 때마다 우리의 생각은 어떻게 변할까요?

2 교육과정

핵심 아이디어	5~6학년 일반화	핵심 개념 Lens	관련 개념	범주/내용 요소			성취기준
				지식·이해	과정·기능	가치·태도	
생명기술은 다양한 기술과 융합해 발달하고 있으며, 식량자원의 활용과 농업의 순환 체험은 지속가능한 미래 생활을 위한 기초가 된다.	지속가능한 농업의 미래 가치는 동식물 자원의 친환경 농업의 중요성으로 인식된다.	변화	친환경 농업	동식물 자원의 친환경 농업	동식물과 관련된 생명기술 탐색하기	지속가능한 농업의 순환성과 중요성 인식	[6실04-09] 동식물 자원의 친환경 농업 사례를 통해 지속가능한 농업이 순환되고 있음을 인식하고 농업의 미래 가치를 인식한다.

3 사고 과정과 실천

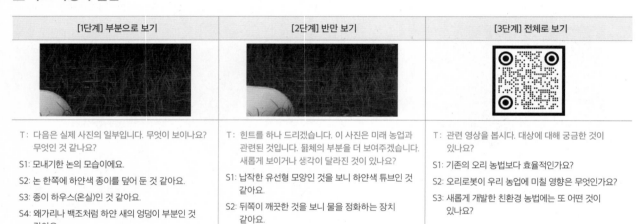

[1단계] 부분으로 보기	[2단계] 반만 보기	[3단계] 전체로 보기
T: 다음은 실제 사진의 일부입니다. 무엇이 보이나요? 무엇인 것 같나요? S1: 모내기한 논의 모습이에요. S2: 논 한쪽에 하얀색 종이를 덮어 둔 것 같아요. S3: 종이 하우스(온실)인 것 같아요. S4: 왜가리나 백조처럼 하얀 새의 엉덩이 부분인 것 같아요.	T: 힌트를 하나 드리겠습니다. 이 사진은 미래 농업과 관련된 것입니다. 물체의 부분을 더 보여주겠습니다. 새롭게 보이거나 생각이 달라진 것이 있나요? S1: 납작한 유선형 모양인 것을 보니 하얀색 튜브인 것 같아요. S2: 뒤쪽이 깨끗한 것을 보니 물을 정화하는 장치 같아요.	T: 관련 영상을 봅시다. 대상에 대해 궁금한 것이 있나요? S1: 기존의 오리 농법보다 효율적인가요? S2: 오리로봇이 우리 농업에 미칠 영향은 무엇인가요? S3: 새롭게 개발한 친환경 농법에는 또 어떤 것이 있나요?

4 사고성찰

'확대하기' 사고 전략은 이미지를 일부에서 전체로 확대하며 대상을 관찰하는 전략이다. 이 전략은 같은 대상을 바라보는 각도나 범위에 변화를 주어 2~3회 제시함으로써 대상에 흥미를 가지고 관찰할 수 있도록 한다. 가설을 세우거나 해석의 발전을 논의하는 것이 중요한 활동이므로 교사는 단순한 퀴즈 활동에 머물지 않도록 깊은 사고를 유발하는 발문을 고민해야 한다.

실천 수업은 친환경 농업에 활용하고 있는 우리 로봇을 일부분에서 전체로 단계적으로 보여주며 대상을 새로운 관점으로 관찰할 수 있도록 구성했다. 또한 친환경 농업기법과 농업의 변화에 관심을 두도록 의도했다.

1-5. 설명 게임

① 사고 질문: 음악에서 빠르기는 무엇일까요?

② 교육과정

핵심 아이디어	5~6학년 일반화	핵심 개념 Lens	관련 개념	범주/내용 요소			성취기준
				지식·이해	과정·기능	가치·태도	
음악은 고유한 방식과 원리에 따라 다양한 속성을 청각적 형태로 구현한 것이다.	박은 일정한 시간 간격으로 인식되는 소리이며, 시간 간격의 길이에 따라 빠르기가 정해진다.	영향	음악 요소	음악 요소	감지하며 듣기 인식하고 구별하기	-	[6음02-01] 음악을 듣고 음악의 요소를 감지하며 구별한다.

③ 사고 과정과 실천

[1단계] 이름 짓기	[2단계] 설명하고 이유 찾기	[3단계] 다시 설명하기

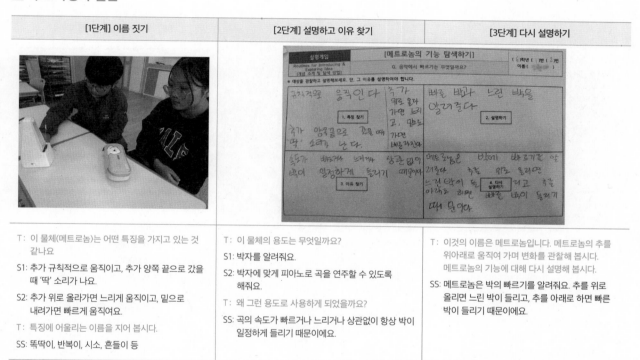

[1단계] 이름 짓기	[2단계] 설명하고 이유 찾기	[3단계] 다시 설명하기
T: 이 물체(메트로놈)는 어떤 특징을 가지고 있는 것 같나요 S1: 추가 규칙적으로 움직이고, 추가 양쪽 끝으로 갔을 때 '딱' 소리가 나요. S2: 추가 위로 올라가면 느리게 움직이고, 밑으로 내려가면 빠르게 움직여요. T: 특징에 어울리는 이름을 지어 봅시다. SS: 똑딱이, 반복이, 시소, 흔들이 등	T: 이 물체의 용도는 무엇일까요? S1: 박자를 알려줘요. S2: 박자에 맞게 피아노로 곡을 연주할 수 있도록 해줘요. T: 왜 그런 용도로 사용하게 되었을까요? SS: 곡의 속도가 빠르거나 느리거나 상관없이 항상 박이 일정하게 들리기 때문이에요.	T: 이것의 이름은 메트로놈입니다. 메트로놈의 추를 위아래로 움직여 가며 변화를 관찰해 봅시다. 메트로놈의 기능에 대해 다시 설명해 봅시다. SS: 메트로놈은 박의 빠르기를 알려줘요. 추를 위로 올리면 느린 박이 들리고, 추를 아래로 하면 빠른 박이 들리기 때문이에요.

④ 사고성찰

'설명 게임' 사고 전략은 개념을 탐색하기에 앞서 개념과 관련한 현상이나 기능을 자세히 살펴보며 개념의 속성에 집중할 수 있도록 하는 전략이다. 따라서 1단계에서 관찰되는 특징을 나열하고 2단계에는 그 특징을 자세히 분석해 관찰 대상을 전체적인 현상이나 기능에 집중해 바라보지 않고, 부분을 자세히 바라봄으로써 부분이 전체에 어떻게 작용하는지, 관련이 있는지를 이해하도록 돕는다.

실천 수업은 박과 박자를 알려주는 메트로놈을 관찰하며 음악에서의 빠르기 개념을 탐구하는 수업이다. 메트로놈의 움직임, 소리, 추에 집중해 살펴보며 빠르기의 개념을 탐색할 수 있도록 설계했다.

1-6. 나침반 초점

① 사고 질문: '경제'라는 소재로 무엇을 배우고 싶나요?

② 교육과정

핵심 아이디어	5~6학년 일반화	핵심 개념 Lens	관련 개념	범주/내용 요소			성취기준
				지식·이해	과정·기능	가치·태도	
가계와 기업은 합리적 선택을 통해 소비와 금융, 생산 등의 경제활동에 참여하면서 각자의 역할을 수행한다.	경제활동은 자신의 관점에서 더 많은 이익을 얻기 위한 합리적 선택이다.	가계 기업	가계와 기업의 역할 근로자의 권리 기업의 자유와 사회적 책임	동식물 자원의 친환경 농업	합리적으로 선택하기	경제활동의 자유를 존중하는 태도	[6사11-01] 시장경제에서 가계와 기업의 역할을 이해하고, 근로자의 권리와 기업의 자유 및 사회적 책임을 탐색한다.

③ 사고 과정과 실천

[1단계] 생각만들기	[2단계] 생각 모으기	[3단계] 함께 배울 내용 탐색하기

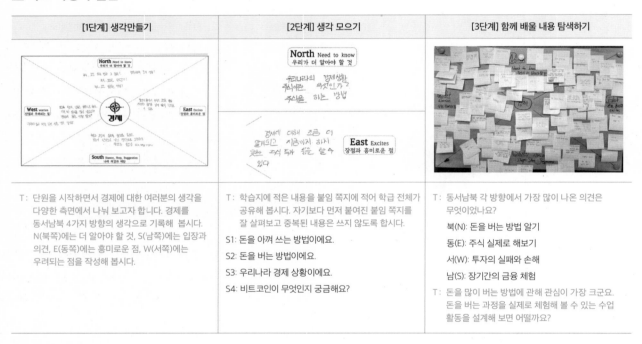

T: 단원을 시작하면서 경제에 대한 여러분의 생각을 다양한 측면에서 나눠 보고자 합니다. 경제를 동서남북 4가지 방향의 생각으로 기록해 봅시다. N(북쪽)에는 더 알아야 할 것, S(남쪽)에는 입장과 의견, E(동쪽)에는 흥미로운 점, W(서쪽)에는 우려되는 점을 작성해 봅시다.	T: 학습지에 적은 내용을 붙임 쪽지에 적어 학급 전체가 공유해 봅시다. 자기보다 먼저 붙여진 붙임 쪽지를 잘 살펴보고 중복된 내용은 쓰지 않도록 합시다. S1: 돈을 아껴 쓰는 방법이에요. S2: 돈을 버는 방법이에요. S3: 우리나라 경제 상황이에요. S4: 비트코인이 무엇인지 궁금해요?	T: 동서남북 각 방향에서 가장 많이 나온 의견은 무엇이었나요? 북(N): 돈을 버는 방법 알기 동(E): 주식 실제로 해보기 서(W): 투자의 실패와 손해 남(S): 장기간의 금융 체험 T: 돈을 많이 버는 방법에 관해 관심이 가장 크군요. 돈을 버는 과정을 실제로 체험해 볼 수 있는 수업 활동을 설계해 보면 어떨까요?

④ 사고성찰

　'나침반 초점' 사고 전략은 소재(주제)에 대한 4가지 측면의 다양한 관점의 생각을 수렴해 앞으로 배울 내용을 탐색하는 활동이다. 배우고 싶은 흥미로운 점(E), 학습에서 우려되는 점(W), 입장과 의견(S), 탐구할 필요가 있는 것(N) 등을 자유롭게 서술하면서 주제에 대한 호기심과 탐구 목적을 심어 준다.

　실천 수업은 경제에 관한 생각을 4가지 측면으로 작성하고, 학생들의 관심이 무엇인지를 확인하는 수업이다. 3단계 '함께 배울 내용 탐색하기'의 경우, 단순히 흥미를 쫓는 활동을 설계하는 수준에 머무르지 않도록 협의를 통해 정련하는 과정이 필요하다.

1-7. 3-2-1 연결

① 사고 질문: 식사를 왜 할까요?

② 교육과정

핵심 아이디어	5~6학년 일반화	핵심 개념 Lens	관련 개념	범주/내용 요소			성취기준
				지식·이해	과정·기능	가치·태도	
일상에서 직면하는 문제에 대처할 수 있는 역량은 개인 및 가족의 긍정적 발달과 행복한 일상의 삶을 주도적으로 이끌 수 있게 한다.	바람직한 식습관 형성은 긍정적인 발달을 가져온다.	기능	식습관	균형 잡힌 식사	바람직한 식습관 형성하기	일상생활 속 올바른 생활 습관과 예절을 실천하는 태도	[6실01-04] 균형 잡힌 식사의 중요성과 조건을 탐색해 자신의 식습관을 검토해 보고 건강한 식습관 형성에 적용한다.

③ 사고 과정과 실천

[1단계] 3개의 단어 떠올리기	[2단계] 2가지 질문 만들기	[3단계] 1개의 비유 문장 만들기
배 고 픔 영 양소 에 너지 충전	식사를 하면 몸이 어떻게 에너지를 얻나요? 맛있는 음식은 어떻게 만들죠?	식사는 살아가는 힘이다.
T: 우리는 왜 매일 식사할까요? 떠오르는 생각을 단어 중심으로 3개 적어 봅시다. SS: 배고픔, 영양소, 섭취, 에너지 충전 맛있는 음식의 행복 등	T: 위 질문에 떠오르는 2가지 질문을 바로 적어 봅니다. SS: 식사를 하면 몸이 어떻게 에너지를 얻나요? 음식은 어떻게 맛있게 만들죠?	T: 식사와 연관된 비유 문장으로 나타내 봅시다. 예를 들어 '식사는 ~이다.' SS: 식사는 살아가는 힘이에요. 식사는 맛있는 음식을 먹으면서 얻는 행복이에요.

④ 사고성찰

'3-2-1 연결' 사고 전략의 의도는 학습 전에 주제를 이해하고 표현해 보는 것이다. 이를 통해 새로운 응답과 연결하면서 기존 생각의 변화 과정을 공유하고 사고의 확장 과정을 경험할 수 있는 성찰 전략이다.

실천 수업은 식사의 기능에 대한 사전 지식을 확인하는 단어 떠올리기 과정과 질문을 통해 사전 지식을 활성화하는 과정, 주제에 대한 직유나 은유 탐구 활동으로 생각과 이해를 확산하는 과정으로 구성했다. 자신이 세운 질문으로 직접 조사하면서 주도적으로 식사의 기능이라는 개념을 더 정교화할 수 있도록 한다. 사전 지식 활성화 단계로 '3-2-1 연결' 활동을 한 이후 충분한 학습 과정을 거쳐서 3-2-1 활동을 반복한다. '너는 식사에 관한 생각이 왜 바뀌었니?'와 같이 생각의 변화와 이유를 중심으로 이야기를 나누고, 마지막 비유 문장을 통해 이해를 더욱 심화하도록 돕는다.

02 개념 종합 및 정리 전략

2-1. 연결-확장-도전

① 사고 질문: 공기를 이루는 기체는 우리와 어떤 관련이 있을까요?

② 교육과정

핵심 아이디어	3~4학년 일반화	핵심 개념 Lens	관련 개념	범주/내용 요소			성취기준
				지식·이해	과정·기능	가치·태도	
물질은 여러 가지 상태로 존재하며, 구성 입자의 운동에 따라 물질의 상태와 물리적 성질이 변한다.	물질은 상태에 따라 고유한 특징이 있다.	기능	기체	온도와 압력에 따른 기체의 부피 변화	물질과 관련된 일상생활의 문제를 해결하기 위한 탐구 설계하기	과학 문화 향유	[4과15-03] 일상생활에서 이용되는 기체의 종류와 성질을 조사하고, 여러 가지 기체에 대해 흥미를 느낄 수 있다.

③ 사고 과정과 실천

[1단계] 개념과 연결하기	[2단계] 사고 확장하기	[3단계] 나아가기

탐구질문: 공기를 이루는 기체와 우리는 어떤 관련이 있을까요?

[1단계] 개념과 연결하기	[2단계] 사고 확장하기	[3단계] 나아가기
T: 우리가 마시고 있는 공기를 이루는 기체의 성질과 우리의 생활과는 어떤 관련이 있을까요? S1: 공기를 이루는 산소가 있어 숨을 쉴 수 있어요. S2: 질소가 있어 우리가 먹는 과자의 신선도를 유지할 수 있어요.	T: 새롭게 바뀐 생각이나 더 확장된 생각에는 어떤 것이 있나요? S1: 이산화탄소가 해로운 줄만 알았는데 나름의 가치가 있고 산소같이 이로운 것도 많으면 해로워져요. S2: 공기는 그냥 기체인 줄만 알았는데 여러 기체 물질들이 섞여 만들어진다는 것을 알았어요.	T: 기체를 활용해 우리의 삶을 더 나아지게 할 수 있을까요? S1: 공기가 적절하게 있고 그 성질을 잘 활용한다면 인간의 삶은 더 나아질 것 같아요. S2: 수소를 활용해 전기차보다 더 좋은 수소자동차를 만들어 청정한 연료를 발생시킨다면 전기를 더 사용하지 않아도 돼요.

④ 사고성찰

'연결-확장-도전' 사고 전략은 3단계의 사고 확장을 통해 문제 해결과 창의적 사고 능력을 향상시킬 수 있으며, 깊이 있는 사고를 촉진하는 데 유용한 도구로 활용될 수 있다. 이전에 연결하지 않았던 아이디어나 정보를 통합하고, 기존의 아이디어를 확장해 개념에 대한 아이디어를 다양한 각도에서 접근하고 도전적으로 분석함으로써, 더 나은 결정을 내릴 수 있게 도와준다.

실천 수업은 3가지 단계의 질문을 해결하는 과정에서 공기를 이루는 기체와 우리 생활의 연관성에 대해 충분히 고민한 후 기체의 성질이라는 개념 탐구를 통해 생각이 어떻게 확장되었는지를 보여준다. 나아가 공기 중 기체를 활용해 우리 삶이 어떻게 나아질 수 있을지를 해결하는 과정에서 기체마다의 고유 성질이 우리 삶에 균형을 가져온다는 것을 스스로 종합하고 정리할 수 있게 만든다.

320 초등 개념 기반 탐구학습 설계와 실천 이야기

2-2. 색상-기호-이미지

① 사고 질문: 통일을 어떻게 그림으로 표현할까요?

② 교육과정

핵심 아이디어	3~4학년 일반화	핵심 개념 Lens	관련 개념	범주/내용 요소			성취기준
				지식·이해	과정·기능	가치·태도	
세계 시민은 인류의 문제를 이해하고 공감하며 인류 번영과 세계 평화에 기여한다.	통일은 남과 북이 하나라는 공동체 의식으로 실현된다.	공동체	통일	통일과정과 통일 이후 사회는 어떤 모습이어야 할까?	통일과정과 통일 이후 바람직한 사회 모습 탐색하기	통일을 추구하는 태도와 의지 함양	[4도03-03] 통일의 필요성을 이해하고, 통일 감수성을 길러 바람직한 통일의 방향을 모색한다.

③ 사고 과정과 실천

[1단계] 색상으로 나타내기	[2단계] 기호로 나타내기	[3단계] 이미지로 표현하기

통일의 의미와 가치 ①
[의미]

색깔 Color	기호 Symbol	그림 Image
북한 이랑 남한 국기에 둘다 둘어 간다(와 붉은 색을 했냐면?)	북한 국기와 남한 국기를 하나 속에 넣어서 전쟁은 하지않고 친하게 지내고 싶다	사랑을 생각하며 북한이랑 남한이 같이 붙어서 친하게 지내고 싶다.

T: 통일은 어떤 색깔로 나타낼 수 있을까요?
S1: 남한과 북한의 국기의 공통적인 색깔인 빨간색으로 나타내고 싶어요.
S2: 평화를 상징하는 하얀색으로 나타내고 싶어요.

T: 통일은 어떤 기호로 나타낼 수 있을까요?
S1: 전쟁을 하지 않고 친하게 지내자는 의미로 남한과 북한의 국기를 반반으로 섞어서 하트 모양으로 만들고 싶어요.
S2: 서로 싸우지 말자는 의미로 동그라미로 나타내고 싶어요.

T: 통일은 그림으로 어떻게 나타낼 수 있을까요?
S1: 남한과 북한 사람이 서로 사랑하며 친하게 지내는 모습을 나타내고 싶어요.
S2: 다시 친구가 되자는 뜻으로 어깨동무하는 그림으로 나타내고 싶어요.

④ 사고성찰

'색상-기호-이미지' 사고 전략은 개념의 특성을 색상, 기호, 이미지로 비유해 표현하고 그 이유를 설명하는 활동이다. 개념의 본질을 식별하고, 자신의 선택을 정당화하고 이유를 설명할 때, 자극을 주어 깊게 읽거나 볼 때 유용하다. 특히 사랑, 행복, 아름다움, 슬픔 등과 같은 추상적인 개념을 구체적인 색깔이나 기호, 그림으로 표현해 개념을 내면화하거나 개념의 본질을 형상화하는 데 효과적인 전략이다.

실천 수업은 남북통일에 연상되는 느낌을 색깔, 기호, 그림으로 표현하고 그 이유를 설명하는 활동으로 통일에 대한 감수성을 키우고 통일의 필요성을 인식하도록 했다.

2-3. 표제 만들기

① 사고 질문: 핵심 주제는 무엇인가요?

② 교육과정

핵심 아이디어	3~4학년 일반화	핵심 개념 Lens	관련 개념	범주/내용 요소			성취기준
				지식·이해	과정·기능	가치·태도	
읽기는 독자가 자신의 배경지식이나 경험을 활용해 언어를 비롯한 다양한 기호나 매체로 표현된 글의 의미를 능동적으로 구성하는 행위이다.	글은 독자의 경험이나 배경지식에 따라 다양하게 해석된다.	관점	추론	친숙한 화제의 글	중심 생각 파악하기	읽기 효능감	[4국02-02] 문단과 글에서 중심 생각을 파악하고 내용을 간추린다.

③ 사고 과정과 실천

[1단계] 문제의 핵심 인식하기	[2단계] 요약하기	[3단계] 결론 도출하기

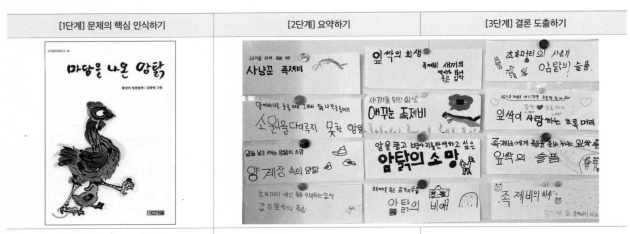

[1단계] 문제의 핵심 인식하기	[2단계] 요약하기	[3단계] 결론 도출하기
T : 『마당을 나온 암탉』 이야기의 주제와 가치는 무엇일까요? 이 책을 쓴 작가의 의도가 무엇일지 이야기 나누어 봅시다. 왜 그렇게 생각했나요? S1: 생명 존중인 것 같습니다. 잎싹이 자기의 알도 아닌데 어려움 속에서도 끝까지 지켰고 나중에는 스스로 새끼들의 먹이가 되었어요. S2: 자유라고 생각합니다. 잎싹은 굶을 뻔한 위기를 자초하며 자유를 갈망했으니까요.	T : 여러분이 작가라면 어떤 제목으로 하고 싶나요? 책의 주제와 가치를 연결해 제목을 지어 봅시다. S1: 모성애/ 잎싹의 희생 소망 S2: 생명 존중/ 값진 암탉의 죽음 S3: 자유/ 잎싹의 희망 S4: 자유/ 양계장 속의 암탉 S5: 자유/ 잎싹의 슬픔	T : 좋은 제목의 조건은 무엇일까요? S1: 주제를 잘 나타낼 수 있어야 해요. S2: 책의 내용과 관련 있는 가치를 파악할 수 있어요. S3: 주제를 비유하는 구절로 하면 세련될 것 같아요. S4: 책을 읽는 사람에게 궁금증을 생기게 해야 해요.

④ 사고성찰

'표제 만들기' 사고 전략은 문제의 핵심을 포착해 요약하거나 주제에 대한 잠정적 결론을 도출한다. 수업 전과 후에 학생들이 이해하는 개념을 확인하는 데 유용하다. 구체적인 사실을 제목으로 나타내는 것이기 때문에 학생들의 추상적 사고나 개념적 사고를 경험할 수 있다. 또한 결과를 공유함으로써 생각의 공통점이나 차이점을 알 수 있다.

실천 수업은 『마당을 나온 암탉』의 중심 주제나 소재와 관련지어 책의 제목을 바꾸어 보는 수업으로 글의 주제를 파악하고 주제와 연결된 제목을 창작해 봄으로써 좋은 표제의 조건을 탐구하도록 구성했다.

2-4. 연결-과제-개념-변화

1 **사고 질문: 색은 우리의 삶에 어떤 영향을 미칠까요?**

2 **교육과정**

핵심 아이디어	3~4학년 일반화	핵심 개념 Lens	관련 개념	범주/내용 요소			성취기준
				지식·이해	과정·기능	가치·태도	
작품 제작은 표현 재료와 방법, 조형 요소와 원리 등을 선택하고 활용해 창의적으로 문제를 해결하는 과정을 통해 예술적 성취를 경험하게 한다.	조형 요소의 특징 이해와 활용은 주제 표현 능력을 향상시킨다.	관계	조형 요소	조형 요소의 특징	의도를 가지고 작품을 제작하기	표현에 대한 흥미	[4미02-03] 조형 요소의 특징을 자유롭게 탐색하며 주제 표현에 알맞게 활용할 수 있다.

3 **사고 과정과 실천**

[1단계] 연결하기	[2단계] 논쟁 정하기	[3단계] 개념 세우기	[4단계] 변화하기

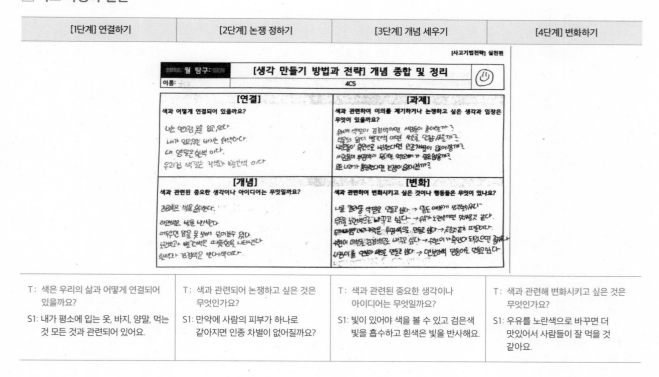

T: 색은 우리의 삶과 어떻게 연결되어 있을까요?

S1: 내가 평소에 입는 옷, 바지, 양말, 먹는 것 모든 것과 관련되어 있어요.

T: 색과 관련되어 논쟁하고 싶은 것은 무엇인가요?

S1: 만약에 사람의 피부가 하나로 같아지면 인종 차별이 없어질까요?

T: 색과 관련된 중요한 생각이나 아이디어는 무엇일까요?

S1: 빛이 있어야 색을 볼 수 있고 검은색 빛을 흡수하고 흰색은 빛을 반사해요.

T: 색과 관련해 변화시키고 싶은 것은 무엇인가요?

S1: 우유를 노란색으로 바꾸면 더 맛있어서 사람들이 잘 먹을 것 같아요.

4 **사고성찰**

'연결-과제-개념-변화' 사고 전략은 개념을 사실과 연결하고 개념을 심화할 논쟁이나 도전거리를 찾아 토론하면서 심화한 개념을 다시 전이하는 일련의 과정으로 개념에 대한 깊은 사고를 가능하게 해준다. 또한, 이 전략은 텍스트 기반의 논쟁이 주된 목적이자 특징이다.

실천 수업은 색이란 무엇이며 색은 나와 어떤 관련이 있는지 탐색하는 것을 시작으로 색과 관련된 논쟁거리를 탐색하고 충분히 이야기를 나눈다. 그런 후 개념을 다시 검토하고 개념에 대한 새로운 아이디어를 생성하고 공유한다. 마지막으로 색과 관련해 변화시키고 싶은 것이 무엇인지를 확인하여 학생들의 사고나 행동의 변화는 어떤 것이 있는지를 파악했다.

1 사고 질문: 생각은 어떻게 변화되었을까요?

2 교육과정

핵심 아이디어	3~4학년 일반화	핵심 개념 Lens	관련 개념	범주/내용 요소			성취기준
				지식·이해	과정·기능	가치·태도	
문화유산은 과거와 현재를 이어 주는 자료이다.	지역의 문화유산은 고유성과 다양성을 드러낸다.	정체성	문화유산	지역의 문화유산 알아보기	-	지역의 문화유산을 보존하는 태도	[4사06-01] 지역의 문화유산을 통해 문화유산의 의미와 유형을 알아보고, 문화유산의 가치를 탐색한다.
				지역의 문화유산 알아보기	지역의 박물관, 기념관, 유적지 답사하기	지역의 역사에 대한 관심과 흥미	[4사06-02] 지역의 박물관, 기념관, 유적지 등을 체험하고 지역의 역사를 이해한다.

3 사고 과정과 실천

[1단계] 되돌아보기	[2단계] 생각의 변화 탐색하기	[3단계] 생각 보여주고 공유하기

[생각 만들기 방법과 전략] 개념 종합 및 정리
예전에 이렇게 생각했지만, 지금은 이렇게 생각합니다.

예전에 이렇게 생각했지만	지금은 이렇게 생각합니다.
석빙고를 만들기 쉬운지 알았다	만들어 보니 엄청 힘들었다
읍성은 산책, 하라고 만든줄 알았다	알고보니 다 지은 이유가 있었다
척화비는 그냥 돌을 세워 놓은 줄 알았다	배우고 나니 왕의 말을 척화비에 적은줄 알았다
향교는 그냥 학교인줄 알았다	계급을 알게 되었고 반아들의 생활을 알았다
조선시대에 얼음은 흔한줄 알았는데	얼음이 금값이었을 알게 되었다
형옥은 벌만 받는줄 알았는데	감옥도 활용하는걸 알았다
외만고 식당인줄 알았는데	식량창고 인걸 알았다
고마청이 그냥 집인줄 알았는데	말을 관리하는 곳 이었다

T: 여러분 그동안 우리 지역의 문화재인 청도읍성에 관해 배워 보았습니다. 가장 기억에 남는 것은 무엇인가요?

S1: 석빙고를 만들어 보면서 실제로 만든다면 굉장히 어려울 것이라고 생각해요.

S2: 동헌의 역할극을 하면서 계급에 따라 느끼는 마음이 서로 달랐던 것이 기억에 남아요.

T: 이번 학습을 통해 청도읍성에 대해 바뀐 여러분의 생각은 무엇인가요?

S1: 청도읍성이 그냥 돌덩이라고 생각했는데 귀중한 문화재라는 것을 알게 되었어요.

S2: 읍성은 옛날에 사람들이 모여 살던 큰 집이라고 생각했는데 지금 보니 대단해요.

T: 청도읍성에 관해 생각이 변화된 이유는 무엇일까요?

S1: 영상이나 선생님의 설명을 듣고, 청도읍성에 관해 여러 가지 지식을 알게 되면서 생각이 바뀌었어요.

S2: 청도읍성을 실제로 가서, 그 시절 사람들의 생활 모습을 생각해 보게 되었어요.

4 사고성찰

'나는 생각했지만…, 지금 생각은?' 사고 전략은 학습의 마무리 시점에 학습 활동을 통해 학생의 개념이나 사고가 어떻게 변했는지 확인하는 데 유용하다. 차시 단위나 단원, 프로젝트 수업의 마무리 단계에서 배운 내용을 정리하고 성찰할 때 주로 활용하며 배움으로 인해 변화된 관점, 태도, 개념을 확인하는 전략이다.

실천 수업은 역할극, 조사학습, 체험학습 등을 통해 우리 지역의 문화유산에 대해 배우고 난 후 변화된 생각 또는 개념에 대해 기록하고 공유하도록 구성했다.

2-6. 개념 생성-정렬-연결-정교화

① 사고 질문: 옷은 왜 입을까요?

② 교육과정

핵심 아이디어	5~6학년 일반화	핵심 개념 Lens	관련 개념	범주/내용 요소			성취기준
				지식·이해	과정·기능	가치·태도	
일상에서 직면하는 문제에 대처할 수 있는 역량은 개인 및 가족의 긍정적 발달과 행복한 일상의 삶을 주도적으로 이끌 수 있게 한다.	옷의 기능을 충족하는 옷차림은 긍정적인 발달과 행복한 삶을 이끌 수 있다.	기능	옷	옷의 기능과 옷차림	건강하고 적절한 옷차림 파악하기	일상생활 속 올바른 생활습관과 예절을 실천하는 태도	[6실01-05] 옷의 기능을 이해해 평소 자신의 옷차림을 살펴보고 건강하고 적절한 옷 입기를 실천한다.

③ 사고 과정과 실천

[1단계] 개념 생성하기	[2단계] 개념 정렬하기	[3단계] 개념 연결하기	[4단계] 개념 정교화하기

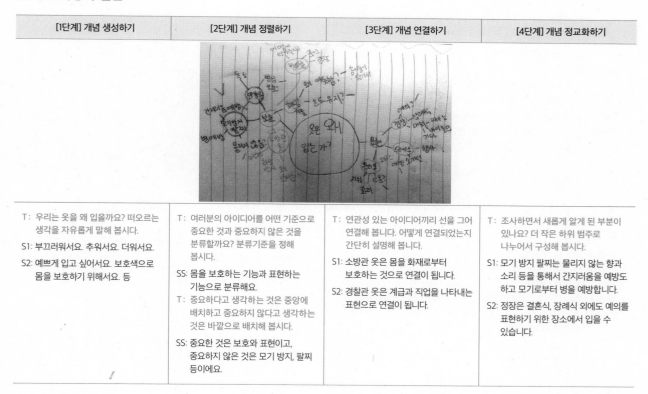

[1단계] 개념 생성하기	[2단계] 개념 정렬하기	[3단계] 개념 연결하기	[4단계] 개념 정교화하기
T: 우리는 옷을 왜 입을까요? 떠오르는 생각을 자유롭게 말해 봅시다. S1: 부끄러워서요. 추워서요. 더워서요. S2: 예쁘게 입고 싶어서요. 보호색으로 몸을 보호하기 위해서요. 등	T: 여러분의 아이디어를 어떤 기준으로 중요한 것과 중요하지 않은 것을 분류할까요? 분류기준을 정해 봅시다. SS: 몸을 보호하는 기능과 표현하는 기능으로 분류해요. T: 중요하다고 생각하는 것은 중앙에 배치하고 중요하지 않다고 생각하는 것은 바깥으로 배치해 봅시다. SS: 중요한 것은 보호와 표현이고, 중요하지 않은 것은 모기 방지, 팔찌 등이에요.	T: 연관성 있는 아이디어끼리 선을 그어 연결해 봅시다. 어떻게 연결되었는지 간단히 설명해 봅니다. S1: 소방관 옷은 몸을 화재로부터 보호하는 것으로 연결이 됩니다. S2: 경찰관 옷은 계급과 직업을 나타내는 표현으로 연결이 됩니다.	T: 조사하면서 새롭게 알게 된 부분이 있나요? 더 작은 하위 범주로 나누어서 구성해 봅시다. S1: 모기 방지 팔찌는 물리지 않는 향과 소리 등을 통해서 간지러움을 예방도 하고 모기로부터 병을 예방합니다. S2: 정장은 결혼식, 장례식 외에도 예의를 표현하기 위한 장소에서 입을 수 있습니다.

④ 사고성찰

'개념 생성-정렬-연결-정교화' 사고 전략은 사고를 체계화하고 조직하는 데 활용하기 좋은 전략이다. 개념도를 만드는 과정을 구조화한 이 전략은 사고확장과 개념이해 정도를 확인하는 데 도움이 된다.

실천 수업은 적절한 옷차림을 탐구하는 단원의 도입 차시다. 옷의 주요 기능인 보호와 표현을 중심으로 다양한 아이디어를 체계화한다. 이를 통해 옷의 기능과 관련된 여러 개념 간의 관계를 탐색하고 정교화하게 된다.

1 사고 질문: 편견을 어떻게 극복할 수 있을까요?

2 교육과정

핵심 아이디어	5~6학년 일반화	핵심 개념 Lens	관련 개념	범주/내용 요소			성취기준
				지식·이해	과정·기능	가치·태도	
차이의 존중은 갈등을 평화적으로 해결하고 타인과 더불어 사는 삶으로 이끈다.	다른 사람을 이해하고 그 차이를 받아들인다면 편견을 극복하고 다양성을 존중할 수 있다.	연관	편견	서로의 다름을 존중해야 하는 이유는 무엇일까?	편견 사례를 찾고 수정 방안 제안하기	다양성을 존중하는 태도	[6도02-02] 편견이 발생하는 이유를 탐색해 해결 방안을 살펴보고, 다양성 존중을 바탕으로 다른 사람과 올바른 관계를 맺기 위한 실천 방안을 탐구한다.

3 사고 과정과 실천

[1단계] 함께 의견 공유하기	[2단계] 의견 받아들이기	[3단계] 자유 토론하기
[제시 사례] ○○에서 2020년 이슬람 사원 건축과 함께 시작된 주민들의 반대가 점점 거세지고 있다. 사원 건축이 적법하다는 법원의 판결이 나왔지만, 문제는 해결되지 않았다. 반대 주민들은 판결 이후 사원 건축 현장 인근에 돼지머리나 족발 등을 놓아두더니 급기야 현장 앞에서 돼지고기를 나누어 먹는 파티를 두 차례나 벌였다.		
T: 이런 편견이 생긴 이유가 무엇일까요? SS: 종교에 대한 잘못된 이해, 다른 사람의 종교를 존중하지 않는 태도 등 T: 두 입장(이슬람 사원 건축을 찬성하는 견해와 반대하는 태도)에서 이해할 수 있는 점은 무엇이 있나요? SS: (사원 건축을 찬성 입장과 반대 입장에서 생각해 보기) T: 두 입장(이슬람 사원 건축 찬성 입장과 반대하는 입장)은 서로의 어떤 차이를 받아들이면 종교적 편견을 극복할 수 있나요? SS: 이슬람 사원을 건축하는 것을 찬성하는 입장은 외국인도 종교 활동을 할 수 있는 장소가 필요하다는 거예요. 반대입장에서는 종교 활동 장소가 되면 외국인들이 주변 이웃 사람으로 많아져서 부담이 될 수 있어요. 등	T: 한 학생의 의견이 끝나고 다른 학생들은 조용히 들은 것을 마음속으로 되새겨 봅시다. SS: (침묵하면서 친구의 의견 집중한다.) SS: (모둠에서 돌아가며 의견 말하고 20~30초간 되새겨보기)	T: 편견을 극복하고 다양성을 존중하기 위해서는 (　　　)이다. 이 문장을 친구들과 토의 토론으로 완성해 봅시다. SS: (각자 다른 색깔 펜을 정해 함께 메모하며 토의 토론한다.)

4 사고성찰

 '정확한 탐구교실 규칙' 사고 전략은 주제를 가지고 토론하기 전에 모든 사람이 의견을 말하고 아이디어를 검토하는 단순한 구조이다. 이 전략은 구두 발표를 꺼리는 학생이나 생각하는 시간이 필요한 학생의 참여를 돕고 다양한 의견을 존중하고 문제 해결 능력을 개발하는 데 효과적이다.

 이 실천 수업은 편견을 극복하고 다양성을 존중하는 해결 방안에 아이디어를 내고 공유하는 수업이다. 침묵의 시간을 통해 상대의 의견에 집중하고 이해하면서 각자의 의견을 더 존중하게 된다. 따라서 다양한 시각이 생기고 토론은 더욱 풍부해진다.

2-8. 추리-탐구-설명

1️⃣ 사고 질문: 우리나라 인구는 왜 이렇게 분포되었을까요?

2️⃣ 교육과정

핵심 아이디어	5~6학년 일반화	핵심 개념 Lens	관련 개념	범주/내용 요소			성취기준
				지식·이해	과정·기능	가치·태도	
자연적, 인문적 특성은 특정 지역의 인구 분포, 인구 구성, 인구 이동에 영향을 미친다.	인구는 자연환경과 인문환경에 영향에 따라 분포한다.	인과	인구	우리나라의 인구 분포와 문제	인구 자료를 바탕으로 인구 특징과 인구 문제 파악하기	세계 여러 국가의 다양한 인구 특징에 대한 관심	[6사02-02] 우리나라의 지역별 인구 분포의 특징을 알아보고, 이에 따른 문제점과 해결 방안을 탐색한다.

3️⃣ 사고 과정과 실천

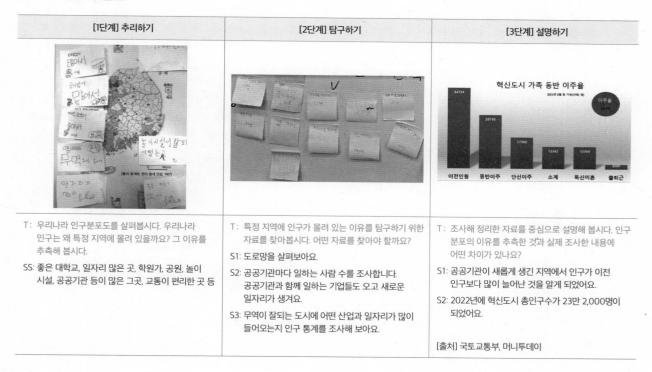

[1단계] 추리하기	[2단계] 탐구하기	[3단계] 설명하기
T: 우리나라 인구분포도를 살펴봅시다. 우리나라 인구는 왜 특정 지역에 몰려 있을까요? 그 이유를 추측해 봅시다. SS: 좋은 대학교, 일자리 많은 곳, 학원가, 공원, 놀이 시설, 공공기관 등이 많은 그곳, 교통이 편리한 곳 등	T: 특정 지역에 인구가 몰려 있는 이유를 탐구하기 위한 자료를 찾아봅시다. 어떤 자료를 찾아야 할까요? S1: 도로망을 살펴보아요. S2: 공공기관마다 일하는 사람 수를 조사합니다. 공공기관과 함께 일하는 기업들도 오고 새로운 일자리가 생겨요. S3: 무역이 잘되는 도시에 어떤 산업과 일자리가 많이 들어오는지 인구 통계를 조사해 보아요.	T: 조사해 정리한 자료를 중심으로 설명해 봅시다. 인구 분포의 이유를 추측한 것과 실제 조사한 내용에 어떤 차이가 있나요? S1: 공공기관이 새롭게 생긴 지역에서 인구가 이전 인구보다 많이 늘어난 것을 알게 되었어요. S2: 2022년에 혁신도시 총인구수가 23만 2,000명이 되었어요. [출처] 국토교통부, 머니투데이

4️⃣ 사고성찰

'추리-탐구-설명' 사고 전략은 복잡한 수학, 과학, 사회적 개념에 대해서 통계 자료를 조사하고 분석하는 과정을 통해 개념을 이해하는 데 도움을 받을 수 있는 전략이다.

실천 수업은 추리-탐구-설명 전략을 활용해 인구 분포의 원인을 탐구하면서 인구 분포 원인이 지역 산업의 변화와 일자리인 것을 추론한다. 자신이 추론한 내용을 실제 통계 자료로 정당화하면서 논리적 탐구과정을 경험하게 된다.

03 개념 심화 전략

3-1. 그렇게 말하는 이유는 무엇인가?

① 사고 질문: 이 곡은 어떤 박자의 곡일까요?

② 교육과정

핵심 아이디어	5~6학년 일반화	핵심 개념 Lens	관련 개념	범주/내용 요소			성취기준
				지식·이해	과정·기능	가치·태도	
음악은 고유한 방식과 원리에 따라 다양한 속성을 청각적 형태로 구현한 것이다.	박은 일정한 시간적 간격을 두고 느껴지는 것이고, 박자는 박을 규칙을 가지고 구분한 것이다.	영향	음악 요소(박)	음악 요소	감지하며 듣기 인식하고 구별하기	-	[6음02-01] 음악을 듣고 음악의 요소를 감지하며 구별한다.

③ 사고 과정과 실천

[1단계] 가설과 의견 제공하기	[2단계] 의견 제시하기	[3단계] 공유하기

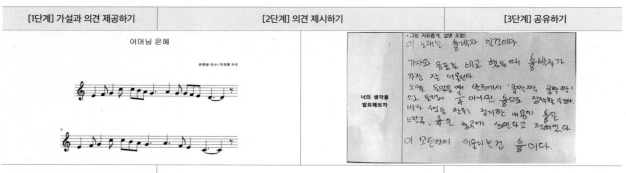

[1단계] 가설과 의견 제공하기	[2단계] 의견 제시하기	[3단계] 공유하기
T: 우리는 박자의 의미, 종류, 특징에 대해 알아보았습니다. 배운 내용을 바탕으로 이 곡의 박자를 추론해 봅시다. 이 곡은 어떤 박자의 곡일까요? S: 6/8박자 곡일 것 같아요.	T: 왜 그렇게 생각했나요? 무엇을 보았나요? S1: 박자와 음표를 비교하니 강하게 부르는 박과 단어의 첫 글자가 6/8박자가 자연스럽기 때문이에요. T: 무엇을 들었나요? S2: 반주를 들으니 쿵짝짝 쿵짝짝으로 들려요. T: 무엇을 읽었나요? S2: 6/8박자는 느린 곡이고, 3/4박자는 춤곡처럼 빠른 곡에서 쓰인다고 정리했어요.	T: 이 곡은 몇 분의 몇 박자 곡일까요? S1: 6/8박자에요. 가사와 음표를 비교했을 때 노래를 들었을 때 반주에서 '쿵짝짝 쿵짝짝'으로 들려서 6/8박자로 생각돼요. 박자 수업을 한 뒤 정리한 내용에 6/8박자는 느린 곡에 쓰인다고 적혀 있어요. 이 모든 것이 어울리는 것은 6/8박자예요.

④ 사고성찰

'그렇게 말하는 이유는 무엇인가?' 사고 전략은 학습한 개념과 관련한 새로운 문제 상황에 대한 의견을 제시하도록 하는 전략이다. 학습한 개념과 관련한 추론을 통해 심화한 이해를 돕는다.

실천 수업은 박자표와 마디를 제거하고 해당 곡이 어떤 박자인지 추론하는 수업이다. 이 수업을 통해서 앞에서 학습한 박자의 개념을 더욱 심화하고 박자와 가사, 마디와의 관계를 이해할 수 있도록 한다.

3-2. 관점의 원

① 사고 질문: 대한민국의 경제성장은 모두에게 훌륭한 일이었을까요?

② 교육과정

핵심 아이디어	5~6학년 일반화	핵심 개념 Lens	관련 개념	범주/내용 요소			성취기준
				지식·이해	과정·기능	가치·태도	
우리나라 경제에서는 경제성장, 물가 변동, 실업 등의 현상이 나타난다.	경제성장은 관점에 따라 긍정적 또는 부정적으로 다양하게 해석된다.	관점	경제성장	경제성장과 관련된 문제 해결	경제성장의 문제를 합리적으로 해결하기	공정한 분배에 대한 감수성	[6사11-02] 경제성장이 우리 생활에 미치는 영향을 파악하고, 빠른 경제성장으로 발생한 문제의 해결 방안을 탐색한다.

③ 사고 과정과 실천

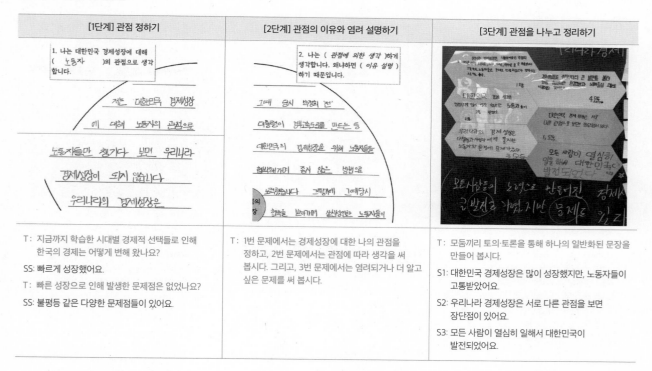

[1단계] 관점 정하기	[2단계] 관점의 이유와 염려 설명하기	[3단계] 관점을 나누고 정리하기
T: 지금까지 학습한 시대별 경제적 선택들로 인해 한국의 경제는 어떻게 변해 왔나요? SS: 빠르게 성장했어요. T: 빠른 성장으로 인해 발생한 문제점은 없었나요? SS: 불평등 같은 다양한 문제점들이 있어요.	T: 1번 문제에서는 경제성장에 대한 나의 관점을 정하고, 2번 문제에서는 관점에 따라 생각을 써 봅시다. 그리고 3번 문제에서는 염려되거나 더 알고 싶은 문제를 써 봅시다.	T: 모둠끼리 토의·토론을 통해 하나의 일반화된 문장을 만들어 봅시다. S1: 대한민국 경제성장은 많이 성장했지만, 노동자들이 고통받았어요. S2: 우리나라 경제성장은 서로 다른 관점을 보면 장단점이 있어요. S3: 모든 사람이 열심히 일해서 대한민국이 발전되었어요.

④ 사고성찰

'관점의 원' 사고 전략은 대상에 대한 관점을 설정하고, 이유를 서술하고, 스스로 반론을 제기하는 전략이다. 일반적인 의사결정 전략은 선택한 관점 또는 논점의 근거를 명확히 하고 설득력을 강화하는 방법을 고민하지만, 관점의 원 전략은 내 관점이 가지는 염려와 약점을 함께 고려하며 서로 다른 관점을 이해할 수 있도록 돕는다. 다른 친구가 선택한 다른 관점의 이야기를 듣고 배움을 일반화하면서 차이에서 오는 해석의 변화를 더욱 깊이 이해한다.

실천 수업은 대한민국 현대사의 관점에 따라 다양한 해석이 생기며 매우 민감한 정치적 소재를 다룬다. 따라서 관점의 다양성을 존중하고 반대의 관점에서도 생각하는 유연한 자세가 요구된다.

① 사고 질문: 인물은 왜 저마다 다른 관점을 가지게 될까요?

② 교육과정

핵심 아이디어	5~6학년 일반화	핵심 개념 Lens	관련 개념	범주/내용 요소			성취기준
				지식·이해	과정·기능	가치·태도	
인간은 문학을 향유하면서 자아를 성찰하고 타자를 이해하며 공동체의 일원으로 성장한다.	독자는 자신의 관점으로 다양한 해석을 하고 평가한다.	관점	비평	시 소설 극 수필	인상적인 부분을 중심으로 작품에 대해 의견 나누기	문학을 통한 자아 성찰	[6국05-06] 작품을 읽고 자신의 삶과 연관 지어 성찰하는 태도를 지닌다.

③ 사고 과정과 실천

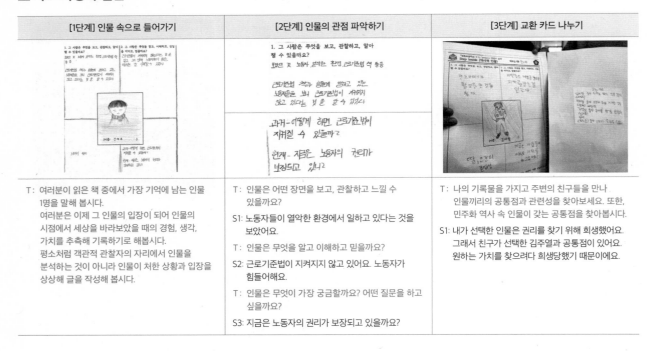

[1단계] 인물 속으로 들어가기	[2단계] 인물의 관점 파악하기	[3단계] 교환 카드 나누기
T : 여러분이 읽은 책 중에서 가장 기억에 남는 인물 1명을 말해 봅시다. 여러분은 이제 그 인물의 입장이 되어 인물의 시점에서 세상을 바라보았을 때의 경험, 생각, 가치를 추측해 기록하기로 해봅시다. 평소처럼 객관적 관찰자의 자리에서 인물을 분석하는 것이 아니라 인물이 처한 상황과 입장을 상상해 글을 작성해 봅시다.	T : 인물은 어떤 장면을 보고, 관찰하고 느낄 수 있을까요? S1: 노동자들이 열악한 환경에서 일하고 있다는 것을 보았어요. T : 인물은 무엇을 알고 이해하고 믿을까요? S2: 근로기준법이 지켜지지 않고 있어요. 노동자가 힘들어해요. T : 인물은 무엇이 가장 궁금할까요? 어떤 질문을 하고 싶을까요? S3: 지금은 노동자의 권리가 보장되고 있을까요?	T : 나의 기록물을 가지고 주변의 친구들을 만나 인물끼리의 공통점과 관련성을 찾아보세요. 또한, 민주화 역사 속 인물이 갖는 공통점을 찾아봅시다. S1: 내가 선택한 인물은 권리를 찾기 위해 희생했어요. 그래서 친구가 선택한 김주열과 공통점이 있어요. 원하는 가치를 찾으려다 희생당했기 때문이에요.

④ 사고성찰

'안으로 들어가기' 사고 전략은 인물이 처한 상황, 경험, 가치, 질문 등 인물의 시점에서 인물의 입장이 되어 주관적인 관점을 파악하는 전략이다. 이야기 속 인물이 추구하는 삶의 가치를 파악할 때 일반적으로 관찰자의 시점에서 인물을 바라보면 온전히 주관적인 시각을 갖기 어려울 수 있기 때문이다.

실천 수업은 특정 인물의 관점으로 상황을 보도록 설계했다. 처음에는 독자와 인물 간의 관점 차이가 어색할 수 있으나 지속적인 피드백으로 나에게서 인물에게로 시점을 옮겨갈 수 있도록 지도한다. 이 활동은 인물에 대한 더 깊은 이해와 공감은 상대의 관점을 수용할 수 있는 역량을 키우도록 돕는다. 그리고 다양한 관점을 교환 카드 전략으로 나누며 관점을 확장할 수도 있다.

3-4. 빨강-노랑-초록불

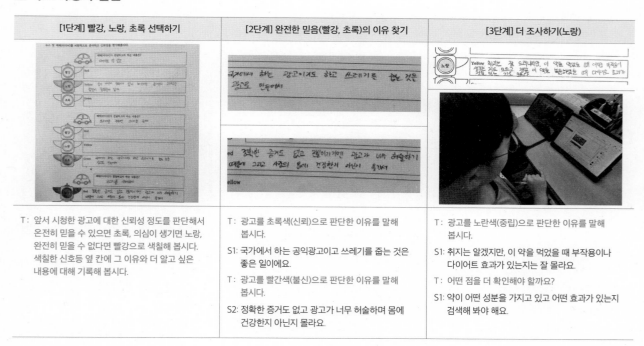

① 사고 질문: 가짜 뉴스나 과장 광고를 판단하기 위해 어떤 과정을 거쳐야 할까요?

② 교육과정

핵심 아이디어	5~6학년 일반화	핵심 개념 Lens	관련 개념	범주/내용 요소			성취기준
				지식·이해	과정·기능	가치·태도	
매체 이용자는 매체 자료의 주체적인 수용과 생산을 통해 정체성을 형성하고 사회적 의미 구성 과정에 관여한다.	매체 자료의 올바른 사용은 신뢰성 판단으로 이루어진다.	관점	매체 자료	뉴스 및 각종 정보 매체 자료	매체 자료의 신뢰성 평가하기	매체 소통에 대한 성찰	[6국06-02] 뉴스 및 각종 정보 매체 자료의 신뢰성을 평가한다.

③ 사고 과정과 실천

[1단계] 빨강, 노랑, 초록 선택하기	[2단계] 완전한 믿음(빨강, 초록)의 이유 찾기	[3단계] 더 조사하기(노랑)

T: 앞서 시청한 광고에 대한 신뢰성 정도를 판단해서 온전히 믿을 수 있으면 초록, 의심이 생기면 노랑, 완전히 믿을 수 없다면 빨강으로 색칠해 봅시다. 색칠한 신호등 옆 칸에 그 이유와 더 알고 싶은 내용에 대해 기록해 봅시다.

T: 광고를 초록색(신뢰)으로 판단한 이유를 말해 봅시다.
S1: 국가에서 하는 공익광고이고 쓰레기를 줍는 것은 좋은 일이에요.
T: 광고를 빨간색(불신)으로 판단한 이유를 말해 봅시다.
S2: 정확한 증거도 없고 광고가 너무 허술하며 몸에 건강한지 아닌지 몰라요.

T: 광고를 노란색(중립)으로 판단한 이유를 말해 봅시다.
S1: 취지는 알겠지만, 이 약을 먹었을 때 부작용이나 다이어트 효과가 있는지는 잘 몰라요.
T: 어떤 점을 더 확인해야 할까요?
S1: 약이 어떤 성분을 가지고 있고 어떤 효과가 있는지 검색해 봐야 해요.

④ 사고성찰

'빨강-노랑-초록불' 사고 전략은 연설, 발언, 광고 등 주장하는 말이나 글을 평가하는 사고인지 과정을 살펴보는 전략이다. 주장을 접할 때 생각 없이 수용하거나 무관심하지 않도록 신뢰 정도에 따라 우선 멈춰서서 주장을 의심하고, 판단에 필요한 근거 수집을 위한 질문을 생성하도록 한다.

실천 수업은 매체의 타당성, 표현의 적절성 등을 평가하는 내용으로 평가의 결과보다 구체적인 근거를 마련하는 사고 과정이 핵심이다. 자신의 판단 과정을 스스로 성찰하는 메타인지 역량을 키우는 것이 목적이다.

3-5. 주장-지지-질문

① 사고 질문: 효과적으로 주장하는 글을 작성하려면 어떤 과정이 필요할까요?

② 교육과정

핵심 아이디어	5~6학년 일반화	핵심 개념 Lens	관련 개념	범주/내용 요소			성취기준
				지식·이해	과정·기능	가치·태도	
필자와 독자는 읽고 쓰는 과정에서 부딪히는 문제를 해결하기 위해 적절한 전략을 사용한다.	주장하는 글은 타당성과 적절성을 근거로 쓰고 평가된다.	관점	논리	주장이 명시적이고 다양한 이유와 근거가 제시된 글	글이나 자료의 내용과 표현 평가하기	읽기에 적극적 참여	[6국02-03] 글이나 자료를 읽고 내용의 타당성과 표현의 적절성을 평가한다.
				적절한 근거를 들어 주장하는 글	-	쓰리 윤리 준수	[6국03-02] 적절한 근거를 사용하고 인용의 출처를 밝히며 주장하는 글을 쓴다.

③ 사고 과정과 실천

[1단계] 주장 정하기	[2단계] 지지-질문 작성하기	[3단계] 논설문 작성하기
T: 지난 시간에 같은 사건에서 다른 관점을 보이는 사례를 유튜브 영상 댓글에서 찾았습니다. 어떤 특이점이 있었나요? S1: 나쁜 말로 생각이 다른 사람을 비난하는 사람들이 있어요. T: '관점이 다름에 대한 비난'이라는 주제에서 나의 주장을 정해 봅시다.	T: 주장을 뒷받침할 수 있는 근거를 찾아 설명하는 글을 써 봅시다. S1: 다른 후보를 지지하는 사람들을 무작정 비난해서는 안 돼요. T: 나의 주장에 대해 의심스러운 부분은 없나요? S2: 비난하는 말의 표현은 잘못되었지만 그렇게 생각한 데는 계기가 있었을 것 같아요.	T: 주장을 충분히 고민하고 입장과 생각을 정리해 봅시다. 친구들과 함께 글을 나누면서 주장을 더 단단히 점검하고 논설문으로 작성해 봅시다. 앞선 전략을 활용함이 글을 쓰는 데 어떤 영향을 미쳤을까요? S1: 내 주장과 근거에 대해 더 깊이 생각할 수 있었고 부족한 부분은 없는지 돌아볼 수 있어요.

④ 사고성찰

　'주장-지지-질문' 사고 전략은 주장하는 글을 작성하기 위해 주장, 근거, 확장 및 성찰의 과정을 서술하는 전략이다. 국어과는 좋은 글을 쓰거나 읽은 글을 평가하는 데 목적이 있다면, 본 전략은 쟁점을 대하는 다양한 관점에서 나의 주장과 근거가 받아들이기 적합한가에 대한 고민이 먼저다.

　실천 수업은 주어진 주장이 근거에 기반하고 있는지 아니면 개인적 의견 또는 경험에 기반하고 있는지와 관련한 판단과 그저 좋은 글을 위해 정해진 주장을 생각 없이 수용 또는 비난하지는 않는지에 관한 깊이 있는 생각을 끌어내도록 설계했다.

3-6. 줄다리기

1 사고 질문: 효과적으로 주장하는 글을 작성하려면 어떤 과정이 필요할까요?

2 교육과정

핵심 아이디어	1~2학년 일반화	핵심 개념 Lens	관련 개념	범주/내용 요소			성취기준
				지식·이해	과정·기능	가치·태도	
우리는 서로 관계를 맺으며 생활한다.	규칙은 건강하고 안전한 공동체를 위한 약속이다.	책임	학교 규칙	학교생활 습관과 학습 습관	습관 형성하기	안전하고 건강한 생활	[2바01-01] 학교생활 습관과 학습 습관을 형성해 안전하고 건강하게 생활한다.

3 사고 과정과 실천

[1단계] 딜레마 제시하기	[2단계] 의견 정하기	[3단계] 다른 의견 잡아당기기

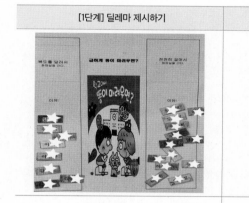 

[1단계] 딜레마 제시하기	[2단계] 의견 정하기	[3단계] 다른 의견 잡아당기기
T: 『학교에서 똥이 마려우면』 동화를 듣고 학교 규칙에 대한 경험과 생각을 이야기해 봅시다. 학교에서 용변이 급해서 곤란했던 경험이 있나요? S1: 똥을 참다가 바지에 조금 실수한 적이 있어요. T: 복도에서 뛴 경험이 있나요? 왜 뛰었나요? S1: 친구랑 장난치다가 나도 모르게 뛰었어요. S2: 수업 시간에 늦을까 봐 뛰었어요. S3: 뛰어오는 친구랑 부딪혀서 넘어질 뻔했어요.	T: '학교에서 똥이 마려우면 복도를 뛰어서 화장실을 가도 된다.', '천천히 걸어서 화장실을 가야 한다.' 중에 어느 쪽이 옳은 규칙일까요? S1: 뛰지 않는 것이 옳아요. (10/21명) S2: 뛰어가는 것이 옳아요. (11/21명)	T: 왜 그쪽을 선택했나요? 자신의 쪽과 반대쪽에 있는 친구를 자신 쪽으로 잡아당겨 봅시다. 자신의 선택이 옳은 이유를 말해 보세요. S1: 뛰지 않는 것이 옳아요. 화장실이 급하다고 뛰면 바지에 큰 실수를 할 수도 있어요. 더 조심해서 걸어야 해요. S2: 뛰어가는 것이 옳아요. 다리를 다치면 장애인용 엘리베이터를 타잖아요. 화장실이 너무 급한 친구도 특별 대우를 받아야 해요. T: 반대쪽으로 잡아 당겨진 (생각이 바뀐) 친구가 있나요? S1: 무조건 걸어야 한다고 생각했는데 조금 빠른 걸음으로 걸어가면 될 것 같아요.

4 사고성찰

'줄다리기' 사고 전략은 딜레마 상황을 제시해 각자의 의견을 '잡아당김'으로 강하게 표현하는 전략이다. 의견의 옳고 그름을 판별하기보다 신중하게 입장을 선택하고 '잡아당김'을 논리적으로 정당화하는 능력에 초점을 둔다. 고학년의 경우, 접착 메모지에 정당화의 근거를 기록해 밧줄 위에 표시하게 할 수 있고 두 줄 또는 세 줄 줄다리기로 쟁점을 확장할 수 있다.

실천 수업은 학교 규칙을 준수하기 어려운 딜레마 상황에서 2가지 중 1가지 행동만 선택하도록 설계했다. 자신이 선택한 쪽으로 잡아당기기 위해 반대쪽을 강하게 설득하는 것이 주 활동이다.

3-7. 문장-구절-단어

C 1학년 통합

① 사고 질문: 무엇이 가장 중요한 생각일까요?

② 교육과정

핵심 아이디어	1~2학년 일반화	핵심 개념 Lens	관련 개념	범주/내용 요소			성취기준
				지식·이해	과정·기능	가치·태도	
듣기·말하기는 언어, 준언어, 비언어, 매체 등을 활용해 서로의 생각과 감정을 주고받는 행위이다.	인사는 존중을 바탕으로 소통을 시작하게 하는 도구다.	책임	인사	대화	바르고 고운 말로 표현하기	듣기·하기에 대한 흥미	[2국01-02] 바르고 고운 말로 서로의 감정을 나누며 듣고 말한다.

③ 사고 과정과 실천

[1단계] 이야기 듣기	[2단계] 문장, 구절 찾기	[3단계] 핵심 단어 찾기
		T: 문장, 구절, 단어를 듣고 떠오른 경험이 있나요? S1: '스스슥, 쌤' 동네에서 잘 모르는 사람과 인사하지 않고 그냥 지나친 적이 있어요. S2: '인사할까, 말까?' 복도에서 6학년 선생님을 만났는데 선생님이 다른 쪽을 보고 계셔서 인사할까 말까 고민하다가 못했어요. T: 이 책에서 가장 중요한 단어는 무엇일까요? 왜 그렇게 생각했나요? S1: '인사' 인사를 제대로 하지 못해 서로 오해가 생겼는데 인사를 하고 난 뒤에 마음이 편해졌어요. S2: 주인공이 처음 만났을 때 인사를 했다면 힘들지 않았을 테니까요. T: 인사는 왜 할까요? S1: 서로 친해질 수 있어요. S2: 마음이 편해져요. S3: 존중받는 마음이 생겨요. S4: 기분이 좋아져요. S5: 친구와 사이가 좋아져요. T: 인사는 어떻게 할까요? S1: 예의 바른 자세로 해요. S2: 가까이 가서 눈을 보며 해요. S3: 반가운 표정으로 해요.
T: 책 표지에 있는 두 인물 사이에 어떤 일이 있었을까요? 지금 두 인물은 어떤 기분인 것 같나요? T: 동화책은 두 번 들려주겠습니다. 처음 들을 때는 어떤 일이 왜 일어났는지 생각하며 들어 봅시다. 두 번째에는 가장 기억에 남는 문장과 구절을 손가락으로 꼽으며 들어 봅시다.	T: 기억에 남는 문장은 무엇인가요? S1: 여우 가족이 이사를 왔어요. S2: 인사할까? 말까? S3: 늑대 아저씨가 이사했어요. S4: 늑대 아저씨와 여우가 건널목에서 만났어요. T: 기억 남는 구절은 무엇인가요? SS: 아~ 불편해, 아! 늦었다, 버릇없는 놈, 안녕하세요, 스스슥, 쌤 등	

④ 사고성찰

　'문장-구절-단어' 사고 전략은 글을 읽고 기억에 남는 문장, 구절, 단어를 풍부한 촉매제로 이용해 글의 핵심 주제로 접근하는 전략이다. 글을 읽고 마음에 와닿는 부분을 포착하는 데 집중해 글과 관계를 맺고 깊이 있게 이해하는 것을 돕는다.

　실천 수업은 『인사』동화책을 듣고 각자 기억에 남는 문장과 구절을 찾아 그와 연결된 각자의 경험을 공유하며 함께 글의 중심 단어를 찾아가는 활동으로 구성되었다.

3-8. 과일 껍질을 벗기다

1 사고 질문: 그 일은 왜 일어났을까요?

2 교육과정

핵심 아이디어	1~2학년 일반화	핵심 개념 Lens	관련 개념	범주/내용 요소			성취기준
				지식·이해	과정·기능	가치·태도	
우리는 서로 관계를 맺으며 생활한다.	규칙은 건강하고 안전한 공동체를 위한 약속이다.	책임	학교 규칙	학교생활 습관과 학습 습관	습관 형성하기	안전하고 건강한 생활	[2바01-01] 학교생활 습관과 학습 습관을 형성해 안전하고 건강하게 생활한다.

3 사고 과정과 실천

[1단계] 껍질 벗기기	[2단계] 겉 살피기	[3단계] 속과 씨앗 살피기
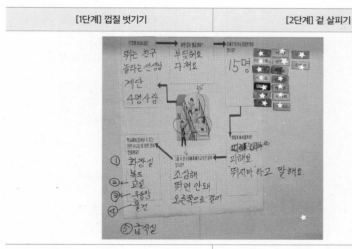		T: 학교에서 일어날 수 있는 안전사고는 어떤 것들이 있을까요? (속 살피기) S1: 복도에서 달리면 친구와 부딪혀서 다칠 수 있어요. S2: 급식실에서 장난치면 뜨거운 국에 델 수 있어요. S3: 화장실에서 장난치면 바닥이 미끄러워서 넘어질 수 있어요. S4: 미끄럼틀을 거꾸로 올라가면 내려오는 친구와 부딪힐 수 있어요. T: 안전사고를 예방하거나 대처할 방법에 대해 모둠별로 이야기 나눠 봅시다. 모둠별로 장소(복도, 화장실, 급식실, 운동장 등)를 정해 안전사고 대처법을 역할극으로 꾸며 봅시다.(속과 씨앗 살피기) (역할극 시연 후) T: 역할극을 하며 어떤 생각이 들었나요? 안전하게 생활하기 위해 가장 중요한 것이 무엇일까요? (씨앗 살피기)
T: 그림에서 무엇이 보이나요? S1: 남자 친구 2명이 장난을 치면서 계단을 뛰어 내려오고 있어요. S2: 여자 친구 1명이 계단을 올라가다가 놀라는 표정을 짓고 있어요. S3: 선생님이 계단 옆에서 아이들에게 손을 들고 '하지 마'라고 말씀하시는 것 같아요.	T: 기억에 남는 문장은 무엇인가요? SS: 서로 부딪혀서 다쳐요, 등 T: 기억에 남는 구절은 무엇인가요? SS: 네 (15/21명) T: 이럴 때는 어떻게 해야 할까요? SS: 안전 규칙을 지켜요, 등 T: 그림 속 친구들에게 하고 싶은 말이 있나요? SS: 조심해!, 복도와 계단에서는 오른쪽으로 걸어야 해. 뛰지 마! 등	S1: 규칙이 필요해요. S2: 나 때문에 다른 사람이 다칠 수도 있으니까 다른 사람을 배려해야 해요. S3: 내가 안전하게 생활하면 다른 사람도 안전할 수 있어요.

4 사고성찰

　'과일 껍질을 벗기다' 사고 전략은 특정 장면이나 인물, 사건을 세밀하게 분석해 사건의 원인과 결과를 유추하는 전략이다. ①껍질: 보이거나 관찰되는 것, ②껍질 아래: 질문이나 논란, ③과육(설명): 자세한 설명, ④과육(연결): 설명끼리 연결, ⑤과육(다른 관점): 다른 관점 탐색, ⑥씨(핵심): 핵심 질문이나 메시지로 총 6단계로 구성된다.

　실천 수업은 학교생활에서 흔히 일어날 수 있는 안전사고 장면을 소재로 사용했다. 학생 삶에 친숙한 소재로 전략의 6단계의 질문 강도를 1학년 수준에 맞게 조정해 수업을 설계했다.

3-9. 질문 시작

① 사고 질문: 좋은 질문은 어떻게 만들까요?

② 교육과정

핵심 아이디어	1~2학년 일반화	핵심 개념 Lens	관련 개념	범주/내용 요소			성취기준
				지식·이해	과정·기능	가치·태도	
우리는 서로 관계를 맺으며 생활한다.	규칙은 건강하고 안전한 공동체를 위한 약속이다.	책임	학교 규칙	학교생활 습관과 학습 습관	습관 형성하기	안전하고 건강한 생활	[2바01-01] 학교생활 습관과 학습 습관을 형성해 안전하고 건강하게 생활한다.

③ 사고 과정과 실천

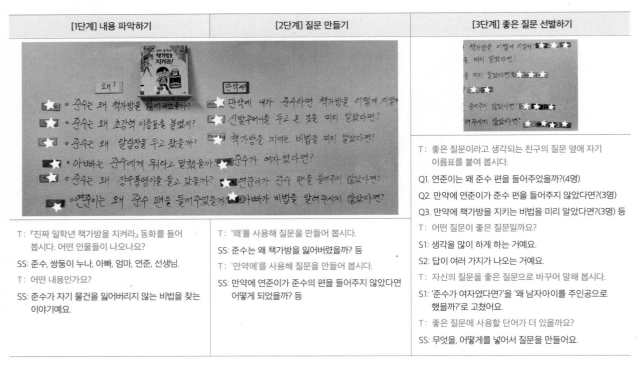

[1단계] 내용 파악하기	[2단계] 질문 만들기	[3단계] 좋은 질문 선별하기
T: 『진짜 일학년 책가방을 지켜라』 동화를 들어 봅시다. 어떤 인물들이 나오나요? SS: 준수, 쌍둥이 누나, 아빠, 엄마, 연준, 선생님. T: 어떤 내용인가요? SS: 준수가 자기 물건을 잃어버리지 않는 비법을 찾는 이야기예요.	T: '왜'를 사용해 질문을 만들어 봅시다. SS: 준수는 왜 책가방을 잃어버렸을까? 등 T: '만약에'를 사용해 질문을 만들어 봅시다. SS: 만약에 연준이가 준수의 편을 들어주지 않았다면 어떻게 되었을까? 등	T: 좋은 질문이라고 생각되는 친구의 질문 옆에 자기 이름표를 붙여 봅시다. Q1. 연준이는 왜 준수 편을 들어주었을까?(4명) Q2. 만약에 연준이가 준수 편을 들어주지 않았다면?(3명) Q3. 만약에 책가방을 지키는 비법을 미리 알았다면?(3명) 등 T: 어떤 질문이 좋은 질문일까요? S1: 생각을 많이 하게 하는 거예요. S2: 답이 여러 가지가 나오는 거예요. T: 자신의 질문을 좋은 질문으로 바꾸어 말해 봅시다. S1: '준수가 여자였다면?'을 '왜 남자아이를 주인공으로 했을까?'로 고쳤어요. T: 좋은 질문에 사용할 단어가 더 있을까요? SS: 무엇을, 어떻게를 넣어서 질문을 만들어요.

④ 사고성찰

　'질문 시작' 사고 전략은 글이나 상황에 대해 '왜, 만약에, 어떻게, 무엇을' 등 다양한 질문 매개체를 사용한다. 브레인스토밍하듯 질문을 생성하며 질문의 재미를 느끼고 질문하는 습관을 형성하기 위한 전략이다. 좋은 질문을 선별하고 모형화하면서 자신의 질문을 성찰하고 수정해 가면서 사고의 능동성을 강화한다.

　실천 수업은 『진짜 일학년 책가방을 지켜라』 동화를 듣고 '왜'와 '만약에'를 이용해 질문을 만드는 수업이다. '왜'로 원인과 목적을 파악하고 '만약에'로 다양한 상황에서 결과를 유추하도록 질문을 구성했다.

3-10. 중심-주변-비밀

① 사고 질문: 뿌리가 미치는 영향은 무엇일까요?

② 교육과정

핵심 아이디어	5~6학년 일반화	핵심 개념 Lens	관련 개념	범주/내용 요소			성취기준
				지식·이해	과정·기능	가치·태도	
식물은 광합성으로 양분을 만들며, 생물은 호흡을 통해 생명 활동에 필요한 에너지를 얻는다.	식물은 뿌리, 줄기, 잎, 꽃이 서로 연결되어 기능을 수행하며 생명을 유지한다.	연결	식물	뿌리, 줄기, 잎, 꽃의 구조와 기능	생물 관찰 및 분류하기	자연과 과학에 대한 감수성	[6과11-02] 식물의 구조를 관찰하고, 기능을 알아보는 실험을 수행해 식물 각 기관의 구조와 기능을 설명할 수 있다.

③ 사고 과정과 실천

[1단계] 중심에서 생각하기	[2단계] 주변에서 생각하기	[3단계] 숨겨진 것 생각하기

월 탐구:	**[생각의 깊이 더하기 전략] 더 깊이있게 사고하기**	
이름:	Routines for Digging Deeper into Idea(아이디어를 더 깊이 파고들기 위한 루틴)	

탐구질문: 식물의 뿌리가 없다면?

Main: 우리가 식물의 구조 중 뿌리의 기능을 떠올려 봅시다. 뿌리의 기능을 설명해 봅시다.	Side: 뿌리기능을 주변 생물들이 주고받는 영향과 관련지어 생각해 봅시다.	Hidden: 앞의 두 단계에서 알게 된 점을 토대로 뿌리의 기능에 숨겨진 개념을 써 봅시다.
뿌리가 물과 양분을 흡수합니다. 지지 기능을 합니다.	땅속의 미생물과 뿌리털이 서로 영향을 주고받고 곡물이 잘 자라도록 돕습니다.	식물에게 양분을 주려고 온 지구가 모두가 함께 움직입니다.

T: 우리가 식물의 구조 중 뿌리의 기능을 떠올려 봅시다. 뿌리의 기능을 설명해 봅시다.	T: 뿌리 기능을 주변 생물들이 주고받는 영향과 관련지어 생각해 봅시다.	T: 앞의 두 단계에서 알게 된 점을 토대로 뿌리의 기능에 숨겨진 개념을 써 봅시다.
S1: 뿌리가 물과 양분을 흡수해요.	S1: 땅속의 미생물과 뿌리털이 서로 영향을 주고받고 곡물이 잘 자라도록 도와주어요.	S1: 식물에게 양분을 주려고 온 지구가 모두 함께 움직여요.
S2: 땅속을 파고들어 다리, 척추 역할을 하는데 그것이 없다면 쓰러질 것 같아요.	S2: 뿌리혹 박테리아가 질소를 고정해 지력을 높이고 부식물을 미생물이 분해해 거름을 만들어요. 그것을 뿌리가 흡수해요. 가끔은 인간이 화학비료를 주기도 해요.	S2: 뿌리가 서로 얽히고 얽혀 강과 땅의 모양을 유지해요.
		S3: 식물의 뿌리는 미생물, 식물, 동물, 사람, 지구 전체에 큰 영향을 주어요.

④ 사고성찰

'중심-주변-비밀' 사고 전략은 공유된 이야기를 기반으로 주인공·주변 인물의 관점에서 서사를 살펴보며 핵심 주제를 찾는 전략이다.

실천 수업은 식물의 구조가 미치는 영향을 3단계로 추론해 봄으로써 뿌리라는 식물의 기관이 식물 스스로뿐 아니라 주변 생물들, 나아가 땅과 강의 모양, 지구 환경과 생태계 전반과도 연결되어 통찰할 수 있는 경험을 제공한다. 3단계의 사고 확장을 통해 식물의 구조와 기능이라는 개념에 대해 깊이 있게 이해할 수 있다.

4-1. 3을 주다

① 사고 질문: 지휘자에게 어떤 도움을 제공할 수 있을까요?

② 교육과정

핵심 아이디어	5~6학년 일반화	핵심 개념 Lens	관련 개념	범주/내용 요소			성취기준
				지식·이해	과정·기능	가치·태도	
개인적 또는 협력적 음악 연주는 인간의 감수성과 사회·문화적 배경에 따라 다양한 행위 과정으로 나타난다.	지휘자는 지휘를 통해 연주의 박자, 셈여림을 조절한다.	영향	음악 요소 (박, 박자, 빠르기, 셈여림)	음악 요소	발표하고 돌아보기	-	[6음01-02] 음악 요소를 살려 노래나 악기로 발표하고 과정을 돌아본다.

③ 사고 과정과 실천

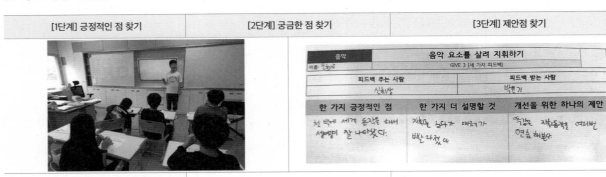

[1단계] 긍정적인 점 찾기	[2단계] 궁금한 점 찾기	[3단계] 제안점 찾기
T : 친구의 지휘에서 어떤 점이 좋았나요? S1: 첫 박에 세게 동작을 해서 셈여림이 잘 나타났어요. S2. 동작이 커서 뒤에서도 잘 보였어요.	T : 친구의 지휘에서 어떤 점이 궁금하나요? S1: 지휘를 하다가 빠르기가 빨라졌어요. 왜 빨라졌는지 궁금해요. S2: 동작의 크기가 점점 작아졌어요. 왜 동작을 더 작게 했나요?	T : 친구가 더 좋은 지휘를 하기 위해서 어떤 점을 제안할 수 있을까요? S1: 빠르기를 일정하게 유지하기 위해 똑같은 지휘 동작을 여러 번 연습해 봐요. S2: 자신감을 가지면 동작의 크기가 줄어들지 않을 거예요.

④ 사고성찰

'3을 주다' 사고 전략은 친구에게 피드백을 제공할 수 있는 틀이다. 긍정적인 점, 궁금한 점(아쉬운 점), 제안점 3가지를 피드백할 수 있도록 하며, 학습한 개념 또는 일반화와 관련한 피드백을 제공하도록 한다. 피드백의 초점을 일반화로 가져갈 수 있도록 지속적인 안내가 필요하며 이 과정을 통해 피드백을 받는 학생은 자신의 수행을 수정할 수 있고, 피드백을 제공하는 학생은 일반화와 자신의 수행을 다시 한번 성찰할 수 있다.

실천 수업은 박과 박자를 익힌 후 지휘하는 수행과제를 통해 학생들이 전이할 수 있는지를 확인하는 수업이다. 학생들은 지휘하는 모습을 통해 박과 박자, 빠르기, 셈여림을 이해하고 적용할 수 있는지 드러내야 한다.

4-2. 피드백 사다리

① 사고 질문: 식물은 어떤 구조로 연결되어 그 기능을 유지하고 있을까요?

② 교육과정

핵심 아이디어	5~6학년 일반화	핵심 개념 Lens	관련 개념	범주/내용 요소			성취기준
				지식·이해	과정·기능	가치·태도	
식물은 광합성으로 양분을 만들며, 생물은 호흡을 통해 생명 활동에 필요한 에너지를 얻는다.	식물은 뿌리, 줄기, 잎, 꽃이 서로 연결되어 기능을 수행하며 생명을 유지한다.	연결	식물	뿌리, 줄기, 잎, 꽃의 구조와 기능	생물 관찰 및 분류하기	자연과 과학에 대한 감수성	[6과11-02] 식물의 구조를 관찰하고, 기능을 알아보는 실험을 수행해 식물 각 기관의 구조와 기능을 설명할 수 있다.

③ 사고 과정과 실천

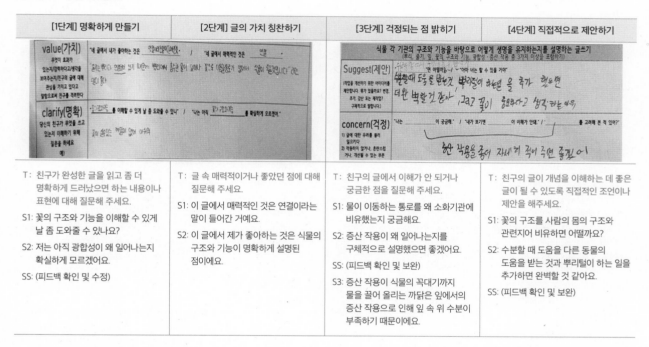

[1단계] 명확하게 만들기	[2단계] 글의 가치 칭찬하기	[3단계] 걱정되는 점 밝히기	[4단계] 직접적으로 제안하기
T: 친구가 완성한 글을 읽고 좀 더 명확하게 드러났으면 하는 내용이나 표현에 대해 질문해 주세요. S1: 꽃의 구조와 기능을 이해할 수 있게 날 좀 도와줄 수 있나요? S2: 저는 아직 광합성이 왜 일어나는지 확실하게 모르겠어요. SS: (피드백 확인 및 수정)	T: 글 속 매력적이거나 좋았던 점에 대해 질문해 주세요. S1: 이 글에서 매력적인 것은 연결이라는 말이 들어간 거예요. S2: 이 글에서 제가 좋아하는 것은 식물의 구조와 기능이 명확하게 설명된 점이에요.	T: 친구의 글에서 이해가 안 되거나 궁금한 점을 질문해 주세요. S1: 물이 이동하는 통로를 왜 소화기관에 비유했는지 궁금해요. S2: 증산 작용이 왜 일어나는지를 구체적으로 설명했으면 좋겠어요. SS: (피드백 확인 및 보완) S3: 증산 작용이 식물의 꼭대기까지 물을 끌어 올리는 까닭은 잎에서의 증산 작용으로 인해 잎 속 위 수분이 부족하기 때문이에요.	T: 친구의 글이 개념을 이해하는 데 좋은 글이 될 수 있도록 직접적인 조언이나 제안을 해주세요. S1: 꽃의 구조를 사람의 몸의 구조와 관련지어 비유하면 어떨까요? S2: 수분할 때 도움을 다른 동물의 도움을 받는 것과 뿌리털이 하는 일을 추가하면 완벽할 것 같아요. SS: (피드백 확인 및 보완)

④ 사고성찰

 '피드백 사다리' 사고 전략은 배운 개념의 이해를 확인하고, 장점과 강점, 약점 및 관심 영역을 탐색해 개념을 설명하는 더 나은 방향을 제안할 수 있는 방식이다. 특히 4단계의 피드백 과정은 자신이 배운 개념에 대한 이해의 부족한 부분을 보완하고 정교화하는 것을 도울 수 있다.

 실천 수업은 최종 수행과제인 식물들이 어떤 구조로 이루어져 있고 이를 바탕으로 어떻게 서로 균형을 이루며 생명을 유지하고 있는지를 글로 표현하는 단계이다. 쓴 글을 짝과 바꿔 읽고 서로 4가지의 질문을 제안한다. 질문을 반영해 글을 보충하고 수정해 과제를 마무리할 수 있다.

4-3. 말하기-묻기-아이디어-제안

① 사고 질문: 생활 속에서 활용되는 기체는 어떤 성질을 가지고 있을까요?

② 교육과정

핵심 아이디어	3~4학년 일반화	핵심 개념 Lens	관련 개념	범주/내용 요소			성취기준
				지식·이해	과정·기능	가치·태도	
물질은 여러 가지 상태로 존재하며, 구성 입자의 운동에 따라 물질의 상태와 물리적 성질이 변한다.	물질은 상태에 따라 고유한 특징이 있다.	기능	기체	온도와 압력에 따른 기체의 부피 변화	물질과 관련된 일상생활의 문제를 해결하기 위한 탐구 설계하기	과학 문화 향유	[4과15-03] 일상생활에서 이용되는 기체의 종류와 성질을 조사하고, 여러 가지 기체에 대해 흥미를 느낄 수 있다.

③ 사고 과정과 실천

[1단계] 알리고 싶은 것 찾기	[2단계] 궁금한 점 떠올리기	[3단계] 과제 방향 제안하기	[4단계] 이해를 제안하기
T : 과제를 통해 무엇을 알리고 싶나요? (아이디어 공유) S1: 기체 안에 있는 이산화탄소, 산소, 질소의 성질과 실생활에서 사용되는 예를 알리고 싶어요. S2: 질소가 사라지면 어떻게 될지를 알리고 싶어요. S3: 산소가 하는 일, 우리에게 어떤 영향을 미치는지 알리고 싶어요.	T : 새롭게 바뀐 생각이나 더 확장된 생각에는 어떤 것이 있나요? (발표내용에 대해 질문하기) S1: (피드백 제공) 질소가 타이어에 얼마나 들어가는지, 소화기에 이산화탄소만 들어가는지 궁금하고 글의 양을 늘렸으면 좋겠어요.	T : 더 나은 과제를 위해 어떻게 개선해야 할까요? SS: (질문에 대해 개선할 내용 반영해 수정하기)	T : 과제를 통해 무엇을 배웠나요? S1: 공기 안에 있는 다양한 기체의 성질을 알게 되었어요. S2: 산소밖에 몰랐는데 여러 가지 기체와 그 성질을 알게 되었어요. S3: 질소가 사라지면 지구가 멸망할 수도 있겠구나라고 생각했어요.

④ 사고성찰

'말하기-묻기-아이디어-제안' 사고 전략은 피드백과 협력을 촉진하는 방법으로서 다양한 시각과 관점을 수용하고 아이디어의 강점과 약점을 파악하고 개선할 수 있는 기회를 제공한다. 피드백을 바탕으로 자신의 최종 결과물을 수정·보완함으로써 배운 아이디어를 좀 더 효과적으로 정리하고 사고를 정교화하는 데 효과적이다.

실천 수업은 최종 수행과제로 배운 개념을 글쓰기로 표현하는 단계이다. 지금까지의 배운 것들을 토대로 알리고 싶고 궁금한 것을 떠올리고 이를 토대로 글쓰기를 한다. 쓴 글을 개선하기 위해서 아이디어를 모으고 이를 반영해 수정한다. 마지막으로 자신이 작성한 글을 통해 새롭게 알게 된 것을 정리해 봄으로써 배운 개념을 확인할 수 있다.

05 자기 성찰 전략

5-1. 출구 질문 카드

C 4학년 수학

① 사고 질문: 우리는 왜 각을 측정할까요?

② 교육과정

핵심 아이디어	3~4학년 일반화	핵심 개념 Lens	관련 개념	범주/내용 요소			성취기준
				지식·이해	과정·기능	가치·태도	
측정은 여러 가지 속성의 양을 비교하고 속성에 따른 단위를 이용해 양을 수치화함으로써 여러 가지 현상을 해석하거나 실생활 문제를 해결하는 데 활용된다.	우리 주변에 두 직선이 서로 벌어진 정도를 측정할 때 각, 각도가 필요하다.	형태	각	각도	측정 단위 사이의 관계 탐구하기	표준 단위의 필요성 인식	[4수02-02] 각과 직각을 이해하고, 직각과 비교하는 활동을 통해 예각과 둔각을 구별할 수 있다.

③ 사고 과정과 실천

[1단계] 문제 인식하기	[2단계] 사고 정리하기	[3단계] 출구 나가기
 TV (직각) 직각이 기 때문에 90°로 예상했다.	 포스트잇 (둔각) 105° 같다. 90°보다 좀 더 각이 크기 때문이다.	청도중앙 초 등학교 (예) 문으로 벗는 각도기를 사용하면 예각이고 90°도 같다. 칠판 (직각) 직각이기 때문에 90°로 예상했다.
T: 각은 우리 생활 중 어디에서 관찰할 수 있을까요? S1: TV, 교실 문, 책, 스케치북, 책상 등 물건의 모서리에서 관찰할 수 있어요. S2: 사물에서 두 선이 만나는 곳에서 각을 찾을 수 있어요.	T: 각도는 왜 필요할까요? S1: 각도를 알아야 물건을 정확히 만들 수 있어요. S2: 각도가 있어야 각을 정확히 알 수 있어요. S3: 다양한 모양을 만들기 위해 각도가 필요하다.	T: 우리는 왜 각을 측정할까요? S1: 물건을 정확히 만들 수 있고 집도 넘어지지 않게 똑바로 만들 수 있어요. S2: 똑같은 물건을 만들 때 각을 알면 편하게 만들 수 있어요.

④ 사고성찰

'출구 질문 카드' 사고 전략은 학생들이 차시 또는 단원에서 배운 학습 내용(지식)이나 개념을 정리하고 반성할 수 있는 유용한 학습 전략이다. 학생들이 개념과 관련된 깊은 사고를 할 수 있는 기회를 제공하는 것이 이 사고 전략의 핵심이라고 할 수 있다. 다음과 같은 질문이 좋다. 이번 수업의 목표는 무엇인가요? 목표는 달성했나요? 더 탐구하고 싶은 목표는 무엇인가요? 친구와 어떻게 비슷하고 다른가요? 도움이 된 전략은 무엇인가요? 궁금한 점은 무엇인가요?

실천 수업은 각과 각도에 대해 학생들이 탐구하고 난 후 학생들이 각과 각도에 관한 질문에 답해 봄으로써 단원 학습에 대해 돌아보고 성찰하는 수업이다.

5-2. 신호등 반응

① 사고 질문: 지금 활동을 잘 수행하고 있나요?

② 교육과정

핵심 아이디어	5~6학년 일반화	핵심 개념 Lens	관련 개념	범주/내용 요소			성취기준
				지식·이해	과정·기능	가치·태도	
음악은 고유한 방식과 원리에 따라 인간의 느낌, 생각, 경험을 다양한 소리의 어울림으로 표현한 것이다.	리듬은 리듬 요소의 조합으로 표현되며 표현 의도에 따라 구성된다.	영향	음악 요소 (박자)	음악 요소	노래 부르거나 악기 연주하기	-	[6음01-02] 음악 요소를 살려 노래나 악기로 발표하고 과정을 돌아본다.

③ 사고 과정과 실천

[1단계] 반응 확인하기	[2단계] 피드백하기		
	초록색	노란색	빨간색

| T : 활동을 하며 자신의 이해 정도를 신호등으로 제시해 봅시다. | T : 이렇게 성공적으로 수행한 까닭은 무엇일까요?
S : 음의 길이를 잘 알고 연주할 수 있기 때문이에요. | T : 어떤 점이 어렵나요?
S : 박에 맞게 정확하게 연주하기 힘들어요.
T : 어떤 연습을 하면 도움이 될까요?
S : 박을 잘 듣고 연습해야 해요. | T : 어떤 점이 어렵나요? 혹시 우리가 무엇을 하는지 이해하는 데 어려움을 겪고 있지 않나요?
S : 지금 어떤 활동을 하는지 잘 모르겠어요.
T : 박에 맞게 리듬을 연주하는 활동을 하고 있어요. 선생님을 따라 해봅시다. |

④ 사고성찰

'신호등 반응' 사고 전략은 학생들의 이해를 빠르게 점검할 수 있는 전략이다. 빨간색 반응은 수행 또는 개념 이해에 어려움을 겪고 있고 큰 도움이 필요하다는 의미이다. 노란색 반응은 약간의 도움이 필요하다는 의미이다. 초록색의 반응은 잘 수행하거나 개념을 이해하고 있음을 의미한다. 시각적 반응인 신호등을 활용하기 때문에 음악 수업에서 개인별 활동을 수행하고 있을 때 다른 학생을 방해하지 않고 자신의 이해 정도를 교사에게 보여줄 수 있다는 장점이 있다.

실천 수업은 리듬을 정확하게 읽고 연주하는 기능을 익히는 수업이다. 예체능 교과의 특성상 학생 간의 수준 차이가 상대적으로 크기 때문에 학생에게 맞는 피드백을 제공하기 위해서는 교사는 학생들의 수준을 정확하게 판단해야 하고, 학생들은 자신의 이해 정도를 스스로 판단할 수 있어야 한다.

5-3. 손가락 반응

1 사고 질문: 곱셈구구의 구성 원리를 얼마나 이해하고 있나요?

2 교육과정

핵심 아이디어	1~2학년 일반화	핵심 개념 Lens	관련 개념	범주/내용 요소			성취기준
				지식·이해	과정·기능	가치·태도	
수와 사칙계산은 수학 학습의 기본이 되며, 실생활 문제를 포함한 다양한 문제를 해결하는 데 유용하게 활용된다.	곱셈은 일의 자리부터 자릿수를 잘 맞추어 쓰고, 올림에 주의해 계산한다.	연결	곱셈	한 자리 수의 곱셈	사칙계산의 의미와 계산 원리를 탐구하고 계산하기	사칙계산, 어림의 유용성 인식	[2수01-11] 곱셈구구를 이해하고, 한 자리 수의 곱셈을 할 수 있다.

3 사고 과정과 실천

[1단계] 반응 확인하기	[2단계] 피드백하기

[1단계] 반응 확인하기	[2단계] 피드백하기
T: 2의 단 곱셈구구 개념과 원리를 완벽하게 이해하고, 한 자릿수의 곱셈을 잘 할 수 있다고 확신하나요? S1: (엄지손가락 위로 든다) 2×2는 2×1보다 2만큼 더 크므로 2×2는 4이에요. S2: (엄지손가락 옆으로 든다) 2의 단 곱셈구구 개념과 원리를 이해하고 있으나 조금 더 설명이 필요해요. S3: (엄지손가락 아래로 든다) 2의 단 곱셈구구 개념과 원리를 이해하지 못하고 있으며 더 많은 설명과 학습이 필요해요. 도와주세요.	T: 엄지 친구가 되어 친구들에게 2의 단 곱셈구구의 구성 원리를 설명할 수 있나요? S: (엄지 친구는 도움이 필요한 친구에게 곱셈구구 구성 원리를 설명한다.) **Tip.** 엄지 친구는 곱셈구구의 구성 원리를 완벽하고 이해하고 있으며 친구들 앞에서 자신의 계산 방법을 말로 설명할 수 있는 학생을 말한다.

4 사고성찰

'손가락 반응' 사고 전략은 엄지손가락 위치에 따라 학습 이해 정도를 표현하는 교실에서 활용할 수 있는 간편한 자기 성찰 방법 중 하나다. 소극적인 학생도 엄지손가락을 들어 올리거나 내리는 것으로 자신의 의견을 표현할 수 있으며 교사는 학생의 이해 정도를 쉽고 빠르게 파악할 수 있다. 다만, 깊이 있는 자기 사고성찰보다는 주변 시선이나 분위기에 따라 반응하는 경우를 주의해야 한다.

실천 수업은 2단 곱셈구구의 구성 원리를 이해하고 문제를 해결하도록 설계했다. 3가지 손가락 반응으로 학습의 이해 정도를 표현한다. 완전히 이해했고, 다른 문제도 해결할 수 있으면 엄지를 위로, 연습이나 설명이 조금 더 필요하면 엄지를 옆으로, 전혀 모르겠고 도움 없이 하기 힘들다면 엄지를 아래로 표현한다. 수업의 결과를 학습자는 손가락으로 표현하는 것이다. 구구를 위한 곱셈 전략은 동수 누가, 한 번 더 더하기 전략, 한 번 빼기 전략 등으로 학생들은 곱셈구구의 의미를 이해하고 곱셈구구 개념과 구성 원리를 이해해야 한다.

① 사고 질문: 곱셈구구를 이용해 다양한 계산 방법을 제시할 수 있나요?

② 교육과정

핵심 아이디어	1~2학년 일반화	핵심 개념 Lens	관련 개념	범주/내용 요소			성취기준
				지식·이해	과정·기능	가치·태도	
수와 사칙계산은 수학 학습의 기본이 되며, 실생활 문제를 포함한 다양한 문제를 해결하는 데 유용하게 활용된다.	곱셈은 일의 자리부터 자릿수를 잘 맞추어 쓰고, 올림에 주의해 계산한다.	연결	곱셈	한 자리 수의 곱셈	사칙계산의 의미와 계산 원리를 탐구하고 계산하기	사칙계산, 어림의 유용성 인식	[2수01-11] 곱셈구구를 이해하고, 한 자리 수의 곱셈을 할 수 있다.

③ 사고 과정과 실천

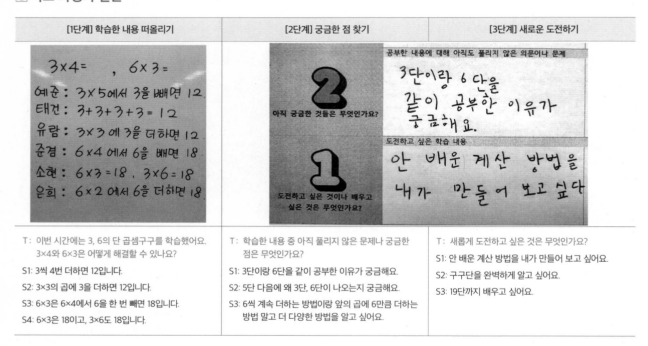

[1단계] 학습한 내용 떠올리기	[2단계] 궁금한 점 찾기	[3단계] 새로운 도전하기
T: 이번 시간에는 3, 6의 단 곱셈구구를 학습했어요. 3×4와 6×3은 어떻게 해결할 수 있나요? S1: 3씩 4번 더하면 12입니다. S2: 3×3의 곱에 3을 더하면 12입니다. S3: 6×3은 6×4에서 6을 한 번 빼면 18입니다. S4: 6×3은 18이고, 3×6도 18입니다.	T: 학습한 내용 중 아직 풀리지 않은 문제나 궁금한 점은 무엇인가요? S1: 3단이랑 6단을 같이 공부한 이유가 궁금해요. S2: 5단 다음에 왜 3단, 6단이 나오는지 궁금해요. S3: 6씩 계속 더하는 방법이랑 앞의 곱에 6만큼 더하는 방법 말고 더 다양한 방법을 알고 싶어요.	T: 새롭게 도전하고 싶은 것은 무엇인가요? S1: 안 배운 계산 방법을 내가 만들어 보고 싶어요. S2: 구구단을 완벽하게 알고 싶어요. S3: 19단까지 배우고 싶어요.

④ 사고성찰

'3-2-1 반성' 사고 전략은 자기 성찰을 돕는 간단하면서도 효과적인 사고기법이다. 3은 학습의 결과로 지금 알고 있는 내용을 확인한다. 2는 공부한 내용에 대해 풀리지 않은 의문이나 문제를 제기한다. 마지막으로 1은 새로운 도전과제를 인식한다. 학생들은 단계별로 성찰하며 수업에서 배운 내용을 되돌아보고 지속적인 개선과 발전을 통해 더 나은 학습 경험을 만들어 나가게 된다.

실천 수업은 3단, 6단 곱셈구구의 구성 원리를 이해하고 문제를 해결하도록 설계했다. 곱셈구구를 위한 곱셈 전략은 교환법칙, 분배법칙, 두 배 전략 등으로 학생들은 곱셈구구를 이용해 다양한 계산 방법을 제시할 수 있어야 한다.

5-5. 4 초점 반성

① 사고 질문: 내 글에서 무엇을 더 개선할 수 있을까요?

② 교육과정

핵심 아이디어	1~2학년 일반화	핵심 개념 Lens	관련 개념	범주/내용 요소			성취기준
				지식·이해	과정·기능	가치·태도	
쓰기는 언어를 비롯한 다양한 기호나 매체를 활용해 인간의 생각과 감정을 글로 표현함으로써 의미를 구성하는 행위이다.	쓰기는 인간의 생각과 감정을 글로 표현함으로써 의미를 구성하는 행위이다.	관점	경험	겪은 일을 표현하는 글	자유롭게 표현하기	쓰기에 대한 흥미	[2국03-04] 겪은 일을 표현하는 글을 자유롭게 쓰고, 쓴 글을 함께 읽고 생각이나 느낌을 나눈다.

③ 사고 과정과 실천

[1단계] 4가지 평가 기준 확인하기	[2단계] 평가 기준에 따라 글 평가하기	[3단계] 평가 결과에 따라 수정하기
T: 여름방학 때 인상 깊었던 일을 쓴 글(그림)을 평가하기 위해 다음 4가지 기준을 확인해 봅시다. [기준1] 인상 깊었던 일을 차례대로 썼나요? [기준2] 겪은 일에 관한 생각이나 느낌이 드러나게 썼나요? [기준3] 대화를 넣어 겪은 일을 실감나게 표현했나요? [기준4] 글과 그림이 어울리게 나타냈나요?	T: 평가 기준에 따라 자신의 글과 친구의 글을 평가해 봅시다. S1: 겪은 일을 차례대로 썼어요. S2: 인상 깊었던 일에 대한 내 생각이 잘 드러나 있지 않아요. S3: 엄마가 말씀하신 대화 내용을 넣어 더 실감나게 표현해야겠어요. S4: 글과 그림이 잘 어울리게 나타냈어요.	T: 평가 결과를 반영해서 글을 수정하고 내용을 보충해 봅시다. S: (좀 더 자세히 쓸 부분, 대화 글로 나타낼 부분, 일의 차례가 맞지 않게 쓴 부분 등을 고쳐 써 글을 완성한다.)

④ 사고성찰

'4 초점 반성' 사고 전략은 4가지 기준을 사용해 학습 경험을 분석하는 자기 성찰 방법이다. 이 사고 전략은 체계적이고 분석적으로 수행과제를 평가하고 학습 경험을 조망하며 자기평가를 도와 자신의 약점을 개선하는 기회를 제공한다는 장점이 있다. 따라서 세부적으로 문제점을 파악하고 개선 방안 도출할 때 유용하게 활용할 수 있다.

실천 수업은 글감을 쉽게 마련해 글쓰기에 대한 부담을 덜고 서사 표현에 쉽고 재미있게 접근하기 위해 여름방학 동안 자신이 겪은 일 가운데에서 '인상 깊었던 일'을 글을 쓰도록 설계했다.

❻ 학생 교류 전략

6-1. 하나 주고, 하나 가져오기

① 사고 질문: 한 자리 수의 곱셈을 어떻게 계산할 수 있을까요?

② 교육과정

핵심 아이디어	1~2학년 일반화	핵심 개념 Lens	관련 개념	범주/내용 요소			성취기준
				지식·이해	과정·기능	가치·태도	
수와 사칙계산은 수학 학습의 기본이 되며, 실생활 문제를 포함한 다양한 문제를 해결하는 데 유용하게 활용된다.	곱셈은 일의 자리부터 자릿수를 잘 맞추어 쓰고, 올림에 주의해 계산한다.	연결	곱셈	한 자리 수의 곱셈	사칙계산의 의미와 계산 원리를 탐구하고 계산하기	사칙계산, 어림의 유용성 인식	[2수01-11] 곱셈구구를 이해하고, 한 자리 수의 곱셈을 할 수 있다.

③ 사고 과정과 실천

[1단계] 하나 주고 하나 가져오기	[2단계] 서로의 생각을 주고받기	[3단계] 다른 친구들과 또 해보기
내 생각(영○원) 7+7+7+7=28. ⊙⊙⊙⊙⊙⊙⊙ ⊙⊙⊙⊙⊙⊙⊙ ⊙⊙⊙⊙⊙⊙⊙ ⊙⊙⊙⊙⊙⊙⊙ 확용 생각 최○ 7×3에 7를 더하면 28 입니다	앞뒤 짝꿍 생각(이○준) 7×4는 28 이고 4×7도 28 이야	대각선 짝꿍 생각(김○건) 7 ×4 는 7×2를 2번 더하면 28이 야.
T: 한 자리 수의 곱셈을 어떻게 계산할 수 있을까요? S1: 7×4는 7씩 4번 더하면 되니까 28입니다. S2: 7×4는 7×3보다 얼마나 더 큰가요? S1: 7만큼 더 커요. S2: 맞아요. 7의 단 곱셈구구에서 곱하는 수가 1씩 커지면 그 곱은 7씩 커지니까요. S1: (7×3의 곱에 7을 더하면 28입니다.)	T: 한 자리 수의 곱셈을 계산하는 다른 방법은 무엇이 있을까요? S1: 7×4과 4×7의 곱을 비교하면 어떨까요? S2: 7×4는 4×7을 해도 곱이 같으므로 28이에요. S3: 네. 곱하는 두 수의 순서를 서로 바꾸어도 곱이 같아요. S4: (7×4는 28이고, 4×7도 28입니다.)	T: 한 자리 수의 곱셈을 계산하는 또 다른 방법은 무엇이 있을까요? S1: 7×4는 7×2를 몇 번 더하면 될까요? S2: 2번입니다. S3: 그렇지요. 두 배 전략을 이용해 봐요. S4: (7×4는 7×2를 2번 더하면 28입니다.)

④ 사고성찰

'하나 주고, 하나 가져오기' 사고 전략은 자기 생각을 다른 사람들과 공유할 때 활용하는 전략이다. 학생들은 다양한 관점에서 해결 방법이나 아이디어를 얻을 수 있으며 이 과정에서 새로운 수학적 지식, 기능, 경험 등을 생성하게 된다. 또한, 친구들과 적극적인 상호작용을 통해 협력적으로 문제를 해결할 수 있다.

실천 수업은 7단 곱셈구구의 구성 원리를 이해하고 문제를 해결하기 위해 친구와 도움을 주고받으며 곱셈구구의 구성 원리와 여러 가지 계산 방법을 탐구하도록 설계했다.

6-2. 하나 더하기

① 사고 질문: 각기둥은 어떤 특징을 가지고 있을까?

② 교육과정

핵심 아이디어	5~6학년 일반화	핵심 개념 Lens	관련 개념	범주/내용 요소			성취기준
				지식·이해	과정·기능	가치·태도	
평면도형과 입체도형은 여러 가지 모양을 범주화한 것이며, 각각의 평면도형과 입체도형은 고유한 성질을 갖는다.	입체도형 중 위아래에 있는 면이 서로 평행하고 합동인 다각형으로 이루어진 도형은 각기둥이고, 밑면이 다각형이고 옆으로 둘러싼 면이 모두 삼각형인 도형은 각뿔이다.	형식	입체 도형	각기둥과 각뿔	도형의 개념, 구성 요소, 성질 탐구하고 설명하기	평면도형, 입체도형에 대한 흥미와 관심	[6수03-05] 각기둥과 각뿔을 이해하고, 구성 요소와 성질을 탐구하고 설명할 수 있다.

③ 사고 과정과 실천

[1단계] 생각하기	[2단계] 더하기	[3단계] 검토하기

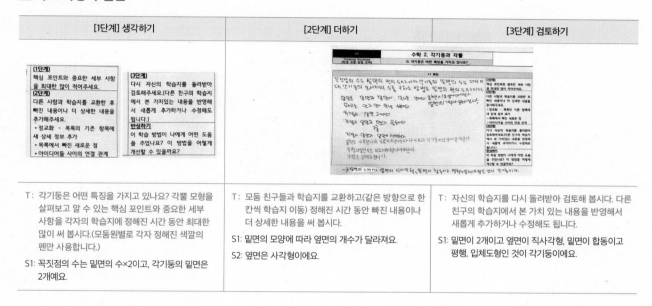

[1단계] 생각하기	[2단계] 더하기	[3단계] 검토하기
T: 각기둥은 어떤 특징을 가지고 있나요? 각뿔 모형을 살펴보고 알 수 있는 핵심 포인트와 중요한 세부 사항을 각자의 학습지에 정해진 시간 동안 최대한 많이 써 봅시다.(모둠원별로 각자 정해진 색깔의 펜만 사용합니다.) S1: 꼭짓점의 수는 밑면의 수×2이고, 각기둥의 밑면은 2개예요.	T: 모둠 친구들과 학습지를 교환하고(같은 방향으로 한 칸씩 학습지 이동) 정해진 시간 동안 빠진 내용이나 더 상세한 내용을 써 봅시다. S1: 밑면의 모양에 따라 옆면의 개수가 달라져요. S2: 옆면은 사각형이에요.	T: 자신의 학습지를 다시 돌려받아 검토해 봅시다. 다른 친구의 학습지에서 본 가치 있는 내용을 반영해서 새롭게 추가하거나 수정해도 됩니다. S1: 밑면이 2개이고 옆면이 직사각형, 밑면이 합동이고 평행, 입체도형인 것이 각기둥이에요.

④ 사고성찰

'하나 더하기' 사고 전략은 학생들이 말 대신 글을 이용해 서로 생각을 공유하는 전략이다. 모둠 토의에서는 주로 적극적인 몇 명의 친구가 주도하는 경우가 많은데 이 방법은 모두의 생각을 공평하게 공유할 기회를 가질 수 있다. 또, 동시에 학습지에 기록하기 때문에 발언 순서를 기다릴 필요 없이 모두가 한꺼번에 참여할 수 있다는 장점도 있다. 그리고 보통의 모둠 토의와는 다르게 조용한 분위기에서 다른 친구의 의견에 집중하며 자기 생각을 정리할 수 있다.

교사의 입장에서는 활동 후에 학생들이 쓴 글을 읽으며(학생별로 다른 색깔의 펜을 사용하게 해서 누구의 생각인지 확인 가능) 누가 어느 수준까지 개념을 제대로 이해하고 있는지 파악하기도 쉽다. 좀 더 깊이 있는 학습을 위해서는 학생들에게 마지막 성찰 부분에서 모둠 토의를 통해 얻은 핵심 아이디어가 무엇인지 다시 한번 짚어 주는 활동이 필요하다.

실천 수업은 각기둥의 특징을 탐구하는 단원이다. 다양한 각기둥 모형을 자세히 관찰하고 이를 통해 알 수 있는 점을 친구들과 공유하며 깊이 있게 이해할 수 있도록 수업을 설계했다.

6-3. 생각-대화-공유

1 사고 질문: 나는 자주적인 삶을 실천했나요?

2 교육과정

핵심 아이디어	5~6학년 일반화	핵심 개념 Lens	관련 개념	범주/내용 요소			성취기준
				지식·이해	과정·기능	가치·태도	
자아에 대한 탐구와 성찰은 자신을 존중하는 마음을 기르는 도덕 공부의 기초이다.	내 삶의 주인으로 살기 위해 반성하는 습관이 필요하다.	성찰	자아 성찰	자주적으로 살아야 하는 이유는 무엇일까?	자주의 의미를 살펴보고 자신의 생활 반영하기	주체적인 삶의 태도	[6도01-01] 자주적인 삶에 대한 이해를 바탕으로 자신의 생활계획을 세우고 실천해 주체적인 삶의 태도를 기른다.

3 사고 과정과 실천

[1단계] 생각하기	[2단계] 말하기	[3단계] 교환하기

T: 자주적인 삶의 실천을 위해 한 일(성공 경험), 질문이나 어려움(도전 경험), 도움이 된 점, 적용 방법은 무엇인가요? 학습지에 자기 생각을 자세하게 써 봅시다.

S1: 프로젝트에서는 규칙을 잘 지키기 위해 스마트폰을 2시간 이하로 하는 것을 목표로 삼았어요.

S2: 프로젝트를 통해 스마트폰을 많이 해서 공부에 집중하지 못했던 것이 어느 정도 개선되었어요. 로드맵 프로젝트를 통해 다음에 제가 하고 싶은 일을 위해 목표를 세울 때도 잘 실천할 수 있을 것 같아요.

T: 모둠별로 돌아가며 1~2분씩 이야기합니다. 다른 친구들이 이야기할 때는 듣기만 합니다. 친구들의 이야기를 경청하며 공통점을 발견해 봅시다.

S1: 공통점은 프로젝트에서 자신에 세운 목표를 실천하려고 노력했고, 어려운 점은 목표가 자신의 수준과 맞지 않아 귀찮았던 것 같았요.

S2: 자주적인 삶의 실천을 통해 나쁜 습관을 고치고 좋은 습관을 들이게 되었어요. 그리고 스스로 계획을 세워 실천할 수 있게 되었어요.

T: 우리 반 친구들의 생각 중에서 연결할 수 있는 점이나 공통점은 무엇인가요?

S1: 자주적으로 계획을 세우는 습관 덕분에 다른 사람이 이거 해라 저거 해라, 하지 않아도 습관이 들어서 자기 혼자서도 잘 되었다는 친구들이 많았어요.

S2: 실천을 잘하지 못한 친구들은 귀찮아서 못했다고 했는데 잘 실천하기 위해 꼭 할 수 있는 작은 계획부터 세워야겠다고 했어요.

4 사고성찰

'생각-대화-공유' 사고 전략은 학생들이 모둠 활동에서 제공된 정보를 검토하고, 토론할 때 활용된다. 이 전략은 모둠의 깊이 있는 내용을 적용할 때 효과적이다. 그래서 미리 자기 생각을 정리하는 시간을 주고, 모둠 발표 시간에는 다른 사람의 생각을 경청하는 자세에 강조점을 둔다. 그리고 이런 경청을 바탕으로 다른 친구들의 생각을 듣고 자기 생각과 연결할 수 있는 점이나 공통점을 찾을 수 있도록 하는 것이 중요하다.

실천 수업은 자주적 삶을 실천하기 위한 자신의 6학년 생활 로드맵 세우기 프로젝트의 마지막 단계이다. 지금까지 했던 프로젝트를 돌아보고 학생들과 공유하는 활동을 하는 수업이다.

6-4. 리더 없는 토론

① 사고 질문: 자연 보호는 개발보다 더 중요할까요?

② 교육과정

핵심 아이디어	5~6학년 일반화	핵심 개념 Lens	관련 개념	범주/내용 요소			성취기준
				지식·이해	과정·기능	가치·태도	
화자와 청자는 의사소통 과정에 협력적으로 참여하고 듣기·말하기 과정에서의 문제를 해결하기 위해 적절한 전략을 사용해 듣고 말한다.	서로의 생각과 감정을 주고받는 과정에서 의사소통이 일어난다.	의사소통	상호 작용	토론	주장, 이유, 근거가 타당한지 평가하기	듣기·말하기에 적극적 참여	[6국01-02] 주장을 파악하고 이유나 근거가 타당한지 평가하며 듣는다.
				토론	절차와 규칙 준수하기	듣기·말하기에 적극적 참여	[6국01-07] 절차와 규칙을 지키고 타당한 이유와 근거를 제시하며 토론한다.

③ 사고 과정과 실천

[1단계] 질문 공유하기	[2단계] 토론하기	[3단계] 성찰하기
	※ '자연 보호는 자연 개발보다 더 중요하다'는 토론 주제에 대한 자신의 입장을 정하고 근거를 생각해봅시다. 입장: (찬성, 반대) 근거: (학생 필기) ※ 다음 규칙 지키면서 토론에 참여해주세요.	
T: 자연 보호와 개발 중 자연 보호가 더 중요한가요? 이 토론 주제에 대해 찬성과 반대입장을 결정하고 주제에 대한 자신의 근거를 써 봅시다. 그리고 토론과 관련 있는 열린 질문 2개를 작성하고 기록해 봅시다. S1: 자연 보호보다 개발이 중요하다고 생각한다. 왜냐하면, 자연은 한 번 파괴되면 복원이 어렵고, 개발은 생태계를 파괴하기 때문이에요. *질문: 많이 개발하려는 인간의 욕심을 어떻게 조절할 수 있을까?	T: 모둠 토론을 통해 각자 작성한 질문을 나누어 봅시다. 한 질문당 5분의 시간이 걸리지 않도록 시간 도우미를 정해 주세요. S1: 개발 과정에서 지구 환경을 악화시키는 문제를 어떻게 생각하나요? T: 지금까지 들은 친구들의 의견을 요약해서 말하면 어떤 내용인가요? S2: 개발이 중요하다는 이유는 개발을 통해 자연을 보호할 수 있다는 내용이고, 예를 들면 멸종위기종도 되살릴 수 있고, 수소자동차 등이 있어요.	T: 토론을 통해 내 생각에는 어떤 변화가 생겼나요? S1: 저는 처음에는 개발하면 동물이 죽을 것 같아 보호가 중요하다고 생각했는데 친구들 이야기를 들어보니까 적당한 개발을 하면 동물들도 잘 살 수 있을 것 같다는 생각이 들었어요. S2: 저는 처음에는 자연이 한 번 파괴되면 복원이 어렵고 개발은 무조건 생태계를 파괴한다고 생각했는데 이미 망가진 생태계를 회복시키기 위해서는 기술 개발도 중요할 것 같아요.

④ 사고성찰

　'리더 없는 토론' 사고 전략은 학생들이 각자 만든 질문을 나누고 공유하면서 대화의 방향을 주도적으로 이끌어 나가는 전략이다. 이 방법에서는 주어진 질문에 대해 생각을 공유하고, 공유된 질문의 공통점과 차이점을 나누며 토론을 통해 자기 생각이 어떻게 발전했는지 성찰한다.

　토론이 익숙하지 않은 학생들에게는 '리더 없는 토론'이 어렵게 느껴질 수 있다. 다른 친구가 이야기할 때 경청하는 자세(친구가 말할 때 끼어들지 않기)를 강조하고, 친구의 이야기를 듣고 이해가 가지 않을 때는 '왜 그렇게 생각하나요?'라는 질문을 통해 다른 사람의 이야기를 충분히 이해하도록 지도한다.

　실천 수업은 국어 토론 수업으로 주장이나 근거를 파악하고 그 타당성을 평가하는 활동을 한다. 사전에 자신의 입장을 결정하고 구체적인 근거 자료를 준비한 후 모두가 참여할 수 있는 토론으로 수업을 설계했다.

6-5. 의미 만들기

① 사고 질문: 국회, 행정부, 법원이 하는 일은 어떻게 연결되어 있을까요?

② 교육과정

핵심 아이디어	5~6학년 일반화	핵심 개념 Lens	관련 개념	범주/내용 요소			성취기준
				지식·이해	과정·기능	가치·태도	
헌법에 따라 우리나라의 국가기관은 국회, 대통령과 행정부, 법원과 헌법재판소 등으로 구성된다.	국가기관의 권력 균형이 무너지면 시민의 자유와 권리가 침해된다.	관계	권력 분립	국회 행정부 법원 권력 분립	권력 분립의 이유를 탐구하기	국가기관에 대한 비판적인 태도	[6사08-02] 민주 국가에서 국회, 행정부, 법원이 하는 일에 대해 이해하고, 각 국가기관의 권력을 분립하는 이유를 탐색한다.

③ 사고 과정과 실천

[1단계] 주제 설정 및 응답하기	[2단계] 연결하기	[3단계] 공유하기

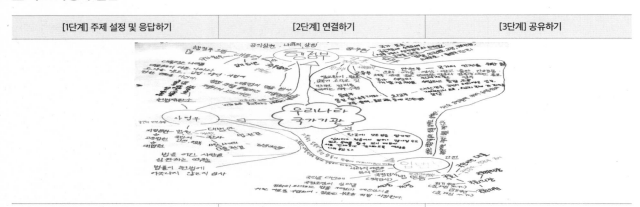

T: '우리나라 국가기관'에 대해 배운 개념과 떠오르는 단어를 돌아가며 번갈아 기록해 봅시다. 각자 다른 색깔 펜을 이용해서 기록해 봅시다. SS: (학생들은 주어진 주제에 대해 자기 생각을 돌아가며 학습지에 기록한다. 다른 사람이 기록한 단어에 내용을 추가해 기록할 수도 있다.)	T: 모둠 친구들에게 자기 생각을 발표하고 각 질문에 대해 친구들의 생각과 연결할 수 있는 부분이나 공통점을 정리해 봅시다. S1: 입법부, 행정부, 사법부는 서로를 심사하고 감시해요. S2: 국가기관을 나누어 놓은 이유는 한 곳에 모든 일을 맡기면 일 처리가 힘들어서 실수가 많아질 수도 있고 독재를 할 수도 있어서 서로 견제하고 감시하도록 역할을 나누어 놓았다고 할 수 있을 것 같아요.	T: 모둠에서 나눈 내용을 다른 그룹의 친구들과 나누고 공통점과 차이점을 이야기해 봅시다. S1: 저희 모둠에서는 독재가 일어나지 않도록 국가기관을 나누어 놓았다고 했는데 OO모둠에서는 한 곳에 너무 힘이 몰리면 일이 너무 많아져서 처리가 힘들어지고 실수가 많아질 것 같다고 이야기한 점이 달랐어요. S2: OO모둠과 저희 모둠은 입법부, 행정부, 사법부가 법을 중심으로 연결되어 있고 서로를 심사하고 감시한다는 내용이 비슷했어요.

④ 사고성찰

'의미 만들기' 사고 전략은 이미 학습한 내용에 대해 학습자가 학습에 대해 더 깊은 의미에 도달할 수 있도록 개념에 대해 서로 연결하고, 종합하는 과정을 거친다. 이 과정은 혼자서는 도달하기 어렵고 협업하는 과정이 중요하다. 또, 연결과 종합은 고차적 사고력을 요구하기 때문에 교사의 적절한 피드백도 필요하다. 이 사고 전략은 이미 충분히 지식이 형성된 학습의 마무리 과정에서 지금까지 공부한 것들을 돌아보고 탐구하는 일반화 과정에서 사용하는 것이 유용하다.

실천 수업은 국회, 행정부, 법원의 역할과 삼권분립의 이유를 탐구하는 수업이다. 이 수업에서는 국가기관들이 어떻게 서로 연결되어 있는지를 살펴보는 것이 가장 중요하다.

부록

백워드 설계 단계별 자가 점검표

설계 이해의 정도	척도
개념과 과정의 정교한 이해를 보여준다. 개념, 증거, 논의, 자격이 전형적으로 기본 주제를 파악하는 것을 넘어서서 만들어지고, 설계 과정의 논의 제시와 활용 방법이 효과적이다.	4
개념과 과정의 분명한 이해를 보여준다. 개념, 증거, 논의 그리고 활용 방법의 쟁점과 문제를 다루는 데 적절하다. 설계 진술은 핵심 아이디어나 지나치게 단순한 접근 방법에 대한 오해가 없다.	3
개념과 과정이 협소하거나 제한된 이해를 보여준다. 개념, 증거, 논의 그리고 활용 방법은 쟁점이나 문제를 다루는 데 다소 단순하고 조잡하거나 적절하지 않다. 설계 진술은 핵심 아이디어나 방법에 대한 약간의 오해를 드러낼 수도 있다.	2
개념과 쟁점에 대해 거의 분명하지 않은 이해를 보여준다. 개념, 준거, 논의 그리고 활용 방법은 쟁점과 문제를 다루는 데 부적절하다. 설계 진술은 핵심 아이디어나 방법에 대한 다수의 오해를 드러낸다. 또는 내용을 반영한 자료가 없다.	1

백워드 설계 1단계 [목표…이해…질문…지식과 기능]	척도
1. [목표 설정] 이 단원과 관련 있는 국가 성취기준으로 작성하고 일치하는가?	4 3 2 1
2. [목표 설정] 유목화된 성취기준(통합 교육과정)은 개념 중심으로 연계성이 있는가?	4 3 2 1
3. [이해] 성취기준과 단원 목표에서 이해를 도출했는가?	4 3 2 1
4. [개념] 개념 렌즈의 개수는 1개 또는 2개인가?	4 3 2 1
5. [이해] 이해는 지식이 아닌 전이 가능한 주요 개념과 심층적 학습에 기초를 두고 있는가?	4 3 2 1
6. [이해] 이해는 추상적이고, 일반화된 완전한 문장(~이해할 것이다)으로 작성했는가?	4 3 2 1
7. [본질적 질문] 주요 개념으로 탐구를 안내하는 본질적 질문을 개발했는가?	4 3 2 1
8. [본질적 질문] 질문은 학습자의 사고와 탐구를 자극하고, 교과 고유의 탐구과정을 가지는가?	4 3 2 1
9. [본질적 질문] 포괄적 질문은 이해로 나아가고, 제한적 질문은 하나의 주제로 탐구되고 수렴하는가?	4 3 2 1
10. [본질적 질문] 질문은 학생이 이해하기 쉽도록 '학생의 언어'로 작성했는가?	4 3 2 1
11. [기능 교과의 본질적 질문] 기능과 관련된 개념이나 원리를 정확히 이해하는 질문인가? [핵심 개념] 효과적인 기능 수행을 강조하는 핵심 개념은 무엇인가? [목적과 가치] 왜 기능이 중요한가? [전략과 전술] 전문가는 어떤 전략을 사용하는가? [맥락] 기능이나 전략을 언제 활용해야 하는가?	4 3 2 1
12. [핵심 지식과 기능] 성취기준을 충족하고, 이해를 가능하게 하는 핵심 지식과 기능으로 확인되는가? [핵심 지식] 사실적 지식이 아닌 학생이 알아야 할 명제적 지식, 핵심 개념(~무엇을 안다)인가? [기능] 활동이 아닌 학생이 할 수 있어야 할 탐구 기능으로 절차적 지식(~을 할 수 있다)인가? [기능] 교과 고유의 탐구 기능을 함의하고 있는가?	4 3 2 1
13. [사고 구조] 교육 내용이 체계적으로 지식의 구조화(정보와 사실, 개념과 기능, 일반화)되어 있는가?	4 3 2 1
14. [조망도] 조망도에 지식 또는 과정의 구조가 드러나 있는가?	4 3 2 1

[검토 의견]

백워드 설계 2단계 [수행과제····채점 기준····다른 증거]	척도
1. [수행과제] 백워드 설계 1단계에서 하나 또는 그 이상의 바라는 결과와 일치하는가?	4 3 2 1
2. [수행과제] 복잡한 것, 확인된 지식의 실제에서 적용, 기능, 이해를 포함하고 있는가?	4 3 2 1
3. [수행과제] 단원(Unit)이 포함하고 있는 개념의 수에 따라 수행과제를 개발했는가?	4 3 2 1
4. [수행과제] GRASPS와 시나리오 형식으로 작성했는가? [Goal,목적] 수행과제를 해결하는 목표에 해당하는가? 이해의 수행동사를 사용했는가? [Role,역할] 해당 교과의 진로 직업과 관련한 역할을 설정했는가? [Audience,청중] 실제 또는 가상의 대상으로 선정했는가? [Situation,상황] 학생의 삶의 맥락과 유사한 상황으로 설정했는가? [Performance,수행] 1단계 이해의 측면과 목표, 수행의 연계성을 고려하고, 목표를 상세화한 과제의 성격인가? [Performance,수행] 1단계의 기능을 사용해 수행을 분명하게 제시하고 있는가? [Standards,기준] 평가 준거가 목표와 내용의 타당도를 가졌는가? [Standards,기준] 채점 기준(분석적 루브릭)의 평가 요소(개수)와 일치하고 있는가?	4 3 2 1
5. [수행과제] 수행과 산출물에서 선택과 다양성을 가진 이해를 학생이 논증하도록 허용하고 있는가?	4 3 2 1
6. [수행과제] 해결할 수 있는 수행과제는 이해를 분명하게 파악할 수 있는 조건(이해 증거)인가?	4 3 2 1
7. [수행과제] 이해의 여섯 측면(설명, 해석, 적용, 관점, 공감, 자기 지식) 중 하나 이상을 포함하고 있는가? [설명] 정교하게 설명할 수 있는 능력과 통찰력을 보여주는 이해를 활용하는가? [해석] 강력하고 의미 있는 해석, 번역, 내러티브를 제공하는 이해를 활용하는가? [적용] 참되고 실제로 복잡한 맥락 속에서 자신의 지식을 효율적으로 적용하는 이해를 활용하는가? [관점] 입장을 비평하고 정당화하는 이해를 활용하는가? [공감] 자신을 다른 이의 상황, 영향, 관점에 대입시켜 인식하고 느끼는 이해를 활용하는가? [자기 지식] 자신의 무지를 아는 지혜 또는 자신의 사고와 행위를 반성할 수 있는 이해를 활용하는가?	4 3 2 1
8. [수행과제] 수행과제를 학습자의 관점에서 시나리오 구조(Story)로 만들어져 있는가?	4 3 2 1
9. [채점기준:타당도] 분석적 루브릭으로 성취기준을 근거로 평가의 타당도를 함의하고 있는가? [내용] 결과물이 깊은 이해를 드러냈는가? 내용이 과제에 적절하고 정확하고 뒷받침되었는가? [과정] 학생의 문제 해결 과정이 체계적이었는가? 적절한 전략을 썼는가? 접근이 그럴듯한가? [질] 연설이 잘 조직되었는가? 과제물이 기술적으로 그럴듯한가? 수행이나 결과물의 질이 우수했는가? [결과(효과)] 바라는 결과가 성취되었는가? 문제가 해결되었는가? 활동이 효과적이었는가?	4 3 2 1
10. [채점기준] 모호함 없는 정확한 기술적 언어와 단계적 변화를 가진 용어로 작성하고 있는가?	4 3 2 1
11. [채점기준] 수행과제를 채점하기 위한 도구로 분석적 루브릭이 구성되어 있는가?	4 3 2 1
12. [채점기준] 평가 요소가 2개 이상이 아닌 하나의 독립된 평가 요소를 가지고 있는가?	4 3 2 1
13. [다른 증거:신뢰도] 교육과정 우선순위에 따른 평가의 다양한 형태가 부가적인 증거로 제공되는가?	4 3 2 1
14. [다른 증거] 학습과 수행에 대한 자기평가 및 반성적인 성찰의 기회(피드백)를 제공하고 있는가?	4 3 2 1

[검토 의견]

백워드 설계 3단계 [W···H···E···R···E···T···O]	척도
1. [계열] 학습설계에 W-H-E-R-E-T-O의 요소가 모두 적용되어 있는가?	4 3 2 1
2. [W, 학습 목표] 학습할 내용(질문), 기대하는 것(수행 목표), 평가 방법, 앵커링 등을 명확하게 제시했는가?	4 3 2 1
3. [W, 학습 목표] 진단평가(KWL)로 오해와 예측할 수 있는 수행(기능) 실수를 점검하고 있는가?	4 3 2 1
4. [H, 동기유발] 학습의 매력적이고 사고를 자극하는 경험(이슈, 상황, 문제, 도전 등)을 제시하고 있는가?	4 3 2 1
5. [E, 경험 탐구] 활동 중심이 아닌 개념 이해에 필요한 탐구(경험)와 수행에 필요한 지식과 기능을 갖추도록 설계되었는가?	4 3 2 1
6. [E, 경험 탐구] 학생이 중요한 개념을 경험하고 주제를 탐구하도록 준비하고, 수립했는가?	4 3 2 1
7. [R, 재사고] 이해를 재고하고, 수행에 대한 피드백과 안내로 수정할 기회를 제공했는가?	4 3 2 1
8. [E2, 평가] 개별·협력적 성장에 대한 지속적인 평가를 통해 학생에게 피드백과 안내를 제공했는가?	4 3 2 1
9. [E2, 평가] 2단계에서 작성한 수행과제와 다른 증거가 모두 작성되어 있는가?	4 3 2 1
10. [T, 개별화] 학습은 다양한 학습자들의 흥미, 스타일을 고려해 내용, 과정, 산출물 등을 개별화했는가? 　[내용 차별화] 학습자가 가지고 있는 사전 학습의 정도에 따라 차별화하고 있는가? 　[결과 차별화] 학습자들이 결과물(학습 증거)을 선택할 수 있도록 선택과제를 제시하고 있는가? 　[과정 차별화] 학습자들이 같은 목표에 도달할 수 있도록 다양한 탐구 경험을 제시하고 있는가?	4 3 2 1
11. [O, 조직화] 학습 활동의 순서는 학생의 참여와 생산성을 최대화하기 위해 조직되어 있는가? 　[단원 시작] 주제, 바라는 결과, 질문, 수행과제, 동기유발, 진단평가(오개념)를 포함하는가? 　[단원 중] 문제제기, 수행경험 제공, 강의식 수업, 형성평가, 재고와 수정의 기회와 피드백을 포함하는가? 　[단원 말미] 총괄평가, 자기평가와 반성적 성찰, 개념의 일반화를 포함하는가?	4 3 2 1
12. 본질적 질문으로 중심으로 단원을 조직하고, 우선순위가 명확하고, 평가 과제와 연결되었는가?	4 3 2 1
13. 3단계는 수행과제를 수행하는 과정으로 학습 활동의 과정이 설계되었는가?	4 3 2 1
14. 최종평가에서 스스로 추론을 통해 의미를 구성(핵심 질문의 답)하고 있는 기회를 제공했는가?	4 3 2 1

[검토 의견]

백워드 설계 점검 [1단계 ⇆ 2단계 ⇆ 3단계 ⇆ 실천]	확인
1. 모든 3단계는 연결 및 일치되었는가?	4 3 2 1
2. 목표(이해)로 정한 내용의 주요 개념에 초점을 맞추었는가?	4 3 2 1
3. 1단계에 도출한 탐구 기능이 2단계에 반영되고, 3단계에서 작동하게 하는가?	4 3 2 1
4. 성취기준 풀기 과정으로 이해, 질문, 수행과제, 루브릭을 도출했는가?	4 3 2 1
5. 설계안은 실천 가능한가?	4 3 2 1

[검토 의견]

학생 자율 탐구(탐구 발표회)

초등학교   학년   반 이름:

1. 수행과제는 무엇인가요?

※ 다음 그림을 보고 세계에서 발생하고 있는 문제 중 본인이 걱정되는 것을 찾아 아래 칸에 적어 보세요.

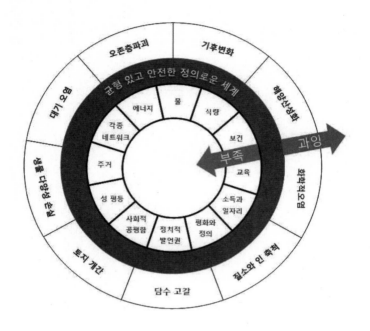

2. 나의 탐구 주제와 내용 파악하기

UN은 경제, 사회, 환경 문제를 통합적으로 해결하기 위해 2015년도에 지속가능발전목표(SDGs: Sustainable Development Goals)를 채택합니다. 이를 통해 지속가능발전의 틀 내에서 현세대와 미래세대의 삶의 질을 높이기 위해 2030년까지 달성해야 할 인류 공동의 목표를 명시하고 있습니다. 세계적 흐름과 함께 우리나라는 '국가 지속가능발전목표(K-SDGs)'라는 공식 명칭을 정하고 '모두를 포용하는 지속가능한 국가'라는 비전을 제시했습니다.

내가 생각하는 삶의 문제 찾기	주제	나의 탐구질문(내용)

[학급활동] 교실 칠판에 붙임 쪽지로 나의 주제와 내용을 작성하고, 주제별로 붙여 봅시다.

3. 모둠 세우기

탐구 공동체 선정: □ 개인 탐구 or □ 모둠 탐구			
친구 이름			
나의 탐구질문	④ ③ ② ①	④ ③ ② ①	④ ③ ② ①	④ ③ ② ①
선정 탐구질문			

[학급활동] 학생 간 대화와 타협으로 비슷한 관심사의 학생 모둠을 편성해 봅시다.

가. 우리 모둠의 이름 정하기

모둠 이름	

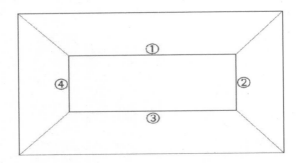

나. 모둠의 역할 나누기

이름	역할
	점검이: 우리 모둠의 모둠원들이 사회적 역할을 잘하고 있는지 지켜봐 주는 역할
	기록이: 모둠 내 결정 사항을 기록하는 역할
	꼼꼼이: 학습 도구가 정확하게 있는지 확인하는 역할
	섬김이: 모둠 활동을 위한 활동지를 선생님에게 받아오거나 활동 후 마무리하는 역할

다. 모둠의 로고와 탐구 일지 이름

로고	탐구 일지 이름

라. 탐구를 위한 약속 정하기

01. 탐구에 최선을 다하며, 진지한 태도로 참여한다.

02.

03.

04.

4. 탐구계획 설계하기

모둠 이름		탐구 기간	월 일 ~ 월 일
학년-반		담당 교사	
(팀) 주제			

가. 사전 조사하기

궁금한 것 무엇이 문제인가요?	알고 있는 것 무엇을 알고 있나요?	알고 싶은 것 무엇이 더 알고 싶나요?
예) 친환경 교통수단은 어떤 것이 있을까요?	예) 현재 교통수단은 주로 화석연료이다.	예) 미래 친환경 교통수단의 종류

나. 탐구 개요 만들기

관련 개념	핵심 개념	이해(가설)	핵심 질문
	1.		
	2.		
	3.		
예) 친환경	예) 변화	예) 친환경적인 교통수단은 지속가능한 미래 도시를 만드는 데 필수적이다.	예) 환경은 왜 변하는가?

현재 상황(방해와 효과)	지식(탐구 목록)	공유 계획(전시회장)
1.	1.	1.
2.	2.	2.
3.	3.	3.
예) 일회용 사용량 증가	예) 현재 교통수단은 주로 화석연료이다.	예) 미래 친환경 교통수단의 종류

행동(실천 활동) 계획

[참고자료] 핵심 개념과 관련 개념

개념	핵심 질문	관련 개념	개념	핵심 질문	관련 개념
형태	어떻게 생겼는가?	사물의 속성, 구조, 유사성, 차이, 모양	연결	다른 것과 어떻게 연결되는가?	체계, 관계, 네트워크, 항상성, 상호의존
기능	어떻게 작동하는가?	행동, 의사소통, 양식, 역할, 체계	관점	여러 관점들은 무엇인가?	주관, 진실, 신념, 의견, 편견
원인	왜 그런 것인가?	결과, 연속적 사건, 규칙, 영향	책임	우리의 책임은 무엇인가?	의무, 시민성, 가치관, 정의, 자주성
변화	어떻게 변하는가?	적응, 성장, 순환, 순서, 변화	성찰	우리는 어떻게 알 수 있는가?	주관, 과정, 시점, 비평, 정체성, 역사

다. 탐구 목표 정하기(발표 및 평가)

역할	탐구의 역할은?	
	배우, 광고주, 삽화가, 저자, 작가, 임원, 사장, 사업가, 후보자, 목수, 만화가, 요리사, 유명인, CEO, 의장, 주방장, 안무가, 코치, 공동체 구성원, 작곡가, 고객, 건설 노동자, 댄서, 디자이너, 탐정, 편집자, 공무원, 직원, 엔지니어, 전문가, 목격자, 가족, 농부, 영화 제작자, 소방관, 감시원, 친구, 지질학자, 역사가, 역사 인물 삽화가, 인턴, 면접관, 발명가, 심판, 배심원, 변호사, 도서관 고객, 로비스트, 기상학자, 큐레이터, 박물관장, 이웃, 소설가, 뉴스캐스터, 영양학자, 관찰자, 토론자, 부모, 공원 관리인, 과학자, 편지 친구, 사진가, 비행사, 극작가, 시인, 경찰, 여론조사원, 라디오 청취자, 독자, 리포터, 연구원, 평론가, 선원, 교직원, 선장, 과학자, 사업가, 통계학자, 상담가, 택시 운전자, 가이드, 트레이너, 여행사 직원, 여행자, 가정교사, 학원 강사, TV 시청자, 방문객, 디자이너, 사육사,	

청중	과제 발표 대상은?	
	□ 우리반 친구 □ 다른 반 학생 [ ] □ 학교 선생님 □ 교감/교장선생님 □ 부모님 □ 직업 [ ]	

결과물	탐구 결과물은?	
	프레젠테이션	연설, 토론, 구술/변호, 라이브 뉴스, 패널토론, 연극, 시 낭송/스토리텔링, 뮤지컬/춤, 강의, 공공 이벤트, 상품 광고, 인터뷰, 시, 인형극, 낭독, 각색, 녹음, 모래, 콜라주, 페이퍼모션
	서술형 결과물	연구 보고서, 편지, 소책자, 대본, 블로그, 사설, 서평, 교본, 수학적 분석, 과학 연구/실험 리포트, 도감, 라디오 대본, 광고, 편지, 메모, 잡지, 수필, 전기문, 설명서, 게임 자료, 소설
	미디어&테크놀로지	오디오 녹음/팟캐스트, 슬라이드 쇼, 드로잉/그림, 콜라주/스크랩북, 포토에세이, 동영상 애니메이션, 웹사이트/웹페이지, 프로그램, 웹툰/만화, 뉴스 방송, 애니메이션, PPT, 프레지
	구조물 형태	소규모 모형, 소비 제품, 기구/기계, 운송 수단, 발명품, 과학기구, 박물관 전시, 건축물, 정원
	계획 형식	제안서, 사업 계획서, 디자인, 견적, 청사진, 타임라인, 플로차트, 팸플릿, 설계도

평가 기준	결과물에 포함될 기준은?
	기준 1.
	기준 2.

자기 평가 내용		성장 단계		
		기준보다 우수	기준을 충족	기준에 근접
나의 평가 기준	1)			
	2)			
	3)			
탐구 역량 능력	1) [설계] 탐구활동을 구체적으로 계획했나요?			
	2) [탐구] 탐구과정은 적절하게 이루어졌나요?			
	3) [발표] 전시회에서 분명하게 발표했나요?			
	4) [성장] 우리의 탐구는 목표에 도달했나요?			

모둠원 이름	참여도			성장 단계		
	기준보다 우수	기준을 충족	기준에 근접	기준보다 우수	기준을 충족	기준에 근접
1)						
2)						
3)						

라. 탐구과정 구성하기

탐구 목록	탐구 내용(순서)
[준비하기]	1. 2. 3.
[탐구 목록1]	1. 2. 3.
[탐구 목록2]	1. 2. 3.
[탐구 목록3]	1. 2. 3.

담당 교사 피드백
1.
2.
3.
4.
5.

순서	품명	수량	구입처(가격) 및 대여 장소	요구 사항
1.				
2.				
3.				
4.				
5.				
총 구입 가격				

탐구 목록	탐구 방법 (설문, 인터뷰, 실험, 도서 검색 등)	구체적 계획 (예: 설문-문항, 대상자, 설문 방법, 기간 등)	역할 분담
1.			
2.			
3.			

3 **정리 및 해석하기** 조사 내용을 정리하고 해석해 봅시다.

역할	결과: 정리 및 해석	보충 및 수정 사항

④ 더 알아보기 좀 더 알아보고 싶은 내용 및 수정 사항을 찾아봅시다.

탐구 목록	탐구 방법 (설문, 인터뷰, 실험, 도서 검색 등)	구체적 계획 (예: 설문-문항, 대상자, 설문 방법, 기간 등)	역할 분담
1.			
2.			
3.			

⑤ 정리 및 해석하기 조사 내용을 정리하고 해석해 봅시다.

역할	결과: 정리 및 해석	보충 및 수정 사항

⑥ 전시회장 구상도 우리 팀의 발표할 전시회장 구상도를 그려 봅시다.

발표 시나리오(대본)	
이름	내용

⑦ 실천하기 새롭게 알게 된 내용을 실천해 봅시다.

실천 활동	
구상	
필요한 것	

[탐구 성찰 일지]

다음 질문을 중심으로 성찰 일지를 작성해 봅시다.

Q1. 전체 탐구과정에서 의미 있는 점은 무엇인가요?

Q2. 탐구과정 및 결과 발표 때 기억에 남는 것은 무엇인가요?

Q3. 탐구 활동이 나의 삶과 세상에 어떤 영향을 주었나요?

9 **실천 교사의 사례**

A 교사 실천 사례.	B 교사 실천 사례	C 교사 실천 사례
*창의적 체험 활동 중 동아리(6학년 세계시민동아리) 시간을 활용한 사례임.	*6학년 2학기 사회 2단원(통일)을 활용한 사례임.	*4학년 사회 수업 시간(2학기 3단원 프로젝트)을 활용한 사례임.

반성적 사고가 그 시작으로 특정한 사실과 사건의 관찰이 필요로 하듯,
개념도 그 자체의 완성을 위해 특정한 사실과 행동도 필요하다.

- 존 드웨이(John Dewey, 1910)

"능동적으로 생각하는 교실에서 아이들은 학습 과정에 적극적으로 참여합니다.
아이들은 질문으로 토론하고, 탐구하고, 동료들과 협력합니다.
아이들은 더 깊은 이해와 지식의 더 나은 전이를 촉진합니다.
개념 기반 탐구학습은 교사와 아이들을 더 성장시킬 수 있습니다."

- 1기 김병일

"개념 기반 탐구학습은 배움의 과정을 중요하게 생각합니다.
배움의 과정은 학습을 넘어서 삶을 살아가는 태도를 변화시킵니다.
우리는 배움을 통해 성장으로 나아갈 수 있습니다."

-1기 이승하

"개념 기반 탐구학습은 학습자 중심의 접근법입니다.
학습자들이 주도적으로 학습 과정에 참여해 개념의 원리와 관련성을 이해하여
지식을 더 튼튼하게 쌓아 나갈 수 있습니다.
이렇게 습득한 개념은 단순한 정보전달보다 흥미로운 학습 경험을 제공하기 때문에
학습 동기를 유발하는 데 효과적입니다."

- 1기 서수정

"개념 기반 탐구학습은 학생의 학습을 보다 풍부하고 의미 있는 것으로 만듭니다.
개념을 기반으로 한 학생의 자발적인 탐구는 지식을 깊이 이해하고 적용하는
역량을 개발하는 데 도움을 줄 수 있습니다."

-1기 이규만

"개념 기반 탐구학습은 가르침과 배움의 목적을 제공합니다.
수많은 지식 속에서 무엇을 가르치고 무엇을 배워야 하는지,
왜 가르치고 왜 배워야 하는지 고민하고 성찰하게 합니다.
개념에 대한 깊은 고민과 성찰 안에서 교사와 학생은 함께 성장합니다."

-2기 강석현

"개념 기반 탐구학습은 학습의 주인공인 학생이 직접 지식을 탐구하고
개념을 깊이 있게 이해할 수 있게 합니다.
또한, 학생에게 창의적인 사고를 가능하게 하며
학습의 과정을 흥미롭고 유익한 여정으로 만들어 줍니다.
이 여정에서 학생은 자신의 잠재력을 실현하고
새로운 도전에 나서는 용기와 자신감을 가지며 지적 성취의 희열을 느끼게 됩니다."

-2기 김현희

"개념은 포괄적이고 또렷한 눈으로 세상을 보게 합니다.
탐구는 교실 안과 밖으로 상호 전이되어 세상에 대한 사유를 즐기게 합니다.
개념 기반 탐구학습으로 세상을 민감하게 볼 줄 알게 된
교사와 학생은 행복(well-being)합니다."

-2기 윤보민

"교사는 개념 기반 탐구학습으로 학생이 개념에 대해 이해를 하고 적용하는
탐구과정을 체계적으로 설계해 가르칠 수 있습니다.
학생은 개념 기반 탐구학습으로 개념을 주도적으로
탐구해 깊이 있게 이해하고 다양한 상황에 적용할 수 있습니다.
교실은 개념 기반 탐구학습으로 질문이 있는 탐구하는 교실,
개념에 대한 이해와 전이를 통해 학생의 역량을 마련하는 교실이 됩니다."

2기 이동한

"교사는 개념을 바탕으로 교육과정을 만들고 단원을 계획하며
교육전문가로서의 기쁨을 느낍니다.
학생은 탐구하고 지식을 만드는 지식 생산자의
경험을 바탕으로 배움의 기쁨을 느낍니다.
교실은 교사와 학생의 질문과 대답, 탐구로 기쁨이 넘쳐납니다."

-3기 손성국

"개념은 교사와 학생에게 무엇을 가르치고
배워야 하는지를 알려주는 배움의 이정표입니다.
탐구는 교사와 학생을 몰입하게 합니다.
따라서 '개념 기반 탐구학습'을 실천하는 교실은
목적지가 분명한 몰입이 이루어져 즐겁습니다."

-4기 조선순

"학생은 개념적으로 생각할 기회를 얻고 주도적인 학습자가 되고 싶습니다.
교사는 연구를 통해 학생의 개념적 이해를 촉진하는 역할을
충분히 해내고 싶습니다.
개념 기반 탐구학습은 학생과 교사, 모두의 요구를 만족시켜 줄 것입니다."

-4기 남도욱

"개념은 탐구의 방향이 되고, 탐구는 개념에 닿는 과정이 됩니다.
사례는 개념으로 개념은 일반화된 이해가 되고,
이해는 전이되어 또 다른 사례를 가져옵니다.
삶과 닮은 개념 기반 탐구학습은 세상에 스스로 서는 힘과 의지를 줍니다."

-6기 권대홍

[참고 문헌]

교육부(2022). 『교과 교육과정 개발 방향과 기준』.

교육부(2023). 『초등학교 교육과정』, 교육부 고시 제2022-33호.

강현석 외(2021). 『백워드 설계의 이론과 실천: 교실 혁명(2판)』, 서울: 학지사.

강현석 외(2022). 『최신 백워드 교육과정과 수업설계의 미래』, 서울: 교육과학사.

김병일 외(2022). 『초등 백워드 교육과정 설계와 실천 이야기』, 서울: 살림터.

온정덕 외 (2021). 『2022 개정 교과 교육과정 개발 기준 마련 연구』.

케이트 레이워스(2018). 『도넛 경제학』, 서울: 학고재.

Kate Raworth(2018). 『도넛 경제학, 역, 홍기빈』, 서울: 학고재.

Alice Vigors(2023). The Thinking Classroom: Supporting Educators to Embed Critical and Creative Thinking. Amba Press.

Carla Marschall and Rachel French(2018). Concept-Based Inquiry in Action.

Dewey, J. (1910). How we think: A restatement of the relation of reflective thinking to the educative process. Boston: Henry Holt.

Internatinal Baccalaureate Organization(2008). MYP : From Principles into Practice. UK: International B accalaureate .

Internatinal Baccalaureate Organization(2009). Making the PYP happen: A cuuriculum framework for international primary education. UK: International Baccalaureate.

Internatinal Baccalaureate Organization(2010). The Primary Years Programme as a model of transd isciplinary learning. UK: International Baccalaureate.

Erickson, H. L., Lanning, L. A., & French, R.(2017). Concept-Based Curriculum and Instruction for the Thinking Classroom Second Edition. Corwin Press, Inc. SAGE Publications, Inc. 온정덕, 윤지영 공역 (2019). 생각하는 교실을 위한 개념 기반 교육과정 및 수업. 서울: 학지사

Marschall, C. & French, R.(2018). Concept-Based Inquiry in Action: Strategies to Promote Transferable

Understanding (Corwin Teaching Essentials) First Edition. Thousand Oaks: Corwin

Holston, V., & Santa, C.(1985). Raft: A method of writing across the curriculum that works. Journal of Reading, 28, 456~457.

Jennifer T.H. Wathall.(2016). Concept-based mathematics: teaching for deep understanding in secondary classrooms, CA: Corwin.

Kath Murdoch(2015). The power of Inquiry. CA: Foreword by guy claxton.

McTighe, J., & Wiggins, G.(1999). The Understanding by Design: Handbook, Alexandria: ASCD.

McTighe, J., & Wiggins, G.(2004). Understanding by Design: Professional Development Workbook. Alexandria: ASCD.

McTighe, J., & Wiggins, G.(2005). Understanding by Design: Expanded 2nd Edition. Alexandria: ASCD.

McTighe, J., & Wiggins, G.(2013). Essential question: Opening doors to student understanding. Alexandria: ASCD.

National Research Council(2000). How people learn: Mind, Experience, and School: Expanded Edition. Washington, DC: National Academy Press.

Ritchhart, R.(2002). Intellectual character: What it is, why it matters, and how to get it. San Francisco: Jossey-Bass.

Ritchhart, R. & Church, M. and Morrison, K.(2011). Making Thinking Visible. CA: AMO.

Rothstein, Dan and Luz. Santana. (2011). Make Just One Change: Teach Students to Ask Their Own Questions. Cambridge, Mass., Harvard Education Press.

IBO-Enhanced PYP learning and Teaching.

https://ncsd.go.kr/

https://ibo.org

삶의 행복을 꿈꾸는 교육은 어디에서 오는가?

미래 100년을 향한 새로운 교육

혁신교육을 실천하는 교사들의 **필독서**

● **교육혁명을 앞당기는 배움책 이야기** 혁신교육의 철학과 잉걸진 미래를 만나다!

한국교육연구네트워크 총서

한국교육연구네트워크 번역 총서

● **경쟁과 차별을 넘어 평등과 협력으로 미래를 열어가는 교육 대전환!** 혁신교육 현장 필독서

참된 삶과 교육에 관한
생각 줍기